U0369993

张荣芳文集

第一卷　秦汉史论集（外三篇）

张荣芳◎著

中山大學出版社
SUN YAT-SEN UNIVERSITY PRESS
·广州·

图书在版编目（CIP）数据

秦汉史论集：外三篇/张荣芳著．—广州：中山大学出版社，2023.12
（张荣芳文集；第一卷）
ISBN 978-7-306-07946-6

Ⅰ．秦…　Ⅱ．张…　Ⅲ．中国历史—秦汉时代—文集　Ⅳ．K232.07-53

中国国家版本馆 CIP 数据核字（2023）第 221112 号

QINHAN SHI LUNJI（WAISANPIAN）

出 版 人：王天琪
策划编辑：王延红
责任编辑：王延红　蓝若琪
封面设计：周美玲
责任校对：张陈卉子
责任技编：靳晓虹
出版发行：中山大学出版社
电　　话：编辑部 020-84111996，84113349，84111997，84110779
　　　　　发行部 020-84111998，84111981，84111160
地　　址：广州市新港西路 135 号
邮　　编：510275　　　　传　真：020-84036565
网　　址：http://www.zsup.com.cn
　　　　　E-mail:zdcbs@mail.sysu.edu.cn
印 刷 者：恒美印务（广州）有限公司
规　　格：787mm×1092mm　1/16
总 印 张：239
总 字 数：4818 千
版次印次：2023 年 12 月第 1 版　2023 年 12 月第 1 次印刷
总 定 价：780.00 元（全九卷）

谨以此书献给中山大学一百周年华诞

（1924 — 2024）

张荣芳教授与夫人黄曼宜女士

1940年12月生，广东省廉江市人。1953—1959年在廉江中学读初中、高中。1959—1964年就读于天津南开大学历史学系。1964—1973年在中国社会科学院历史研究所工作。1973年10月起在中山大学历史学系任教，历任讲师、副教授、教授、博士生导师，1993年起获国务院颁发的政府特殊津贴。2006年退休。曾任中山大学历史学系副主任，中山大学教务长、副校长。社会兼职：曾任中国秦汉史研究会会长，现任中国秦汉史研究会顾问。长期从事中国古代史和岭南文化的教学与研究工作。出版学术著作多种，发表论文百余篇，代表性著作有：《秦汉史论集（外三篇）》《南越国史》《秦汉史与岭南文化论稿》《中国古代史与岭南文化丛稿》《近代之世界学者陈垣》等，其中《南越国史》（合著）曾获广州市社会科学优秀研究成果奖、广东省优秀社会科学研究成果奖。

序一

为有本之学　树君子之风

——《张荣芳文集》序

陈春声

在1978年那个“科学的春天”，作为“文革”后恢复高考的第一批大学生，我有机会从下乡的农场来到康乐园，就读于学风平实谨严、稍稍有点“超凡戒俗”的历史学系。当时张荣芳老师在系里为考古学专业同学主讲“战国秦汉考古”课程，未届不惑之年，风华正茂。本科毕业后，我留系跟随汤明檖教授攻读硕士学位。那个年代研究生人数很少，系里安排研究生们与本教研室的老师们一起开展集体活动，包括政治学习、组织生活和做教研室小楼的清洁卫生等，我也因此有缘每周四下午与同在中国古代史教研室的张荣芳老师一起开会，一起活动，接触更多。由此也了解到这位为人正直厚道、学问扎实深厚的良师，是1964年从南开大学历史学系毕业，先到中国科学院哲学社会科学部历史研究所（今中国社会科学院古代史研究所）工作，1973年再调来中山大学历史学系任教的。到今天屈指一算，不知不觉之间，张老师在中山大学历史学系传道授业，已经超过半个世纪了。

1984年底，我硕士毕业留系任教，当时张荣芳老师已经是历史学系副主任，分管本科教学工作。就是在他的鼓励和督导之下，我接替了专业必修课“史学概论”的教学工作，由此对历史学理论有了更多的学术兴趣。1986年至1989年间，我到厦门大学师从傅衣凌、杨国桢教授攻读博士学位，毕业重回中山大学工作。张老师于1992年荣任中山大学副校长兼教务长，而我当时已是历史学系分管本科教学的副主任，又在他的直接领导下，面对市场化大潮冲击、教育经费相对不足的情形，努力稳固基础学科学术根基，建设基础学科人才培养和科学研究基地，推动教育教学改革，举办国际学术研讨会，组织本科学生下乡参加社会实践。许多难忘的场景，至今仍历历在目。

1995年张荣芳老师从学校领导岗位退下来之后，回到历史学系中国古代史教研室任教，继续教书育人，潜心学术，开拓新的研究领域，成果斐然。就是退休以后，直至今日仍老当益壮，笔耕不辍，辛勤耕耘。真的令人感佩。

我与张老师相识、相处近50年，他一直是我发自内心尊敬的良师益友。他出版的所有著作，均蒙第一时间赠与，每一本我也都学习过。而自己为数不多的几本拙作，也都曾悉数奉上，请老师斧正。现在老师即将出版九卷本的《张荣芳文集》（简称《文集》），嘱我写序，并赐阅《文集》最初的编辑计划、自序和其他相关资料。拜读老师的著作及相关资料，回首半个世纪间张荣芳老师在中山大学从事行政管理、教学工作和学术研究大道自然而卓尔不凡的经历，想就我们相处近50年所感悟到的张老师为人治学的若干理念，谈一点肤浅的体会。

一、行政管理、教书育人与学术研究三者并重

张老师任历史学系副主任达八年之久，兼任过系工会主席，接着获任中山大学副校长兼教务长达四年，退休后还长期担任学校关心下一代工作委员会副主任。上世纪八九十年代是一个传统和变革并存、艰困与希望同在的具有历史性意义的时期，面对复杂的改革发展形势，张荣芳老师恪守行政伦理，不忘教书育人初心，为中山大学文科基础学科的稳固与发展，为大变革年代整个大学教学秩序的维持和调整，殚精竭虑，做了大量卓有成效的工作。

担任历史学系副主任期间，张荣芳老师实际上全面主持系里的日常工作。他尽职尽责地执行学校的各种规章制度和决策部署，重视学科建设和师资培养，千方百计保证日常教学活动正常运作。给我印象最深的，是他经常到课室听课，了解各门课程的讲授情况和教学效果。我主讲“史学概论”课程的时候，他就到课室听过我讲课，还给了许多肯定和指点。日前张老师告诉我，他正在整理任历史学系副主任期间的“工作日记”，当年听老师们的讲课都有清晰的记录。从这个细节可以看到他深入基层，到教学第一线，工作尽职尽责的具体情形。

更令我难忘的是，除了管理好系里的日常教学工作之外，张老师亲力亲为，与广东、广西的地方政府联系，到外地办“政史班”，帮助系里“创收”。上世纪80年代末至90年代初，原来的计划经济体制加速向市场经济体制转变，物价上涨较快，而学校经费相对紧张，就希望各系能各自“创收”，协助解决经费紧缺问题。历史学系是当时全校最“穷”的教学单位之一，为稳定教师队伍，保存学术力量，特别是解决青年教师暂时的生活困难，系领导决定适应各地干部提高学历层次的客观需要，利用学校提倡的有关政策，到各地开办“政史班”，为地方干部系统讲授两年左右的专业课程，经学校审核批准后，颁发大专学历文

凭。张老师身体力行，积极组织好这项工作。据我的记忆，历史学系当时曾与广西梧州市政协合办梧州“政史班”，与湛江市委组织部合办湛江“政史班”等。全系老师通力合作，克服各种困难到当地任课。任课老师由此得到一定的课时报酬，也解决了系里部分教学、行政经费的困难，年终全系教职工还能分得一定数量的津贴。对当地党政部门来说，也提高了干部的文化素质和知识水平。在当时特定的时代背景下，类似被各地高校普遍采用的解决暂时性经费紧缺的举措，还是起了一举双得的作用。张老师亲力亲为，精心组织，付出了巨大努力，受到全系上下的好评。

在学校任职期间，他坚决执行党的教育方针和当时的国家教委各项政策部署，与学校领导集体共同努力，重视本科教学、学科建设和师资培养。张老师分管工作面广量多，主要侧重于本科教学和文科学术研究方面。就记忆所及，他分管的工作中，有几件事情是值得记载的：（1）1994 年，学校教务处被国家教委评为“全国普通高等学校先进教务处”，被广东省授予“广东省普通高校先进教务处”称号；（2）1995 年国家教委批准我校文、史、哲学科为基础学科人才培养和科学研究基地，获评文科“基地”是当年文科基础学科从境遇艰困到正常发展的一个转折点。而当时全国的高校中，只有为数不多的几所大学，其文、史、哲学科同时获批为“基地”；（3）创办“中外优秀文化讲座”，请本校资深教授或其他高校来校访问的知名学者讲授中外优秀文化；（4）建立教学督导制度，聘请校内有丰富教学经验的教师成立“教学督导委员会”，请这些老师到课堂上听课，帮助提高教学质量。

正因为张老师在教育行政管理方面的突出贡献，他 1985 年被当时的广东省高教局评为高教战线先进工作者；1990 年被中共广东省委高校工委评为广东省高等学校优秀共产党员；2019 年被广东省关心下一代工作委员会评为广东省关心下一代党史国史教育优秀五老辅导员，获颁荣誉证书。

关于教学工作和学术研究方面的情况，张老师在《文集》自序中已有详细论述，在这里就不赘言了。行政、教学、学术三者并重，是中山大学诸多德高望重的前辈学者校园生活的日常场景，张老师努力继承、践行这种优良传统，反映了他真诚为人、守正治学的难能可贵。

二、注重校园文化研究，以文化人，立德树人

张老师曾为李庆双博士等主编的《印象·中大红楼剪影》作序，题目就是《让校园文化在立德树人教育中发挥作用》。文中说：“我在中山大学工作、学习了将近 50 年，中山大学的校园文化，包括原岭南大学古老的、具有历史和文物

价值的建筑群，以及林木葱葱、绿草如茵的优美的校园环境，无数学者勤奋治学的精神和育人经验，都深深地吸引着我，我热爱中山大学的校园文化。”他撰有《景仰名人故居，热爱康乐芳草》《紫荆礼赞》等散文；也关注在康乐红楼居住过的学术大家，撰有《许崇清校长的孙中山情怀》《瞻仰陈心陶故居》等随笔；还做过“图说中山大学的峥嵘岁月：漫谈中山大学校史”“中山大学掌门人留下的治理学校的精神财富”等演讲。张老师认为，大凡进入“双一流”大学建设的院校，都重视发挥校园文化在立德树人教育中的作用。他讲到，中山大学历届领导都重视发挥校园文化的教育作用，“如原党委书记李延保、郑德涛，原校长黄达人，原副书记副校长李萍，原副校长颜光美”等，都写过讲述、阐释中山大学校园文化的文章。

尤其需要指出的是，张老师一直认为，孙中山先生亲笔手书的“博学、审问、慎思、明辨、笃行”校训，表达的就是中山大学的“大学精神”的实质，努力践行这种精神，就能培育好这所学府的校园文化。中山大学自创办以来，大家云集，名师荟萃，他们都以自己为师治学的实践，表达了践行校训的理念与精神。张老师对曾在校任教的诸多名师大家有过深入的研究，笔下描述过的包括邹鲁先生、许崇清先生、钟荣光先生、陈序经先生、傅斯年先生、顾颉刚先生、朱希祖先生、朱谦之先生、陈寅恪先生、岑仲勉先生、杨成志先生、冼玉清先生、容庚先生、容肇祖先生和戴裔煊先生等前辈的学问与功业。相关的研究论文，也都收录在这部《文集》中。这些论著都在弘扬这些曾经在这所大学的校园里居停过化、授业解惑的“大先生”们献身学术和教育的不朽精神，指出正是这些卓越学者严谨的治学态度、求真务实的学术风格、经世致用的学风，使得他们在各自的学术领域作出奠基性和创新性的贡献，培育出许多杰出的人才。从学术史的角度揭示校园文化的内在脉络，通过前辈学者的嘉言懿行阐释大学文化的深厚底蕴，正是张荣芳老师校园文化研究的重要特质。

三、不忘初心，以“敬业”为生活方式

社会主义核心价值观的重要内容之一，就是“敬业”。在近50年的相处中，我深深感到，对于张荣芳老师来说，他始终不忘读书人的初心，“敬业”对他来说，其实已经成为一种生活方式。《礼记·学记》将“敬业”与“乐群”并提，所谓“一年视离经辨志，三年视敬业乐群”。根据朱熹的解释，“敬业者，专心致志以事其业也；乐群者，乐于取益以辅其仁也”。就是说，要专心学业，乐于与朋友相切磋。我们今天讲“敬业”，指的是对事业专心致志，有奉献精神。张老师的敬业精神，在这部《文集》中也有明显的体现。

九卷本《文集》将近500万字，可谓鸿篇巨制，而其中仅第一、二卷和第三卷的部分论文是张老师65岁退休前撰写的，其余的论著都完成于他2006年退休之后。第七、八两卷是教课的讲稿，积十几年之功夫，但也是退休之后才整理定稿的。他退休之后，没有像普通人那样忘情于含饴弄孙，而是乐此不疲地继续自己的学术事业，始终不忘初心。如今老师已是耄耋之年，还孜孜不倦地整理这部数百万字的巨著，这也是他热爱学术，以敬业为生活方式的最新例证。张老师在接受采访时曾经这样表述自己的心迹："生命不息，学术不止，这是我的座右铭。"《文集》的编撰过程，体现的也是这样的境界。

四、以专业服务社会，传承守护岭南文化

中华优秀传统文化的传承延续，及其创造性转化和创新性发展，是人文学科和人文学者重要的学术使命和社会责任。对此，张荣芳老师一直保持着高度的专业自觉。由于其学术声望和社会地位，张老师长期兼任较多的学术性社会职务，他都是兢兢业业、尽职尽责地做好这些工作，服务社会，守护文化。

例如，他长期承担广东炎黄文化研究会的领导工作，其时欧初先生是会长，他和原广东社会科学院院长张磊先生任该会常务副会长兼学术委员会主任，协助欧老策划、处理研究会的诸多学术事务。2017年张老师撰有《我所知道的欧初同志对岭南文化整理与研究做出的开创性贡献》一文，忆述了欧老在守护岭南文化方面的两大贡献：一是编纂《岭南文丛》，包括"岭南文化历史文献选辑丛书""岭南文化研究论著丛书""岭南文化通志丛书"三大类。欧老任《岭南文丛》编委会主任兼主编，广泛邀约广东各学术领域的学人参加编撰工作。这一创新工程出版了数十种书，在社会上产生了广泛影响，是难能可贵的。二是主编《广东历史文化名人丛书》。该丛书由广东省委宣传部与广东炎黄文化研究会联合组织编撰，两任广东省委宣传部部长和欧初先生任主编，从2005年到2010年，由广东人民出版社出版了50种。这套丛书是根据广东省委、省政府2003年提出的建设文化大省的目标而组织编辑的，指导思想明确，专家写名人，打造文化精品，学术性与通俗性统一，为广东地方文化建设留下深刻的印记。我们这些学生和同事亲历以上过程，都知道当时广东炎黄文化研究会开展的许多学术性工作，实际上亲力亲为的重要落实者都是张荣芳老师，他也是前面提到的第二套丛书的副主编之一。

又如，1990年以来，广东人民出版社持之以恒地编辑出版具有重要文化积累价值的《岭南文库》，这是一套影响深远、百科全书式的关于岭南文化的大型书系。张老师是《岭南文库》的重要作者之一，该书系收录有他的《南越国史》

（合著），《陈垣》和《江瑔》等著作，而他自己近年又成为编委会成员。值得一提的是，张老师为《岭南文库》的灵魂人物、该文库的首创者和执行主编岑桑先生撰有《从“岭南文库”看精神》《岑桑：知识渊博、治学严谨的著名学者》等文章，表彰这位著名的文学家、出版家、学者，也倡导文库所致力的呵护传承优秀传统文化的精神。

张老师还长期担任广州市文物管理委员会委员。他的学术领域主要在秦汉史研究方面，上世纪80年代以来，广州发现许多南越国时期的重要遗址，如南越王墓、南越国宫署遗址、南越国水闸遗址等，他都受邀以专家身份参加论证会。2002年，广州市成立“南越国遗迹申报世界文化遗产领导小组办公室”，委托张老师领衔开展“南越国遗迹多元化研究”课题，最后完成《西汉南越王墓多元文化研究》一书，由中山大学出版社出版。2008年4月，广州市召开南越国宫署遗址保护和建馆问题听取意见会议，张老师应邀在会上发言，会后《广州文博》发表了他的讲话全文。

张荣芳老师也为《广州大典》的编辑出版尽心尽力。《广州大典》是广州市委宣传部、广东省文化厅策划并组织编纂的大型地方文献丛书，旨在系统搜集整理和抢救保护广州文化典籍，弘扬传播岭南历史文化。张老师受聘为《广州大典》学术顾问，他积极参与各种会议，为《广州大典》的文献搜集整理和编辑工作出谋献策。他充分肯定《广州大典》在岭南优秀传统文化传承延续方面的重要意义，2015年4月在《广州大典》出版座谈会上发言，认为“《广州大典》向世界交上一份抢救保护整理岭南优秀传统文化的完美的答卷”，并具体论述了该丛书在抢救和保存有关广州历史文化的珍稀文献方面的意义。

东莞市文联编辑《东莞历史名人评传丛书》，聘请包括张荣芳老师在内的多位知名专家为编委会顾问。张老师也和其他顾问一起，为这套丛书的编辑出版付出了心血，参加组织专家们撰稿、审稿和定稿。该丛书的定位为“一套研究性的学术著作。要求具有科学性，做到言必有据，并要求充分反映最新的研究成果”，迄今已出版十余种。

张荣芳老师还受聘为东莞市莞城图书馆顾问，他亲力亲为，参加图书馆组织的各类学术会议。如该馆组织力量，拟整理标点出版《东莞历代著作丛书》，张老师以《小单位办大事》一文参加该丛书编辑出版的研讨会。2017年该馆出版《东莞历史文献丛书》，张老师写了《明代东莞史学之盛—读〈东莞历史文献丛书·史部〉后》的论文，后来以《襟怀浩然气，秉笔写春秋》为题，在《南方日报》以摘要的形式发表。

中山大学历史学系有着近百年深厚的学术积淀，拥有独特的人文与学术氛围。以上我所感悟的张荣芳老师治学为人这四个方面的理念，是在中山大学形成并践行的，历史学系独特的学术和人际氛围，也有某种润物无声因而更为沉潜深刻的影响。他在《文集》自序中说，是党和人民培养了他，是中山大学培养了他，中山大学严谨的学风，像一条无形的鞭子鞭策自己努力向前。他还讲到，诸多名师的优秀品质，在历史学系代代相因，薪火相传，在此任教，自然受到教育与熏陶。这确是发自肺腑的由衷之言。

张荣芳老师因研究民国学术史，特别是关注与岭南关系密切的卓越学者的学术活动，而对陈垣先生的研究用功颇深。他推崇陈垣先生“不能作无本之学”“吾人论学求真非求胜也”的理念，推崇“儒家的修身齐家、虚怀若谷、持节谦恭的优秀道德品质”，并在学术研究、教书育人、行政管理诸领域均身体力行，守正致远。因此，我觉得以《为有本之学　树君子之风》作为这篇读书心得的题目，还是贴切的。

是为序。

2023 年 11 月 12 日

于广州康乐园永芳堂

（陈春声系中山大学党委书记、中山大学历史学系教授、博士生导师、中山大学历史人类学研究中心研究员，兼任教育部历史学类专业教学指导委员会主任委员。主要从事明清史、中国社会经济史和历史人类学的教学与研究。）

序二

“唯有伴书度春秋”
—— 写在《张荣芳文集》出版之际

卜宪群

2023年五一假期后的一天，我接到张荣芳老师的电话，《张荣芳文集》编辑计划实施进展顺利。张老师说已经与中山大学出版社签订了书稿出版合同，定于今年12月30日出版，嘱托我给《文集》写个序。我听了十分惶恐，因为无论从资历还是学识，我都不够资格给张老师的《文集》写序。但又一想，这是张老师对我的信任，也是给我再一次学习他论著的机会。我和张老师的交往几近三十年。1996年，我在广州参加第七届中国秦汉史研究会年会，有幸面谒张老师。1999年第八届年会上我担任中国秦汉史研究会秘书长，张老师连任会长，相互联系就更多了。张老师卸任会长后担任研究会顾问，我则先后担任研究会的秘书长、副会长、会长，张老师对研究会的建设发展十分关心，我与张老师的联系也始终没有中断过。除此之外，我和张老师还有另外一层关系。张老师大学毕业后分配到历史所工作近十年，后与我的博士导师林甘泉老师交往甚多，关系甚好，我经常听到两位老师在和我谈话时提及对方、相互问候，深深感受到他们之间的真挚之情。凡此种种，都使我对张老师有一种天然的亲近感。我自博士毕业后，无论是工作上还是学习上，也都受惠于张老师很多。我虽然不是张老师亲自教出来的学生，但我把张老师视为自己尊敬的师长，张老师也把我视同自己的学生一样，这份感情，始终没有改变。张老师的《文集》即将付梓，这是张老师学术生涯中的一座丰碑，是学术界的一件幸事、秦汉史学界的一件大事！我愿通过我所认知的张荣芳老师，向大家推介这套《文集》。

一、始终以唯物史观治史育人

张荣芳老师坚持以马克思主义唯物史观来研究历史。张老师是新中国培养起来的马克思主义史学家。他从在南开大学读本科的时候开始，就比较系统地学习马列原著，并坚持不懈。他在《自序》总结自己的读书经验时曾经说，“要精读几部经典著作，包括马克思主义的基本著作和中国史学名著”。在大学期间，他就系统地阅读了恩格斯的《家庭、私有制和国家的起源》，列宁的《论国家》，他收藏了《马克思主义经典作家论历史科学》的“所有版本”，并认为“该书影响了我的一生”。他在总结自己著书的经验时，将“以马克思主义唯物史观为指导——历史发展合力论”放在第一位置，并指出“唯物史观是我们研究历史的指南”。但是，他又不把唯物史观当作教条，而是把唯物史观看作发展的理论，强调唯物史观作为一种方法论的属性。在如何对待唯物史观的方法论上，他认为在确定经济力量是历史发展的决定性因素的同时，又要承认其他因素的“合力”作用，指出“我们必须把历史决定性思想和相互作用思想辩证地统一起来，才能达到整体历史发展过程的科学认识”。在这种辩证科学的理论思维指导下，张老师的史学研究和教学都彰显出十分突出的以唯物史观为指导的特点，具体表现在如下几个方面：一是研究问题的选择。社会形态学说是唯物史观的核心，张老师从进入历史学习研究的早期开始，就重视对这个问题的研究。比如，他毕业论文选择的题目是《两周的“民”和“氓”非奴隶说——两周生产者身份研究之一》，在这篇论文中，他在收集大量资料的基础上，详细考察了“民”的身份地位，得出了“他们有自己独立的经济、家庭组织，劳动工具和土地。因此，他们不可能是奴隶社会中的奴隶”的观点。“氓”的性质也是如此。一个社会直接生产者的身份地位特别是经济地位，是判断一个社会性质的重要指标。尽管张老师的这个观点未必得到史学界所有人的赞同，但其研究方法是从唯物史观出发的。正如他的本科论文指导老师王玉哲先生所评价的那样，“本论文能初步的运用马克思列宁主义理论搜集到一些必要的原始资料，加以分析和论定”。资料搜集是史学研究的基础，但搜集资料也不完全是纯粹客观的，不同历史观下资料搜集的方法与对象是不同的，资料搜集同样也能够体现不同的历史观。王先生评价张老师是在“马克思列宁主义理论”指导下搜集资料，这是对张老师史学研究方法的充分肯定。又如《关于秦末大起义的性质问题》一文，张老师就是从古史分期的角度提出的选题，而古史分期正是中国古代社会形态研究中的一个大问题。纵观张老师的研究，还有很多选题都能体现出他以唯物史观为指导的鲜明特点，不再一一列举。二是分析解决问题的方法。马克思主义唯物史观包含着十分丰富的历史理论，这一理论强调物质生活的生产方式制约着整个社会生活、政治生活和精神生活。生产力决定生产关系，经济基础决定上层建筑；社会存在决定社会意识。人类社会是运动变化发展着的。要用运动、变化、发展的观点把握研究对象之间的基本历史联系，同时又要把研究对象放在一定的历史范围之内，具体问题具体分析。历史变化的动因不应单纯用人们的思想动机来解释，而应着重考察这种变动背后的物质生活条件。生产方式的变革是一切社会制度和思想观念变动的基础。在阶级社会里，阶级斗争是这一变革的推动力之一。人民群众是历史创造者，杰出人物在历史上发挥着重要作用，但决定历史前进方向与国家民族命运的最终是人民群众。这些基本理论包含着解剖复杂历史问题的很多科学方法。纵观张老师的研究，始终贯穿着对这些理论方法的运用。比如，在判断秦末农民起义的性质时，他就从封建土地制度的变化关系来考察秦末农民起义参与者的身份，进而判断这是一次“封建社会的农民大起义”。(《关于秦末大起义的性质问题》) 中国古代历史研究中，社会形态判断与土地所有制形式密不可分。在《论两汉的“公田”》一文中，张老师从详细的资料出发，分析了两汉土地所有制中十分重要的“公田”问题，得出汉代虽然存在大量国有土地，但“汉代封建土地私有制已基本确立”的重要观点。在《论两汉太学的历史作用》一文中，张老师运用唯物史观上层建筑对经济基础具有反作用的观点，论述了太学作为汉代统治阶级利用学术巩固封建统治措施的历史演变过程，得出了太学“为地主阶级培养了各级官吏及其接班人”的观点。这是一种阶级分析方法的科学运用。这种唯物史观的分析方法，贯穿在他史学研究的各个方面。三是贯彻在教书育人之中。张老师自从调到中山大学后，从事教学活动50年。《文集》的第七、八、九卷收入的三部讲稿，就是他教书、治学50年的总结。在《自序》中，他明确把“重视马克思主义唯物史观知识的教育”放在“教学理念”的首位。他对自己为什么重视唯物史观知识的教育也有明确的说明，他说：“我是在唯物史观教育下成长的，老一辈马克思主义史学家的学术思想对我有深刻的影响。郭沫若、范文澜、翦伯赞、侯外庐、吕振羽等先生，是我十分崇拜的偶像，其生平和代表作我都有所了解。我的讲稿中比较充分地体现了对马克思主义唯物史观的贯彻。”我还没有读过张老师的这部分讲稿，十分期待早日学习这三部讲稿。

二、不断开拓新的学术领域

张荣芳老师是我国秦汉史、秦汉区域史、近代学术史等众多研究领域的开拓者和耕耘者。1995年出版的《秦汉史论集（外三篇）》（简称《论集》），可以看作他之前关于秦汉史研究的一个总结。收入《论集》的15篇文章中，有12篇是关于秦汉史研究的。这12篇论文涉及秦汉的政治、经济、军事、文化、学术史等方面，不仅体现了他宽阔的学术视野，更体现了他深厚的学术功力。正如林甘泉老师在《论集》的序中所说的那样：“我觉得他不仅做了一些前人所没有做过的工作，而且对一些前人已经有所论说的问题，无论在史料的占有还是观点的说明方面，也都有所深入。”比如他关于岭南和南越国的研究在当时就具有很大的开拓性，他关于丝绸之路和汉代海上交通贸易的研究，也具有很强的前沿性，现在丝绸之路研究很热，但我看很多基本观点在他的论文中都论及了。总之，今天重读这部《论集》，我们仍然可以从中汲取丰富的学术营养。

历史研究总是随着时代的发展而发展，张老师的学术研究同样体现出与时俱进的鲜明特色。张老师学术研究的“与时俱进”，一是对新材料的高度重视。上个世纪简牍材料的发现，为秦汉史研究开辟了新途径，张老师紧跟时代学术潮流，运用居延汉简、敦煌汉简、武威汉简、云梦秦简等简牍材料并与文献相结合，撰写了《西汉屯田与“丝绸之路”》《论汉晋时期楼兰（鄯善）王国的丝绸贸易》《西汉长城的修缮及其意义》《简牍所见秦代刑徒的生活及服役范围》等论文。除了简牍材料外，张老师对其他考古材料同样十分重视。如《汉代徐闻与海上交通》《两汉时期的雷州半岛及其在中国历史上的地位》等文章就利用了不少汉墓中出土的物质资料。二是对秦汉区域史研究的开拓。简牍新材料的发现和张老师长期身处岭南，促使了他对河西地区史和岭南地区史的敏感，他自上个世纪 90 年代后的学术研究明显朝着这两个方向发展。河西地区史研究已见前述代表性论文，岭南地区史论著则主要体现在《秦汉史与岭南文化论稿》和《南越国史》中。这里我重点介绍一下后者。对岭南地区史的关注实际上在张老师的第一部论文集中已经有所体现，正如林甘泉老师在《论集》序中所说的那样：“张荣芳同志执教中山大学之后，很重视岭南地区的历史研究。”南越国是岭南地区发展史上十分重要的一页，但由于文献记载较少，无论是岭南历史还是南越国史的研究都很困难，成果十分有限。随着考古发现的丰富，特别是第二代南越王墓的发现，岭南地区史和南越国史研究有了广阔的前景，张老师和黄淼章先生合著的《南越国史》（1995 年第 1 版，2008 年第 2 版修订本）就是一部迄今为止关于南越国史研究的力作。该书用十三章、300 千字的篇幅，展示了岭南地区从原始社会到秦汉时期的历史演变，特别是南越国的政治、经济、军事、社会、文化等方面的情况。麦英豪先生在该书 1995 年版的“序言”中说，这本书“在材料的运用上力求周全，应该说是后来居上的”，这本书“较系统地反映南越国时期岭南大地的历史全貌，令人有耳目一新之感”，我完全同意麦先生的意见。我想补充的一句话是，这本书还是秦汉区域史研究的一部开拓性著作。2015 年，张老师又领衔编著《西汉南越王墓多元文化研究》，进一步丰富了对南越国的历史认识。三是对近代学术史的研究。张老师 65 岁从工作岗位退下来后，把研究视野扩展到民国学术史，他的近代学术史研究主要集中在王国维、陈寅恪、傅斯年、顾颉刚、陈垣、江瑔等人身上。这些人或与中山大学有关，或与岭南历史文化有关，或与秦汉学术史研究有关。当然，其中张老师用力最勤的还是关于陈垣先生的研究。这些研究成果的具体内容在《文集》中都有收录，我不再赘述，但值得注意的是，张老师在近代学术史研究中，始终能够秉持实事求是的科学方法，把历史人物放到特定的历史环境中去评价，始终以辩证唯物主义和历史唯物主义的态度来评判他们的学术观点，持论十分公允。

三、鲜明的治学特点与价值取向

张荣芳老师在《文集》自序中将他的治学方法归纳为六点：选择研究课题要有学术前沿意识，具有社会意义和学术价值；治学从目录学入手；搜集材料要"竭泽而渔"；正确处理读书与找材料的关系；从名人名著中学习治史方法；搜全材料再下笔。我们从《文集》所收录的论著中，不难看出张老师这六个方面的治学特点。我认为，这六个方面的治学特点，归根结底就是在马克思主义指导下坚持史学求真致用的价值取向。

张老师治学教学旗帜鲜明地讲马克思主义，把马克思主义作为治学教学的理论遵循，这是他取得丰硕成果以及奠定他在中国秦汉史研究学术史上地位的根本原因所在。他在《略谈新时期的中国秦汉史研究》一文中，谈及对21世纪中国秦汉史研究的展望时说："理直气壮地坚持用马克思主义的唯物史观为指导，进行秦汉史研究。要在秦汉史领域取得一定成果，仅仅靠文献资料和考古资料是不够的，还需要有一定的理论。下一世纪必然有各种思潮、理论在进行激烈的竞争，也有人运用各种理论来研究秦汉史，但我坚信，以唯物史观为指导进行研究仍然是主流。马克思主义关于社会形态学说，近十几年来学术界谈得不多，或把社会划分为'传统''现代''后现代'，但何为'传统'，何为'现代'，何为'后现代'，仍然争论不休。我认为，到目前为止，还不能否认社会分阶段发展的理论，所以，马克思主义社会形态学说的研究，依然有重大意义。中国古代史分期问题的讨论、秦汉社会性质的讨论，都是非常重要的课题。随着考古材料的发现、研究的不断深入，上述问题必然会呈现出异彩。只要我们坚持马克思主义理论与秦汉时期的历史实际相结合，许多悬而未决的问题，必然会取得圆满的结果，得出科学的结论。"21世纪的历史已经过去二十多年，张老师所看到的"激烈的竞争"在中国古代史学界、秦汉史学界确实存在，张老师坚信的以唯物史观为指导的历史研究依然是主流，马克思主义社会形态学说日益受到重视。特别是党的十八大以来，以习近平同志为核心的党中央对历史科学高度重视，唯物史观的地位更加巩固，引领中国历史学发展潮流的作用更加凸显。这都充分验证了张老师的预判。

张老师史学研究的价值取向还突出反映在他对史学求真致用的认识上。史学的功能和作用，古今都在讨论。这个问题虽然看似是史学研究之外的话题，但却深刻影响着史学家的价值取向，对史学家的研究产生导向性的作用。不同的历史观有不同的史学功能作用观。张老师认为，史学的"求真"和"致用"是有机的结合，"求真"是前提，是科学基础，"致用"是目的，是学科属性。坚持实事求是的"求真"价值观，是每一位史学工作者所应具备的最基本的学术品德，绝不能以虚假的所谓“历史故事”去误导人们。如果说在历史学的“求真”认识上尚看不出张老师和古今严谨的史学家有什么区别的话，那么在史学的“致用”上，就显示出一位马克思主义史学家的品格。经世致用是中国史学的优良传统，但不同时代的史学家对“经世致用”的理解肯定是不同的。中国传统史学的“经世致用”，目的是巩固封建统治阶级的主流意识形态，维护其对人民的统治。马克思主义史学的“经世致用”，就“应当从人民的立场出发，以科学的态度，得出实事求是的结论”。“从人民的立场出发”，充分反映了张老师马克思主义的史学价值观。基于这一立场，他主张要正确看待中国传统文化的当代价值，“应当以批判的态度加以分析与继承”，要“摒弃其封建性、专制性糟粕，弘扬其优秀的科学性、民主性、人民性、艺术性文化元素与精神”。继承的目的在于创新。我们要在前人的辉煌成就之上，“创造探索出适应新时期改革开放历史大潮的新的精神文明成果”。张老师这一历史观与我们党在新的历史时期对传统文化的科学态度、对史学工作者的要求是完全一致的。近期，习近平总书记《在文化传承发展座谈会上的讲话》中指出：“中国文化源远流长，中华文明博大精深。只有全面深入了解中华文明的历史，才能更有效地推动中华优秀传统文化创造性转化、创新性发展，更有力地推进中国特色社会主义文化建设，建设中华民族现代文明。”我相信，《文集》的出版对于我们深入了解中华文明的历史，推动中华优秀传统文化的创造性转化、创新性发展，建设中华民族现代文明，都必将产生重要作用。

张老师说他一生就是在做读书、教书、著书、藏书和师友交往五件事。“唯有伴书度春秋”，这是张老师对他自己一生的总结。虽然张老师曾经担任过很多重要的学术行政领导职务，为学术界作出过许多奉献，但他内心深处还是一个以书为伴的书生，是我们尊敬的一位学术师长。以上是我学习张老师论著的点滴体会，是我对张老师一点粗浅了解的感想，不当之处还请张老师和学界谅解！是为序。

卜宪群

2023 年 7 月 8 日于北京

（卜宪群系中国社会科学院古代史研究所所长、研究员。中国史学会副会长，中国秦汉史研究会会长，国务院学位委员会历史学科评议组成员。）

序三

从相识、相知到深交

——兼谈张荣芳先生陈垣研究成果的特色

陈智超

荣芳先生邀我为他即将出版的九卷本《张荣芳文集》作序，我翻阅他的编辑整理计划，九卷中，关于陈垣研究的有两卷，可见对陈垣研究在他的总体研究成果中的地位。下面谈谈我与荣芳兄从相识、相知到深交的过程及对他陈垣研究成果特色的认识。

我是在祖父陈垣和父亲陈乐素的教育、熏陶下成长的。我1934年出生于上海，三岁时第一次见到祖父，父母亲在祖父面前夸奖我，说我已经认识几百个字了。祖父将信将疑，随手拿张报纸考我，就是“盐业银行”四个字。当时没有简体字，除“行”字外，另三个字的繁体是很复杂的，我随口说了出来，祖父点点头，没有说话。以后祖父给父亲写信，经常提到我：“小子在家读书也好，不必急，身体比读书要紧。”“超孙学《说文》部首很好，但千万不要过劳，我已多次讲过身体要紧。”1946年，我12岁，已经上初二，因身体不好，休学在家。祖父又来信说：“智超身体何如？停一年不读书，纵其自习，亦一样有益。甲午（1894）广州大疫，余停一年，读书之基树于此也。”可见祖父对我的关爱。

父亲对我的教育，概括起来就是“开明、启发、责任”六个字，所谓“开明”，就是父亲从来不干涉儿子对事业的选择。所谓“启发”，就是启发你的自觉性，没有自觉性，没有迫切性，他不会强迫你。我为什么会选择历史学作为自己的职业呢？1941年，我们一家住在香港，我只有七岁，父亲当时在写《宋史艺文志考证》一书，他带我和二姐俩人去图书馆查《四库全书总目》中的“宋志”两个字，两个人进行比赛，互相挑对方的错误，挑对方错误多的，就奖赏一颗糖果。这种相争，可以启发积极性。1946年，我12岁，父亲工作的浙江大学从贵州搬回杭州。我利用暑假，把父亲写在毛边纸条上的纸条誊在稿子上，这就是《宋史艺文志考证》的第一稿。在誊写过程中，当然会受到一些启发。所谓

“责任”，作为一个儿子，有做儿子的责任，把史学作为终身事业，就是我的责任。我整理父亲、祖父的遗著，也是一种责任，使他们的著作和学术精神薪火相传。

我1962年自北京大学历史学系毕业后，在云南从事公路修建的技术定额工作，连年获奖。又回过头来考上中国科学院哲学社会科学部历史所的研究生，毕业后留在历史所工作。张荣芳先生1964年自南开大学历史学系毕业，分配到历史所工作。我们都是广东同乡，我在宋史研究室，荣芳兄在图谱组工作。1966年开始“文化大革命”，各种业务都停顿了。我们彼此只是相识，来往并不多。1973年，荣芳兄调回广州中山大学历史学系任教，我们的来往就更少了。

我们从“相识”到“相知”，是2005年的事。中共广东省委、省政府提出建设文化大省的目标。岭南文化是一种地域文化，在其历史发展长河中，哺育着一代又一代奋发进取的岭南人。2004年，中共广东省委宣传部和广东炎黄文化会研究会，联合编辑一套《广东历史文化名人丛书》，由时任省委宣传部部长朱小丹（以后由接任宣传部部长的林雄代替）和广东炎黄文化研究会会长欧初任主编，荣芳兄是该丛书的副主编之一。岭南众多的思想家、科学家、艺术家和政治家的创造性活动，促进了岭南文化的繁荣和发展。为了宣传这些杰出的代表性人物，使我们的人民尤其是青少年认识先辈如何开拓历史，创造光辉灿烂的中华优秀文化，从而更加激发爱国爱乡的热情，增强民族自尊心和自豪感，努力去创造更加美好的未来。荣芳兄编写了这套丛书之一《近代之世界学者陈垣》。我当时在云南昆明探亲访友，荣芳兄不知道我在昆明的地址和电话，几经努力，找到了我在北京的儿子，才知道我在昆明的地址。他把15万字的书稿寄到昆明，请我审阅。拜读此书，才知道荣芳对我祖父陈垣有比较深入的研究。他用丰富的材料、通俗易懂的文字，几十幅珍贵的历史照片，图文并茂地展现了大史学家、大教育家、炽热爱国者陈垣91岁的人生历程。同时，又对陈垣在世界的学术地位与影响、师友间的真挚情感、祖孙三代的学术传承，都详细描述（该书2005年由广东人民出版社出版）。

2007年，由著名的自然科学家、工程科学家、社会科学家组成“二十世纪中国著名科学家书系编著出版委员会”，该书系由吴阶平、杨福家、吴文俊、袁隆平、孙家栋、陈清泉、刘国光、汝信主编，书系的“序言”说：“书系”是一套面向大众，能够被图书馆收藏，能够向各界读者展现一代著名科学家献身科学、追求真理、为中华文明与人类文明贡献毕生风范的高品位读物。同时将在普及科学知识、弘扬科学精神、提倡科学创新、推进科学发展方面发挥重要和深远的影响。陈垣入选该书系，编委会邀我编写此书，我的工作实在太忙，承担国家重大研究项目两项，实在抽不出时间来编写《陈垣》一书。于是委托荣芳兄和我夫人曾庆瑛教授承担此事。夫人长期与我一起整理陈垣的遗著，对陈垣生平、学术、教育和交往都谙熟。经过一年的努力，他们完成了《（中国科学院哲学社会科学部委员）陈垣》一书，15 万字，2008 年由北京金城出版社出版。

通过这两部书，我与荣芳兄由“相识”到“相知”，我们成了研究陈垣的“知音”，并进而到了“深交”。“深交”的表现是多方面的，我把整理出版的陈垣著作和我与夫人研究陈垣的成果悉数寄给荣芳兄，供他研究之用。我们在学术上无所不谈，互赠陈垣研究之外的著作。有关纪念陈垣的活动，我都邀请荣芳参加。2007 年，江门市委宣传部和江门市蓬江区人民政府，为纪念陈垣先生诞辰 130 周年，要拍摄一个有关陈垣生平的视频，我请摄制组的同志去广州中山大学采访荣芳，2012 年 12 月，中央电视台科教频道 CCTV－10“人物”专栏要拍摄《著名教育家陈垣》（上下集），我也请摄制组的同志去广州采访张荣芳。这两个视频播出之后，在社会上反响都很好。2010 年 11 月，为庆祝《陈垣全集》出版，由张荣芳策划和组织，中山大学与广东炎黄文化研究会联合举办了“纪念陈垣先生诞辰 130 周年学术研讨会”，我和夫人曾庆瑛应邀参加了会议，并在会上发表《〈陈垣全集〉主编者语》的论文。2013 年 6 月，我与夫人、儿子去广州，办完事之后，荣芳兄夫妇陪同我们一起去广州银河公墓拜祭先父陈乐素，他们还在先父遗像前献上一束鲜花，表示哀悼和景仰。2016 年底，江门市蓬江区举办“陈垣杯”诗歌朗诵大赛，并举行颁奖大会，我邀请荣芳兄夫妇参加。并一起到新会棠下镇石头乡瞻仰陈垣故居。会后《江门日报》记者采访了荣芳先生，荣芳发表了《“陈门三史杰”贡献良多》的采访稿。2013 年 8 月，我寄赠一幅陈垣遗墨给荣芳兄，并写跋语说：

> 此为先祖援庵先生有关瞿式耜珍贵墨迹一幅。瞿式耜为南明历史重要人物，拥立桂王，留守桂林。清兵攻陷桂林，不屈而死，有记载瞿式耜奉天主教。援老研究中国基督教史，注意到这个人物，他在 1924 年所作《中国基督教史讲义目略》及《基督教入华史略》讲演中都提到瞿式耜。此幅墨迹即为援老为准备《讲义》及演讲所作札记。他据瞿式耜为其父汝说所作行状，知式耜父汝说为景淳第四子；而天主教书籍《圣教史略》称景淳长子汝夔之子名式穀，式穀及式耜均奉天主教；《明史》则载景淳长子为汝稷；佛教书籍《指月录》则称汝稷奉佛。张荣芳兄研究援老多年，著述甚丰，成绩卓著，谨以援老此幅墨迹相赠，以作纪念。
>
> 陈智超二〇一三年七月于北京

根据援老墨宝和我的跋语，荣芳兄写了一篇长达三万字的论文《南明重臣瞿式耜——读陈垣一幅珍贵遗墨》。

荣芳兄研究陈垣的文章，我都认真拜读过，垣老于 1971 年逝世。陈垣诞辰

100、110、120、130、140周年，北京和广州都举行过纪念他的学术讨论会。学术界出现了研究“陈垣学”的热潮，出版了几十部著作和发表过几百篇文章。在众多研究陈垣的论著中，荣芳兄的研究成果有其自己的特色，我概括为下列几点：

第一，陈垣传记三种，用深入浅出、通俗易懂的文字，并配上几十幅珍贵图片，图文并茂地展现了垣老炽烈爱国、求真务实、追求真理、经世致用、忠诚教育、培养国家栋梁、对师友感情真挚的多彩人生。垣老的科学思想、优秀品格与科学成就，是中华民族与人类社会的宝贵物质财富和精神财富。宣传垣老的励耘精神，可为青少年后辈树立榜样。

第二，凸显岭南文化哺育了垣老。垣老33岁以“革命报人”的身份当选国会议员，进京任职。此前一直在岭南学习和工作。家乡的“厓山忠节”“白沙理学”的历史都给青少年陈垣以深刻的影响。他撰写了大量反帝反封建和研究医学史的文章。垣老的学术思想也渊源于晚清岭南形成的汉学学风。荣芳兄写过一篇《晚清岭南汉学学风的形成与陈垣的学术渊源》论文，参加“纪念陈垣先生诞辰140周年暨学术研讨会”。垣老挚友尹炎武1962年写过一首诗，诗云“珠江学海肇仪真（征），粤秀承风更绝尘，今日代兴新会起，不知面广几由旬。［陈东塾学出仪真（征）而精纯过之。先生实承其术，面复加广］”。文中论述阮元督粤创立学海堂一改岭南学风，使岭南学风，由明代的帖括之学，白沙、甘泉之心学，转变为汉学、朴学。到陈澧时，形成“东塾之学”和“东塾学派”，这是岭南汉学学风形成的标志。研究“东塾之学”乃垣老一生的职志之一。2010年在中山大学举办“纪念陈垣先生诞辰130周年学术研讨会”，会后出版的论文集定名为《陈垣与岭南》。荣芳兄在该书的“序言”中说：定名为《陈垣与岭南》，有两层意思：一是垣老为广东新会人，33岁以前，生活工作在岭南。清末民初岭南的学术环境和社会风气，对垣老一生的学术成就和民族气节、家国情怀有深刻影响。垣老在许多著作中都署名“新会陈垣”，在一些忆乡诗中，表达了他对岭南生活的怀恋。“陈垣与岭南”既表达了垣老与岭南的渊源关系，也承载着岭南学人对垣老的景仰。二是本书的内容，有相当多的部分是探讨垣老与岭南关系的，也是这次会议的特色之一。垣老与陈澧的学生汪镛及其子汪宗衍关系甚深。汪兆镛对垣老青少年时的文章十分赏识，给予很大的鼓励。汪宗衍与垣老通信十分频繁，收入陈智超编《陈垣来往书信集》（增订本）中有191通。汪宗衍在1972年2月所作的《陈援庵先生论学手简》后记中云：“一九三三年夏，援老回粤，时衍方增订旧作陈东塾先生年谱，持以就正。自是四十年来书简往还不辍。近二十年来，犹源源以东塾资料远寄，其为人服务，诚如援老表字之称也。”所以说，阮元—陈澧—陈垣的学术是一脉相承的。岭南文化哺育着垣老。

第三，比较深入地挖掘垣老与中山大学关系的材料。现在中山大学医学科教育史的渊源很深，主要来源于岭南大学医学院教育史、国立中山大学医学院教育史、广东光华医学院教育史。广东光华医学院的前身是私立广东光华医学专科学校。荣芳兄写了一篇论文《广东光华医学专门学校创办人之——陈垣与鼠疫斗士伍连德——以 1911 年扑灭东北鼠疫和“奉天国际鼠疫会议”为中心》（载《华学》第十二辑，饶宗颐教授百岁华诞庆贺专号）。1901 年清政府发动“新政”运动，1905 年进而宣布“废科举，兴学堂”，仿效西方模式，提倡兴办学校。西学传入中国，行医和办学多为外国人。1907 年，在英国人经营的佛山轮船上，发生了一起英属印度警察踢死中国工人的命案，硬说是死者因突发心脏病而亡。该事件引起广州医学界的愤怒，为了维护民族尊严，大家决心集资创办中国人自己办的医社、西医学校和医院，争取“国权”“医权”和“医学教育权”。1909 年创立了“光华医社”和“光华医学专门学校”。“光华”就是“光我华夏”之意。校长为郑豪。第一届学生有由博济医学堂转学插入三年级的陈垣等六人，垣老毕业后留校任教，并被推荐为董事会董事。广东光华医社、医校、医院设立早期的重要人物是梁培基、郑豪、陈垣。垣老在《医学医生报》《广东光华医事卫生杂志》上发表了大量医学史和医学知识方面的文章，扩大了广东医学界在国内外的影响。

1948 年，垣老应光华医学院校友之情，撰写了《广东光华医学院故校长郑君纪念碑》，介绍郑豪的生平和贡献。碑文曰：“君主持光华二十余年，中间复任中山大学内科主任、教授，又被推为广州医学会和中西医学会会长，培植人材甚众。今粤中名医，大半出君门下，此君稍可自慰者也。一九四二年六月十九日，以避寇，卒于广西贵县，得年六十有五。君性笃厚，和易近人，热心社会事业。光华之成，余忝为创办人之一，复而就学焉，故余于光华诸师，皆先友而后师，君又余在时校长也。同人为君立纪念碑，不摈余于校友之外，属为之辞，因述其所知所感如此。愿同人善继君志，毋忘学术自立之事旨也。”（《陈垣全集》第七册，第 824—825 页）。

1910 年 10 月，我国东北暴发震惊世界的鼠疫。清政府派获剑桥大学医学博士学位、时任天津陆军医学堂副监督（副校长）的伍连德前往东北领导扑灭鼠疫工作。在清政府外务官员施肇基的配合下，伍连德仅用几个月时间便扑灭了东北鼠疫，创造了世界奇迹，受到清政府的嘉奖，“赏给伍连德医科进士”。1911 年 4 月 3 日至 4 月 28 日，清政府在奉天举行“奉天国际鼠疫会议”，由伍连德主持。这次会议是世界历史上第一次国际鼠疫会，是中国历史上第一次国际科学会议。这次会议形成的《奉天国际鼠疫会议》一书在世界医学史和中国科技史上都占有重要地位。

正是由于广东光华医社、光华医学专门学校在全国有重要地位，“奉天国际鼠疫会议”邀请广东光华医社派人参加，光华医社共派九人赴会，垣老因为有其他事不能前往。垣老在广州根据东省友人函告、京沪奉天各报、东西方各国新闻等资料，发挥他的史学特长，编撰成《奉天国际鼠疫研究会始末》（简称《始末》），宣统三年（1911）四月出版，发行者为广州光华医社。可见垣老对此会的关注及反应之快。书前有“伍连德像题词”，作者专门介绍伍连德的医学经历：“此次万国鼠疫研究会，经各国医士公意，举充会长”伍君之学术资望，久为世人所推重也。”此书是一部纪事本末体史书，以事件为中心，记载史事的始末。诚如郑豪在“序”中说：“陈君固邃于国学，其于细菌学，又为专门，故所纪述，能原原本本。”本次会议虽有《奉天国际鼠疫会议报告》出版发行，但《始末》仍有重要的历史学和文献学价值。第一，保存了《会议报告》没有收录的许多关于会议的历史资料。第二，是一部为中国争取国权、医权、弘扬爱国精神的历史记录。

垣老与中山大学文史学科的渊源也很深。他 1912 年当选为民国第一届国会众议员，1913 年赴京参加国会，从此定居北京。垣老无心于政界，转而从事历史学研究和教育。在宗教史、元史、历史文献学等领域作出重大贡献。中山大学于 1935 年经教育部批准成立研究院，下设文科研究所等。文科研究所设中国语文文学部、历史学部。历史学部聘陈垣等 13 人为名誉导师。由陈汝筑、易汉文主编的《巍巍中山——中山大学校史图集》（2004 年中山大学出版社出版）第五章“中大名师”中有垣老图像。1949 年以后，中山大学历史学系名师云集，多为垣老的晚辈，有的就是他的学生。荣芳兄研究垣老与中山大学教授的关系，写有《冼玉清与“史学二陈”交谊的思想基础》《容肇祖与陈垣》《陈垣与冼玉清著〈广东释道著述考〉》《师生情深——陈垣与容庚容肇祖昆仲的交谊与学术精神》《陈垣与岑仲勉》《陈垣〈明季滇黔佛教考〉沾溉中山大学明清之际岭南禅宗史史料整理与研究》等论文。

以上说明垣老与中山大学医学学科、文史学科有很深厚的关系，这是荣芳兄陈垣研究成果的特色之一。

第四，比较注重垣老史学理念和治史方法的研究。《陈垣全集》出版之后，荣芳写了《二十世纪中国历史学的一座丰碑——〈陈垣全集〉读后》论文，从四个方面论证《陈垣全集》是二十世纪中国历史学的一座丰碑：（一）在中国近代实证史学中有许多重要建树；（二）把史学“通史以致用”的功能发挥得淋漓尽致；（三）对历史文献学的贡献可示来者以轨则；（四）治史方法是一笔宝贵的精神财富。荣芳兄在文中把垣老的治史方法归纳为以下几点：（1）选择研究课题要有学术前沿意识，具有社会意义和学术价值；（2）治学从目录学入手；（3）搜集材料要“竭泽而渔”；（4）对清学谙熟，多学科综合运用的考证方法；（5）从前人著作中学习治史方法；（6）讲究著作体例；（7）“联缀成文”，文字严谨简洁明了，深入浅出，以理服人；（8）著作完成后请人指摘，反复修改，精益求精。我出版过一部《陈垣〈元西域人华化考〉创作历程——用稿本说话》，荣芳兄写了书评，题为《一部学习历史研究方法的好教材》。荣芳归纳垣老的治史方法，是他长期研读垣老的著作和现当代学者研究垣老的成果而总结出来的。垣老的史学理念是“不能作无本之学，无根之木易倒，无源之水易涸”“吾人论学求真非求胜也”。所以治史要求真务实，但史学的功能是“通史以致用”。垣老史学的精髓是把史学求真与致用的功能结合得十分完美。

第五，关注陈垣祖孙三代学术承传的研究。垣老是史学一代宗师，这是世人所公认的。儿子陈乐素治学严谨，勤勉耕耘，成为 20 世纪中国宋史研究的开拓者与奠基者之一。我在宋至明代历史、历史文献学、陈垣及其时代做过一些研究，也取得一些成绩，荣芳比较早地注意陈垣祖孙三代史学的研究，他的第一本关于垣老的著作《近代之世界学者陈垣》，第七章“陈氏三代史，资鉴启后人”就专门谈了这个问题。他还写过《陈垣教授与陈乐素的学术传承》的论文。我出版过一部《殊途同归——励耘三代学谱》（2013 年东方出版社出版），荣芳写书评，题为《励耘史学传承录》。2012 年，广东人民出版社出版了《陈乐素史学文存》，荣芳写的书评，题为《求真与致用》。说明他是把我们三代作为史学传承的例子来研究的，谢谢荣芳兄的好意。

通观荣芳兄陈垣研究的成果，说明他是在努力践行习近平新时代中国特色社会主义思想提倡的对中国优秀传统文化进行创造性转化和创新性发展，以实现中国式现代化伟大理想的。谨写了以上文字，以祝贺《张荣芳文集》的出版。

陈智超

2023 年 10 月

（陈智超系中国社会科学院古代史所研究员，北京师范大学历史文化学院特聘教授，陈垣嫡孙。）

总　序
—— 一位史学工作者的学术人生

我 1940 年生，今年 83 岁了，生于民国时代，成长于中华人民共和国时期。1949 年以后的社会意识形态，马克思主义占主导地位，我是在马克思主义教育熏陶下成长的，形成了马克思主义唯物史观，并以之指导自己的教学与研究。我一生做了五件事，就是读书、教书、著书、藏书和师友交往。这部九卷本的《张荣芳文集》（简称《文集》），就是我做这五件事的总结，也是我做这五件事的历史见证。下面谈一谈我对这五件事的认识以及这部《文集》怎样体现我做这五件事。

一、关于读书

我的读书启蒙，是在民国时代，当时已经推行新式教学。1947 年在广东家乡本村办的小学读书，小学只有一名教师，是从附近外村请来的。没有用《千字文》《百家姓》《三字经》一类传统的私塾启蒙教材，第一课就是“进学校，进学校，学校门口，国旗飘飘，老师同学都来了”。我在本村小学读了四年，1951 年，转到附近的深水垌私立杰诚小学读五年级。仅读了一学期，杰诚小学就解散了，把我们转入廉江县第一小学（简称“县一小”）。经过考试，我被编入第 39 班（从创校开始，数到我这一班是第 39，故名）。

这所小学位于县城，是全县最好的小学。除了课本之外，图书馆里有许多“小人书”，即连环画图书，上面是图画，下面有几行说明文字，有故事情节，对小朋友很有吸引力。我很喜欢看，眼界因此大开。这就是我课外的“读书”。在县一小读了一年半，1953 年夏季毕业，考上廉江县廉江中学初中部，1956 年夏又考上该校高中部。廉江中学由民国教育家、廉江地区近代教育事业的奠基人邹永庚先生创建于 1919 年，是一所具有悠久历史和光荣传统的重点中学，我读书时的校长是李承煜先生。在廉江中学的六年，主要是读课本，目的是为了升学，用母亲的话来说，就是为了将来“吃闲饭”（“闲饭”，广东廉江话的意思是依靠脑力劳动谋生），不用干体力活。除课本之外，我还阅读了一些课外书，主要是文学作品中的中国古典小说，如《西游记》《水浒传》《三国演义》等；现当代中外作家的知名小说，如巴金的《家》《春》《秋》、苏联作家奥斯特洛夫斯基的《钢铁是怎样炼成的》等。那时看书主要是追求书的故事情节。这就是中学时代的“读书”。该校学风严谨，师生关系融洽，给我留下深刻的印象。

把“读书”作为一种事业，与自己的职业联系起来，是到读大学的时候。1959 年 9 月至 1964 年 7 月，我在南开大学历史学系历史学专业读书。当时综合性大学本科学制为五年。南开大学历史学系有优良的学术传统，建校初期，曾聘梁启超、美籍教师胡理（Houley）等名家来校讲授历史学。1923 年，蒋廷黻博士担任历史学系系主任兼文科主任，他是南开大学历史学系的奠基人。我在校期间，学校贯彻中央制定的“调整、巩固、充实、提高”八字方针，实施《教育部直属高等学校暂行工作条例（草案）》（简称“高教六十条”）和“南开大学学制”，恢复和稳定了教学秩序。历史系提出了以教学为主、以提高教学质量为中心的工作方案。提高教学质量，关键是抓好基础课。这从思想上明确了加强基础课教学，必须掌握基本理论、基本知识、基本技能。强调一定让学生了解基础历史知识，掌握社会发展规律，让学生在学习中逐步学会治学方法。在讲课中系统讲授、重点突出，在辅导、课堂讨论、课外作业等教学环节上一方面巩固课堂讲授内容，一方面具体帮助学生打好基本功，并逐步掌握治学方法。郑天挺教授任历史学系主任（1963 年 2 月升任南开大学副校长），安排经验丰富的教授讲授基础课，让学生从中悟出读书的道理；四、五年级的专业课程，训练学生独立读书、研究问题的能力。王玉哲、杨翼骧、杨志玖、雷海宗、杨生茂、魏宏运、来新夏、巩绍英等一批知名教授和老师执教，使我们受益终身。我的读书追求与学术思想得益于名师们的教诲和熏陶。大学阶段，我对“读书”的感悟有以下几点。

（1）从目录学入门，学会使用工具书。杨志玖先生的“中国土地制度史”“元史”两门课，从目录上引导学生，每门课发两种材料，即课程的基本史料目录和前人的研究论著目录，要求学生到图书馆查阅这些资料。他说这是让学生“了解行情”，即摸清前人的研究成果和学习收集资料的方法。这两种材料给我的印象特别深刻，至今我研究问题，都是以这种方法入手。杨翼骧先生上“中国古代史学史”课，还教我们如何“逛书店”：到书店看书的前言和后语，可以了解该书的基本情况。来新夏先生教我如何使用工具书，先去查《辞海》或《词源》，查出该字的韵母，再按韵母查你所要查的字。经来先生指点，我学会了使用按韵编排的大型工具书如《佩文韵府》等，受用终身。

（2）要读懂古书，必须学习中国文化的基本知识。为了扩大学生的知识面，历史系开设“中国文化知识讲座”（不定期）。查当时的课堂笔记，郑天挺先生讲“中国文化史专题导言”“古籍版本”“年代和年代学”“清代考据学”，杨翼骧先生讲“关于目录学的基本知识”，邢公畹先生（中文系教授）讲“音韵学及其学习方法”，马汉麟先生（中文系教授）讲“文字学”，王玉哲先生讲“甲骨文”“敦煌古籍的始末”“内阁大库档案”，巩绍英先生讲“关于天文历法”，胡厚宣先生（中国科学院哲学社会科学部历史所研究员）讲“甲骨学的历史与现状”，郑克晟先生讲“清代东北史地”等，这些课程使学生开阔了眼界，增长了知识，开启了他们进一步追求知识的欲望。来新夏先生上“史学名著选讲”课，尽可能结合文选讲授读古书所必备的基本知识。他把王力主编的《古代汉语》中《古汉语通论》部分印发给学生，包括字典和古书注释的知识，文字学、训诂学、音韵学及名物典章制度的知识等，这些知识对大学生非常有用。这些教授笃实、谨严的学风对我们影响很深。

（3）要精读几部经典著作，包括马克思主义的基本著作和中国史学名著。我读大学的第一学期，王玉哲教授上“中国上古史”，雷海宗教授的助手陈兰上“世界上古史”（雷海宗教授是南开历史系世界古代史学科的奠基人），都向我们推荐恩格斯的《家庭、私有制和国家的起源——就路易斯·亨·摩尔根的研究成果而作》一书。我一开始读不下去，王老师和陈老师告诉我“读不懂也要读，多读几遍就懂了”。我按照老师的教导，硬着头皮读完了它。列宁在《论国家》一文中建议研究国家问题的时候看看恩格斯的《家庭、私有制和国家的起源》，称赞“这是现代社会主义的基本著作之一，其中每一句话都是可以相信的，每一句话都不是凭空说的，而是根据大量的史料和政治材料写成的。当然，这部著作并不是全都浅显易懂，其中有几部分是要读者具有相当的历史和经济知识才能看懂的”。他说，当以后一旦发生兴趣而再来研究时，即使不能全部了解，也会了解它的绝大部分。“因为它在这方面提供了正确观察问题的方法。它是从叙述国家开始的。”① 我对列宁这段话体会比较深刻，以后经常翻阅这部书，因为它是关于国家起源和古代社会发展规律的经典著作，是马克思主义国家学说的代表作之一。上大三时，系副主任吴廷璆教授开“马克思主义经典著作选读”课，以列宁的《国家与革命》为教材。通过学习和精读，我了解了列宁对马克思主义国家学说的继承与发展。1961 年人民出版社出版了《马克思主义经典作家论历史科学》，我买了此书，如饥似渴地阅读，并随身携带。其后多次修改出版，1980 年由黎澍主编再次出版，选文很精粹，我收藏了所有版本。该书影响了我的一生。

郑天挺教授强调历史专业的学生要“精读史学名著”。他主编国家教育部统编文科教材《中国史学名著选》，编选《左传》《史记》《汉书》《后汉书》《三

① 《论国家》是列宁在 1919 年 7 月 11 日斯维尔德洛夫大学讲演的记录，见《列宁全集》第二版增订版第 37 卷，人民出版社 2017 年版。

国志》《资治通鉴》六种选本，分册发行。其前言称“是为高等学校历史专业课程史学名著选读编选的。目的在通过选本训练学生阅读古典历史文献的能力，并熟悉我国古代著名历史著作的各种体裁和基本内容”。这六种名著选本我都精读过。王玉哲教授开设的“《史记》选读”和来新夏先生开设的“史学名著选讲”，给了我很多阅读古籍的知识。在此基础上，我又精读了中华书局点校本《史记》《汉书》《后汉书》《三国志》全册。我选择秦汉历史作为研究方向，与我精读过“前四史”并产生浓厚兴趣有密切关系。即使在“文化大革命”期间，我仍坚持阅读史学名著，这成为我生活中不可或缺的内容。在史学名著中，我对《史记》特别青睐，不知读了多少遍。这种酷爱的“种子”是在南开上王玉哲教授的“《史记》选读”课时播下的。我被司马迁的崇高人格所感动。司马迁说君子要立德、立言、立功。他因李陵事件横遭灾祸，生不如死，痛恨皇权对人性的野蛮摧残。他说：“人固有一死，或重于泰山，或轻于鸿毛。”为了完成父亲司马谈的遗嘱，他忍辱负重，坚强地活下来，成就不朽之作——《史记》。他在《孔子世家》和《伯夷列传》中引孔子之言：“君子疾没世而名不称焉。”认为人对社会不能做出贡献，不能“终于立身，扬名于后世”，是最大的耻辱。他作《史记》的目的，是“究天人之际，通古今之变，成一家之言”。要达到这个理想，必须不与圣人同是非，突破旧的传统思想和官方哲学框架。以至于后来的班固批评他“是非颇缪于圣人”，而这正是司马迁思想中光彩夺目之处。

诵读传统人格修养宝典，应该成为每个人教养的一部分。大学一年级由中文系解惠全老师上“古代汉语”，选录《诗经》《左传》《论语》《孟子》等传统经典若干篇章，逐字逐句解释。我对这门课兴趣浓厚，对选读的作品，像读外语一样，高声诵读。大四时，巩绍英先生开“中国政治思想史”（刘泽华老师为助教），选录先秦两汉思想家的原著印发给大家。我对原著不理解的地方就向刘泽华老师请教，对《论语》、《孟子》和《诗经》下了很大功夫，印发的篇章，大部分都熟读，这对我的人格修养影响甚大。

（4）写作毕业论文，收集资料要“竭泽而渔”。大学四年级撰写学年论文，我选《两周生产者的身份》题目，指导教师王玉哲教授教我写论文要“小题大做”，收集材料要“竭泽而渔”，材料要丰富，论证要充实。在他的启发下，我将题目改为《两周“小人”试释》。五年级写毕业论文，我在王先生的指导下，对两周文献中出现最多的“民”“氓”进行研究，并全面收集资料。通过查阅叶绍钧编的《十三经索引》、哈佛燕京学社编的有关文献的《引得》和《佩文韵府》等工具书，查出了传世的先秦文献中所有“民”“氓”“小人”的材料，分门别类制作了卡片；还查阅了学术界关于中国古代社会分期讨论的论著，对各家关于两周生产者身份的解释都进行了摘录。当时日夜沉浸在对这个问题的研究之中，最终完成长达一万多字的毕业论文《两周的“民”和“氓”非奴隶说——两周生产者身份研究之一》。王玉哲先生对此文颇为满意，评了5分（5级记分制），认为“本论文能初步的运用马克思列宁主义理论搜集到一些必要的原始资料，加以分析和论定，并能在前人研究的基础上提出个人的见解以及个别新的问题，而又能作出初步的解决”。我在南开大学历史系读书5年，恩师们授予我治学之道，使我确立了读书为人生的职业理想。

关于“读书”，我写过《南开教我读经典》《治学方法从众师中来——忆南开历史系老师对我的教诲》等心得。

二、关于教书

1973年10月，我从北京调来中山大学历史学系，正式从事教学工作，至今已50年。一开始是为考古学专业讲“战国秦汉考古”课，带学生到全国各地考古遗址参观考察，参与发掘工作，并得到麦英豪先生的指导。1978年秋，我到北京大学旁听俞伟超先生的“战国秦汉考古”课，记了3本厚厚的听课笔记，1980年转教“中国古代史（上）”课程。中山大学历史学系是一个历史悠久的学系，一些著名教授以学术为生命，形成了一种严谨的治学传统，这对我是一种无形的鞭策。调入中山大学后，我历任讲师、副教授、教授。1996年7月，被遴选为中国古代史专业博士研究生导师。从1983年开始，先后担任历史学系副主任、中山大学教务长、副校长等职，并兼任一些社会职务。尽管行政事务缠身，我始终坚守教学岗位，不忘教师本分，为本科生开设“中国古代史”“战国秦汉考古”“秦汉历史与文化”等课程；为硕士研究生开设“秦汉史与简牍研究”“秦汉史籍选读与研究”“马克思主义关于资本主义以前各社会形态的理论”等课程；为博士研究生开设“秦汉史料研究”“《史记》选读与研究”“秦汉学术思想研究”“简牍学”“秦汉法制研究”等课程。我的讲课，注意点面结合，深入浅出，同时注重让学生了解学术前沿的状况，以开阔学生的视野、激活学生的思想，因此受到欢迎。先后招收10名博士研究生，他们已在各自学术领域崭露头角，成为业务骨干，大多数已晋升为教授。有的已被遴选为博士生导师。

本《文集》的第七卷《中国古代史（上）·先秦至唐代讲稿》、第八卷《秦汉历史与文化专题讲稿》、第九卷《学术演讲录》，是三部讲稿，是自己教书50年的一个总结。除此之外，还有“战国秦汉考古”课的讲稿，没有整理出版。

接下来，从三部讲稿来说说我的教学理念。

（1）重视马克思主义唯物史观知识的教育。我是在唯物主义历史观教育下成长的，老一辈马克思主义史学家的学术思想对我有深刻的影响。郭沫若、范文澜、翦伯赞、侯外庐、吕振羽等先生，是我十分崇拜的学者，其生平和代表作我都有所了解。我的讲稿中比较充分地体现了对马克思主义唯物史观的贯彻。例如：人民群众是推动历史发展的根本力量的观点；经济基础决定上层建筑的观点；观念形态能动地反作用于经济基础的观点；用辩证唯物主义的方法研究历史的观点；学会从历史现象背后寻找本质的观点等。此外在教学中指定马克思主义经典著作必读书目，如中国社会科学院历史研究所编《马克思、恩格斯、列宁、斯大林论资本主义以前诸社会形态》（文物出版社 1979 年版）等。

（2）注重系统的史学基本知识的教育。例如《中国古代史（上）·先秦至唐代》，就是向学生系统地讲授从原始社会到唐代末期中国古代社会发展演变的重要知识，包括经济、政治、军事、社会生活、文化、艺术、中外文化交流等多领域的全面介绍。

（3）在授课过程中及时介绍学术界的研究动态，反映学术争论的基本情况。

例如，关于“亚细亚生产方式”、历史人物评价和中国社会历史分期的讨论、中国农民起义与农民战争的性质与作用的讨论等。

（4）为学生系统编一些相关制度的资料。例如井田制问题参考资料、曹魏屯田制度有关资料等。

（5）体现完整的教学过程。有详实的授课讲义，配套的幻灯片、电视片等，有课堂讨论题目、布置作业、学习写文章、考试试卷以及省级重点课程自评报告、申报材料等完整的教学文件档案。

（6）秦汉历史与文化专题课，引导学生学习研究问题的方法，特别在培养硕士研究生、博士研究生方面，则更为侧重。

在我 50 年的教学生涯中，始终以陶行知先生“千教万教教人学真，千学万学学做真人”为教育圭臬，教育学生，这就是我一以贯之的教学理念。

三、关于著书

《文集》中的第一卷《秦汉史论集（外三篇）》、第二卷《秦汉史与岭南文化论稿》、第三卷《中国古代史与岭南文化丛稿》、第四卷《南越国史探索两种》（合著）、第五卷《陈垣传记三种》（其中一种合著）、第六卷《陈垣研究丛稿》，是我一生著述的总结，时间跨度达 50 年。这些著述的内容主要体现在以下几个方面。

1. 以马克思主义唯物史观为指导——历史发展合力论

马克思、恩格斯共同创立了历史唯物主义，认为生产力和生产关系、经济基础和上层建筑两对关系构成了社会发展演变的基本矛盾，每一对关系的前者决定后者的性质；后者则具有相对独立性，并对前者产生积极的或消极的反作用。马克思主义唯物史观是我们研究历史的指南，“我们的理论是发展的理论”，不是教条，而是方法。唯物史观为历史研究提供方法论原则：

承认历史过程的客观性，一切研究都必须从历史事实出发，主张“论从史出”，反对“以论代史”。

历史过程尽管曲折复杂，但可以透过历史现象去分析人类社会发展的本质，归根结底，是社会存在决定社会意识，运用这一原理去说明、解释历史现象和社会意识。

（3）把人类历史作为一个以生产力发展为基础，各种历史因素相互作用形成的、统一的、有规律的过程去研究，即以历史发展的合力观去看待历史。这种历史发展合力论认为，人类社会、中国历史的整个发展过程，是在相互作用的形式中运动的，但相互作用中的各种历史力量是不均衡的，其中经济力量是最原始的、最有决定性的因素。也就是说，所谓相互作用，是以生产发展为决定性因素，其他一切，诸如政治、法律、哲学、宗教、文学、艺术、地理环境、气候条件等等因素，也是历史发展的合力之一，不能忽视。人类社会通过各种力量的相互作用向前发展，我们必须把历史决定性思想和相互作用思想辩证统一起来，才能达到整体历史发展过程的科学认识。

2. 历史科学的功能与作用——求真以致用

关于历史学的功能与作用的讨论，近代以来，学术界有所谓“求真”与“致用”两派之争。前者强调史学应以求真为目的，提出“视学术为目的而不视为手段”“在学问上只当问真不真，不当问用不用”等治史旨趣与观点。后者则大力倡导历史学的“致用”一面，强调“致用”是历史学之所以存在和发展的根本原因，治史的目的只有一个，即是为现实服务，认为历史的“真”只具有相对性，离开了史家赋予它的现实意义，便没有任何价值。我认为，这种将“求真”与“致用”对立起来的观点并不足取，都是不全面的，应该将两者有机结合起来：“求真”以“致用”，“求真”是前提，是科学基础；“致用”是目的，是学科属性。

首先，历史学作为一门科学，其学科性质要求必须把“求真”放在至高的地位，只有在真实可靠的史料基础上进行科学研究，才能保证研究所得出的结论的客观性、准确性。追求真理、探寻真相、尊重真实，坚守实事求是的“求真”价值观，是每一位史学工作者所应具备的最基本的学术品德。因为历史科学是人类社会活动的向导，历史研究是人类认识自身的根本途径之一，由历史研究而形成的历史知识，是人们所必需的文化知识。绝不能以虚假的所谓“历史故事”去误导人们。历史学的科学性体现在“求真”上，只有在“求真求实”的科学前提下才能够“学以致用”。

其次，就历史研究的现实性而言，“求真”与“致用”又难以分离。史学属于人类意识形态范畴，不能脱离社会实际的需要，因此，不能不遵循“致用”原则。从历史上看，“经世致用”一直是中国史学的优良传统，从孔子作《春秋》开始，中经唐代杜佑，宋代司马光、李焘、徐天麟、李心传、陈傅良、王应麟、马端临，至清初顾炎武、黄宗羲、王夫之等，将“经世致用”之义发挥得淋漓尽致。现代史学大师陈垣、陈寅恪、钱穆、吕思勉、傅斯年、郭沫若、范文澜、翦伯赞、吕振羽、侯外庐等都自觉运用史学为社会进步服务，为人类文明发展服务。“求真”与“致用”是不可能分离的，二者并不互相排斥。历史学之所以能够源远流长、生生不息，其原因就在于历史学有着不可或缺和不可替代的致用属性。我的著述努力将“求真”与“致用”结合起来，求真以致用，希冀自己的研究成果能够像陈垣先生所期望的，成为“有意义之史学”①。

第三，怎样才能坚持史学为现实服务的品格？应当从人民的立场出发，以科学的态度，得出实事求是的结论。历史学要关注社会、关注现实，必须“学以致用”；但不是庸俗地、媚时地、被动地作现实的脚注。“致用”并非实用，历史学理应担负为社会服务、为现实服务的责任，但必须建立在科学、求真、求实的基础之上。这种关注与服务，须有一个前提条件，即史学必须确保自己的独立品格。史学的独立品格就是求真、求实，即对历史真实的追求。史学一旦失去了这种品格，将不成其为史学了。在这方面，古代司马迁、当代林甘泉先生等，都为史学界树立了楷模。

3. 文化遗产的批判与继承——古代史与岭南文化研究选题

中国拥有世界上最为丰富的历史文化遗产，这是中华民族5000年来所累积的宝贵文化资源，对这座巨量的文化宝库，我们应当以批判的态度加以分析与继承，正确看待中国传统文化的当代价值，摈弃其封建性、专制性糟粕，弘扬其优秀的科学性、民主性、人民性、艺术性文化元素与精神。继承的目的在于创新，怀着对祖先所创造的灿烂文明成就的“敬意与温情”（钱穆先生语），我们今天必须在前人的辉煌成就之上，创造探索出适应新时期改革开放历史大潮的新的精神文明成果。我的著述即是这种探索的微小部分。

我的学术著述主要集中在中国古代史和岭南文化方面，以先秦、秦汉为重点，兼及近代学术史。秦汉时代是中国封建土地所有制、皇权专制主义政治制度和大一统思想文化的确立期，在中国古代史上起着承前启后的作用，占有十分重

---

① 陈智超编注：《陈垣致方豪函》，见《陈垣来往书信集》增订本，生活·读书·新知三联书店2010年版，第326页。

要的地位。前人在这个领域的研究成果颇多，要想取得新的突破，有所创新，很不容易。20 世纪以来，大量秦汉简牍的陆续出土，为秦汉史研究开辟了新的途径。在这个地下材料"大发现的时代"，我将研究重心从早年的中国古代史分期和两周生产者身份问题，转移到秦汉区域史上来。我的研究分河西地区史和岭南地区史两个方面。河西史方面，我以一个史学工作者的敏感，将居延汉简、敦煌汉简、武威汉简等出土秦汉简牍与文献结合起来进行综合研究，发表了《西汉屯田与"丝绸之路"》《汉晋时期楼兰王国的丝绸贸易》《西汉长城的修缮及其意义》等论文，对两汉时期河西地区"丝绸之路"的历史作了进一步探索与还原。岭南史方面，作为广东学者，我更关注岭南地区的历史文化。过去由于文献资料的匮乏，学术界对岭南史的关注与研究相对较少。我对岭南历史与文化的研究，主要利用天时、地利与人和的优势，将新出土的考古资料、特别是西汉南越王墓的发掘资料，与历史记载相参证，发表了《秦汉时期岭南地区社会经济的发展及其划时代意义》《略论汉初的南越国》《汉代我国与东南亚国家的海上交通和贸易关系》《汉代岭南的青铜铸造业》《述论两汉时代苍梧郡之文化》《从西汉南越王墓出土的玉器看秦汉时期岭南文化与中原文化的融合》《论马援征交趾的历史作用》等系列论文，提出了一些被史学界认为"很值得重视的意见"。我与黄淼章合著的《南越国史》详尽地利用地下发掘材料，比较全面真实地揭示了南越国的兴衰历史，客观地展现了秦汉时期岭南的社会与文化面貌，是半个世纪以来国内外南越国史研究成果的集大成。麦英豪先生称"这是岭南地方史研究工程中矗立的一幢新的高楼大厦"（《南越国史》序言）。此书获得广州市社会科学研究成果一等奖、广东高校人文社会科学研究成果二等奖、广东省社会科学研究成果三等奖。

1995 年，我出版《秦汉史论集（外三篇）》一书，收录了 1995 年前发表的 15 篇论文。著名历史学家林甘泉先生为本书撰写序言："我觉得他不仅做了一些前人所没有做过的工作，而且对一些前人已经有所论说的问题，无论在史料的占有或观点的说明方面，也都有所深入。"2005 年，我的第二部论文集《秦汉史与岭南文化论稿》出版，收录了 1996 年至 2005 年这十年内写的 46 篇文章。其中附录我的《治学方法从众师中来》及杨权的《思乐泮水，薄采其芹》两篇文章，大体反映了我的学术思想与治学之道。

我 65 岁从工作岗位退下来后，把研究视野扩展到民国学术史，主要收集与研究与广东关系密切的学者的学术活动史实。主要著述有《傅斯年在中山大学》《顾颉刚先生与中山大学》《近代之世界学者——陈垣》《中国科学院哲学社会科学部委员——陈垣》《江瑔》等。2010 年，主持"纪念陈垣先生诞生 130 周年学术研讨会"活动，并与他人主编论文集《陈垣与岭南》。2019 年我的第三部论文集《中国古代史与岭南文化丛稿》出版，主要收录2006年至2019年所写的文章，共计76篇。我在学术田园已经耕耘了近60年，学术已成为我的生命，毕生以读书、教书、著书、藏书为乐。虽年逾八旬，仍然没有停下脚步的打算。生命不息、学术不止，即我的座右铭。

我的治学方法，可以总结归纳为六点：①选择研究课题要有学术前沿意识，具有社会意义和学术价值；②治学从目录学入手；③搜集材料要“竭泽而渔”；④正确处理读书与找材料的关系；⑤从名人名著中学习治史方法；⑥搜全材料再下笔。

孔子、孟子都是我所景仰的中国思想文化先贤。孔子说“君子有九思：视思明，听思聪，色思温，貌思恭，言思忠，事思敬，疑思问，忿思难，见得思义”（《论语·季氏》）。孟子说“居天下之广居，立天下之正位，行天下之大道。得志，与民由之；不得志，独行其道。富贵不能淫，贫贱不能移，威武不能屈，此之谓大丈夫”（《孟子·滕文公下》）。从根本上说，我的著书理念和为人之道，就是源自孔、孟所言。

有关我的学术研究，2020年，吴小强教授受《中国史研究动态》编辑部委托，采访过我，发表过《君子有九思，求真以致用——访张荣芳先生》[①]一文，读者可以参考。

四、关于藏书

我人生五件事之一便是藏书，藏书与我个人对书的嗜好分不开。记得上小学时，有一次我到大舅陈振昌家玩。他是一位知识分子，毕业于广州国民大学，曾任广东廉江师范学校校长。大舅家藏有一套线装10册的《康熙字典》，我和表弟各拿了几册。大舅从外地回来，我告诉他这件事，他笑着对我说：“拿几册有什么用？合到一起才能查，才能用。”这是我最初与书的结缘。我对购书的兴趣，则肇始于大学时代。在天津读书时，经常去校内的南开大学书店和校外附近的新华书店翻阅图书，杨翼骧教授教会我怎样选购图书（看书的前言、后语）。那时给我印象最深、影响最大的是天津市中心和平路新华书店和劝业场古籍书店。在天津新华书店，我先后四次买齐了王力先生主编的全套《古代汉语》（4册）教材。在劝业场，我幸运地以低价淘得一套民国时期世界书局出版的《诸子集成》（8册），还买到三联书店出版的《中国奴隶制与封建制分期问题论文选集》《中国古代史分期问题讨论集》，后两本书对我撰写毕业论文帮助很大。

① 载《中国史研究动态》2020年第6期；见本文集第九卷附录。

1964 年夏，我大学毕业后被分配到中国科学院哲学社会科学部历史研究所。在北京工作十年，除工作单位之外，去得最多的地方就是位于王府井大街的新华书店和宣武门外的琉璃厂古旧书市。1966 年 10 月 19 日鲁迅先生逝世 30 周年纪念日，我在王府井新华书店买了一套 10 卷本《鲁迅全集》，因是向同乡友人临时借钱才购得，买到手后欣喜若狂。后来又陆续购买了《鲁迅日记》（上下册）及许多有关鲁迅的传记、研究文集。阅读鲁迅、吸收鲁迅思想精华，是我一生的追求之一。1973 年调回广州工作后，我依然利用赴京出差学习的机会，到琉璃厂文化街古旧书市淘书，幸运地以折扣价购得中国书店影印本唐代虞世南《北堂书钞》。在广州的书店中，我去得最多的是北京路新华书店和省财政厅南边的古籍书店。20 世纪 80 年代中山大学西门外“学而优”书店开张后，我更多地来此店淘书，原因有二：一是方便，二是该书店品位高，书的质量好。我在此陆续购买了许多精品书籍，如《两汉三国学案》《宋元学案》《明儒学案》《清儒学案》《清儒学案新编》《民国学案》《百年学案》《明史纪事本末》《清史纪事本末》《清史稿》《清史列传》《傅斯年全集》《谢国桢全集》等大型系列图书。

通过邮购和网购，也买了不少好书，如《王国维遗书》（精装 16 册）、《20 世纪中国史学编年》（4 册）、《顾颉刚日记》（复印本，23 册）等。陈智超先生赠送我一套其主编的《陈垣全集》。我的藏书大部分是通过节衣缩食、自费购买的，少数是朋友或出版社等机构赠送的。

归纳起来，我藏书的特点如下：①讲究实用性，都是读书人常用的经、史、子、集普通书，没有善本、孤本；②研究过的专题，相关资料务必收集齐全，如先秦、秦汉史与关于陈垣和近现代学术史研究的图书，收集较全。③重视工具书和类书的收藏，如《词源》《辞海》《故训汇纂》《太平御览》《宋本册府元龟》《四库全书总目》《续修四库全书总目提要》等。④对历代名人、特别是近现代名人的传记、年谱收藏较多，如《孟心史学记》（孟森）、《励耘书屋问学记》（陈垣）、《蒿庐问学记》（吕思勉）、《存斋论学记》（熊十力）、《张之洞年谱长编》等。

最后，特别值得一说的是，自 2019 年始，耗时两三载，内子黄曼宜亲手将我的全部藏书进行了统计、编目，总计一万多册，其中图书九千多册，期刊几千册。我和我的学生陈莉商量，制定编辑方案，按历史学的要求，把藏书分为 17 类进行编排，陈莉还为大部分藏书做了内容摘要，我们编成《张荣芳藏书总目》，将作为单行本出版。

我的一生无非读书、教书、著书、藏书和师友交往五件事。读书、教书、著书需要藏书，藏书对读书、教书、著书发挥了很大作用。这些书，说到底是党和人民给我的，有朝一日，我将这批藏书回赠图书馆，让它完整地保存，为读者所利用，为人类文明、社会进步奉献绵薄。赋诗一篇，略表心迹：

> 艰辛人生几十载，唯有伴书度春秋；
> 待到驾鹤升天去，书捐黉门藏书楼。

五、感恩与答谢

我出生在广东廉江市一个贫寒的农民之家，十岁时丧父。当时母亲怀有遗腹子，含辛茹苦把我们兄弟抚养长大，我首先要感恩我的母亲。

我读小学、中学、大学都免缴学费，且享受助学金，这使我得以完成学业，这是共产党和人民政府对贫穷子弟的关怀和爱护，没有共产党，就没有我的今天，所以我感恩共产党和人民政府。

关于我小学、中学、大学恩师对我教诲的情况，在“读书”一节中作了介绍。这里特别回顾大学毕业后推荐我到中国科学院哲学社会科学部历史研究所工作的巩绍英先生，和历史所帮助、支持我的师友们，以表达我对他们的感恩之情。

巩绍英先生是辽宁人，一位老革命家，在抗日战争、解放战争时期立下赫赫功勋；中华人民共和国成立后在人民教育出版社主编中小学历史教材，为新中国的教育事业作出了开创性贡献；在学术领域和古典诗词创作方面有杰出成就；在中华书局任副总编辑，领导具有深远意义和影响的历史丛书编纂工作。巩先生1963年4月从北京中华书局调来南开大学历史系任教，1963年下半年即为我们开设“中国政治思想史”课。这是南开历史系的首创，在当时全国高校历史系也是孤例。巩先生能迅速开出此课，是他长期积累的结果。他从20世纪50年代后期开始即有志研究中国古代政治思想史。在中华书局工作期间，着手编辑并拟出版《中国古代政治文选》。他系统地披览了浩繁的历史著作，从“二十四史”和众多的文集中选出了百多篇名作。由于胸有成竹，所以能在很短时间内开出此课。除了课堂授课外，还印发了许多参考资料和书目。

巩先生并不善于讲课，语言虽然缺乏风趣，但很严谨，逻辑性很强，资料丰富，引经据典，不说空话，板书一横一竖，整齐严谨，有书法美之感。巩先生与学生的关系非常融洽，常到学生宿舍与学生促膝谈心；学生也是他寓所的座上客，我就是其中之一。曾在巩先生的书柜里，见有中华书局出版的《十三经注疏》（上下）两巨册，我对巩先生说：我在王玉哲先生指导下，正在写毕业论文，你可否借《十三经注疏》给我用一段时间？他慨然应允。我把此书抱回宿舍，直到我写完毕业论文，才把书还给他。我借助《十三经索引》和各种工具书，找出了先秦典籍中“民”和“氓”的记载，分门别类进行分析，最后完成毕业论文。我的论文，除了王先生审阅，还送给巩先生审阅。当时巩先生提的意见，现在大都忘记了，但有条批语，我记忆终生。在论文中，我把“贼”字写成“贝+戒”字，他在旁边批注“此贼多带一把刀”，既幽默又令人印象深刻，可见巩先生审阅论文时多么仔细。

我在大学四五年级时，已有报考先秦史研究生的想法，并从王玉哲先生那里抄来了“中国古代史专业研究生先秦史研究方向学习大纲（草案）”（1963年订），这份大纲我至今仍保留着。1964年毕业前，我报考了以先秦史为研究方向的王玉哲先生的研究生。有一次在路上遇到王先生，他说，如果不回广东，从暑假开始就好好阅读郭沫若的《卜辞通纂》。听了这话，我心里很高兴。虽然没有明确说录取，但下意识中我认为希望很大。有一次去拜访巩先生，他明确告诉我，中国科学院哲学社会科学部（今中国社会科学院前身）各研究所派人来南开大学选择毕业生，他建议系领导分配小组，让被选中的毕业生去学部各研究所，在研究所是搞研究工作，录取为研究生也是搞研究工作，而且论研究条件学校还不如研究所。我已被录取为研究生，但他建议让我去历史研究所工作。历史研究所派来选择毕业生的人（当时是所里的学术秘书之类），看了我的论文，说我是主张西周封建说的，历史所的主流是追随郭沫若主张战国封建说的，让我去历史所是否合适？巩先生向他解释说，这个学生我了解，青年人的学术观点可以改嘛，在历史所工作，受所里学术风气的熏陶，他自然会改变的。1958年历史研究所邀请巩先生参加郭沫若主编的《中国史稿》的编写班子，受聘为兼职研究员，参加起草编写提纲和初稿，后来又参加了较多的编改事宜。他在历史所的领导层中，说话有一定影响力。就这样，我被分配到中国科学院历史研究所。有一次在历史所张政烺先生的办公室，我谈起巩先生，他说巩先生是老革命干部，但读了很多古书，知识渊博，他是骑在马背上读书的，这让我印象深刻。1971年，巩先生从南开大学被借调到中国历史博物馆参加通史陈列修改工作，还参加了“出国文物展”的筹备工作。我曾去中国历史博物馆探望过他，他还招待我在历史博物馆饭堂吃晚餐。1973年10月，我从历史所调来广州中山大学任教。巩先生于1973年11月病逝于南开大学北村寓所，享年53岁。在中国历史博物馆的见面，竟成永别。巩先生的教诲和关怀，使我如坐春风之中，仰沾时雨之化，毕生难忘，我永远深深地怀念他。

我到历史研究所工作之后，按当时哲学社会科学部的规定，新分配来的大学毕业生必须下乡劳动实习一年。1964年10月，随哲学社会科学部人员到山东烟台地区海阳县参加以“四清”（清理账目、清理仓库、清理财物、清理工分）为主要内容的社会主义教育运动（简称“四清运动”）。运动结束以后留在当地劳动实习，与贫下中农同吃、同住、同劳动（简称“三同”）。1965 年底回到北京。历史所领导把我分配到以张政烺先生为组长的“图谱组”（当时按苏联的称谓也称为“物质文化史组”）。历史所是 1954 年根据党中央毛泽东主席的指示而成立的、以郭沫若为所长的国家级研究机构。该所集中了一大批知名专家、教授，如顾颉刚、杨向奎、张政烺、胡厚宣、贺昌群、王毓铨、谢国桢、孙毓棠等，主要任务是编写以郭沫若为主编的《中国历史》（初名，后改为《中国史稿》）。1958 年 12 月，历史所根据科学规划，为配合《中国史稿》的编写，组建《中国历史图谱》课题（历史所重点项目之一）组，任命张政烺为组长。

张政烺是山东人，身体魁梧，不善言语，个头特别大，脑子里装着百科全书。是著名的历史学家、考古学家、古文字学家、古文献学家，学识渊博，治学严谨，执着进取，为人正直，待人诚恳，乐于助人；他的道德文章，有口皆碑。我从山东回京不久，以为可以很快开展业务工作，就把大学毕业论文抄写一份送给张先生，请他指正。后来他的一位研究生告诉我，张先生读了你的论文，说你读书很细心。我的办公室在张先生办公室对面，他每天都来办公室。1966 年 10 月，有一天我在办公室读《鲁迅全集》第六卷《且介亭杂文》，对“且介亭”不知何解，跑到对面张先生办公室请教，他不假思索地告诉我：当时鲁迅住在上海北四川路，是“半租界”的地方，“且介亭”即半租界里亭子间，“且”是“租”字的一半，“介”是“界”字的一半。我恍然大悟。足见他知识渊博，待人诚恳。

1966 年“文化大革命”开始之后，各种业务都停止了。1970 年 8 月我们被下放到河南省息县东岳公社“五七”干校劳动，后来又到河南明港集中搞运动。1972 年底，从明港回到北京。1973 年八九月间，我获准调去广州中山大学工作。行前去张先生的建国门外住宅拜访他，说我即将调去中山大学历史学系考古专业教“战国秦汉考古”，特来向他告别；同时也希望他对我今后的前途给予指导。张先生对我离开历史所表示惋惜，也表示无奈。他像父亲一样关爱我的前程。当晚的谈话，我归纳为几点：一是熟读《史记》《汉书》，教授“战国秦汉考古”，离不开它。二是从他的藏书中找出一本《中国考古学》铅印本讲义（非公开出版物，北京大学考古教研室编），要我好好读这本讲义，对中国考古学有一个总体认识。三是从他的藏书中找出一本著名古文字学家唐兰写的《古文字学导论》油印本，封面上有张先生自己写的“苑峰”两字，显然，这是唐先生送给他请指教的珍本。张先生说，搞战国秦汉考古，要有一点古文字学知识，你好好读这本书，对你有用。四是要熟悉《仪礼》，因为要研究战国秦汉的墓葬，须懂得当时的丧葬制度。我听着张先生的教导，全身发热。在他手下工作 10 年，未曾做过一点“图谱”的工作，而当我要离开时，他却如此关怀我、教导我，他是多么关爱青年人啊！第二天我到琉璃厂中国书店找到了商务印书馆发行的万有文库国学基本丛书中胡培翚撰的《仪礼正义》（16 册）。后来随着知识的增加和研究的深入，知道古代的风俗礼仪、名物制度，都要用《仪礼》的材料来印证，才懂得张先生要我熟悉《仪礼》的深意。

我在历史所工作了十年，对我一生影响深远的还有马克思主义史学家林甘泉先生。我刚分配到历史所时，他已经是历史所的骨干，负责学术秘书工作。我是刚来的大学生，自然与林先生没有多少接触。在历史所工作期间，关于林先生是年青一代的马克思主义史学家，理论素养高，生活朴素、诚恳为人，办事公道、严于律己，是笔杆子，中央宣传部有什么大的理论问题、重要文章的写作他或参与其事，我这个“小字辈”都略有所闻，对他十分崇敬。我调来中山大学工作将近 50 年，林先生出版的著作，几乎都赠送给我，计有《中国古代史分期讨论五十年》、《中国史稿》（第一、二册）、《中国古代政治文化论稿》、《林甘泉文集》、《中国封建土地制度史》（第一卷）、《中国历史大辞典·秦汉史》、《中国经济通史·秦汉经济卷》、《孔子与 20 世纪中国》、《文坛史林风雨路——郭沫若交往圈》、《从文明起源到现代化——中国历史 25 讲》等等，在每本扉页上都题上“荣芳同志指正，林甘泉”题辞，令我十分感动。我对林先生的著作，大部分都认真拜读，从中汲取马克思主义唯物史观养分，理论素养逐渐提高。在林先生逝世三周年时，历史所举办了“林甘泉史学研究理论与方法座谈会”，我写了题为《为学严于律己，修身宽以待人——我所理解的林甘泉马克思主义史学的品格》一文纪念他。我在文中举出林甘泉“为学严于律己”表现在坚持马克思主义唯物史观，坚持实证求真的史学精神，坚持关注现实的经世致用思想。“修身宽以待人”表现在他有高尚的道德修养，谦恭礼让的人格。2004 年历史所成立 50 周年，林甘泉写过一篇《五十年的回忆和思考》的文章。这篇文章只有五六千字，但对历史所的老一辈史学名家在学术传承、集体协作、努力学习马克思主义理论、为新中国历史学领域做出的开拓性贡献，如数家珍，叙述得淋漓尽致，这是他虚怀若谷、谦恭仁爱精神的具体体现。修身宽以待人的另一表现，就是坚守持节和廉洁的道德品格，举几个我经历的例子。

（1）1995 年，中山大学出版社出版我的第一本论文集《秦汉史论集（外三篇）》，林先生是我景仰的老领导，德高望重的前辈学者，中国秦汉史研究会会长，我请他为该书作序，他爽快地答应了。有一次我到北京出差，去拜访林先生，说出版社托我转 300 元（或 200 元，具体数字忘记了）给他，作为写序的酬劳，他婉拒，并说为老朋友著作写序，是应该和愉快的事，怎能收稿酬呢。

（2）1999 年，经济日报出版社出版林先生主编的《中国经济通史·秦汉经济卷》（上下册），他签署赠我一套。我写了《勇于探索新理论，勤于开拓新领域——读林甘泉主编〈中国经济通史·秦汉经济卷〉书后》的评论文章。林先生当时是历史所所长，我想通过他在《中国史研究》上发表。他在电话中告诉我，这套书是经济史断代研究之一，其他各卷，都是历史所各研究室和经济研究所与其他高校的人员集体编撰的，如果在《中国史研究》发表你对“秦汉卷”的评论文章，其他各卷不好处理。这说明他胸怀全局、严于律己的精神，我知难而退。

（3）我每次去北京出差，只要有时间，都去拜访林先生。他住在皂君庙社科院宿舍，面积不大，房子老旧，家里的椅子、地面上都摆满书，每次去，他和家人都要把椅子上的书搬走；他夫人用干净抹布抹一抹，才让我坐下。有一次我和夫人一起去看望他，我夫人事后对我说，林先生这么高级的干部，这么有地位的学者，还住这样破旧的房子，真是艰苦朴素，令人感动。我对夫人说，林先生是老革命、老党员、老领导，所里的人都称他“甘泉同志”，“同志”这俩字，是榜样，是楷模，是共产党人平凡而崇高的称谓。

陈智超，是我在历史研究所工作的同事。他是陈垣的嫡孙，陈乐素的长子，祖孙三代都是著名的历史学家。陈智超在宋史、明清史、徽学、历史文献学、陈垣和近现代学术史等领域研究成果卓著，为中国历史学的发展做出了重要贡献。我对陈垣研究的兴趣和成果，与陈智超的支持、关照和鞭策是分不开的。我知道陈垣是一位大史学家，是在读大学本科的时候。我的老师杨志玖在讲授“元史”课时，发给学生两种材料：一是关于元史的基本史料目录；二是关于元史的前人研究论著目录。在第二种材料中，知道陈垣有许多关于元史的论著。在授课中，杨先生非常景仰陈垣先生，称陈垣为“援老”“陈援老”“援庵先生”，对陈垣在元史领域的发明了然在胸，娓娓道来，引人入胜。陈垣在《中国青年》杂志发表《谈谈我的一些读书经验》一文，我反复阅读，并把它剪下来，至今还保存在我大学读书笔记中。大学毕业后，我的研究和教学领域主要在先秦史、秦汉史，但陈垣总结出的要“从目录学入手”“要专门读通一些书”的读书方法，始终伴随着我。由于心仪陈垣先生，我热心搜集关于他的资料，研究他的生平、思想和学术，20 多年来，出版关于陈垣的传记三种（《张荣芳文集》第五卷），还写了 30 篇关于陈垣的论文，辑成《陈垣研究丛稿》（《张荣芳文集》第六卷）。这样，我的《文集》中，研究陈垣占了两种。

陈垣逝世于 1971 年，其家属遵其遗嘱，继承处理其遗物遗稿。陈智超对祖父陈垣非常崇敬，不仅仅因为亲情，更重要的是，他深深体会到祖父在历史学领域所取得成就之卓越与艰辛。对祖父的有关资料，一张纸条也不放过。只要有线索，不论是国内还是国外的，都尽可能抄录、复制。几十年来，他和家人整理出版了陈垣的作品和相关资料几十种。如《陈垣史学论著选》、《陈垣学术论文集》（第一集、第二集）、《道家金石略》、《陈垣史源学杂文》（初版、增订本）、《陈垣来往书信集》（初版、增订本）、《陈垣早年文集》、《陈垣学术文化随笔》、《元西域人华化考（导读本）》、《陈垣先生遗墨》、《陈垣〈元西域人华化考〉创作历程——用稿本说话》等。特别是2009年出版的由陈智超主编的《陈垣全集》（共23册，一千万字），全面反映了陈垣作为一位大史学家、大教育家、炽烈爱国者的精神风貌和学术成就。陈垣的上述著作，陈智超大部分签署赠送给我。陈智超、曾庆瑛研究陈垣的个人著作，如陈智超的《殊途同归——励耘三代学谱》《陈垣——生平、学术、教育与交往》，曾庆瑛的《陈垣与家人》（初版、增订本）都签署赠送给我，他们提供的资料为我研究陈垣奠定了坚实的文献基础。尤其令我感动的，是为我在研究中遇到的困难和疑惑及时解难释疑。如《殊途同归——励耘三代学谱》第16页有一幅陈垣笔迹，讲学医缘由，请智超释文，他即请该书责任编辑张龙答复我，释文为：

西医与基督教

家藏西药之书颇丰富，励耘翁便血，数年不治，及泛览医书，颇恶西学，至是乃不得不就近求治于教会所立之国际西医院，诊知为胱石，施手术，石大如鹅卵，心服其技之神，乃习其术，并与其徒往还，于是遂研究基督教。

还有一幅陈垣写于20世纪40年代的手迹，我不能通读，智超释读如下：

携千金之市，学海堂、广雅书局及潘、伍二家所刻书略备。广州大疾，塾中生徒星散，乃得家中纵读所藏书。又喜读掌故书，上谕内阁硃批谕旨、十朝圣训，研究清人统治得人之法，求上谕八旗……

又，我读朱一新《无邪堂答问》，对朱一新的履历不十分清楚，咨询智超，他答复我：

致荣芳教授：

“朱一新蓉生无邪堂答问。朱氏在广东广雅书院，当时各地作八股文，惟广雅讲朴学经史，朱氏讲书后之记录作成，当时风行一时。与康有为辩论而名起。朱氏云不以骈文名而骈文铿然可诵者顾亭林也。”

以上见李瑚上陈垣老《史源学实习》（1947—48）时课堂笔记。

智超

智超引的这段话，是李瑚上陈垣《史源学实习》课的课堂笔记，当时并未发表，智超保存的珍本，并以此示我，可见我们友谊之深。

我研究陈垣与岭南文化的关系，曾咨询过智超兄，他复一封长信，把《陈垣全集》中某卷某页载有陈垣关于岭南文化的论述告诉我。2016 年还把一幅陈垣讲基督教史时关于瞿式耜的笔迹以及智超的跋语赠送给我以作纪念，真是盛情可感！我据此写了《南明重臣瞿式耜——读陈垣一幅珍贵遗墨》论文（收入《文集》第六卷《陈垣研究丛稿》）。

我自 1973 年调来中山大学历史学系任教，在中山大学工作、生活已 50 年。中山大学培养了我，使我成为一名人民教师、大学教授。我十分热爱中山大学，因为中山大学是孙中山先生手创，有悠久的光荣历史，1925 年 3 月 12 日孙中山在北京逝世后，为纪念孙中山先生，全国各地成立了数所中山大学，最后国民政府决定只保留广州中山大学，作为纪念孙中山的大学名称，其他城市成立的中山大学都改为以地名命名的大学，可见广州中山大学的意义。100 年来随着时代的变化、社会的进步，中山大学与时俱进，至今已拥有三个校区五个校园的规模，根据社会需要进行学科建设，现在有 65 个学院，几十个学系，整合成七个学部，承担着教学、科研、为社会服务三大任务，是教育部重点建设的一流大学。中山大学的校园文化深厚、环境优美，我钟情于中山大学的一草一木、校园文化的每个元素。

近年来，学术界热烈讨论大学的精神是什么？我认为，中山先生亲手书写中山大学校训：博学、审问、慎思、明辨、笃行，这就是中山大学的精神。一所大学的精神，主要是从一批名师身上体现出来的。优秀学者是一所大学的灵魂。中山大学自创校以来，大师云集，时贤荟萃。就我所知，历史学的著名教授在中山大学任过教的有傅斯年、顾颉刚、朱希祖、朱谦之、罗香林、陈寅恪、岑仲勉、梁方仲、刘节、陈序经、杨成志、杨荣国、朱杰勤、梁钊韬、李锦全（现年 97 岁，仍在进行学术研究）等。他们为振兴中华而献身学术和教育，谨守科学精神，以严谨的治学态度、求真务实的学术品格、经世致用的学术追求，在各自的研究领域做出了开创性的贡献，培养出大批优秀人才，使之成为建设国家的栋梁。在这些名师身上也体现出儒家修身齐家、虚怀若谷、持节谦恭的优秀道德品质。他们立德、立言、立功三位一体，成为中国优秀传统文化的重要组成部分。这些学者的优秀品质，在历史学系代代相因、薪火相传。我在此任教，自然受到教育与熏陶，他们的精神，像一条无形的鞭子在时时鞭策自己努力前行。

我来中山大学之后，历史学系的戴裔煊、蒋相泽、陈锡祺、金应熙、胡守为、陈胜粦、蔡鸿生、姜伯勤、陈春声等教授，为我树立榜样，提醒我要努力学习和继承历史学系的优良传统。

感谢曾经帮助、提携过我的已故著名考古学家麦英豪先生、为整理研究岭南文化做出过开创性贡献的欧初先生和著名出版家、文学家、学者岑桑先生。

感谢中国秦汉史研究会历届会长，特别是周天游、王子今、卜宪群等对我研究工作的支持。

感谢港台学者廖伯源、陈文豪、吕宗力、黎明钊等先生，我们经常在学术会议上探讨问题，他们的观点对我启发甚大。

这九卷本《文集》的文字，都是在中山大学完成的，感谢历史学系历届领导和现任领导谢湜、柯伟明、杨元红、陈树良等对我学术研究的支持。

感谢我的学生（包括私淑弟子）：吴小强、黄淼章、吴凌云、高荣、王川、文火玉、唐浩中、杨权、曹旅宁、周永卫、丁邦友、李炳泉、陈莉、白芳、瞿麦玲、贺红卫、张秋升、龚捍真等，他们或与我磋商学问、合作写文章，或参加《文集》的整理工作。

感谢中山大学出版社社长王天琪、副总编辑嵇春霞，他们大力支持本《文集》的出版，并就编辑体例提出宝贵意见。

感谢每卷的责任编辑：王延红、蓝若琪、麦晓慧、高洵、管陈欣、张陈卉子、罗雪梅、林梅清和赵冉等，他们认真负责，付出了辛勤劳动。

感谢内子黄曼宜，她退休后帮助整理我的文稿，还参加《文集》整理的全过程。要重申我说过的那句话：没有她的帮助，我的《文集》将会成为一座“烂尾楼”。儿子张宇舟，中山大学岭南学院经济学系毕业，他能够经济自立，是我心灵的安慰，使我能心情舒畅，安心整理我的《文集》。

陈春声先生、卜宪群先生、陈智超先生为拙《文集》作序，特表衷心感谢。

出版这套《文集》，既是对上述亲人、师友的感恩，也是对他们的答谢。

热切期望读者对《文集》的批评指正。

張榮芳

2023 年 3 月于中山大学南校园寓所

序[①]

张荣芳同志多年来承担着繁重的教学和行政工作，但他始终念念不忘自己的本行——秦汉史研究，时有成果发表。现在，他的论文结集出版，我衷心感到高兴。

从事秦汉史研究的朋友碰到一起，有时免不了要抱怨秦汉史的材料太少，许多问题前人都已写过文章，再要深入研究有很大的困难。这是客观事实。但我常想，如果我们扩大一下视野，改变过去固定的视角，或者对史料的钩稽再深入细致一些，在这个研究领域还是可以做出新的成绩来的。拜读了张荣芳同志的论文集之后，我觉得他不仅做了一些前人所没有做过的工作，而且对一些前人已经有所论说的问题，无论在史料的占有或观点的说明方面，也都有所深入。

关于秦末农民大起义的性质问题，史学界过去有过不少论述，意见也有较大的分歧。荣芳同志有一篇论文题为《关于秦末大起义的性质问题》，他没有先给这次大起义定性，而是通过对以往争论较多的“苍头军”“徒”“甿隶”等各种人身份的考察，用大量材料证明他们不是奴隶；又分析了这次大起义产生的原因和打击的目标，以及起义队伍的成员，指出秦末大起义参加者的成分很复杂，有贫苦农民、刑徒、城市贫民、奴隶、下级官吏、六国贵族后裔等等，但始终以贫苦农民、城市贫民为主，他们打击的目标是秦朝封建政权、地主阶级和封建制度。值得提出的是，荣芳同志在考察起义者的成分时，对史料的爬梳辨析不仅相当细致，而且注意到某些名称所表示的身份在不同历史时期所起的变化。如他指出，有的同志因为汉代有称奴为“苍头”的习惯，就误认为陈婴、吕臣所领导的“苍头军”是奴隶军，事实上“苍头军”和“苍头奴”之间并没有什么必然的内在联系。又如提出秦汉文献所见的“甿隶”是一种泛称，指一般老百姓，而不是指奴隶。这些观点虽然并非张荣芳同志首先发明，但他作了比较详尽的论证，其结论应该说是有说服力的。

关于“丝绸之路”，史学界以往也有不少成果。近年来，有些同志认为“丝绸之路”早在先秦时代就已存在，我对于这种观点是表示怀疑的。“丝绸之路”作为中外关系史上的一个特定名词，有它具体的含义。秦代以前，中国的丝绸诚然已经开始通过中亚、西亚传至欧洲，这从欧洲古典作家的文献记载和欧亚大草原的考古发现可以得到印证。但是，无论是文献记载或考古发现所提供给我们的

① 《秦汉史论集（外三篇）》中山大学出版社 1995 年版林甘泉原序。

材料，都不足以说明当时已经形成一条贩运丝绸的欧亚通道。在考察“丝绸之路”的历史时，我们可以把早期东西方的文化交流上溯到公元前5—6世纪。但是，草原民族那种零星的和偶发的把中国丝绸带到西方的活动，与张骞通西域之后正式形成的“丝绸之路”，其作用和意义显然是不可同日而语的。张荣芳同志的《西汉屯田与“丝绸之路”》一文，认为丝绸之路形成于张骞通西域之后，我觉得他对这个问题的处理就比较恰当。他在文章中还指出，“丝绸之路”所经过的我国河西走廊和新疆地区，在汉代以前就和内地有密切的联系，民间交往和贸易是经常发生的；但由于种种原因，这些交往和贸易并没有繁荣起来，只是在汉武帝以后，才改变了这种局面。为什么从内地通往河西走廊和新疆地区的“丝绸之路”到了汉武帝以后才得到畅通呢？张荣芳同志认为一个重要原因是汉政府在西北地区实行了屯田。河西四郡和西域的屯田不仅巩固了边塞，保障了来往使者和商队的安全，而且解决了他们沿路的食宿供应。我认为这个分析也是很有见地的。

张荣芳同志执教中山大学之后，很重视岭南地区的历史研究。在这个集子里，就有一组这方面的论文。秦汉时代是岭南地区开发的一个重要时期。秦始皇统一六国后，发兵攻下岭南，于其地置桂林、南海、象郡三郡，并迁徙大批中原人民与越人杂处。中原人民带去先进的铁制生产工具，推动了岭南地区农业和手工业生产的发展。秦末汉初，南海郡龙川县令赵佗拥兵据有岭南地，自立为南越王。南越国历5世93年，汉武帝元鼎六年国亡，统一于汉。1983年秋，在广州象岗发现南越国王赵眜的陵墓，出土“文帝行玺”金印和大批随葬物品，为研究秦汉年间岭南地区的开发提供了珍贵的资料。张荣芳同志的《略论汉初的“南越国”》一文写于南越王墓发现之前，文中就南越国的地理范围、南越国的性质、南越国的经济与文化，以及赵佗的历史地位等问题，作了详细的考察，提出了一些很值得重视的意见。文章“附记”说，南越王墓发现之后，作者在与别人合著出版的《南越国史》一书中，对有些观点已作了修正。这里想讨论的是，张荣芳同志收在这本集子的文章提出了一个重要的观点，即南越国和汉初一些诸侯国一样，是汉朝的地方政权，我认为这似乎还可以商榷。

中国自秦汉以后建立了统一的多民族的封建中央集权国家。2000多年的封建社会中，中原王朝和周边少数民族政权的关系大致有以下三种类型：一是中原王朝征服了少数民族地区，设置郡、县，将其纳入中原王朝的版图；二是少数民族政权向中原王朝称臣纳贡，但仍保持自己相对的独立性，与中原王朝的地方政权有别；三是少数民族政权是完全独立的政权，或与中原王朝结盟通好，或与中原王朝处于一种敌对的状态。不论哪一种类型，各少数民族地区的历史都是中国历史不可分割的一部分，但是我们却不可把上述民族关系的三种类型混为一谈。南越王赵佗虽然是河北真定人，但他建立的南越国基本上属于少数民族政权，所以赵佗自称“蛮夷大长老夫”。赵佗于汉高祖十一年接受汉朝的封号，“剖符通使”。吕后时，因汉有司禁绝南越关市铁器，赵佗乃自尊号为“南越武帝”，“乘黄屋左纛，称制，与中国侔”。汉文帝即位后，派陆贾至南越，说服赵佗去帝号。从汉景帝至汉武帝初年，南越王向汉天子称臣，然“其居国窃如故号名，其使天子，称王朝命如诸侯”（《史记·南越列传》）。汉武帝元鼎五年，南越国相吕嘉弑王和太后，杀汉使者，另立宗室赵建德为王。汉武帝派伏波将军路博德和楼船将军杨仆分两路出兵，次年平定南越国，遂以其地为九郡。纵观南越国的历史，其与汉王朝的关系基本上属于上述第二种类型，即向汉称臣纳贡，但仍保持自己相对的独立性。《史记·南越列传》载，南越国第二代王赵胡不肯入见汉天子，因为惧怕“入见则不得复归，亡国之势也”；第三代王赵婴齐也“惧入见要用汉法，比内诸侯，固称病，遂不入见”；说明南越国虽然对汉天子奉贡职，但和汉朝的诸侯王国是有区别的。《汉书·诸侯王表》说，“诸侯比境，周币三垂，外接胡越”，显然以诸侯国为内，而以胡越所建立的政权为外。要不要“内属”汉朝，一直是南越国统治集团内部两种力量斗争的一个焦点。吕嘉发动叛乱时，也是以王太后“专欲内属”“无顾赵氏社稷”为借口的。张荣芳同志认为南越国的政治制度与诸侯国一样，可见其性质与诸侯国无异。但汉中央政府对诸侯国可以下令削藩，而对南越国却不能这样做，这就说明南越国仍然保持着相对的独立性。称它为分裂割据的政权固然不确切，但也不能把它视为汉之诸侯王国。

学问之道，贵在切磋。我就南越国的政权性质与张荣芳同志商榷，这并无损荣芳同志这本书的学术价值。本书付梓之日，承蒙荣芳同志索序，作为多年挚友，我也就冒昧地把阅读本书之后的一些感想写了出来，一并向读者请教。

林甘泉

1995 年国庆节于北京

目　录

关于秦末大起义的性质问题 …………………………………………… (1)
论两汉的"公田" ………………………………………………………… (21)
论两汉太学的历史作用 ………………………………………………… (30)
西汉屯田与"丝绸之路" ……………………………………………… (42)
论汉晋时期楼兰（鄯善）王国的丝绸贸易 …………………………… (58)
汉代我国与东南亚国家的海上交通和贸易关系 ……………………… (72)
略论汉初的"南越国" ………………………………………………… (89)
汉代岭南的青铜铸造业………………………………………………… (108)
两汉时期苍梧郡文化述论……………………………………………… (128)
论马援征交趾的历史作用……………………………………………… (149)
赵晔与《吴越春秋》 ……………………………………………………… (164)
王国维先生的秦汉史研究……………………………………………… (175)
两周的"民"和"氓"非奴隶说
——两周生产者身份研究之一………………………………………… (198)
早期道家与道教的关系………………………………………………… (213)
陈寅恪与王国维………………………………………………………… (237)

附录一　原序影印件…………………………………………………… (257)
附录二　评张荣芳《秦汉史论集（外三篇）》 ……………………… (262)
附录三　秦汉史研究的新得与心得…………………………………… (265)
后　记…………………………………………………………………… (268)

关于秦末大起义的性质问题

中国古史分期问题的争论，数十年来，几起几落，至今没有获得彻底的解决。这个问题解决不好，会影响到古代政治史、经济史、文学史、哲学史、农民战争史等各个领域的研究，这是问题的一个方面；问题的另一个方面是，政治史、经济史、文学史、哲学史、农民战争史等深入细致的研究，反过来也能促进古史分期问题的解决。所以，问题的两个方面是互为制约、互相促进的。比如秦末大起义的性质问题，就与古史分期问题息息相关。主张西周封建说或战国封建说的同志，认为秦末大起义是封建社会的农民大起义；主张魏晋封建说的同志，认为秦末大起义是“奴隶和破产小农的大起义”。很明显，由于对古史分期的看法不同而导致了秦末大起义性质的意见分歧。反过来，如果我们对秦末大起义基本成员的社会身份作深入细致的考察，探明起义的性质，对解决秦汉时期的社会性质问题，也会有所帮助。本文就想具体探讨一下秦末大起义究竟是奴隶起义还是农民起义。

一、秦末的“苍头军”不是奴隶军

认为秦末大起义是奴隶起义的同志，根据《史记·项羽本纪》东阳有“异军苍头特起”的记载，得出结论：“可见秦末奴隶普遍起义。”[①] 又根据《史记·陈涉世家》记载陈涉死后，“陈王故涓人将军吕臣为仓头军，起新阳”，认为“陈涉军中亦有不少奴隶”。[②] 因此，秦末大起义中的“苍头军”是否为奴隶军，就必须辨别清楚。

“苍头军”在《史记》中大凡三见，但未见解释为奴隶者。兹逐条分析如下。

（一）《史记·苏秦列传》

今窃闻大王（魏襄王）之卒，武士二十万，苍头二十万，奋击二十万，厮徒十万，车六百乘，骑五千匹。

① 王思治：《两汉社会性质问题及其他》，生活·读书·新知三联书店1980年版，第43页。

② 王思治：《两汉社会性质问题及其他》，生活·读书·新知三联书店1980年版，第43页。

按《史记》，此条抄自《战国策·魏策一》，《魏策》中“武士”作“武力”。在这里，武士、苍头、奋击、厮徒是魏国军队的不同类型的不同称号。

“武士”，在《荀子·议兵》篇中称为“武卒”。荀子讲到这部分军队时说：“魏氏之武卒，以度取之。衣三属之甲，操十二石之弩，负服矢五十个，置戈其上。冠軸带剑，赢三日之粮，日中而趋百里。中试则复其户，利其田宅。”（《汉书·刑法志》有大同小异的记载。）可见“武士”在魏国是经过严格选拔的精锐部队，而且被挑选上之后，国家给予优复，赐其上等田宅。

“奋击”，在《史记·张仪列传》中写作“奋戟”，言其十分勇猛。“虎贲之士跿跔科头贯颐奋戟者，至不可胜计。”《史记集解》云：“言执戟者奋怒而入阵也。”《史记索隐》（下简称《索隐》）云：“谓又有执戟者奋怒而趋入阵。”魏国把一部分作战勇猛的部队命名为“奋击”。除魏国有“奋击”部队之外，秦国也有，如《战国策·秦策一》，苏秦说秦惠王有“战车万乘，奋击百万”。

“厮徒”，《索隐》云：“斯，养马之贱者，今起为之卒。”《正义》云：“谓炊烹供养杂役。”在《张仪列传》中，张仪说到韩国的实力时说：“料大王之卒，悉之不过三十万，而厮徒负养在其中矣。”《索隐》曰：“厮音斯，谓杂役之贱者。”所以，实际上“厮徒”就是出身低微的人，被征入伍，担任“炊烹供养杂役”，用我们今天的话来说，就是后勤兵。

“苍头”，《战国策·魏策一》在“苍头二十万”下注云：“盖以青帕首。”《索隐》云：“谓以青巾裹头，以异于众。荀卿‘魏有苍头二十万’是也。”可见“苍头”不过是以青巾裹头而已，根本看不出有什么奴隶的痕迹。

可见魏国的武士、苍头、奋击、厮徒只不过是魏国军队的不同称号，“苍头”不是奴隶军。

（二）《史记·项羽本纪》

> 陈婴者，故东阳令史，居县中，素信谨，称为长者。东阳少年杀其令，相聚数千人，欲置长，无适用，乃请陈婴。婴谢不能。遂彊立婴为长，县中从者得二万人。少年欲立婴便为王，异军苍头特起。（《汉书·项籍传》同）

从两个方面去看这条材料，“苍头”不是奴隶。第一，从整段文字的文意去看，这段文字是说东阳少年杀其令，相聚数千人，当立陈婴为长之后，县中从者二万人，这支军队因为是“苍头”，所以不同于其他军队。这支军队当然包括东阳少年。“少年”在先秦两汉中，是指青年男子而言，但奴隶是不得称为少年的。第二，从后人对“苍头”的注释看，《集解》应劭曰：“苍头特起，言与众异也。苍头，谓士卒皂巾，若赤眉、青领，以相别也。”如淳曰：“魏君兵卒之号也。《战国策》魏有苍头二十万。”《索隐》晋灼曰：“殊异其军为苍头，谓著青帽。”如淳曰：“特起犹言新起也。”《史记会注考证》：“苍头特起，为此军容以示新起特异。中井积德曰：苍头特起，亦当时相谋之语。”于此可见，“苍头”完全是一种标志，戴青帽，或以青巾裹头，以别于其他军队，丝毫看不出是什么奴隶。

（三）《史记·项羽本纪》

> 陈王故涓人将军吕臣为仓头军，起新阳，攻陈下之，杀庄贾，复以陈为楚。

《史记》于“仓头军”下《索隐》韦昭云：“军皆著青帽。”又《汉书·陈胜传》云：“胜故涓人将军吕臣为苍头军，起新阳。”颜师古注曰，应劭曰：“时军皆著青巾，故曰苍头。”服虔曰：“苍头谓士卒青帛巾，若赤眉之号，以相别也。”

由以上三条材料可见，战国至秦末的“苍头”“苍头军”戴青帽，或以青巾裹头，以别于其他军队，是一种军队的标志，它根本不是什么奴隶、奴隶军。

为什么有的同志把陈婴、吕臣领导过的“苍头军”误认为是奴隶军呢？可能是根据汉代有称奴为“苍头”的习惯而误认为秦代也是这样。值得注意的是，《史记》中没有关于汉名奴为“苍头”的记载，而《汉书》最早提到“苍头”的是《萧望之传》，说汉昭帝时，王仲翁为光禄大夫给事中，“出入从仓头庐儿，下车趋门，传呼甚宠”。其次是《霍光传》：“使苍头奴上朝谒。”这里的“仓头庐儿”“苍头”显然是奴。

可见，“苍头奴”一词最早在汉武帝时期才产生出来，并逐渐流传开。但是，不能因为自汉武帝后称奴为“苍头”，而推断战国秦末的“苍头军”就是奴隶军。“苍头军”与“苍头奴”之间，没有什么必然的内在联系。[①] 要分析秦末“苍头军”的性质，必须从记载“苍头军”的材料本身来分析。

二、秦汉的“徒”不是奴隶

认为秦末大起义是奴隶起义的同志，还把参加秦末大起义的“徒”作为奴隶。他们的根据是《汉书·黥布传》：“骊山之徒数十万，（黥）布皆与其徒长豪杰交通，乃率其曹耦，亡之江中为群盗。”和《汉书·刑法志》：“秦……穷武极

① 参见李新达《关于秦汉的“苍头”问题》，载《文史哲》1978 年第 2 期，第 63－69 页。

诈，士民不附，卒隶之徒，还为敌仇”。师古注：“谓陈涉吴广英布之徒也。”[①]甚至认为秦汉释放刑徒是释放定期奴隶。[②] 有的同志说“秦始皇帝把几十万农民变成奴隶为他去修骊山坟墓”“秦汉时大的土木工程，多是使用奴隶”“和人民生活的密切关系的冶铁业、其他矿业，主要使用奴隶劳动”。[③] 因此，秦汉的“徒”是不是奴隶，必须辨别清楚。

“徒”的身份，从殷周到秦汉，随时代的不同而内容有所变化。殷代甲骨文中已有“徒”字[④]，但是否作为一种人的身份尚不清楚。金文中“徒”多见，或“徒”字单用，或与“嗣”（司）合用成“嗣徒”（司徒）。[⑤] 西周的“徒”，有一种是指“徒兵”，即步卒。如《诗·鲁颂·閟宫》：“公徒三万。”《禹鼎铭》：“遣禹率公戎百乘，斯驭二百，徒千。”春秋时期的“徒”字用得比较复杂，但主要也是用作“徒兵”“徒卒”，即步兵的简称。例如《左传》：隐公四年，“诸侯之师败郑徒兵，取其禾而还”；隐公九年，“北戎侵郑，郑伯御之，患戎师，曰：彼徒我车，惧其侵轶我也”；宣公十二年，“席于军门之外，使其徒入之”；襄公元年，“晋韩厥、荀偃帅诸侯之师伐郑，入其郛，败其徒兵于洧上”；昭公二十年，“兴徒兵以攻萑苻之盗，尽杀之”；昭公二十一年，“华驱以车十五乘、徒七十人，犯师而出”；定公十年，“午以徒七十人门于卫西门”；哀公二年：“以徒五百人宵攻郑师”。凡此，“徒”皆指步兵。[⑥]《说文》，“徒，步行也”，用的正是此义。

到战国时，“徒”用得也很滥，但大都是指一种需要向国家服徭役的人，“徒”在官府中服役，受到监督。湖北云梦睡虎地出土秦简，多次提到“徒”。例如《徭律》：

> 兴徒以为邑中之功者，令辜堵卒岁。未卒堵坏，司空将功及君子主堵者有罪，令其徒复垣之，勿计为徭。县葆禁苑、公马牛苑，兴徒以斩垣篱散及补缮之，辄以效苑吏，苑吏循之。未卒岁或坏决，令县复兴徒为之，而勿计为徭。……度功必令司空与匠度之，毋独令匠。其不审，以律论度者，而以

---

① 王思治：《两汉社会性质问题及其他》，生活·读书·新知三联书店 1980 年版，第 43 页。

② 王思治：《两汉社会性质问题及其他》，生活·读书·新知三联书店 1980 年版，第 120 页。

③ 何兹全：《汉魏之际封建说》，载《历史研究》1979 年第 1 期，第 87－96 页。

④ 参见岛邦男编《殷墟卜辞综类》，汲古学院 1977 年版，第 73 页。

⑤ 周法高主编：《金文诂林》第二册（卷二），香港中文大学 1974 年版。

⑥ 蓝永蔚：《春秋时期的步兵》，中华书局 1979 年版，第 37－41 页；童书业：《春秋左传研究》，上海人民出版社 1980 年版，第 205 页。

其实为傜徒计。[①]

这种作城邑工程、为苑囿建造堑壕、墙垣、藩篱并加以补修的“徒”，是“兴”来的，即征发来的，如果工作质量不好，需要重新修建，而重新修建的工作量，不得算入服徭役的时间。这说明他们是需要向政府服徭役的。在《工律》中还规定：

> 邦中之傜及公事馆舍，其假公，假而有死亡者，亦令其徒、舍人任其假，如从兴戍然。[②]

这是说在都邑服徭役和因有官府事务居于官舍，如借用官有器物，借者死亡，应令服徭役的徒或者舍人负责，和参加屯戍的情形一样。

这种服徭的“徒”，在从事手工业生产，考查产品被评为下等时，则会受到处罚。例如《秦律杂抄》：

> 省殿，赀工师一甲，丞及曹长一盾，徒络组廿给。省三岁比殿，赀工师二甲，丞、曹长一甲，徒络组五十给。[③]
>
> 髤园殿，赀啬夫一甲，令、丞及佐各一盾，徒络组各廿给。[④]
>
> 大车殿，赀司空啬夫一盾，徒笞五十。[⑤]

从睡虎地秦简的记载来看，“徒”需要向政府服徭役，在处罚时还要出“络组”20根或50根，说明他们不同于一无所有、连自己都属于奴隶主阶级的奴隶，也不同于因犯罪而失去自由的“刑徒”，如城旦舂、鬼薪等。他们在服徭役之前，应该是身份较为自由的农民。

到了秦汉时代，“徒”的数量很多，动辄几十万。例如《史记·秦始皇本纪》：“始皇初即位，穿治郦山，及并天下，天下徒送诣七十余万人。”二世即位后，继续征调天下“徒”，“复作阿房宫”。刘邦就以“亭长”的资格送“徒”骊山。秦汉的“徒”就是“刑徒”，《史记·秦始皇本纪》载，二十八年，“使刑徒三千人皆伐湘山树，赭其山”；三十五年，“隐宫徒刑者七十余万人，乃分作

---

① 睡虎地秦墓竹简整理小组编：《睡虎地秦墓竹简》，文物出版社1978年版，第76－77页。

② 睡虎地秦墓竹简整理小组编：《睡虎地秦墓竹简》，文物出版社1978年版，第71页。

③ 睡虎地秦墓竹简整理小组编：《睡虎地秦墓竹简》，文物出版社1978年版，第136页。

④ 睡虎地秦墓竹简整理小组编：《睡虎地秦墓竹简》，文物出版社1978年版，第138页。

⑤ 睡虎地秦墓竹简整理小组编：《睡虎地秦墓竹简》，文物出版社1978年版，第137页。

阿房宫，或作骊山”。胡三省在《资治通鉴》注中引《史记》这段话，给“徒刑者”作注：“有罪既加刑复罚作之也。”可见这“徒刑者”即刑徒。《汉书·卫青传》：“青为侯（指平阳侯）家人。……有一钳徒相青曰：贵人也，官至封侯。”这“钳徒”即带着刑具的刑徒。《史记·黥布列传》说黥布：“少年，有客相之曰：‘当刑而王’，及壮，坐法黥。……布已论输骊山，骊山之徒数十万人，布皆与其徒长豪杰交通。”显然，这里黥布及数十万之徒，皆是刑徒。《太平御览》卷六四九引《风俗通义》：“蒙恬筑长城，徒士犯罪，亡依鲜卑山，后遂繁息，今皆髡头衣赭，亡徒之明效也。”居住于鲜卑山的“徒”的后代，仍“髡头衣赭”，说明他们的祖先是刑徒。《水经·沔水注》：“槜李之地，秦始皇恶其势王，令囚徒十余万人污其土，表以污恶名，改曰囚卷。”《艺文类聚》卷六，地部引《地理志》：“秦望气者云：东南有天子气，使赭衣徒凿云阳北冈，改名曰曲阿。”《太平御览》卷六六引刘桢《京口记》：“龙目湖，秦王东游观地势，云此有天子气，使赭衣徒凿湖中长冈使断，因改为丹徒。”这些“囚徒”“赭衣徒”当然都是“刑徒”。《资治通鉴·秦纪》二世二年，英布因“坐法黥，以刑徒论输骊山”，英布是刑徒。《汉书·赵充国传》：“时上已发三辅、太常徒弛刑。”颜师古曰：“弛［刑］谓不加钳釱者也，弛之言解也。”说明“徒”有的带刑具，有的不带刑具。凡此种种，都说明秦汉的“徒”就是“刑徒”，所以东汉王充在《论衡·四讳》中给“徒”下定义说：“夫徒，善人也，被刑谓之徒。”所谓“徒”就是因触犯刑律而犯罪，受过残酷刑罚而又被强制服劳役的人。这种人是失去自由的，劳动强度大而生活又十分艰苦。

有关秦汉“徒”“刑徒”的资料，除文献材料外①，还有丰富的考古资料。1972年，陕西泾阳阳陵西北发现西汉刑徒墓地②，此墓地为无次序地乱葬，一坑可埋数人，无棺具和砖志，尸骨上都带有钳、釱之类的铁制刑具，有的刑徒是被杀害后埋葬的。1964年，洛阳城南郊发现东汉刑徒墓地，共清理了刑徒墓522座。这些墓均系长方形竖穴土坑墓，土坑仅能容放一人，墓坑都很浅，一般都有棺材，但均无随葬品，只极少数有一两枚五铢钱或一两件陶罐。在这500多座刑徒墓中共出土刑徒墓砖820余块。墓砖上的铭刻，记录了刑徒的部属、无任或五任、狱所名称、刑名、姓名和死亡日期等简略的项目③，这是研究秦汉刑徒的十分珍贵的实物资料。

能不能因为秦汉的“徒”“刑徒”身份不自由、被监督从事繁重的劳役、过

---

① 参见陈直《关于两汉的徒》，见《两汉经济史料论丛》，陕西人民出版社1980年版，第248－275页。

② 秦中行：《汉阳陵附近钳徒墓的发现》，载《文物》1972年第7期，第51－54页。

③ 中国科学院考古研究所洛阳工作队：《东汉洛阳城南郊的刑徒墓地》，载《考古》1972年第4期，第2－20页。

着非人的生活而说他们是奴隶呢？我以为是不能的。可以从两方面加以考察。

第一，我们深入研究秦汉记载“徒”和奴婢的资料，就发现两者明显不同，说明当时的人对两者就有严格的区别。这种区别表现在四方面：

（1）把两者严格分开来说，绝不混同。

例如，《汉书·陈胜传》：“秦令少府章邯免骊山徒、人奴产子，悉发以击楚军。”“人奴产子”是奴隶，徒与奴隶是分开来说的。

《汉书·韩信传》，韩信“阴使人之（陈）豨所，而与家臣谋，夜诈赦诸官徒、奴”。官徒与奴分言。

《汉书·晁错传》：“先为室屋，具田器，乃募罪人及免徒复作令居之；不足，募以丁奴婢赎罪及输奴婢欲以拜爵者；不足，乃募民之欲往者。”明显把徒、奴婢、民并列。

《汉书·食货志》：“官益杂置多，徒、奴婢众。”徒与奴婢分言。

（2）奴婢有官奴婢、私奴婢之分，而徒只有官徒，未见有私徒者。

《汉书·贡禹传》：“诸官奴婢十万余人。”《汉书·王莽传下》：“没入为官奴婢……以十万数。”关于私奴婢的记载也很多，《汉书·食货志》记载汉武帝治缗钱，曾从郡国没入“奴婢以千万数”，说明当时商贾中家以上所拥有的奴婢“以千万数”。文献记载当时个别人确实有大群奴婢，如张良、陆贾、金王孙、卓王孙、程郑、杨仆、栾大、张安世、霍光等等。①

至于“徒”，都是属于官府掌握的。刑徒从全国各地的狱所被押送到属司隶校尉、将作大匠等管辖的工地，从事繁重的体力劳动，如修建陵墓、盖造宫苑、府第、筑城、治水挖河、开凿栈道、冶铁、采铜、伐木、漕运等等，有的还到边塞戍边、屯田筑障。而他们的劳动受官吏和工师的监督管理，在中央设有司隶校尉、宗正属官的都司空令、少府属官的左右司空令、水衡都尉属官的水司空令等官吏主管刑徒。在地方郡国设有“徒丞”管理刑徒。此官不见于文献，仅见于汉印，如“故且兰徒丞”“爰得徒丞”“巩县徒丞印”“干昌县徒丞”“雍丘徒丞印”“雒卢徒丞印”“灞水徒丞”等。②

（3）两汉皇帝关于赦免徒和赦免奴婢的诏书中，对两者的用词明显不同。

关于赦免奴婢的诏书，都有“免为庶人”或“宜免为庶人”的话，而绝无“减罪”或“减刑”这一类的话；相反，在赦天下徒的诏书中，没有“免为庶人”这一类的话，而有“减罪一等”或减刑若干年月的话。③ 这说明奴婢被赦免

---

① 参见翦伯赞《关于两汉的官私奴婢问题》，见《翦伯赞历史论文选集》，人民出版社 1980 年版，第 195 – 223 页。

② 参见陈直《关于两汉的徒》，见《两汉经济史料论丛》，陕西人民出版社 1980 年版，第 254 – 255 页。

③ 参见陈玉璟《秦汉“徒”为奴隶说质疑》，载《安徽师大学报》1979 年第 2 期，第 89 – 100 页。

以前，是不得被称为庶人的。

"徒"遇赦免或刑期既满，仍可为自由民，有的仍可为官。《汉书·贡禹传》，"黥劓而髡钳者，犹复攘臂为政于世"，刑徒期满，可以做大官。《史记·冯唐列传》，魏尚为一年罚作徒，汉文帝采纳冯唐的建议，"令冯唐持节赦魏尚，复以为云中守"。《汉书·韩安国传》："汉使使者拜安国为梁内史，起徒中为两千石。"《后汉书·马融列传》，马融"髡徒朔方，自刺不殊得赦还，复拜议郎"。这些都是刑期既满或未满而拜官的明证。奴婢则不同，在被免为庶人之前，是不得以自由民身份称呼的。

（4）奴婢可以买卖，而未见徒可以买卖者。

《汉书·王莽传中》："又置奴婢之市，与牛马同栏……今更名……奴婢曰私属，皆不得卖买。"《居延汉简释文》卷三有"候长觻得广昌里公乘礼宗"估计家赀的简文，有"小奴二人直三万、大婢一人直二万"的记载。近年出土的四川郫县东汉残碑，也记载了奴婢的价值。[①] 这些都说明奴婢可以买卖，而刑徒则未见买卖的材料。

从以上四点比较可知，古人对徒和奴婢是严格区别的，绝不混同，我们今天研究徒的身份，绝不能把它与奴婢混同。

第二，今天从马克思主义的观点来看，奴隶和刑徒，是两个不同的概念。所谓奴隶"只是会说话的工具"[②]，"奴隶主可以把他们（奴隶）当作牲畜来买卖屠杀"[③]。所谓"刑徒"则是与国家和法的观念联系在一起的。自国家产生以后，国家这种公共权力，就成为统治阶级的权力。国家根据统治阶级的意志而制定法律，规定人们应该做什么、不应该做什么，可以做什么、不可以做什么，以便把全社会成员的行为都纳入有利于统治阶级利益的社会关系和社会秩序之中，使一切人都按统治阶级的利益和意志行事。人们如有违反，即触犯法律，统治阶级即动用自己的国家暴力机关——军队、警察、法庭、监狱等来镇压。所谓"刑徒"就是触犯了法律而被判刑又强制劳役的人。当然，由于法律具有鲜明的阶级性，因此"刑徒"绝大多数是被统治阶级，也有极少数是来自统治阶级方面的。刑徒不能被视为国家或个人的财产，只是犯罪的庶民。

秦汉时期刑徒的刑名，从文献资料和上述洛阳南郊出土的东汉刑徒墓砖的铭刻中可得知其大概：

---

① 谢雁翔：《四川郫县犀浦出土的东汉残碑》，载《文物》1974 年第 4 期，第 67－72 页。

② ［德］马克思：《资本论》，见《马克思恩格斯全集》卷 23，人民出版社 1972 年版，第 222 页注 17。

③ ［苏］斯大林：《论辩证唯物主义与历史唯物主义》，见《列宁主义问题》，人民出版社 1973 年版，第 650 页。

一为“髡钳”，是五岁刑。《汉旧仪》：“凡有罪，男髡钳为城旦，城旦者，治城也。女为舂，舂者治米也。皆作五岁。”所谓“钳”，据颜师古注《汉书·高帝纪下》曰：“钳，以铁束颈也。”钳是刑具，已为出土实物所证明。髡，颜师古《急就篇注》曰：“鬄发为髡。”

二为“完城旦”，是四岁刑。《汉旧仪》：“完，四岁。”《汉书·刑法志》：“诸当完者，完为城旦舂。”什么是完呢？颜师古在注《汉书·刑法志》“完者使守积”时曰：“完，谓不亏其体，但居作也。”《汉书·惠帝纪》“有罪当刑及当为城旦舂者”，应劭注曰：“城旦者，旦起治城，舂者，妇人不豫外徭，但舂作米，皆四岁刑也”。《汉书·惠帝纪》又云：“有罪当刑者皆完之”，孟康注曰：“不加肉刑髡鬄也”。

三为“鬼薪”，是三岁刑。《汉旧仪》：“鬼薪三岁。鬼薪者，男当为祠祀鬼神伐山之薪蒸也。女为白粲者，以为祠祀择米也。皆作三岁。”

四为“司寇”，是二岁刑。《汉旧仪》：“罪为司寇。司寇，男备守，女为作如司寇，皆作二岁。”

还有一点值得注意，就是两汉时有没入罪人家属为奴婢的法律。《吕氏春秋·开春论》高诱注引汉律曰：“坐父兄没入为奴。”《三国志·魏书·毛玠传》：“汉律，罪人妻子没为奴婢，黥面。”到西汉末，王莽又颁布伍人相坐的法令，把连坐的范围由罪犯的家属扩大到罪犯的邻里。所以，把许多无罪的人变成奴婢。“籍没罪犯的家属是官奴婢的主要来源。”① 但是，罪犯家属或邻里被没入做官奴婢，并不等于罪犯本人是奴婢。而且两者显然是不同的。这点必须指出。

通过以上考察，我们可知，“徒”在殷周的甲骨、金文中就已出现；春秋时一般是指“徒兵”即步兵；战国时代的“徒”是指一种需要向国家服劳役的农民；秦汉时代的“徒”，能够作为一种人的身份出现时，一般是指“刑徒”。刑徒是触犯国家法律，遭刑罚而又被强制劳役的人；这种人虽然失去自由，生活又极端悲惨，但是不能说他们是奴隶，刑徒与奴隶是两个不同的概念，绝不能混同。因此不能因为秦末大起义有刑徒参加，而说秦末大起义是奴隶起义。

三、“甿隶”是耕种奴隶吗

有的同志根据贾谊《过秦论》“陈涉瓮牖绳枢之子，甿隶之人，而迁徙之徒也”，而说“当时存在‘甿隶’。‘甿隶’一辞，乃是指耕奴而言”，“甿即氓，……氓必须耕种，故甿（氓）隶一辞是为耕奴。这大概是秦末汉初对耕种

---

① 参见翦伯赞《关于两汉的官私奴婢问题》，见《翦伯赞历史论文选集》，人民出版社1980年版，第207页。

奴隶的一种称谓”。①

甿、氓、萌三字在古代是同声字，声同可以通假，三字互相通用。“甿隶”可以写作“氓隶”“萌隶”。

“甿隶”，在先秦两汉的文献中殊不多见。据笔者所知，最早见于《战国策·燕策二》，乐毅在报燕王书中说：

> 及至弃群臣之日，余令诏后嗣之遗义，执政任事之臣，所以能循法令，顺庶孽者，施及萌隶，皆可以教于后世。

“萌隶”二字连用，在战国文献中，仅此一例，显然是不能解释为奴隶的。这里是说执政者恩泽施及于一般老百姓，可以作为后世的榜样。这一般老百姓包括农、工、商，是一般的泛论，而不是专指什么耕种奴隶。

在两汉文献中，说到“甿隶”的有下列几条。

《史记·周本纪》说武王伐殷之后，“命南宫括散鹿台之财，发钜桥之粟，以振贫弱萌隶”。这里的“萌隶”也不是奴隶，是指贫穷需要救济的老百姓。这些“萌隶”虽然“贫弱”，但并不是一无所有、连自己都属于奴隶主的奴隶。

《风俗通义·十反》：“李氏（指李侬）蒙国厚恩，据重任，咨嘉休懿，相授岁贡，上欲报称圣朝，下欲流惠氓隶。”这里的“氓隶”也是泛指老百姓，特别是与“圣朝”对言，在奴隶社会中奴隶是不被当作人看待的，所以怎么会把“流惠氓隶”作为德政呢！这里的“流惠氓隶”，与《战国策》的“施及萌隶”，意义是相同的。

《史记·司马相如列传》：“于是乃解酒罢猎，而命有司曰：地可以垦辟，悉为农郊，以赡萌隶；隤墙填堑，使山泽之民得至焉。”② 这里是说可以把苑囿的土地开辟成农田，以补“萌隶”土地之不足。可见“萌隶”是有土地的，怎能说是奴隶呢？

《史记·秦始皇本纪》：“陈涉，瓮牖绳枢之子，甿隶之人，而迁徙之徒，才能不及中人，非有仲尼、墨翟之贤，陶朱、猗顿之富，蹑足行伍之间，而倔起阡陌之中，率疲弊之卒，将数百之众，转而攻秦。”（太史公此据贾谊的《过秦论》）这里是说陈涉是“甿隶之人”。《史记·陈涉世家》说：“陈涉少时，尝与人佣耕，辍耕之垄上，怅恨久之。曰：‘苟富贵，无相忘。’庸者笑而应曰：‘若

---

① 王思治：《两汉社会性质问题及其他》，生活·读书·新知三联书店1980年版，第44、45、101页。

② 《汉书·司马相如传上》同此，只是萌隶作氓隶；《昭明文选·上林赋》“以赡萌隶”，李善注韦昭曰：“萌，民也。”司马彪曰：“隶，小臣也。”良注：“萌隶，百姓也。”《汉书》作氓隶。

为庸耕，何富贵也？’陈涉太息曰：‘嗟乎，燕雀安知鸿鹄之志哉！’”秦汉时代的“庸”字与“佣”字同，即佣赁、雇用之义。《说文》：“赁，庸也。”段注：“庸者今之佣字，广韵曰：‘佣，余封切，佣赁也。’凡鹿，僦皆曰庸、曰赁。”所以，陈涉为人佣耕，就是被别人所雇佣，陈涉为雇农出身，而不是农耕奴隶。

从秦汉文献所见的以上几条“甿隶”的材料来看，没有一条足以解释成农耕奴隶的。我以为秦汉“甿隶”一词，是一种泛称，指一般老百姓，特别是常用于指一般农民。

有的同志觉得“甿隶”两字连用，在秦汉的文献中，要解释成农耕奴隶，不足以令人信服，于是想把甿、隶两字分开来解，认为汉代的“隶”仍然是奴隶，“甿”是指田民，所以“甿隶”就是指耕种奴隶。[①]

关于先秦的“隶”是不是奴隶，我们姑且不论。下面我们看看两汉的“隶”的材料。

《后汉书·樊宏传》：

> （樊宏）父重，字君云，世善农稼，好货殖。重性温厚，有法度，三世共财，子孙朝夕礼敬，常若公家。其营理产业，物无所弃，课役童隶，各得其宜，故能上下戮力，财利岁倍，至乃开广田土三百余顷。其所起庐舍，皆有重堂高阁，陂渠灌注。又池鱼牲畜，有求必给。尝欲作器物，先种梓漆。……其素所假贷人闲数百万。

有的同志即认为此处的“童隶”，就是从事农业生产的奴隶。[②] 据笔者所查，《汉书》《后汉书》中，说到“童隶”的就仅此一例。我们对此，必须注意到：第一，这里是说樊重的大庄园，农、牧、副、渔、手工业、高利贷等样样俱全。“课役童隶，各得其宜”，这些童隶，从事各种工作的都有，不单单是从事农业生产。第二，“童隶”与大庄园主的关系，是“课役”关系。所谓“课役”，是指租赋、徭役。所以，我认为“课役童隶”所指的是封建地主与农民的生产关系，而不是奴隶主与奴隶的生产关系。第三，在两汉确实存在奴隶，对奴隶的称呼有各种各样，如奴、奴婢、僮、僮客、家僮、童、僮奴、僮夫、僮使、僮御、僮……这些都是个别大贵族、大官僚、大富豪家内所拥有的奴婢。秦汉文献说到这些奴婢时，都是将其作为拥有这些奴婢的主人的家庭财产而出现的，如说“卓王孙僮客八百人，程郑亦数百人”[③]；“蜀卓之先……富至童八百人”[④]；“其以二

① 王思治：《两汉社会性质问题及其他》，生活·读书·新知三联书店1980年版，第97－102页。

② 王思治：《两汉社会性质问题及其他》，生活·读书·新知三联书店1980年版，第98页。

③ 《汉书·司马相如传》。

④ 《汉书·货殖传》。

千户封地土将军大为乐通侯，赐列侯甲第，童千人”[①]；“夫人自纺绩，家童七百人”[②]；“赏赐……奴婢百七十人”[③]；“赏赐累千金，僮奴以百数”[④]；“五侯群弟……僮奴以千百数”[⑤]；窦融“奴婢以千数”[⑥]；“防兄弟贵盛，奴婢各千人已上”[⑦]；梁冀“或取良人悉为奴婢，至数千人”[⑧]。这类材料还可以举很多。但凡说到这类奴婢的地方，未见有其与主人的关系是“课役”关系的。所以，我认为根据《后汉书·樊宏传》这一条材料，而断定“童隶”就是“从事农业生产的奴隶”，是难以令人信服的。

秦汉“隶”的材料并不多见，而且也不能作奴隶解释。文献中有“徒隶”，如《史记·孝景本纪》，“免徒隶作阳陵者”，“令徒隶衣七緵布，止马舂”。《汉书·司马迁传》：“见狱吏则头抢地，视徒隶则心惕息。”这些“徒隶”是指罪人、刑徒。还有关于“隶臣”“隶妾”“隶臣妾”的记载，如《汉书·刑法志》：“鬼薪白粲一岁，为隶臣妾。隶臣妾一岁，免为庶人。隶臣妾满二岁，为司寇。”这里的“隶臣妾”指的是刑徒。郑玄注《周礼·秋官·司隶》说：“隶，给劳辱之役者。汉始置司隶，亦使将徒治道沟渠之役。”可见“隶”又是“徒”。“徒”就是刑徒，详说可见前面。

至于说到“甿”，大量的材料证明，战国时代的“甿”，已经不是什么生产奴隶，而是封建社会的自耕农民，有自己的独立经济，从事农业和手工业相结合的劳动，可以自由迁徙。[⑨] 秦汉时代的“甿”更不会是什么农耕奴隶了。

因此，无论把甿、隶二字连起来，或者分开，都不能说明它们是指耕种奴隶。我认为“甿隶”之称，正像两汉书中称“饿隶”“流隶”[⑩] 一样，是一种泛称，是对处于封建社会的饥寒交迫的劳动者之称，多指农民。所以，被称为“甿隶之人”的陈涉不是奴隶，他所领导的起义也不是奴隶起义。

四、秦末大起义是封建社会的农民大起义

要判断一次革命的性质，主要应该从参加革命的成分，即革命的动力和革命

① 《汉书·郊祀志上》。
② 《汉书·张汤传》。
③ 《汉书·霍光传》。
④ 《汉书·史丹传》。
⑤ 《汉书·元后传》。
⑥ 《后汉书·窦融列传》。
⑦ 《后汉书·马援列传》。
⑧ 《后汉书·梁冀传》。
⑨ 参见本书《两周的“民”和“氓”非奴隶说——两周生产者身份研究之一》。
⑩ 《汉书·叙传》。

的打击目标（指革命的对象）两个方面来考察。

我国从战国以来，由封建领主制转变为封建地主制。封建地主制的基础是封建土地所有制。从战国到秦汉的封建土地所有制的特点之一，是封建国家掌握一部分土地。云梦秦简的出土为这点找到了直接的可靠的证据。《秦律十八种·田律》说：

> 雨为澍，及秀粟，辄以书言澍稼、秀粟及垦田暘无稼者顷数。稼已生后而雨，亦辄言雨少多，所利顷数。早〈旱〉及暴风雨、水潦、螽蚰、群它物伤稼者，亦辄言其顷数。近县令轻足行其书，远县令邮行之，尽八月□□之。①

县的官吏要及时向上级报告雨水及自然灾害的情况，受益受害的顷数。这说明封建国家是掌握一部分土地的，否则不会对县官作出这样的律文规定。封建国家把掌握的土地分给农民耕种，这部分农民在封建国家基层官吏的直接监督下，耕种从国家那里领受的一定量的土地，成为国家佃农。在云梦秦简中，经常见到有关“受（授）田”的记载，例如《田律》说：“入顷刍稿。以其受（授）田之数，无垦不垦，顷入刍三石、稿二石。”② 国家授予每户农民的土地多少，恐怕各地情况不尽相同。不过，战国以来的文献经常提到“百亩之田，匹夫耕之，八口之家，足以无饥矣”③；“百亩之田，勿夺其时，数口之家，可以无饥矣”④；“故家五亩宅，百亩田，务其业而勿夺其时，所以富之也”⑤；“今一夫挟五口，治田百亩”⑥。从这些记载看，从战国到秦代，一夫授田百亩是可信的。这部分国家的佃农，是战国到秦代的农民的大多数。

除国家掌握一部分土地之外，还有一部分土地掌握在私家地主手里。这些地主一部分是由原来的封建领主转化而来，一部分是军功地主。特别是秦国自商鞅制定依军功赏爵授田宅的法令以来，军功地主迅速发展壮大。加上私人土地可以自由买卖，一些人通过买卖掠夺土地，也逐渐变成地主。这些地主阶级把他们所控制的土地租给一部分农民耕种。这部分农民就成为这些地主的依附农民，这就是董仲舒所说的“或耕豪民之田，见税什伍”⑦。

---

① 睡虎地秦墓竹简整理小组编：《睡虎地秦墓竹简》，文物出版社 1978 年版，第 24 – 25 页。

② 睡虎地秦墓竹简整理小组编：《睡虎地秦墓竹简》，文物出版社 1978 年版，第 27 – 28 页。

③ 《孟子·尽心上》。

④ 《孟子·梁惠王上》。

⑤ 《荀子·大略》。

⑥ 《汉书·食货志上》。

⑦ 《汉书·食货志上》。

此外，农民阶级中还有一部分自耕农。这部分农民有少量的生产资料和土地，但由于生产资料不足，他们“有债于公”，不得不“假公器”，所以，生活状况也是十分悲惨的。还有一部分雇农，则是《韩非子·外储说左》所说的“卖庸而播耕者”。

从战国以来形成的包括国家佃农、地主的依附农民、自耕农和雇农在内的农民阶级，受着封建国家和地主阶级的残酷的压迫和剥削。国家为了加强对农民的控制，特别重视户籍制度。秦国在秦献公十年已实行“户籍相伍”[①]，秦孝公时商鞅变法，使户籍制度更加完善，“举民众口数，生者著，死者削”[②]。秦统一全国后，中央政府掌握了全国户籍。云梦出土的秦律已经有了关于户籍制度的法令。例如《内史杂》，“除佐必当壮以上，毋除士五（伍）新傅”，规定任命佐必须用壮年以上的人，不要任用刚傅籍的没有爵的人。“傅”，指傅籍，男子成年时的登记手续，《汉书·高帝纪》注：“傅，著也。言著名籍，给公家徭役也。”秦始皇十六年，颁布“初令男子书年”[③] 的法令，不论是否成年，男子一律登记年龄。每户人口、性别、年龄都登记在户口簿上，人户不得随意迁徙，如迁居，应该报告官吏，官吏予以“更籍”，重新登记户口。[④] 政府对地方官每年进行考核，考核工作的方法，叫作“上计”。“计”就是“计书”，指统计的簿册。“上计”的范围比较广泛，其中包括户口统计。如《商君书·去强》篇说“强国知十三数”，其中之一是“壮男壮女之数，老弱之数”，这些是“上计”需要统计的数字。户口数字必须准确无误，某个地区倘若“大误”，当地官吏就要受到处罚。[⑤] 在《秦律》中还有《傅律》，这是有关户口制度的专篇。这种户籍制度，是封建政府和地主阶级控制农民、收取地租、征发徭役、搜括户赋的依据，所以是束缚农民的一条绳索。

秦政府和地主阶级对农民的剥削是非常重的。首先表现为封建的地租。董仲舒对汉武帝说，秦用商鞅之法，“田租、口赋、盐铁之利二十倍于古”[⑥]。《秦律》中的《仓律》大部分是有关禾稼、刍、稿的积蓄和使用的条文。这些禾稼、刍、

---

① 《史记·秦始皇本纪》。

② 《商君书·去强》。

③ 《史记·秦始皇本纪》。

④ 云梦秦简《法律答问》有记：“甲徒居，徙数谒吏，吏环，弗为更籍。”（《睡虎地秦墓竹简》，第213页）

⑤ 云梦秦简《法律答问》：“可（何）如为大误，人户、马牛及诸货财值过六百六十钱为大误，其它为小。”《秦律·效律》又说“人户、马牛一以上为大误。”“大误”受到的处罚是：“人户、马牛一，赀一盾；自二以上，赀一甲”。（分别见《睡虎地秦墓竹简》，第242、126、125页）

⑥ 《汉书·食货志》。

稿的来源，主要是对国家佃农的地租剥削。《田律》规定，每顷缴纳刍三石、稿二石，不管国家佃农是否全部耕种了从国家那里领受的土地，一律按授田的全部顷数缴纳，这显示出秦代封建地租的强制性。

除田租外，还有口赋。《汉书·食货志》叫作“口赋”，《秦律》中叫作“户赋”。例如《法律答问》说：“何谓‘匿户’及‘敖童弗傅’？匿户弗徭、使，弗令出户赋之谓也。”① 口赋或户赋，均是按家庭人口数来征收的。《淮南子·汜论训》：“秦之时，……发适（谪）戍，入刍稿，头会箕赋，输于少府。”高诱注：“头会，随民口数，人责其秘（税）；箕赋，似箕然，敛民财多取意也。”可知头会即按人口计算而征收的人头税。这种口赋征收多少，史料缺乏，尚不可考。但《淮南子·兵略训》说：“二世皇帝……发闾左之戍，收太半之赋。”高诱注：“贾（一作赀）民之三而税二。”《汉书·食货志》引董仲舒语和《续汉志·郡国》刘昭补注引《帝王世纪》时，同样说秦“收泰（太）半之赋”。司马迁在《史记·秦始皇本纪》的附论中亦说秦“赋敛无度”。可见秦对农民的这种口赋的剥削是非常重的。

秦代农民所受的剥削，除田租、口赋之外，还有苛重的徭役。而且，徭役之重，正是秦末农民大起义的重要原因之一。《史记·秦始皇本纪》记载，为了镇压农民的革命斗争，冯去疾、李斯、冯劫向秦二世献策说：

> 关东群盗并起，秦发兵诛击，所杀亡甚众，然犹不止。盗多，皆以戍、漕、转、作、事苦，赋税大也。请且止阿房宫作者，减省四边戍、转。

据此，可以把秦代徭役分为戍、漕、转、作、事五种。

所谓戍，就是从23岁到56岁的男农民，都得承担更戍役。按《汉书·食货志》说：“月为更卒，已复为正，一岁屯戍，一岁力役。”“更卒”就是在郡县地方政府服役，为期一月。“正”就是正卒，是在中央政府服役，为期一年。更戍役有从事宿卫、戍边、屯田、筑城等工作的。如《秦律》中的《戍律》规定，服戍役的农民担负筑城的劳役，城坏了，不能去干别的役作，必须立即修缮。

输送粮食，秦、汉间谓之“转、漕”，即陆路的转输和水道的漕运，所谓“船漕、车转”。转、漕是秦代农民极沉重的徭役。秦统一之后，全国范围扩大，往返以千里、万里计，由于路途遥远，耗费巨大，人力疲敝。贾谊《新书》卷三《属远》篇：

> 及秦而不然。秦不能分尺寸之地，欲尽自有之耳。输将起海上而来，一

① 睡虎地秦墓竹简整理小组编：《睡虎地秦墓竹简》，文物出版社1978年版，第222页。

> 钱之赋耳，十钱之，费弗轻能致也。上之所得者甚少，而民毒苦之甚深，故陈胜一动，而天下不振。

这是说转输的徭役之重，耗费之大，使农民不胜负担。

所谓作、事两类徭役是指土木兴作和杂徭。这种徭役包括阿房宫之役、穿治骊山之墓、穿渠引水、筑城池、建营累、起亭候、作烽燧、造宫室等等。《秦律·徭律》对封建徭役作了详细规定。如规定地方政府征发农民兴建的工程，要担保一年之内不会毁坏。如未有一年而毁坏，要重加修建，不得计为徭。可见国家计算徭役的方法是极为苛刻的。

秦代的农民就这样被繁重的田租、口赋、徭役压得透不过气，生活在水深火热之中。封建统治者为了加强对农民的压迫和剥削，还制定了法律，把它套在农民的身上。商鞅律只有《盗律》《贼律》《囚律》《扑律》《杂律》《具律》等六个专篇。而云梦出土的《秦律》，比较完整的就有 18 种之多，如果包括《秦律杂抄》中的就更多了。即使如此，这也远不是秦律的全部。农民如触犯这些封建法律，就要遭受各种惩罚。轻者如“盗采人桑叶，臧（赃）不盈一钱”，“赀徭三旬”。重者须服隶臣、司寇、鬼薪、白粲、城旦等刑。还有残酷的肉刑宫、刖、劓、黥和死刑枭首、腰斩、磔、弃市、夷三族等。这些严刑峻法，给农民带来了深重的灾难。陈胜领导的起义军攻打范阳，蒯通对范阳令说：“秦法重，足下为范阳令十年矣，杀人之父，孤人之子，断人之足，黥人之首，不可胜数。”[①] 汉人描述秦“赭衣塞路，囹圄成市”[②]，“赭衣半道，断狱岁以千万数”[③]，这都不是虚言，是实际情况的写照。整个秦代就是一座大监狱，安得不亡！

汉人在总结秦之所以速亡，陈胜、吴广之所以起义时，都说是由于田租、口赋、徭役繁重，人民无法生活。我们从汉人的语言中，足证陈胜、吴广所领导的是封建社会的农民大起义。《汉书·主父偃传》：

> 秦皇帝……发天下丁男以守北河，暴兵露师十有余年，死者不可胜数……又使天下飞刍挽粟，起于黄、腄、琅邪负海之郡，转输北河，率三十钟而致一石。男子疾耕不足于粮饷，女子纺绩不足于帷幕，百姓靡敝，孤寡老弱不能相养，道死者相望，盖天下始叛也。

---

① 《史记·张耳陈馀列传》。

② 《汉书·刑法志》。

③ 《汉书·食货志》。

《汉书·伍被传》：

往者，秦为无道，残贼天下……转海濒之粟，至于西河。当是之时，男子疾耕不足于粮馈，女子纺绩不足于盖形。遣蒙恬筑长城，东西数千里，暴兵露师常数十万，死者不可胜数，僵尸满野，流血千里，于是百姓力屈，欲为乱者，十室而五。……又使尉佗逾五岭，攻百越……行者不还，往者莫返，于是百姓离心瓦解，欲为乱者，十室而七。兴万乘之驾，作阿房之宫，收太半之赋，发闾左之戍，父不宁子，兄不安弟，政苛刑惨，民皆引领而望，倾耳而听，悲号仰天，叩心怨上，欲为乱者，十室而八。……不一岁，陈（涉）、吴（广）大呼，刘（邦）、项（羽）并和，天下响应。

《汉书·严安传》：

秦王……使蒙恬将兵以北攻强胡，辟地进境，戍于北河，飞刍挽粟，以随其后。又使尉屠睢将楼船之士攻越，使监禄凿渠运粮，深入越地。……行十余年，丁男被甲，丁女转输，苦不聊生，自经于道树，死者相望。及秦皇帝崩，天下大畔（叛），陈胜、吴广举陈，武臣、张耳举赵，项梁举吴，田儋举齐，景驹举郢，周市举魏，韩广举燕，穷山通谷，豪士并起，不可胜载也。

《汉书·晁错传》：

秦时北攻胡貉，筑塞河上；南攻扬粤，置戍卒焉。……秦之戍卒，不能其水土，戍者死于边，输者偾于道，秦民见行，如往弃市。……今秦之发卒也，有万死之害，而无铢两之报；死事之后，不能得一算之复，天下明知祸烈及己也。陈胜行戍，至于大泽，为天下先倡，天下从之如流水者，秦以威劫而行之之敝也。

这些汉人描述的被秦王征发去“北攻胡貉”“南攻扬粤”，而造成“死者相望”的成千成万的人，是奴隶吗？不是的。他们是男任耕、女任织，从事农业和手工业相结合的而以农业为主的农民。他们上有老下有小，被征发之后，“孤寡老弱不能相养”，“死事之后，不能得一算之复”。这些正是封建社会的农民的写照。

秦末大起义所以具有农民起义的性质，我们还可以从参加起义的基本群众和领导者的成分加以分析。首先看陈胜、吴广。《史记·陈涉世家》：

二世元年七月，发闾左适戍渔阳，九百人屯大泽乡。陈胜、吴广皆次当行，为屯长。会天大雨，道不通，度已失期。失期，法皆斩。陈胜、吴广乃谋曰："今亡亦死，举大计亦死，等死，死国可乎?"……尉果笞（吴）广。尉剑挺，（吴）广起，夺而杀尉。陈胜佐之，并杀两尉。召令徒属曰："公等遇雨，皆已失期，失期当斩。藉弟令毋斩，而戍死者固十六七。且壮士不死即已，死即举大名耳，王侯将相宁有种乎!"徒属皆曰："敬受命。"

陈涉少时，"尝与人佣耕"，贾谊说他是"瓮牖绳枢之子，甿隶之人"，可见他是一个贫苦农民。参加起义的基本群众是被征发适戍渔阳的"闾左"。历代注释家对"闾左"作了种种解释。现代人对"闾左"的解释亦有所不同。颜师古注《汉书·食货志》曰："闾，里门也。言居在里门之左者，一切发之。此闾左之释，应最得之。"闾里即村镇的泛称，古时以右为尊，闾左即居于闾里之左者，可见是指较为贫穷的居民。《汉书·异姓诸侯王表》："适戍疆于五伯，闾阎逼于戎狄。"应劭曰："闾阎民陈胜之属，言其逼秦甚于戎狄也。"师古曰："陈胜、吴广本起闾左之戍，故总言闾阎。"可见"闾左"，也就是"闾阎"。《汉书·循吏传序》："及至孝宣，繇仄陋而登至尊，兴于闾阎，知民事之艰难。"汉宣帝在继为皇帝之前，曾生活于民间，这里说他"兴于闾阎"，可见"闾阎"是指一般平民。由此可见，陈胜、吴广所率领的这支队伍的基本群众是居于闾里之左的贫苦农民。

再看刘邦和黥布。《汉书·高帝纪》：

高祖以亭长为县送徒骊山，徒多道亡。自度比至皆亡之，到丰西泽中亭，止饮，夜皆解纵所送徒。曰："公等皆去，吾亦从此逝矣。"徒中壮士愿从者十余人。

《史记·黥布列传》：

黥布者，六人也，姓英氏。秦时为布衣，少年，有客相之曰："当刑而王。"及壮，坐法黥。……布已论输骊山，骊山之徒数十万人，布皆与其徒长豪杰交通，乃率其曹偶，亡之江中，为群盗。陈胜之起也，布乃见番君，与其群叛秦，聚兵数千人。

刘邦、黥布最初率领的队伍的基本群众是刑徒，刑徒的来源，虽然有来自统治阶级的中下层分子，但主要是农民。由于秦的严刑峻法，大批农民变成了刑徒。所以刘邦、黥布所率领的这些刑徒，从本质上来说是农民。刘邦本人“起细微”,[①] 高帝九年，置酒未央宫前殿为其父太上皇寿，说：“始大人常以臣亡赖，不能治产业，不如仲力。今某之业所就，孰与仲多?”[②] 亡赖，汉代语作无利解，意思是对家庭没有什么好处的人。产业，汉代人实指田产。仲，是刘邦的行二的兄，从事农业生产。刘邦自己行三，故亦被称为“刘季”[③]。可见刘邦出身于一个小家庭。刘邦也自称“吾以布衣，持三尺剑取天下，此非天命乎”。[④] 黥布“秦时为布衣”，“布衣”也是贫苦农民的通称。

刘邦集团里的其他将领，如韩信“始为布衣时，贫无行，不得推择为吏，又不能治生商贾，常从人寄食饮”，以至乞食“漂母”，受辱胯下；樊哙“以屠狗为业”；郦食其“落魄无以为衣食业”；周勃“常为人吹箫，给丧事”；灌婴“贩缯”；陈平“少时家贫”，“有田三十亩”。以上均见于《史记》各本传。从这里可以看出，起义的基本队伍和领导者是贫苦农民、城市贫民。

《汉书·晁错传》说：“秦始乱之时，吏之所先侵者，贫人贱民也；至其中节，所侵者富人吏家也；及其末涂，所侵者宗室大臣也。”参加秦末大起义的成分是比较复杂的。除贫苦农民、刑徒、城市贫民之外，还有“富人吏家”“宗室大臣”，但这些都不是反秦的主力，不足以影响秦末农民起义的性质。

在秦末反秦的力量中，还有六国贵族的后裔，他们出于种种目的，也组织武装力量，如齐、燕、赵、韩王信、项羽等等。在这些武装力量中，除项羽外，其他力量都较小。项羽的力量是一支反秦的劲旅，值得研究。项羽本人是楚国将领的后代，楚被秦亡之后，随叔父项梁过着政治流亡生活。因为项梁杀人，叔侄“避仇吴中”[⑤]。陈胜、吴广起义后，他们杀会稽守，“举吴中兵，使人收下县，得精兵八千人”[⑥]，举起反秦的义旗。陈胜、吴广失败后，他们又收集了各地的农民起义队伍，成为反秦的主力。我认为项羽率领的这支队伍也属农民起义的范畴。原因有二：第一，他所收的吴中兵 8000 人，这些兵士的主要来源是农民；第二，更重要的是他们站在农民阶级一边，把斗争的矛头对准秦朝反动统治。决定一支军队性质的主要因素，是看它在政治上站在哪一边。章邯征集“骊山徒”组成镇压农民起义的武装，他的成员虽是“骊山徒”，其性质却是维护秦王朝统治的武装。黥布率领的也是“骊山徒”，其性质却是农民起义的武装。

通过以上考察，我们认为秦末大起义参加的成分很复杂，有贫苦农民、刑

---

① 《史记·高祖本纪》。
② 《史记·高祖本纪》。
③ 《史记·高祖本纪》。
④ 《史记·高祖本纪》。
⑤ 《汉书·陈胜项籍传》。
⑥ 《汉书·陈胜项籍传》。

徒、城市贫民、奴隶、下级官吏、六国贵族后裔等等，应有尽有，但始终以被压于社会最底层的贫苦农民、城市贫民为主。他们打击的目标是秦朝封建政权、地主阶级和封建制度。因而，秦末大起义的性质是封建社会的农民大起义，而不是奴隶社会的奴隶和破产小农的大起义。

论两汉的“公田”

两汉时代的土地所有制形式是史学界长期争论的问题之一。或以为是土地私有制，或以为是土地国有制，或以为是土地私有制和国有制并存。两汉土地所有制性质问题，则因为对两汉社会性质的看法不同而存在分歧：或以为是奴隶制的土地所有制，或以为是封建制的土地所有制。我认为经过战国秦汉，土地国有制是瓦解了，封建土地私有制已基本确立。但是两汉时期的封建政府仍控制着相当数量的国有土地，这种国有土地包括可耕地，封建帝王游乐、狩猎、牧养的苑囿（苑囿里也有可耕地）和资源丰富的山林川泽。本文着重探讨国有土地中的可耕地问题。

一、“公田”的来源

两汉国有土地中的可耕地，文献中称为“公田”。例如，《汉书·食货志》：“令命家田三辅公田”；《汉书·宣帝纪》：“下诏假公田”；《后汉书·明帝纪》：“诏郡国以公田赐贫人”；《后汉书·安帝纪》：“以溉公私田畴”。

这种“公田”，在文献中亦被称为“官田”“草田”。例如《后汉书·仲长统传》：“今者土广民稀，中土未垦……其地有草者，尽曰官田，力堪农事，乃听受之。”《汉书·广陵厉王胥传》：“相胜之奏夺王射陂草田以赋贫民。”

这种“公田”存在于三辅地区和各郡国，其存在的时间贯穿整个两汉时代。“公田”的来源，大概有五个方面。

（一）接收前代的“公田”

秦代存在国家控制的“公田”。《田律》说：“入顷刍稾。以其受（授）田之数，无垦不垦，顷入刍三石、稾二石。”① 正是国家控制一部分可耕地，才能“受（授）田”给农民。刘邦继承了秦朝“公田”的遗产，使他能够“以功劳行田宅”。②《史记·萧相国世家》：“相国因为民请曰：‘长安地狭，上林中多空地，弃，愿令民得入田，毋收稾为禽兽食。’”上林苑中的可耕地，也是继承秦朝的

① 睡虎地秦墓竹简整理小组编：《睡虎地秦墓竹简》，文物出版社1978年版，第27－28页。

② 《汉书·高帝纪》。

遗产而来。东汉也接收西汉的“公田”。《后汉书·马援传》：“援以三辅地旷土沃，而所将宾客猥多，乃上书求屯田上林苑中，帝许之。”东汉上林苑中的可耕地，显然是继承西汉而来。

（二）没收商人、犯罪贵族官吏的“私田”而成为“公田”

《汉书·食货志》：“贾人有市籍，及家属，皆无得名田，以便农，敢犯令，没入田货。”到汉武帝时，“杨可告缗遍天下，中家以上大抵皆遇告……得民财物以亿计，奴婢以千万数，田大县数百顷，小县百余顷”。这是没收商人的田地为“公田”之例。《汉书·哀帝纪》：“诸侯王、列侯、公主、吏二千石及豪富民多畜奴婢，田宅亡限，与民争利……贾人皆不得名田、为吏，犯者以律论。诸名田畜奴婢过品，皆没入县官。”这是说占田过制者之田并将其田没收为“公田”。两汉时代，没收罪人的土地，是常见的。许多诸侯王，因骄纵不法，被削爵治罪，其财产亦多为没收，如衡山、淮南王获罪后和吴楚七国之乱后，他们的封地和私产都被没收。官吏被判罪罚没其土地，文献中称为“没官田”。

（三）兴修水利，变不可耕地为可耕地

《史记·河渠书》：“河东守番系言：‘漕从山东西，岁百余万石，更砥柱之限，败亡甚多，而亦烦费。穿渠引汾，溉皮氏汾阴下，引河溉汾阴蒲坂下，度可得五千顷。五千顷故尽河壖弃地，民茭牧其中耳。今溉田之，度可得谷二百万石以上。谷从渭上，与关中无异，而砥柱之东，可无复漕。’天子以为然。发卒数万人，作渠田。数岁，河移徙，渠不利，则田者不能偿种。久之，河东渠田废，予越人，令少府以为稍入。”这些农田水利建设中新开垦出来的土地，也属于“公田”。

（四）原来占有土地的人户，因全家死亡或流亡他乡而遗弃的土地，由政府收为“公田”

在战争、饥馑、灾荒、疾疫之后，尤其是秦汉之交、西汉初年、西汉末年、东汉初年、东汉末年等几个时期，这种无主之田特别多。《三国志·魏书·司马朗传》说东汉末年三国初的情况：“今承大乱之后，民人分散，土业无主，皆为公田。”

（五）对匈奴、西羌用兵，开拓西北边疆，实行屯田

两汉时代的“公田”有多少，占全国土地的比重多大，现在文献没有明确记载。事实上，公田数量经常有所消长，不可能有一个稳定的数字。西汉的全国垦田总数，平帝元始二年（2），是 8270536 顷，人口是 59594978 人，平均每人

约 13. 89 亩。东汉各代平均每人亩数是这样的：和帝元兴元年（105）13. 74 亩；安帝延光四年（125）14. 26 亩；顺帝建康元年（144）13. 87 亩；冲帝永嘉元年（145）14. 05 亩；质帝本初元年（146）14. 57 亩。① 而当时在“公田”中实行军屯的士卒，每人需要耕种多少土地，有下列材料。《汉书·赵充国传》：“田事出，赋人二十亩。”《流沙坠简考释》中有简文表明：张佥所部兵 21 人，种 512 亩，每人 24 亩多；梁襄所部兵 26 人，种 380 亩，每人 14. 5 亩。《汉晋西陲木简汇编》：“玉门屯田史高禀放田七顷，给弛刑十七人”，每人 40 亩多。朝廷经常以“公田”作赏赐，可知政府控制的“公田”数量不少，但与全国的私田比较，仍然是少数。

二、“公田”的使用和经营方式

两汉政府对“公田”的使用和经营，主要有四种方式。

（1）赏赐给贵族、官僚和有功之臣

这类记载很多，如：《汉书·卜式传》“上乃召拜式为中郎，赐爵左庶长、田十顷，布告天下”；《后汉书·刘盆子传》（盆子率众降，光武帝）“乃令各与妻子居洛阳，赐宅人一区，田二顷”。

封建帝王把“公田”赏赐给贵族、亲信、官僚、大臣之后，土地所有权便发生了变化，由国有土地变成了私有土地。这是国有土地向私有土地转化的一个重要途径。

（2）把“公田”“赋于贫民”或“赐贫人”

这种情况多发生在战争、灾害、疾疫之后，人民流离失所，社会动荡不安，封建统治者为了把游离于土地之外的人民重新固定在土地上，于是颁布诏令，“赋民公田”，有时甚至还协助解决耕牛、种子、口粮等问题。如《汉书·平帝纪》，元始二年，“安汉公、四辅、三公、卿大夫、吏民为百［姓］困乏，献其田宅者二百三十人，以口赋贫民”。《后汉书·章帝纪》，建初元年，“诏以上林池籞田，赋与贫人”。元和三年，“今肥田尚多，未有垦辟。其悉以赋贫民，给与粮种，务尽地力，勿令游手”。

“赋民公田”，与“假民公田”（详下）是不同的。“赋”是“给予”之意。即政府把“公田”分给贫民，其目的是“尽地利”，缓和阶级矛盾。贫民得到这些土地之后，就获得了土地所有权。凡是在这类“赋民公田”的诏令中，都没有说明土地的数量。师古说，“计口而给其田宅”，赋多少土地给贫民，当是根

---

① 梁方仲：《中国历代户口、田地、田赋统计》，上海人民出版社 1980 年版，第 4－5 页。

据具体情况而定。

被“赋”“赐”公田的贫民，获得了土地所有权，他们与封建国家发生什么关系呢？有的同志认为，向国家交纳地租，是国家的佃农，是一种租佃剥削关系。我不同意这种看法。这种获得公田的农民，实际上是国家的自耕农，他们向国家缴纳比较低的地税。“赋民公田”“赐民公田”是一种救灾的措施，一些诏令中，“赋给公田”的同时，还“为雇耕佣，赁种饷，贳与田器，勿收租五岁，除算三年。其后欲还本乡者，勿禁”。[①] 他们“欲还本乡者，勿禁”，说明他们的身份是较为自由的，是国家的自耕农民。《盐铁论·园池》：“先帝之开苑囿池籞，可赋归之于民，县官租税而已。假税殊名，其实一也。”“赋归之于民”，就是赋公田于民，归农民所有。“县官租税而已”，是政府向获得公田的农民收取地税。“假税殊名，其实一也”，是说假税的名称不同，但税率是一致的。汉代地税，各时期不同，或十税一，或十五税一，或三十税一，总的来说，地税是较低的。有的同志把政府向被“赋”“赐”公田的农民征收的地税，称为“地税型假税”，是有一定道理的。[②]

（3）“假民公田”

汉政府把“公田”出租给农民，向农民征收地租，国家和农民结成租佃关系，农民成为国家的佃农。这是国家经营“公田”的主要方式。我们先看“假民公田”的材料：《汉书·宣帝纪》，地节元年，“假郡国贫民田”。《汉书·元帝纪》，初元元年，“关东今年谷不登，民多困乏。……江海陂湖园池属少府者，以假贫民，勿租赋”。《后汉书·安帝纪》，永初元年，“以广成游猎地及被灾郡国公田假与贫民”；永初三年，“京师大饥，民相食。……诏以鸿池假与贫民”。从这些材料看，“假民公田”有两种，一种是在自然灾害严重的情况下而采取的救灾措施；另一种是经常经营“公田”的方式。“假”是“租赁”，“假民公田”即把“公田”“租赁”给农民，农民对“假”得的土地只有使用权而无所有权。农民须向政府交纳地租。“国家既作为土地所有者，同时又作为主权者而同直接生产者相对立，那末，地租和赋税就会合为一体，或者不如说，不会再有什么同这个地租形式不同的赋税。”[③]

国家为了管理“公田”，征收地租，设有专门官吏主持这项工作。这些官吏的名称，见于文献的有二：①稻田使者。《汉书·昭帝纪》：“故稻田使者燕仓先发觉，以告大司农敞。”颜师古在《昭帝纪》给“稻田使者”作注时引如淳曰：

---

① 《后汉书·章帝纪》。

② 柳春藩：《论汉代“公田”的“假税”》，载《中国史研究》1983年第2期，第43－51页。

③ ［德］马克思：《资本论》，见《马克思恩格斯全集》卷25，人民出版社1974年版，第891页。

“特为诸稻田置使者，假与民，收其税入也。”“稻田使者”把土地“假与民”，即租给农民，收取“假税”。②左、右内史。《汉书·沟洫志》：“儿宽为左内史，奏请穿凿六辅渠，以益溉郑国傍高卬之田。上曰：‘农，天下之本也。泉流灌浸，所以育五谷也。左、右内史地，名山川原甚众，细民未知其利，故为通沟渎，畜陂泽，所以备旱也。今内史稻田租挈重，不与郡同，其议减……’”这个材料说明四点：第一，左、右内史同稻田使者一样，主管“公田”，假与农民；第二，政府与租种“公田”的农民还订有“租契”，显然这是一种租佃关系；第三，政府为了收取地租，还兴修水利以保证田地的灌溉；第四，我疑心左、右内史掌管的“公田”的地租比四方诸郡“公田”的重，所以武帝才说“其议减”。

以上是三辅地区和内郡的“公田”租佃情况，西北边郡也有这种情况。《汉书·元帝纪》：“北假田官。”《汉书·王莽传》：“五原、北假膏壤殖谷，异时尝置田官。”“田官”是“主以田假与贫人”的。“北假的‘假’字就是假税之‘假’。”① 西北边郡的这种把“公田”租赁给徙民耕种的办法，就是一般所说的“民屯”。汉武帝时期所开的河西四郡，大规模实行“民屯”。《汉书·地理志》说：“或以关东下贫，或以报怨过当，或以悖逆亡道，家属徙焉。”把这些人徙往西北边郡，与“公田”结合起来，接受国家的地租剥削，他们就成为国家的佃农。

这种“假民公田”的地租剥削率是多少？三辅地区、内郡和边郡是有所不同的。《后汉书·文苑列传·黄香》：“郡旧有内外园田，常与人分种，收谷岁数千斛。”“内外园田”就是“公田”，“常与人分种”是一种地租50%的剥削率。《水经·河水注》：“苑川水地为龙马之沃土，故马援请与田户中分以自给也。”这是马援在三辅地区出租“公田”，其剥削率也是50%。以上两例为内郡和三辅地区的情况。西北边郡则不同。《居延汉简》有两条反映租佃关系的比较完整的简文：“右第二长官二处田六十五亩，租二十六石（三〇三·七甲一五八五）。”②“右家五，田六十五亩，租大石二十一石八斗（三〇三·二五甲一六一〇）。”③如果按通常说法，亩产一石，则第一简的地租率为40%，第二简则为34%。有的同志认为，这个剥削率太高，特别是边郡，主要是把徙民安置下来，开发边疆，巩固边防，但如此高的剥削率，有谁愿意去呢？我以为，第一，这些徙民本来带有强制性质；第二，租种“公田”，成为国家的佃农之后，除地租之外，不需要再负担什么徭役，他们与自耕农除向国家交纳地税之外，还有许多其他赋税

① 唐长孺：《魏晋南北朝史论丛》，生活·读书·新知三联书店1978年版，第38页。

② 中国社会科学院考古研究所编：《居延汉简甲乙编》下册，中华书局1980年版，第211页。

③ 中国社会科学院考古研究所编：《居延汉简甲乙编》下册，中华书局1980年版，第212页。

徭役不同。[①] 因此，不能以剥削率重而否定它的存在。事实上，正是由于国家实行“假民公田”，国家的财政收入大量增加。《盐铁论·园池》说，官府以“修沟渠，立诸农，广田牧，盛苑囿”为务，“太仆、水衡、少府、大农，岁课诸入，田牧之利，池籞之假，及北边置任田官，以赡诸用”。这种“假民公田”在当时是发挥积极作用的。

（4）实行“军屯”

汉代实行军屯的规模是相当大的。军屯主要公布于三个地区。

①河西、朔方地区。《汉书·匈奴传》，元狩四年，“是后匈奴远遁，而幕南无王庭。汉度河自朔方以西至令居，往往通渠置田官，吏卒五六万人”。这里有“田官”，有“吏卒”，应是实行军屯。《汉书·食货志》，元鼎六年，“初置张掖、酒泉郡，而上郡、朔方、西河、河西开田官，斥塞卒六十万人戍田之”。这里有“田官”，有“塞卒”，应是实行军屯。《后汉书·杜茂传》，汉光武建武七年，“诏（杜）茂引兵北屯田晋阳、广武，以备胡寇”。《后汉书·百官志》：“边郡置农都尉，主屯田殖谷。”东汉在西北边郡的军屯，其规模可能没有西汉时期广，但仍然是边防的一支重要力量。

②西域地区

西汉在西域地区实行军屯。其人数不一定很多，但其分布却遍于今天新疆的北疆和南疆。东汉之初，光武帝忙于统一战争和巩固政权，对西域的经营暂时中止。到汉明帝永平十六年，“乃命将帅，北征匈奴，取伊吾卢地，置宜禾都尉以屯田，遂通西域，……西域自绝六十五载，乃复通”。[②] 但章帝时，因匈奴骚扰，“罢伊吾屯兵”。[③] 到顺帝永建六年，“帝以伊吾旧膏腴之地，傍近西域，匈奴资之，以为钞暴，复令开设屯田如永元时事，置伊吾司马一人”。[④] 东汉对西域的经营是“三绝三通”[⑤]。自桓帝永兴初，“车师后王复反，攻屯营，虽有降首，曾莫惩革，自此浸以疏慢矣”。[⑥] 此后在西域的军屯就进入尾声了。

③河湟地区

《汉书·赵充国传》载，汉宣帝元康中，诸羌变乱，赵充国以后将军率兵击羌，陈屯田十二利奏，罢骑兵，留步卒万余屯田河湟一带，安抚诸羌，收到很好的效果。到东汉和帝时，“后金城长史上官鸿上开置归义、建威屯田二十七部，侯霸复上置东西邯屯田五部，增留、逢二部，帝皆从之。列屯夹河，合三十四

---

① 河西的“民屯”主要是徙民。土著自耕农，除向国家交赋税之外，还有各种徭役。

② 《后汉书·西域传》。

③ 《后汉书·章帝纪》。

④ 《后汉书·西域传》。

⑤ 《后汉书·西域传》。

⑥ 《后汉书·西域传》。

部。其功垂立”。[1] 顺帝时，“因转湟中屯田，置两河间，以逼群羌”。[2]“至阳嘉元年，以湟中地广，更增置屯田五部，并为十部。”[3] 两汉在河湟地区屯田，其目的是解决军粮，以对付诸羌。

军屯是封建政府利用国有土地，按军事编制，让士卒耕种。这种士卒既有守卫边疆的任务，又有耕种的任务，即所谓“且耕且守”。当然士卒中也有分工，各人的偏重点不同。如居延汉简中的“田卒”“河渠卒”等应是务农为主，戍守为辅；“牧士”应为牧牛为主，戍守为辅；鄣卒、坠卒、省卒，应是戍守为主，田耕为辅。这些戍卒的生活费用和所用的一切生产工具、耕牛、种子、生活用具等都由政府供给，而收获物全部归国家。

军屯系统中除一般士卒外，还有刑徒。《汉书·赵充国传》：“愿罢骑兵，留弛刑应募，及淮阳、汝南步兵，与吏士私从者，合凡万二百八十一人……分屯要害处。”《后汉书·郡国志》注引应劭《汉官》言，建武二十一年，“建立三营，屯田殖谷，弛刑谪徙以充实之”。《后汉书·西域传》：“乃以班勇为西域长史，将弛刑士五百人，西屯柳中。”

这种弛刑屯田士卒与一般的屯田士卒是有所不同的。后者一种是长期驻扎边塞的，一种是由内地按制度临时征调来边塞服役的，他们都是士兵。而前者则是犯罪释放的。因此，从政治上来说，两者不能混为一谈。

实行军屯的作用是很大的。首先可以解决军队的粮食自给问题。在河西、西域屯田积谷，为打败匈奴奠定了基础。粮食充足，又可以“给使外国者”，使“丝绸之路”畅通。[4] 赵充国屯田奏中说，“屯田内有亡费之利，外有守御之备”，“益积蓄，省大费”。[5]《后汉书·光武帝纪》建武六年十二月诏曰：“顷者师旅未解，用度不足，故行十一之税。今军士屯田，粮储差积。其令郡国收见田租三十税一，如旧制。”实地军屯，减少了军事开支，使全国地税由十一之税减到三十税一。

三、质疑“公田直接使用奴婢耕种”说

主张魏晋封建说的同志认为“公田也直接使用奴婢耕种”。[6] 这个问题值得商榷。

---

① 《后汉书·西羌传》。

② 《后汉书·西羌传》。

③ 《后汉书·西羌传》。

④ 参见本书《西汉屯田与“丝绸之路”》。

⑤ 《汉书·赵充国传》。

⑥ 王思治：《两汉社会性质问题及其他》，生活·读书·新知三联书店 1980 年版，第 167 页。

第一，我们看看这种主张的史料根据。其主要根据是《史记·平准书》说汉武帝“治缗钱”的一段话：“杨可告缗遍天下，中家以上大抵皆遇告。……即治郡国缗钱，得民财物以亿计，奴婢以千万数，田大县数百顷，小县百余顷，宅亦如之。……乃分缗钱诸官，而水衡、少府、大农、太仆各置农官，往往即郡县比没入田田之。其没入奴婢，分诸苑养狗马禽兽，及与诸官。诸官益杂置多（《汉书·食货志》无‘诸’字），徒奴婢众，而下河漕度四百万石，及官自籴乃足。”对这段史料，有的同志说，“没收的土地由水衡等设农官来管理，没入的奴婢一部分分诸苑囿养狗马禽兽，一部分分配给各农官”，“没入的奴婢是生产奴隶。分配给于各农官的奴婢，自然就是用于耕种没入的土地了”。[①] 我以为得出这个结论根据不足。原因有四：①没入的奴婢是否为生产奴隶，单凭这条材料难以证明；②“诸官”不是“农官”，其意甚明，“没入奴婢，分诸苑养狗马禽兽，及与诸官”，并不是“一部分分配给各农官”；③退一步说，即使“诸官”包括“农官”在内，也不能说分配给他们的奴婢，“自然就是用于耕种没入的土地”，史料并没有这么说；④正是因为没入的奴婢，没有从事农业生产，故下文才说“徒奴婢众，而下河漕度四百万石，及官自籴乃足”。

《汉书·晁错传》载晁错的徙民实边奏：“乃募罪人及免徒复作令居之，不足，募以丁奴婢赎罪及输奴婢欲以拜爵者，不足，乃募良民之欲往者。”有的同志认为这条材料可以证明用奴婢去边疆耕种“公田”。其实，这种被募的罪人、免徒复作、奴婢及良民，到边疆之后，由政府“先为室屋，具田器”，“予冬夏衣，廪食，能自给为止”，并“赐高爵，复其家”。这些人的性质已经改变，原来是奴婢的，此后已不再是奴婢，他们成为租“公田”耕种的“民屯”的人了。

《汉书·贡禹传》说：“诸官奴婢十万余人，戏游亡事……宜免为庶人廪食，令代关东戍卒，乘北边亭塞候望。”有的同志认为这是用奴婢去边疆“代关东戍卒”，而这些戍卒是实行军屯的，这是用奴婢去耕种“公田”之证。其实，这是建议解放官奴婢，再派去边疆“代关东戍卒，乘北边亭塞候望”，并不是用官奴婢去实行军屯。

以上几条材料都不能证明两汉用奴婢去耕种“公田”。

第二，两汉文献中有许多官、私奴婢的记载，但找不到一条能说明用奴婢去耕种“公田”的材料。我想这不会是史家的漏记，而是没有这方面的史实。

第三，近年来的考古发掘，在一些墓葬中出土生产奴隶俑，如江陵凤凰山M8、9、167、168、169和马王堆M3等，均有木俑出土，不少木俑还手持农具。

---

① 王思治：《两汉社会性质问题及其他》，生活·读书·新知三联书店1980年版，第167页。

在这些墓葬的遣策中记有“大婢某，田，操锄”“操锸”“大奴某，田，操锸”等,[①] 这应该是有一部分奴婢被用于农业生产的证据。凤凰山的几座墓，墓主身份大体为九级爵五大夫。他们所占有的奴婢属于私人奴婢，或用于家内劳动，或用于生产，但均不是用于耕种“公田”。至于这种生产奴婢，在汉代社会中占多大的比重，则另当别论，不是本文讨论的范围。

四、简短的结论

（1）汉代封建土地私有制已基本确立，但封建政府仍控制着相当数量的国有土地，包括可耕种的耕地，封建帝王游乐、狩猎、牧养的苑囿和资源丰富的山林川泽，其中可耕地多称为“公田”“官田”“草田”。这些“公田”的来源主要是接收前代的“公田”，没入商人、官吏的土地，人口逃亡的绝户田，兴修水利后变为可耕地的土地，向边疆用兵新开辟的土地。这些“公田”是客观存在，不能以“公田实质上是统治阶级私有”而否定它的存在。

（2）这些“公田”主要用于赏赐、“赋（或赐）田贫民”、“假民公田”和军屯。赏赐和“赋（或赐）田贫民”，土地所有权已发生了变化，即由“公田”变成了“私田”。从整个发展趋势来说，“公田”不断地变成“私田”。当然，赏赐和“赋田贫民”，两者性质是不同的：前者是统治阶级内部财产再分配的问题，后者是为了缓和阶级矛盾。

（3）“假民公田”和军屯是政府经营“公田”的主要方式。“假民公田”是一种租佃关系，它不仅存在于三辅地区和内地，也存在于边疆地区，“徙民实边”的“徙民”与政府的关系基本上是这种“假民公田”的租佃关系。军屯在当时起着相当重要的作用。“公田直接使用奴婢耕种”的说法，是值得怀疑的，至今还未找到这方面的史实。

---

① 《湖北江陵凤凰山西汉墓发掘简报》，载《文物》1974 年第 6 期；《江陵凤凰山一六七号汉墓发掘简报》，载《文物》1976 年第 10 期；《湖北江陵凤凰山一六八号汉墓发掘简报》，载《文物》1975 年第 9 期；《长沙马王堆二、三号汉墓发掘简报》，载《文物》1974 年第 7 期。

论两汉太学的历史作用

马克思主义认为，教育属于上层建筑，它与“政治、法律、哲学、宗教、文学、艺术等的发展是以经济发展为基础的。但是，它们又都互相影响并对经济基础发生影响。并不是只有经济状况才是原因，才是积极的，而其余一切都不过是消极的结果。这是在归根到底不断为自己开辟道路的经济必然性的基础上的互相作用”①。一个阶级在夺取政权之后，必然要利用教育来为巩固自己的统治、发展社会经济服务。中国的地主阶级在中国建立了封建社会之后，也充分利用教育这个阵地来为本阶级服务。他们为了永久地、世世代代地统治人民，不但要求用法律的形式来固定他们的既得利益，而且还要求思想学术上有利于自己的统一形式，要求有自己统一的统治思想。汉武帝尊崇儒术、罢黜百家，汉章帝的白虎观会议，都是为了建立统一的统治思想。而当儒术定于一尊之后，统治者又将经学与利禄结合起来，使学术的正宗与政权的正统互相利用，以巩固封建统治。

为了达到上述目的，统治阶级采取了很多政策措施，汉代建立太学就是统治阶级的有意识的统治政策之一。

一

汉代的太学是什么时候开始设置的？学术界尚有不同看法。② 一种制度产生，一定有它存在的社会条件。据《史记·儒林列传》记载，汉初高帝时“尚有干戈”，没有时间考虑办太学的事情；孝惠、吕后时，“公卿皆武力有功之臣”；孝文帝时，虽任用文学之士，但他“本好刑名之言”，“及至孝景，不任儒者，而窦太后又好黄老之术，故诸博士具官待问，未有进者”。可见汉武帝以前，建立太学的经济、政治、思想条件尚未成熟。

经过汉初60余年的休养生息，经济得到恢复和发展，社会财富积累较丰，《史记·平准书》称，汉武帝即位之初，“民则人给家足，都鄙廪庾皆满，而府库余货财。京师之钱累巨万，贯朽而不可校。太仓之粟陈陈相因，充溢露积于外，至腐败不可食”。在政治上，汉景帝平定了吴楚七国之乱，国家进一步统一稳定。汉武帝在经济繁荣、政治稳定、国家统一的背景下登上历史舞台，他面临

---

① 《马克思恩格斯选集》卷4，人民出版社1972年版，第506页。

② 参见毛礼锐《汉代太学考略》，载《北京师范大学学报》1962年第4期；刘凌《论汉代的高等教育——太学》，载《天津师范大学学报》1985年第5期；程舜英编著《两汉教育制度史资料》，北京师范大学出版社1983年版。

着许多问题，但其中两个最突出：第一，汉初以来掌握军权的军功老臣先后谢世，必须从封建地主阶级中选拔出适用于封建统治的人才，使统治得以继续下去；第二，鉴于汉初的黄老思想已不能适应统治的需要，必须建立一种新的统治思想。这两个问题是关系到统治能否巩固并世代继续下去的问题，也就是培养人才和未来接班人的问题。因此，统一政治思想，建立为政治服务的教育制度，成为迫切需要解决的重要问题。

首先提倡创办太学的是董仲舒。他在元光元年（前134）的对策中说：

> 夫不素养士而欲求贤，譬犹不琢玉而求文采也。故养士之大者，莫大乎太学；太学者，贤士之所关也，教化之本原也。……臣愿陛下兴太学，置明师，以养天下之士，数考问以尽其材，则英俊宜可得矣。①

在这里，董仲舒把办太学的目的说得非常明确：①通过办教育以得到“英俊”人才。所谓“英俊”人才，当然就是符合统治阶级需要的人才。②通过办教育达到“教化”的目的。所谓“教化”，就是要用统一的政治思想对从皇帝到庶民进行教育。董仲舒办太学的建议，得到汉武帝的赞同。但是，这个建议并不是立即执行的。到元朔五年（前124），汉武帝把这个建议交给丞相公孙弘和太常孔臧、博士平等讨论，要求提出设立太学的具体计划。《汉书·武帝纪》说：

> 元朔五年，夏六月，诏曰：“盖闻导民以礼，风之以乐，今礼坏乐崩，朕甚闵焉。故详延天下方闻之士，咸荐诸朝。其令礼官劝学，讲议洽闻，举遗兴礼，以为天下先。太常其议予博士弟子，崇乡党之化，以厉贤材焉。”丞相弘请为博士置弟子员，学者益广。

公孙弘等人提出的创立博士弟子员制度，得到汉武帝的批准。这样，博士官（教师）就有了弟子员（学生）。太学成为博士教弟子，以传授知识、研究专门学问的机构。元朔五年我国正式成立太学，这在中国教育史上乃至世界教育史上都有重要意义，它是世界教育史上有确切文字记载的由统一的中央政府设立的第一所官立大学。

最初的太学规模不大，人数不多，《汉书·儒林传序》说：

> 为博士官置弟子五十人，复其身。太常择民年十八以上仪状端正者，补博士弟子。郡国县官有好文学、敬长上、肃政教、顺乡里、出入不悖，所

① 《汉书·董仲舒传》。

闻，令相长丞上属所二千石。二千石谨察可者，常与计偕，诣太常，得受业如弟子。

这里说明三点：①汉武帝时博士弟子只有 50 人；②他们都享有免除徭役、赋税的特殊待遇；③博士弟子的来源有两种，一种是中央由太常直接补选，只要 18 岁以上仪表端正就可以了，另一种是从各地方郡、国、县选择，标准比较严格，需要“好文学、敬长上、肃政教、顺乡里、出入不悖”的。这就是说，他们选择遵守封建统治秩序、维护封建伦理道德的知识分子入太学就读。

太学一经设立，学生就不断增加，到昭帝时增加到 100 人，宣帝时增加到 200 人，元帝时增到 1000 人，成帝时扩充到 3000 人。《汉书·儒林传序》说：

昭帝时举贤良文学，增博士弟子员满百人，宣帝末增倍之。元帝好儒，能通一经者皆复。数年，以用度不足，更为设员千人，郡国置《五经》百石卒史。成帝末，或言孔子布衣养徒三千人，今天子太学弟子少，于是增弟子员三千人。

东汉时，太学有了较大的发展。明帝尊师重道，提倡教育，并亲自到太学讲经，视察太学的讲经情况。史称永平年间是汉代教育最兴盛的时期，但太学生人数没有确切的数字。到质帝本初元年（146），太学生增加到 3 万多人。《后汉书·儒林传序》说：

本初元年，梁太后诏曰：“大将军下至六百石，悉遣子就学，每岁辄于乡射月一飨会之，以此为常。”自是游学增盛，至三万余生。然章句渐疏，而多以浮华相尚，儒者之风盖衰矣。

从这里可以看出，太学生的数量增加了，但是教学质量降低了。所以才有“儒者之风盖衰矣”之叹。汉武帝元朔五年创办太学，只有 50 名太学生，到东汉末年发展到 3 万多名太学生。这样的发展速度，这样发达的高等教育，在世界教育史上是少见的。

二

从上述可见，太学在两汉时代获得了很大的发展。那么太学能否达到汉武帝、董仲舒创立太学时所设想的目的呢？从太学发展的历程看，回答是肯定的。

（一）太学在使儒学成为地主阶级的统治思想方面起了重要作用

汉武帝时代，在意识形态领域里，原来是“百家”之一的儒家，经过了董仲舒的改造坐上了"独尊"的位置，儒家的代表著作被尊奉为"经典"。这一变革有其历史的必然性。马克思和恩格斯说过："统治阶级的思想在每一个时代都是占统治地位的思想。这就是说，一个阶级在社会上占统治地位的物质力量，同时也是社会上占统治地位的精神力量。"① 西汉统治阶级之所以要"独尊儒术"，恰恰说明了取得社会统治地位的地主阶级，要把儒家经典作为理论教条，作为精神力量，用来统治社会。事实上，经过汉代统治阶级的努力，儒家思想真正变成了中国封建社会的正统思想。在儒家思想成为地主阶级的统治思想的过程中，太学起着巨大作用。

董仲舒洋洋数千言《举贤良对策》，除了理论和政策的一般论述，具体主张建议主要有三项：兴太学、行选举和独尊儒术。兴学和选举是培养和选拔人才的措施，而独尊儒术则是培养和选拔人才的标准。汉代教育制度、选举制度，是在独尊儒术政策的指导下建立和发展起来的，反过来又巩固了独尊儒术的局面。独尊儒术主要表现在教育领域，而且主要是通过教有实施和教育理论来实现。② 太学在这方面的作用表现尤为突出。

首先从教师方面来看。太学的教师是博士。据《汉书·百官公卿表》："博士，秦官，掌通古今。"可见秦的博士，是博学之士，是一种备朝廷咨询的文化官吏。汉承秦制，仍设博士官。但武帝以前的博士官，并非儒家所独有。武帝"独尊儒术"之后，于建元元年（前140）专立儒家五经博士，把其他各家的博士罢去，这是尊儒的重要体现。但这时尚未成立太学，博士的学徒还不能算作政府的正式学生。元朔五年，政府为博士官置弟子 50 人，正式成立太学。从此，博士便成了太学的专门教官，其主要任务是担任太学的教学工作。王充说："博士之官，儒生所由兴也。"③《后汉书·百官志》叙述博士的职务为"掌教弟子，国有疑事，掌承问对"。

汉代博士的设置屡有变动和增减。博士的变动和增减，意味着太学学科的变动和增减。汉代的经学，每一经发展成几个学派。在太学里对某一经或某一派是否设置博士，往往反映着统治阶级内部的矛盾和斗争，即表现为所谓今文经学和古文经学的斗争。五经博士的设置情况，武帝时 7 人，宣帝石渠阁会议后增加为 14 人，元帝时增加为 15 人。王莽时，除五经外，还立《乐经》博士，"经各五人"，共计六经三十博士。东汉光武帝时，并未采纳王莽的六经三十博士制度，而基本上承袭宣帝时的博士制度。光武所建立的五经十四博士制，一直延续到东汉末。④ 五经十四博士如下：

① 《马克思恩格斯选集》卷 1，人民出版社 1972 年版，第 52 页。
② 俞启定：《先秦两汉儒家教育》，齐鲁书社 1987 年版。
③ 《论衡·别通》。
④ 安作璋、熊铁基：《秦汉官制史稿》上册，齐鲁书社 1984 年版，第 409－491 页。

《易》四博士：施（雠）、孟（喜）、梁丘（贺）、京（房）

《书》三博士：欧阳（生）、大夏侯（胜）、小夏侯（建）

《诗》三博士：鲁（申培）、齐（辕固）、韩（韩婴）

《礼》二博士：大戴（德）、小戴（圣）

《春秋》二博士：公羊严氏（彭祖）、公羊颜氏（安乐）

《谷梁春秋》曾一度立博士，旋即废。除《谷梁春秋》是属于今文经学还是古文经学且仍有争论之外，其余都属今文经学。这说明汉代太学为今文博士所垄断。太学由精通儒家经典的博士任教，教出来的弟子自然是儒家的人才。

其次，统治阶级将儒家五经推崇到至高无上的地位，规定经学是政府的最高学术。董仲舒说："夫义出于经。经传，大本也。"① 匡衡说："六经者，圣人所以统天地之心，著善恶之归，明吉凶之分，通人道之正，使不悖于其本性者也。故审六艺之指，则人天之理可得而和，草木昆虫可得而育，此永永不易之道也。"② 王符说："索道于当世者，莫良于典。典者，经也，先圣之所制。……及使从师就学，按经而行，聪达之明，德义之理，亦庶矣。"③ 徐干说："六籍者，群圣相因之书也。其人虽亡，其道犹存。今之学者，勤心以取之，亦足以到昭明而成博达矣。"④ 均将儒家经籍视为道德和学问的渊薮。

儒家五经的内容是什么呢？从现代科学的眼光看，它包括了社会科学的各个学科。

《易》的基本观念是变化不息，变化的动力是阴阳，变化的原则由简到繁。可见是属于哲学范畴。汉朝人解释《易》，离不开"象"和"数"。"象"就是卦象和爻象。"数"就是阴阳数，奇数为阳，偶数为阴。因此，《易》中又有数学。

《尚书》是我国最古老的一部历史文献，记录了虞、夏、商、周的言和事，它首先属于历史学。夏书中的《禹贡》，记载禹治水以后全国的地理面貌，是我国古代对全国地理面貌作出综述的第一部文献，因此，它属历史地理学。《尚书》的文体，孔颖达将《尚书正义》分为十类，现代学者有分为六类的："典"，即经典之意，认为这些文献应该受到人们的尊重。"谟"，即谋议之意，是讨论政治的谈话，共同谋议。"训"，即教训之意，是大臣劝谏大王的话。"诰"，即告谕之意，是上级对下级的指示或统治者对臣民群众的讲话。"誓"，一般是指出兵征伐时或交战前的誓师词。"命"，即命令之意。从这几种文体来看，《尚书》又属政治学的范畴。

---

① 《春秋繁露·重政》。

② 《汉书·匡衡传》。

③ 《潜夫论·赞学》。

④ 《中论·治学》。

《诗经》是我国西周、春秋时代的一部诗歌总集，分风、雅、颂三部分。《诗经》的音乐成就很高，虽然当时的乐谱没有传下来，但从歌词的形式和内容上可以推想乐曲的结构和情调。《诗经》还记载着几个大型舞蹈如《大武》《大获》的场面。据文献记载，《大武》是歌颂武王伐纣的乐舞，歌词都保存在《周颂》里。[①]《大获》是歌颂商汤的，据学者研究，推测《那》和《烈祖》是它的歌词。《邶风·简兮》描写的也是一场大型舞蹈。因此，《诗经》首先是音乐艺术学科。《诗经》的歌词与音乐密切结合，押韵、有节奏感，并善于运用形象化的描写方法，具有强烈的艺术感染力。因此，它又属文学学科。《诗经》还反映了当时社会各方面的情况，诸如社会生活、阶级斗争、典章制度、风俗习惯等，许多作品本身就是史诗。因此，《诗经》又是历史学。

《礼经》，汉朝人称为《士礼》，到晋代才称《仪礼》。《礼》十七篇，详细记录礼的仪节，但不讲礼的意义。十七篇的篇目如下：士冠礼、昏（婚）礼、士相见礼、乡饮酒礼、乡射礼、燕礼、大射礼、聘礼、公食大夫礼、觐礼、丧服、士丧服、既夕礼、士虞礼、特牲馈食礼、少牢馈食礼、有司。从内容来看，《礼经》既是政治学，又是民俗学、军事学。

《春秋》是鲁国史官所记当时的大事，是一部史书。孔子教学生的近代、现代史，以它作为教本，所以传到了民间。因此，《春秋》是历史学。《春秋·公羊传》叙史事甚少，以解释《春秋》经文为主，多讲“微言大义”。董仲舒引《公羊传》对答汉武帝的策问，使汉武帝“罢黜百家，独尊儒术”。所以，《公羊传》又是政治学。

总之，汉代太学的教学以《易》《书》《诗》《礼》《春秋》五经为教材，每经设若干博士，教授该经。以现代的学科门类划分，包含哲学、数学、历史学、政治学、历史地理学、音乐艺术学、文学、民俗学、军事学。可以说汉代太学是社会科学学科比较齐全的国立高等政治学校。

太学的主要任务是培养能为统治阶级管理国家的人才和进行“化民成俗”的道德教化活动，而包括了社会科学各个学科在内的儒家五经具有这方面的实用价值。

儒家经典中有关于古代政策方针、典章制度、文献诰命的详细记载，并有历代统治者施政成功的经验和失败的教训，人们可以从中取得治国的理论指导和借鉴。儒家经典，是学习管理封建国家的纲要，是封建国家的贤臣必须掌握的知识。所以，翼奉说：

> 圣人见道，然后知王治之象，故画州土，建君臣，立律历，陈成败，以

① 孙作云：《诗经与周代社会研究》，中华书局1979年版，第239－272页。

视贤者，名之曰经。贤者见经，然后知人道之务，则《诗》《书》《易》《春秋》《礼》《乐》是也。①

儒家经典中还有各种伦理道德观念并规定人们的思想方法和行为准则。五经中都贯穿着“德政”的内容。学习儒家经典不仅可学到丰富的知识和掌握从政的本领，而且可得到道德意识的培养和道德行为的训练。《白虎通义·五经》说：

经，常也，有五常之道，故曰五经：《乐》仁，《书》义，《礼》礼，《易》智，《诗》信也。人情有五性，怀五常，不能自成，是以圣人象天五常之道，而明之以教人成其德也。

《汉书·艺文志》也说：

《乐》以和神，仁之表也：《诗》以正言，义之用也；《礼》以明体，明者著见，故无训也；《书》以广听，知之术也；《春秋》以断事，信之符也。五者盖五常之道，相须而备，而《易》为之原。

二者提法虽有不同，但都是将儒家经典与仁、义、礼、智、信这“五常”之道相比附，从而将经籍纳入道德教育的体系，儒家伦理道德规范是封建统治的精神支柱，所以，培养道德行为和培养治国本领具有同等重要的意义。

正因为儒家五经具有培养封建伦理道德和掌握从政治国本领的实用价值，所以封建统治者把它们作为太学的教材。不但如此，而且将经学正式立为政府的官学，经术成为获得利禄的途径，要做官必须读经。《汉书·儒林传赞》说：

自武帝立《五经》博士，开弟子员，设科射策，劝以官禄，讫于元始，百有余年，传业者寖盛，支叶蕃滋，一经说至百余万言，大师众至千余人，盖禄利之路然也。

公孙弘通《春秋》，以白衣而为卿相，从此天下学士都倾向儒术。汉代宰相须用读书人，可以说“由汉武开其端，元、成及光武、明、章继其轨”②。所以《汉书·马宫传赞》说：

① 《汉书·翼奉传》。
② 皮锡瑞：《经学历史》，中华书局1970年版，第101页。

自孝武兴学，公孙弘以儒相，其后蔡义、韦贤、玄成、匡衡、张禹、翟方进、孔光、平当、马宫及当子晏咸以儒宗居宰相位，服儒衣冠，传先王语。

这时候要当公卿须学经，因此当时太学教师和社会上的父兄们都以做官来鼓励学生和子弟努力读经。宣帝时任太子太傅的夏侯胜，常对学生说，读书人就怕不懂经，只要通经术，取公卿位置如俯身拾草芥一样容易。① 当时社会上流行“遗子黄金满籝，不如一经”的谚语。② 东汉更是如此，如桓荣，本为农家子，因学《欧阳尚书》而为太子太傅，官至太常，《后汉书·桓荣传》记其事曰：

荣初遭仓卒，与族人桓元卿同饮，而荣讲诵不息。元卿嗤荣曰：“但自苦气力，何时复施用乎?”荣笑不应。及为太常，元卿叹曰：“我农家子，岂意学之为利乃若是哉!”

又如杨震，子孙三代因通经而官至太尉、司空。③ 由此可见，汉代统治者以高官厚禄吸引人们读经，使经学与利禄结合，学术的正宗与政权的正统互相利用，这对儒学的普及起了很大作用。

复次，太学博士在使经学走向统一方面也起了重要作用。从武帝独尊儒术以来到汉宣帝甘露三年，在近 90 年的时间里，用儒家来取代百家的目的达到了，但是用经学来统一思想还不太成功。因为经学内部矛盾重重，学者们多半专治一经，师生相承，解释各异，各经之下又分成许多流派。各派师生之间结成一种知识性的封建行帮，党同伐异，争论不休，因而尽管各家各派的经学兴旺发达，但都不能形成一种贯通五经大义的统一的经学。汉宣帝时，为了建立统一的经学，来更好地为封建统治服务，于甘露三年（前 51）在石渠阁召开会议，令各派代表参加，任务是“杂论五经同异”。参加会议的有学《礼》的通汉，学《诗》的张生、薛广德，治《书》的周堪、林尊、欧阳长宾，治《易》的梁丘临、施雠等。会议由“太子太傅萧望之平奏其议”，宣帝亲自裁决。会议的结果，增立梁丘《易》，大、小夏侯《尚书》，《谷梁春秋》等四博士。石渠阁会议对经学形成了一些共同性的结论，如宗法礼制的问题，开始在全国推行。会议为建立统一的经学铺平了道路。

到东汉章帝建初四年，杨终向章帝建议说：

---

① 《汉书·夏侯胜传》。

② 《汉书·韦贤传》。

③ 《后汉书·杨震列传》。

> 宣帝博征群儒，论定五经于石渠阁。方今天下少事，学者得成其业，而章句之徒，破坏大体。宜如石渠故事，永为后世则。[①]

很明显，杨终要章帝依照石渠阁会议，进一步统一经学，作为后世的准则。章帝接受了杨终的建议，下诏召开白虎观会议，“欲使诸儒共正经义，颇令学者得以自助”[②]。目的就是企图通过讲议五经同异，把各种歧纷的解释统一起来，作出各派都能接受的规范性的结论。参加会议的学者，《后汉书》中可考者数十人，如李育、魏应、杨终、淳于恭、丁鸿、楼望、张酺、成封、鲁恭、桓郁、召驯、班固、贾逵等，其中班固、贾逵是古文学者，丁鸿是兼通古今文的学者，其余多为今文学者。会议的结果由班固整理成《白虎通义》一书。《白虎通义》是经学由纷歧斗争走向统一的产物，它的主旨是论述君父之义，以适应东汉时期加强君父统治的需要。侯外庐、杜国庠说它是一部封建“法典”[③]，全面地反映统治阶级的意志。它从形式上看虽不是国家正式颁布的法典，但它的内容规定了国家制度的基本原则，确立了各种行为的准则，直接为巩固统治阶级的专政服务，起着“法典”的作用。

西汉石渠阁会议、东汉白虎观会议的参加者都是太学的博士或者精通经学的大儒，可见他们在其中所起的作用。东汉党锢事件之后，“其高名善士多坐流废，后遂至忿争，更相言告，亦有私行金货，定兰台桼书经字，以合其私文，熹平四年，灵帝乃诏诸儒正定《五经》，刊于石碑，为古文、篆、隶三体书法以相参检，树之学门，使天下咸取则焉”[④]。刻石经立于太学门外，以为学者的准则，这是汉代太学的创举。石碑刚建时，“其观视及摹写者，车乘日千余辆，填塞街陌”[⑤]。政府公布五经统一的标准教材，这对普及经学发挥了应有的作用。

从以上太学的教师——博士、太学的教学内容——五经和经学走向统一三个方面来看，太学在使儒学成为指导地主阶级思想的理论基础、儒学成为统治阶级的统治思想方面起了奠基和普及的作用。

（二）太学为统治阶级培养了大批官吏和官吏的后备力量

博士弟子在太学里学习，所以亦称为太学生。太学生入仕必须经过考试，这种考试称为射策。《汉书·萧望之传》颜师古注云：

---

① 《后汉书·杨终传》。

② 《后汉书·章帝纪》。

③ 侯外庐等：《中国思想通史》卷2，人民出版社1970年版，第223页。

④ 《后汉书·儒林列传》。

⑤ 《后汉书·蔡邕列传》。

射策者，谓为难问疑义，书之于策，量其大小，署为甲、乙之科，列而置之，不使彰显。有欲射者，随其所取得而释之，以知优劣。射之言投射也。

又，《后汉书·顺帝纪》注引《前书音义》释射策，曰：

作简策难问，列置案上，任试者意投射，取而答之，谓之射策。上者为甲，次者为乙。

由此可见，所谓射策类似今天的抽签考试。所考的内容当然是经学。在太学受业的博士弟子，西汉一年考一次，分甲、乙两科，视成绩优劣而被决定任用与否。《汉书·儒林传》说：

能通一艺以上，补文学掌故缺；其高第可以为郎中，太常籍奏。即有秀才异等，辄以名闻。其不事学若下材，及不能通一艺，辄罢之，而请诸能称者。

平帝时，王莽秉政，国家在太学选录人才的规定略有变动，设甲、乙、丙三科，即“岁课甲科四十人，为郎中；乙科二十人，为太子舍人；丙科四十人，补文学掌故云”①。也就是说每年录取 100 人任以各种官职。西汉因射策取中而授官职的实例，如萧望之、何武、翟方进皆“以射策甲科为郎”②，房凤“以射策乙科为太史掌故”③，匡衡“射策甲科，以不应令，除为太常掌故”④。

东汉基本沿用西汉制度，设甲、乙两科，课试太学生。和帝永元十四年（102），司空徐防根据“太学试博士弟子，皆以意说，不修家法，私相容隐，开生奸路。每有策试，辄兴诤讼，论议纷错，互相是非”的情况，上疏建议“博士及甲乙策试，宜从其家章句”⑤。这一建议得到公卿赞同，和帝钦准，从此太学考试“试家法”成为定制。

东汉桓帝时，太学生猛增到三万多人，旧的考试办法已不能适应当时的要求，因而改革了考试办法：每两年考一次，取消甲、乙科，以通经多少为权衡标准，并废止人数限制，增加补官名额。《文献通考》卷四十《学校考一》说：

---

① 《汉书·儒林传序》。

② 《汉书》之《萧望之传》《何武传》《翟方进传》。

③ 《汉书·房凤传》。

④ 《汉书·匡衡传》。

⑤ 《后汉书·徐防传》。

永寿二年，诏复课试诸生，补郎舍人。其后复制，学生满二岁试，通二经者，补文学掌故。其不能通二经者，须后试复随辈试之，通二经者亦得为文学掌故。其已为文学掌故者满二岁试，能通三经者擢其高第为太子舍人，其不为第者后试，复随辈试，第复高者亦得为太子舍人。已为太子舍人，满二岁试，能通四经者，推其高第为郎中。其不得第者后试，复随辈试，第复高者亦得为郎中。满二岁试，能通五经者，推其高第补吏，随才而用。其不得第者后试，复随辈试，第复高者亦得补吏。

这次太学考试制度的改变是适应当时的需要的。太学生每两年考一次，及格者被委任官职，不及格者留校再考。委任官职者仍可留校，满两年后参加高一级的考试。这样可使太学生参加多次考试，直到通五经为止。这对于鼓励太学生继续不断地研究儒家经典，培养成为通材，起很大的作用。

汉代太学确实为统治阶级培养了不少其所需要的人才。太学生通过考试、征召或选举而取得各种官职，大者可以为卿相，小者为吏，也可以收徒为人师。汉代太学生中，可考其姓名、籍贯、师承、事迹、著述、传授等项者有近 200 人。

更值得指出的是，太学初期，对太学生的出身条件未加限制，西汉平民子弟入学的事例也不少。一些贫寒子弟自费入学，而且以半工半读的方式完成学业，谋取仕途。例如，儿宽“以郡国选诣博士，受业孔安国，贫无资用，尝为弟子都养，时行赁作，带经而锄，休息辄读诵，其精如此”①；匡衡“从博士受诗，家贫，衡佣作以给食饮”②；翟方进家世微贱，“西至京师受经，母怜其幼，随之长安，织屦以给方进读”③；公沙穆“来游太学，无资粮，乃变服客佣，为（吴）祐赁舂”④；陈实出身单微，但“有志好学，坐立诵读，县令邓邵试与语，奇之，听受业太学”⑤。这些例子说明统治阶级为了继续自己的统治，常从低层人群中遴选一部分人到太学去学习，按统治者的意志将其培养成各级官吏，从而扩大了统治阶级的社会基础。

（三）太学在封建统治的自我调节中起了促进作用

封建统治阶级为了统治世代继续下去，必须不断地对统治进行自我调节，即需要有人揭露社会的黑暗面，让最高的统治者清醒，从而调和一些矛盾，使统治继续下去。在这方面，太学也起了应有的作用。因为太学生是青年学子，世故不

① 《汉书 · 兒宽传》。
② 《史记 · 张苍传附匡衡传》。
③ 《汉书 · 翟方进传》。
④ 《后汉书 · 吴祐传》。
⑤ 《后汉书 · 陈寔传》。

深，对政治比较敏感，一些人敢于面对现实，对社会的黑暗面、腐败现象敢于揭露，好打不平，伸张正义。西汉哀帝时，外戚主政，政局不稳，"丁傅子弟并进，董贤贵幸"，司隶鲍宣是当代名儒，为人鲠直，敢于揭露黑暗，冒犯权贵，被陷下狱。太学生王咸领导1000多名太学生向皇帝请愿，营救鲍宣，才使鲍宣免于死罪而改为髡钳。[①] 东汉桓帝永兴元年（153），朱穆出任冀州刺史。朱穆为官清廉，贪官污吏闻风丧胆。冀州共有100个县，听说朱穆到任，解印逃走者竟达40余人。后来朱穆得罪宦官而入狱。太学生刘陶等几千人上书请愿，揭露宦官，为朱穆诉冤，朱才得以赦免。[②] 延熹四年（161），皇甫规有战功，论功当封，但皇甫规拒绝向宦官行贿而入狱，太学生张凤等300余人请愿为他辩护，使皇甫规得以被赦免归家。[③] 桓灵时期，宦官专权，"主荒政谬，国命委于阉寺，士子羞与为伍"。[④] 政治十分腐败。太学生领袖郭泰、贾彪与社会上正直的知名人士陈蕃、李膺等相结合，不畏强暴，抨击宦官，揭露黑暗，结果造成历史上著名的两次党锢。一些太学生和知名人士，虽遭禁锢、流放、处死，但他们面对现实，视死如归，没有向邪枉低头，保存了正直的知识分子的骨气。从社会意义来说，宦官在当时是封建地主阶级中腐朽势力的代表，阻碍着社会发展。地主阶级须不断地清理本阶级，更新政治，才能维持其统治。太学生反宦官的斗争，在封建制度发展的进程中是必要的，因而应予肯定。

以上我们论述了汉代太学的创立及其发展和太学的历史作用。太学的历史作用主要表现在三个方面：太学使儒学成为社会上"占统治地位的思想"；太学为地主阶级培养了各级官吏及其接班人；太学使统治阶级进行自我调节，不断清理本阶级队伍，更新政治等。秦始皇用焚书坑儒的办法，想使自己的统治历"千万世，传之无穷"，但没有成功，结果是二世而亡。汉武帝用独尊儒术的办法，使封建地主阶级的统治世世代代地延续下去。尽管两千多年的中国封建社会各个朝代的统治思想在形式上有所不同，但都是在儒家思想轨道上变化。汉武帝这一着，对于地主阶级来说是成功的。

---

① 《汉书·鲍宣传》。

② 《后汉书·朱穆传》。

③ 《后汉书·皇甫规传》。

④ 《后汉书·党锢传序》。

西汉屯田与“丝绸之路”

我国在很早以前，通过陆路交通，就与中亚、西亚、非洲、欧洲的许多国家有密切的往来。自汉武帝派张骞通西域以来，从汉朝的长安出发，经过河西走廊，到达中亚、西亚，乃至欧洲。据《汉书·西域传》记载：

> 自玉门、阳关出西域有两道。从鄯善傍南山北，波河西行至莎车，为南道；南道西逾葱岭则出大月氏、安息。自车师前王廷随北山，波河西行至疏勒，为北道；北道逾葱岭则出大宛、康居、奄蔡焉耆。

这南北两道，在中国古籍中被称为“汉道”[①]。19世纪70年代，德国地理学家李希霍芬在他的《中国》一书中，把这条通道称为“丝绸之路”。因为这条通道以丝绸贸易为媒介，称为“丝绸之路”是十分确切的。

“丝绸之路”所经过的我国河西走廊和新疆地区，在汉代以前就和内地发生了密切的联系，民间的交往和贸易是经常发生的。[②] 但是，由于种种原因，例如国家或民族的纠纷、道路遥远、山川阻隔等，使这些交往和贸易没有得到繁荣和畅通。到汉武帝以后，这条通道才获得大规模的发展，出现了空前的繁荣局面。

为什么这条道路在汉武帝以后获得繁荣和畅通呢？原因虽有多种，但与西汉在西北地区实行屯田是分不开的。笔者于1982年七八月间参加中国秦汉史研究会和兰州大学历史系联合组织的秦汉时期“丝绸之路”考察队，考察了从兰州到乌鲁木齐一段。经武威、张掖、酒泉、额济纳旗、敦煌、吐鲁番等地，行程近万里。沿途参观了各地区出土的历史文物，考察了一些屯田遗迹和烽燧遗址，收获颇大。通过这次实地考察，笔者对于西汉在西北地区的屯田是“丝绸之路”畅通无阻的重要原因深信不疑。本文试就这个问题谈些不成熟的意见。

一、屯田对打败匈奴的作用

匈奴，是我国北方一个古老的游牧民族。它在战国时代，就在大漠南北兴

---

① 《汉书·西域传》。

② 参见杨建新、卢苇编《丝绸之路》，朱杰勤审校，甘肃人民出版社1981年版，第4－8页。

起，秦朝时已逐渐强大起来，秦汉之际，发展成为“控弦之士三十余万”的强大的奴隶主军事政权。它向东吞并了东胡；向西赶走了原居住于河西走廊的月氏；向南兼并了黄河河套以南的楼烦、白羊；向北又征服了浑庾、屈射、丁零、鬲昆、薪犁等。[1] 到汉文帝时，匈奴又将其势力伸展到西域，统治着巴尔喀什湖以东、以南的乌孙和天山以南的车师、龟兹、疏勒等30多个城邦。匈奴单于在这广大地区设“僮仆都尉”[2]，“得人口以为奴婢”，且“赋税诸国，取富给焉”，[3] 对天山南北各个城邦进行残酷的奴役和压榨。匈奴奴隶主贵族恃其强大，常进犯中原地区，甚至威胁着西汉都城长安一带。这不仅给中原各族人民带来极大的痛苦，而且中断了中原与河西走廊和西域的联系，阻塞了中西交往的通道。

从秦朝开始，统治者为了防御匈奴的侵扰，一方面修筑万里长城，另一方面把民众迁徙到边县去和派有罪之人戍守边疆。有学者认为在秦始皇时，收复河套地带后，徙有罪之人来充实之，并已实行了屯田，[4] 其实这是不确的。因为我们从《史记》《汉书》中可以找到很多材料说明秦的戍边之卒不从事屯田事宜，需要专门从事运输粮食的人供给他们。[5] 而这种运输粮食的徭役，对于人民是一种沉重的负担。这是造成秦灭亡的重要原因。正是由于秦没有在西北边境屯田，因此对匈奴的胜利是暂时的。《史记·匈奴列传》说：“十余年而蒙恬死，诸侯畔秦，中国扰乱，诸秦所徙适戍边者皆复去，于是匈奴得宽，复稍度河南与中国界于故塞。”由于戍边者撤离，使匈奴得以再度南扰。

汉初，由于社会经济凋敝，国力衰弱，匈奴不断南扰，边郡不胜其害。到汉文帝时，晁错总结了秦戍边的经验教训，提出不仅“谪戍”边境，而且要募民在边地垦田，实行长期守卫政策。晁错的见解是比较深刻的，他认为：第一，匈奴是游牧部落，“如飞鸟走兽于广野，美草甘水则止，草尽水竭则移”。他们常侵扰边郡，如果“陛下不救，则边民绝望而有降敌之心；救之，少发则不足，多发，远县才至，则胡又已去。聚而不罢，为费甚大；罢之，则胡复入。如此连年，则中国贫苦而民不安矣”。[6] 因此，靠临时派兵戍边，经济负担太大，不是一个好办法。第二，临时派来戍边的士卒，因来自远方，不习地势气候，而且对匈奴作战的特点也没掌握；等到熟悉地势气候，掌握了作战特点的时候，而戍期

---

① 《史记·匈奴列传》。

② 《史记·匈奴列传》。

③ 《汉书·西域传》。

④ 劳榦：《居延汉简考释·自序》。

⑤ 例如《汉书·晁错传》：“秦之戍卒，不能其水土，戍者死于边，输者偾于道。”《汉书·主父偃传》：“秦皇帝……又使天下飞刍挽粟，起于黄、腄、琅邪负海之郡，转输北河，率三十钟而致一石。”《严安传》，秦使蒙恬将兵“戍于北河，飞刍輓粟，以随其后”。

⑥ 《汉书·晁错传》。

已到，又得更换新的一批。如此往复，使汉朝处于被动挨打的局面。第三，募民实边，实行屯田，使他们世代相传，熟悉边境地势及匈奴特点，为保全亲戚及财产，保家和卫国是一致的，所以他们作战勇敢，制敌于死地。第四，由于屯戍的边民可以抗拒匈奴，使东方的人民无去远方戍边之苦，也减轻人民运输粮食给戍卒的徭役。这样，就不会像秦朝时那样因戍边激起人民的怨恨。基于这几点认识，汉文帝“从其言，募民徙塞下”。[①] 这是对匈奴作战的一个战略考虑。经景帝、武帝，随着事态的发展，对这个问题的认识越来越深刻。

汉武帝时期大规模地对匈奴用兵，并且经过几次大的战役，打败了匈奴，取得了决定性的胜利。这些胜利，始终与移民实边和实行屯田有关。或者是移民实边，实行屯田，使战争取得胜利；或者是战争取得胜利后，移民去占领已取得的地区，并实行屯田。例如，元朔二年（前127），大败匈奴，收复河套地区，并“置朔方、五原郡”。随后，“夏，募民徙朔方十万口”。[②] 元狩四年（前119），卫青、霍去病分两路出击匈奴，经过这次战役，匈奴损失八九万军队，远离了西汉边境。西汉政府即徙民充实原来被匈奴控制的地区，并实行屯田，“是后匈奴远遁，而幕南无王庭。汉度河自朔方以西至令居，往往通渠置田官，吏卒五六万人”[③]。

此后，随着对匈奴战争的胜利，汉朝先后设置了酒泉、张掖、敦煌、武威四郡，[④] 称为河西四郡。设河西四郡之后，一方面修筑军事防御工事，一方面积极徙民与屯垦。

①元鼎六年（前111），“初置张掖、酒泉郡，而上郡、朔方、西河、河西开田官，斥塞卒六十万人戍田之”。[⑤] ②元封三年（前108），武都氐人反叛，遣兵破之，徙于酒泉郡。[⑥] ③太初三年（前102），“赦囚徒材官，益发恶少年及边骑，岁余而出敦煌者六万人。……益发戍甲卒十八万，酒泉、张掖北，置居延、休屠以卫酒泉，而发天下七科谪，及载糒给贰师。转车人徒相连属至敦煌”。[⑦] ④天

---

① 《汉书·晁错传》。

② 《汉书·武帝纪》。

③ 《汉书·匈奴传》。

④ 关于河西四郡的设置年代，《汉书·武帝纪》和《地理志》的记载是有矛盾的，因此，近世学者多所考证，可参考黄文弼：《河西四郡建置年代考》（见《西北史地论丛》，上海人民出版社1981年版）；张维华《汉河西四郡建置年代考疑》（见《汉史论集》，齐鲁书社1980年版）；陈梦家《河西四郡的设置年代》（见《汉简缀述》，中华书局1980年版）；美籍华裔学者张春树《汉代河西四郡的建置年代与开拓过程的推测》（见《汉代边疆史论集》，台北食货出版社1977年版）。

⑤ 《汉书·食货志》。

⑥ 《汉书·武帝纪》。

⑦ 《史记·大宛列传》。

汉元年（前100），“岁余，而敦煌置酒泉都尉，西至盐水往往有亭而仑头有田卒数百人”[①]；“自贰师将军伐大宛之后，……于是自敦煌西至盐泽，往往起亭，而轮台、渠犁皆有田卒数百人”[②]。⑤征和二年（前91），“其随太子发兵以反，法族；吏士劫略者皆徙敦煌郡”[③]。⑥昭帝始元二年（前85），“调故吏将屯田张掖郡”[④]。⑦宣帝神爵元年（前61），“武威、张掖、酒泉太守各屯其郡者合六万人矣。酒泉太守辛武贤奏言：……屯兵在武威、张掖、酒泉万骑以上”[⑤]。

以上是辑录《史记》《汉书》中关于移民屯戍河西四郡的记载。河西地区出土的汉简，反映屯戍的材料也很多。敦煌汉简，王国维在《流沙坠简考释》中，就有《屯戍丛残》一类。居延是当时屯田的中心，居延出土的汉简中，有许多屯田的记录[⑥]，例如：

> 始元二年戍田卒千五百人人为骍马田官写泾渠　303・15，513・17（甲1590）
>
> 骍马田官元凤六年三月辟除　187・16（甲1074）
>
> ☑诣居延为田，谨遣故吏孝里大夫☑　511・30（甲2120）
>
> 徐子禹自言家居延西第五辟，用田作为事　401・7A（乙249版）

从史籍和汉简材料看，西汉在河西四郡屯田的规模是相当大的。河西屯田的作用主要有两点：

第一，河西走廊的南边是羌族聚居，北边被匈奴控制，匈奴常拉拢羌族共同骚扰汉边。设置河西四郡并移民屯戍，“鬲绝羌与胡通之路”。《汉书・西域传・赞》概括：“孝武之世，图制匈奴。患其兼从西国，结党南羌，乃表河曲，列西郡，开玉门，通西域，以断匈奴右臂。隔绝南羌、月氏，单于失援，由是远遁，而幕南无王庭。”《地理志》说：“初置四郡以通西城，鬲绝南羌、匈奴。”《韦玄成传》：“起敦煌、酒泉、张掖以鬲婼羌，裂匈奴之右臂。”《后汉书・西羌传》：“初开河西，列置四郡，通道玉门，隔绝羌胡，使南北不得交关。”可见河西四郡的设置，隔绝了匈奴与南羌的关系，孤立了匈奴，为进一步打败匈奴创造了条件。桑弘羊曾经高瞻远瞩地提到河西四郡的战略意义，他说：“胡（匈奴）西役

① 《史记・大宛列传》。

② 《汉书・西域传》。

③ 《汉书・刘屈氂传》。

④ 《汉书・昭帝纪》。

⑤ 《汉书・赵充国传》。

⑥ 以下所引汉简，除注明出处者外，均见中国社会科学院考古研究所编《居延汉简甲乙编》，中华书局1980年版。

大宛、康居之属，南与群羌通。……建张掖以西，隔绝羌、胡，瓜分其援。是以西域之国，皆内拒匈奴，断其右臂，曳剑而走。故募人田畜以广用。”①

第二，在河西四郡屯田，兴修水利，采用先进的生产工具和耕作方法，兵农结合持久地开发河西，使河西经济获得突飞猛进的发展，保障供给，减轻从内地转输粮食的沉重负担。屯戍士卒解决了衣食，便能奋力作战。由于西汉巩固地占领了河西，因此打通了通西域的道路。据《史记·大宛列传》说，设置酒泉、张掖二郡的目的之一是“通西北国”之路，使西域30多个城邦内属西汉，左右夹攻匈奴。以后的历史证明，河西成为汉与匈奴争夺西域时的物资供应地。

因此，西汉时期“丝绸之路”的畅通，与汉朝反击匈奴战争的胜利是分不开的；而反击匈奴的胜利，又与汉朝在西北实行屯田紧密相连。实行屯田能打败匈奴的道理诚如上引晁错所分析的那样，并为武、昭、宣时期的历史所证明。

二、西域屯田解决了往来使者和商人的食宿供应问题

西汉设置河西四郡，经营河西走廊，移民屯垦修筑亭障边塞，使往来使者和商人顺利通过河西进入西域。通西域的使节和商人，日渐增多。每年汉朝派出的使团，多则十几次，少则五六次；一次多则数百人，少则百余人。民间的来往更是频繁。但是，西域路程遥远，山川阻隔，粮食供应成了很大的问题。《汉书·张骞传》说西域各国“度汉兵远，不能至，而禁其食物，以苦汉使”，“攻劫汉使”，使西域这段道路受到阻隔。汉武帝派使者去大宛求大宛马，大宛亦恃道路遥远，水草缺乏，汉使“常乏食”而加以拒绝。甚至贰师将军李广利征伐大宛时，亦发出“道远，多乏食，且士卒不患战而患饥”②之叹。大宛以东的情况如此，大宛以西的情况更糟糕，“大宛以西皆恃远，尚骄恣，未可诎以礼羁縻而使也”③。由此可见，要想使者通过西域并继续向西去，必须解决粮食问题。所以，汉武帝随着对大宛战争的胜利，把河西屯田的经验和制度传到西域，屯田由此在西域地区逐渐开展起来。

《史记·大宛列传》说汉败大宛之后，“敦煌置酒泉都尉，西至盐水，往往有亭。而仑头有田卒数百人，因置使者，护田积粟，以给外国使者”。《汉书·西域传》亦说贰师将军伐大宛之后，“自敦煌西至盐泽，往往起亭，而轮台、渠犁皆有田卒数百人，置使者校尉领护，以给使外国者”。颜师古注曰：“收其所种五谷以供之。”《史记》作“仑头”，《汉书》作“轮台”，这是音译上的差别，

① 《盐铁论·西域》。

② 《汉书·李广利传》。

③ 《汉书·张骞传》。

非有他意。在轮台、渠犁屯田是西汉在西域屯田的最早记载。但当时可能规模不大，成绩不著。到汉武帝征和年间，桑弘羊等又向武帝陈述捷枝渠犁屯田。武帝可能考虑到以前屯田轮台效果不大，加上“深陈既往之悔”，所以没有采纳。到汉昭帝始元年间，乃用桑弘羊等上述建议，“以杅弥太子赖丹为校尉将军，田轮台，轮台与渠犁地皆相连也”[①]，但不久杅弥太子赖丹被龟兹人所杀。所以昭帝时的西域屯田还不能得到大规模的发展。大规模的发展是到汉宣帝时。《汉书·郑吉传》：“至宣帝时，吉以侍郎田渠犁，积谷，因发诸国兵攻破车师，迁卫司马，使护鄯善以西南道。”《汉书·西域传》车师后城长国条：“地节二年，汉遣侍郎郑吉、校尉司马熹将免刑罪人田渠犁，积谷，欲以攻车师。至秋收谷，吉、熹发城郭诸国兵万余人，自与所将田士千百人共击车师，攻交河城，破之。”郑吉尝到了屯田的甜头，既能打败车师，又能“护鄯善以西南道”。所以，郑吉以渠犁为中心，将屯田扩大到西域的其他地方。

为了使“丝绸之路”畅通，西汉在西域屯田所选择的地点大抵考虑两个因素：第一，土壤膏腴、水源充足；第二，军事、政治上的要冲。

（一）轮台、渠犁屯田区

这是西汉最大规模的屯田区，此一带“地广，饶水草，有溉田五千顷以上，处温和，田美，可益通沟渠，种五谷，与中国同时熟”[②]。此地居西域中央，郑吉任西域都护时，都护府建于乌垒，与轮台、渠犁相接，政治、军事上都十分重要。这一带可耕之田，无不竭力经营。《西域水道记》卷二云：“玉古尔者汉轮台地……庄南四十里，有故小城，又南二十里，有故大城，又南百余里，尤多旧时城郭，田畴阡陌，畎陇依然，直达河岸，疑田官所治矣。”近年仍可看到许多汉代屯田遗迹，如轮台县克孜尔河畔汉代故城附近的红泥滩上，仍可看到古时沟渠田界的痕迹。[③] 此地是“丝绸之路”北道的必经之地，在此屯田积谷，供应往来使者及商队都十分方便。

（二）车师前部、交河城屯田区

据《汉书·西域传》车师后城长国条云：宣帝地节三年，郑吉使田卒300人分屯车师。元帝初元元年，置戊己校尉屯田车师前王庭。在罗布淖尔出土的汉简中有下列数简：

---

① 《汉书·西域传》。

② 《汉书·西域传》。

③ 新疆维吾尔自治区博物馆编：《新疆历史文物》文物出版社1978年版，第11页及图版4。

交河壁（缺）

河平四年十一月庚戌朔辛酉与刂守居卢訾仓车师戊校（缺）

（缺）交河曲仓守丞衡移居卢訾仓[①]

《汉书·西域传》车师条："车师前国，王治交河城。"简文"交河壁"的"壁"，即上引居延汉简中的"辟"，是田作所居。简文"交河曲仓"，司马彪《百官志》："部下有曲，曲有军使一人，比六百石；曲下有屯，屯长一人，比二百石。"戊己校尉屯田交河，因在交河设曲，故曰"交河曲"，曲设有粮仓，故曰"交河曲仓"。简文"居卢訾仓"[②]，在今何处？迄无定论。不过，"居卢訾仓"与"车师戊校"相连，可知当属屯田车师之戊己校尉。

以上是车师前部、交河城实行屯田并设有粮仓的证明。车师在今新疆吐鲁番盆地，是通天山南北的重要孔道，土地肥沃，是"丝绸之路"北道的咽喉，汉与匈奴必争之地。[③] 所以"单于大臣皆曰：车师地肥美，使汉得之，多田积谷，必害人国，不可不争也"[④]。西汉夺得此地之后，在此屯田，设仓库积谷，以给使西域者及商人。

丝路沿途设仓库积谷以供应往来使者，除文献和汉简材料外，还有遗迹可寻。斯坦因在距古玉门关东五里左右，商道傍边长城后面，发现一遗址，有三间相连的大厅，全长在560尺左右，砖墙坚实，并于墙下部开有孔穴，以作流通空气之用，外围墙内有内围墙，四角有碉楼。在遗址内发现许多木简，简上说到从敦煌沙田输送粮食，以及积储的衣物等。因此，斯坦因认为，"这是用作沿长城线军队屯驻移动，以及官员同政治使节取道碛路时供给一切的仓库"，是"前进的给养根据地"。[⑤]

（三）姑墨屯田区

《汉书·西域传》乌孙条："汉徙己校屯姑墨，欲候便讨焉。"此为汉成帝建始年间事。据《西域传》姑墨条："治南城。"据沙畹等人考定，姑墨即今阿克苏。[⑥] 此地为丝路北道必经之地，于此屯田积谷，以便供应往来使者及商队。

---

① 黄文弼：《西北史地论丛》，上海人民出版社1981年版，第322页。

② 黄文弼：《西北史地论丛》，上海人民出版社1981年版，第327页。

③ 参见安作璋《两汉与西域关系史》，齐鲁书社1979年版，第34－39页。

④ 《汉书·西域传》。

⑤ ［英］马尔克·奥莱尔·斯坦因：《斯坦因西域考古记》，向达译，中华书局1937年版，第134－135页。

⑥ 岑仲勉：《汉书西域传地里校释》下册，中华书局1981年版，第381页。

（四）乌孙赤谷城屯田区

《汉书·西域传》乌孙条："汉复遣长罗侯（常）惠将三校屯赤谷。"《辛庆忌传》亦云："随长罗侯常惠屯田乌孙赤谷城。"此事在汉宣帝甘露元年。赤谷城位于何地？近世学者多有考证，如夏德、沙畹、白鸟、桑原等均主在纳林河沿岸。[①] 据谭其骧先生主编的《中国历史地图集》第二册，赤谷城即今之伊什提克，也是"丝路"北道的必经之地。

（五）伊循屯田区

《汉书·西域传》说，昭帝元凤四年，大将军霍光遣平乐监傅介子刺杀楼兰王尝归，立尉屠耆为王，更名其国曰鄯善。"王自请天子曰：'身在汉久，今归，单弱，而前王有子在，恐为所杀。国中有伊循城，其地肥美，愿汉遣一将屯田积谷，令臣得依其威重。'于是汉遣司马一人、吏士四十人，田伊循以镇抚之。其后更置都尉。"在罗布淖尔湖西南岸，一般称为"楼兰遗址"的地方，是西汉以来的一个重要屯田区。在这里曾多次出土大量木简，其中之汉简大多属于西汉宣、元、成三朝。主要内容是与屯田有关的文书簿籍。其中有：

> 伊循都尉左（缺）
> 伊循卒史黄广宗　二□（缺）

二简，均出自罗布淖尔古烽燧亭中。[②] "都尉"为屯田官，"卒史"为都尉掾史，"黄广宗"当为人名。这是汉在伊循屯田的物证。伊循位于何处？《水经注》卷二云："且末河东北流，径且末北，又流而左会南河，会流东逝，通为注宾河；又东径鄯善国北治伊循城，故楼兰之地也。"按且末河即今车尔臣河，车尔臣河北流，与塔里木河会。黄文弼说："东西学者多以婼羌县属之密远废墟，为古伊循城遗址，或不误也。"[③] 此地为鄯善境内最肥美的地方，是"丝路"南道的咽喉。在此屯田便于供应往来使者及商队。

（六）北胥鞬屯田区

《汉书·西域传》说汉宣帝时"匈奴益弱，不得近西域。于是徙屯田于北胥鞬，披莎车之地，屯田校尉始属都护"。北胥鞬位于何处？岑仲勉以为犹言"五

---

① 岑仲勉：《汉书西域传地里校释》下册，中华书局1981年版，第362页。

② 黄文弼：《西北史地论丛》，上海人民出版社1981年版，第319页。

③ 黄文弼：《西北史地论丛》，上海人民出版社1981年版，第320页。

城”，元译别失八里，今济木萨一带。[①] 我以为此说不确，因为济木萨唐为金满城，置北庭都护府于此，即车师后王庭所在地。这里的“北胥鞬”，是“披（分也）莎车之地”，应近莎车而不应近车师后王庭。《西域传》说：“从鄯善傍南山北，波河西行至莎车，为南道；南道西逾葱岭则出大月氏、安息。”莎车为“丝路”南道必经之地，由莎车西北行，即可与北道的疏勒会合。在莎车附近的北胥鞬屯田也是为了解决使者和行商的食宿。

以上是西汉在西域屯田的历史作用的第一个方面，即在土地肥美，政治、军事要冲屯田积谷，部分地解决往来使节和商人的食宿供给问题。但是，西域地广人稀，单靠屯田收入，不足以解决越来越频繁的往来使节和商人的需求。西域屯田的历史作用更重要地表现在屯田使汉朝在西域的常驻军队和政府官员，有足够的粮食供给，能在西域站稳脚跟，建立一整套官僚统治机构。西域都护代表汉朝政府在西域行使权力，靠建立起来的一套统治系统，对西域诸国征取赋税，以供给往来使者。下面以《西域传》中的例子说明。

（1）车师后城长国条：“元始中，车师后王国有新道，出五船北，通玉门关，往来差近，戊己校尉徐普欲开以省道里半，避白龙堆之厄。车师后王姑句以道当为拄置，心不便也。”徐松《补注》引刘原父曰：“新道出车师后王国，则汉使往来，后王主为之供亿，故心不便也。”至王莽篡位，始建国二年，以广新公甄丰为右伯，当出西域。车师后王须置离闻之，与其左、右将谋曰：“闻甄公为西域太伯，当出，故事给使者牛羊谷刍茭，导译，前五威将过，所给使尚未能备。今太伯复出，国益贫，恐不能称。”师古注曰：“不副所求也。”这是车师后王国给使者牛羊谷刍茭，而且是一种制度，其他当道诸国，无不如此。

（2）鄯善国条：“然楼兰国最在东垂，近汉，当白龙堆，乏水草，常主发导，负水儋粮，送迎汉使。”

（3）渠犁条：“前开陵侯出击车师时，危须、尉犁、楼兰六国子弟在京师者，皆先归，发畜食，迎汉军。”

（4）“天凤三年，乃遣五威将王骏、西域都护李崇将戊己校尉出西域，诸国皆郊迎，送兵谷。”

西域诸国，不仅有供应汉使的义务，而且有供给外国使节的义务。《西域传》康居国条载汉成帝时，康居遣子侍汉，贡献，然自以绝远而骄慢。都护郭舜上疏力谏，不可与康居交往，其理由是“敦煌、酒泉小郡及南道八国，给使者往来人马驴橐驼食，皆苦之。空罢耗所过，送迎骄黠绝远之国，非至计也”。郭舜所说，是恐因康居入侍，致使南道八国，困于供应。由此推定，西域诸国有供应外国使节之义务。

---

① 岑仲勉：《汉书西域传地里校释》下册，中华书局1981年版，第567页。

由于在西域屯田积谷，使西汉的军队能在西域站稳脚跟，并向西域诸国征取赋税，进一步解决往来使节和商队的食宿供应，从而保证了“丝绸之路”的畅通。

三、屯田与巩固边塞的关系

战国时代各国为了巩固边防，都修筑了长城。秦统一中国之后，为了防止匈奴的骚扰，将各国长城连接起来，并加以修理，成为“万里长城”。汉代为了巩固边防，也修筑长城，而在文献中，往往称为塞、障塞、城障、列城、亭障、亭徼、亭候、亭隧、坞壁等。在文献中，某某塞皆指一段长城而言，而亭、障、隧、壁、坞等乃指边塞线上用于候望、烽火的独立防御建筑。这种塞与亭、障、隧、壁、坞相结合的边防线，对于保卫边疆、保护往来使者和商队都起着重要的作用。随着汉武帝开辟河西四郡和通西域的成功，这种边防线也伸延到河西和西域。这条边塞，根据文献记载，可以分为五段。①

（一）令居以西至酒泉

《史记·平准书》，“又数万人渡河筑令居”，《集解》引徐广曰：“元鼎六年”。《大宛列传》，“汉始筑令居以西”，亦见《汉书·西域传》和《张骞传》，后者注，“臣瓒曰筑塞西至酒泉也”。《后汉书·西羌传》谓元鼎六年伐羌后，“乃渡河、湟，筑令居塞”。可见这段边塞筑于元鼎六年。据索马斯特罗姆《内蒙古额济纳河流域考古报告》（贝格曼原稿），自镇夷至毛目沿甘州河东岸皆有峰台，而在毛目南 5 ～ 12 公里间除烽台外尚有塞垣的残迹。②

（二）酒泉以西至玉门

《史记·大宛列传》，武帝遣赵破奴出师匈河水，后与王恢共破楼兰，“封恢为浩侯，于是酒泉列亭鄣至玉门矣”。《汉书·张骞传》和《西域传》亦载此事。按赵破奴出师匈河水，事在元鼎六年，王恢封浩侯，据《大宛列传》《集解》引徐广曰：“元封四年。”据此，这段汉塞筑于元鼎六年至元封四年之间。这段汉塞与下一段（玉门西至盐水），斯坦因都考察过。他说：“我们从《汉书》上知道自肃州远至玉门一带，建立了连续不断的一长线驿站同小堡。汉武帝第二次远征塔里木盆地成功以后，于是自敦煌西至盐泽往往起亭障。”“这些亭障的用途就在保障政治使节以及商队的安全，和供给他们沿路的给养。”③

---

① 关于各段边塞的修建年代，学者意见不同。可参考陈梦家《汉武边塞考略》（见《汉简缀述》）和张维华《汉边塞》（见《中国长城建置考》上编）。

② 转引自陈梦家《汉简缀述》，中华书局 1980 年版，第 211 页。

③ ［英］马尔克·奥莱尔·斯坦因：《斯坦因西域考古记》，向达译，中华书局 1937 年版，第 126 – 127 页。

（三）玉门西至盐泽

《史记·大宛列传》载汉伐大宛之后，“敦煌……西至盐水，往往有亭”。《汉书·西域传》：“自贰师将军伐大宛之后……自敦煌西至盐泽，往往有亭。”《史记》的“盐水”，《汉书》的“盐泽”，即今新疆的罗布泊，或称蒲昌海。从敦煌至此的边塞筑于李广利伐大宛之后。李广利伐大宛，在太初元年至四年之间，此塞当筑于天汉年间。敦煌西北至今保存着大量城障烽燧遗址，有的烽燧至今仍高10米以上，断断续续的塞墙依然可见，许多备用的“积薪”整齐地堆放着。1970年，甘肃省文物队与敦煌县文化馆组成汉长城调查组，完成敦煌县境内69座烽燧遗址的调查，并对马圈湾烽燧遗址进行试掘，取得了重要的成果。[①]

（四）盐泽以西至库车

盐泽以西的边塞，修于何时，终于何地，《史记》和《汉书》没有记载。桑弘羊的屯田轮台奏书提到“益垦溉田，稍筑列亭，连城而西，以威西国，辅乌孙，为便”，但没有被汉武帝接受。[②] 西北科学考察团黄文弼于罗布淖尔北岸孔雀河末流古烽燧遗址获得的汉简中，最早的年代是宣帝黄龙元年，[③] 推测这段边塞修于神爵二年设西域都护之后。斯坦因由营盘西北沿库鲁克塔格山南麓、孔雀河北岸，西北经沙漠至库尔勒，在100里以上的古道上发现绵延的烽台，一直到库车西北为止。烽台的建筑结构，与甘肃境内的汉亭燧相同。[④] 库车县西克孜尔尕哈的烽燧就是其中保存得较好的一个。[⑤]

（五）居延塞

《史记·匈奴传》，“汉使光禄徐自为……筑城障列亭至庐朐……使强弩都尉路博德筑居延泽上”，这是太初三年事。《汉书·武帝纪》亦在太初三年，“强弩都尉路博德筑居延”。《史记》“筑居延泽上”列于“筑城障列亭”之后，可见是筑边塞的城障列亭。居延至今保存着大量汉代城障烽塞等遗址，以出土大量汉简著称于世。此段边塞，起自居延泽西，索果淖尔之南，沿额济纳河直至毛目之南。陈梦家根据汉简及出土地点作了一张《额济纳河流域汉代亭障分布图》，可

---

① 甘肃省博物馆：《敦煌马圈湾汉代烽燧遗址发掘简报》，载《文物》1981年第10期。

② 《汉书·西域传》。

③ 黄文弼：《西北史地论丛》，上海人民出版社1981年版，第354页。

④ ［英］马尔克·奥莱尔·斯坦因：《斯坦因西域考古记》，向达译，中华书局1937年版，第18章。

⑤ 新疆维吾尔自治区博物馆编：《新疆历史文物》文物出版社1978年版，第11页及图版4。

供我们参考。[①] 近年来对甲渠侯官、甲渠塞第四燧、肩水金关三个遗址作了发掘，并取得重要的成果。[②]

由此可见，西汉时期为了防御匈奴和羌族，交通西域，在河套以西至西域，兴建了规模巨大的三四千里障塞亭燧，构成了一条巩固的边塞防线，在政治、军事、经济和交通诸方面都起了重要的作用。然则这条边塞防线与屯田有什么关系呢?

第一，修筑边塞的劳动力主要是屯田士卒。屯田士卒有几种情况，一种是长期驻扎在边塞地区的；一种是由内地按制度临时征调来边塞服役的。这两部分人都属于戍防军队。《汉书·匈奴传》："起塞以来百有余年……卒徒筑治，功费久远，不可胜计。"这里所说的筑治边塞的"卒"，无疑是屯田士卒。还有一种发配到边疆充军的犯人，也是修筑边塞的重要劳动力。这种人在文献和汉简中称为"城旦"。《史记·秦始皇本纪》，"令下三十日不烧，黥为城旦"；《集解》如淳曰："《律说》论决为髡钳，输边筑长城，昼日伺寇虏，夜暮筑长城"。可见一个人如被判为城旦罪，就剃了头，颈上戴上铁圈，送去边疆，白天轮流看守巡逻，夜间修筑长城边塞。[③] 居延汉简：

> 髡钳城旦孙□，坐贼伤人，初元五年七月庚寅谪，初元五年八月戊申，以诏书施刑，故骑士居延广都里☑
>
> 完城旦钱万年，坐兰渡塞，初元四年十一月丙申谪，初元五年八月戊申，以诏书施刑，故戍卒居延广☑　227·8（乙168版）。

这一简很清楚，孙□因犯伤人罪，被判为髡钳城旦，钱万年犯偷出塞外罪，被判为完城旦。二人都在初元五年八月，因诏书赦罪犯，得以施刑（劳榦释为"弛刑"）。施刑之后的人，即为屯田士卒。汉简"右五人施刑卒士"（308·19、308·5，甲1629）即可为证。张凤《汉晋西陲木简汇编·二编》第56页有一简，"□玉门屯田吏高禀，放田七顷，给予弛刑十七人"，更可证明弛刑的人为屯田士卒。《后汉书·西域传》，"乃以班勇为西域长史，将弛刑士五百人，西屯柳中"，这是东汉之例。

第二，守卫边塞的人主要是屯田士卒。《盐铁论·本议》："故修障塞，饬烽

① 陈梦家：《汉简缀述》，中华书局1980年版。

② 初仕宾，任步云：《居延汉代遗址的发掘和新出土的简册文物》，载《文物》1978年第1期。

③ 关于"城旦"，《汉官旧仪》："凡有罪，男髡发为城旦，城旦者，治城也。"《汉书·惠帝纪》应劭注："城旦者，旦起行治城。"《后汉书·韩棱列传》注曰："城旦……昼日何寇虏，夜暮筑长城。故曰城旦。"

燧，屯戍以备之边。”大量的汉简证明，边郡太守所属的部都尉，除有略同于太守府的官僚组织外，有候望系统（候、塞、部、隧），屯兵系统（城尉、千人、司马），屯田系统（田官），军需系统（仓、库）和交通系统（关、驿、邮亭、置、传、厩等）。① 汉代的兵役有正卒、戍卒和更卒三种。守卫边塞的，多是边郡的正卒和内都的戍卒。边郡的人，已身在边区，故正卒和戍卒合为一役。戍卒名称繁多，如戍卒、鄣卒、田卒、河渠卒、守谷卒等，估计是因职守不同而名称各异。例如戍卒、鄣卒，主要任务是守卫烽火台、巡边等；田卒、河渠卒、守谷卒，则主要是负责屯田事宜。居延、敦煌汉简大量反映屯田士卒生活和与戍制度的材料，证明是由于屯戍而巩固了边防。

第三，修筑和守卫边塞的人的粮食供给都是靠屯田。前面已经说过，秦代由于没有在边郡屯田，需从内郡转输粮食到边郡，人民深受其苦。西汉在边区实行屯田之后，基本上解决了这一问题。甚至内郡有灾情时，可以调运河西屯田积谷以资救济：

> 守大司农光禄大夫臣调昧死言，受簿丞庆，前以请诏使护军屯食守部丞武☑，以东至西河郡十一农都尉官，二调物钱谷漕转籴，□民困乏，愿调有馀给不☑214·33A（甲1175A）。

可见实行屯田后，边郡的粮食是充裕的。因此，屯田使东起河西，西到西域的漫长边塞得以巩固。边塞的巩固，为“丝路”的畅通，提供了条件和可能。

四、丝绸贸易的历史见证

汉武帝以来的屯田制度使从长安出发，经河西走廊，到西域这段“丝路”畅通无阻。当时丝绸贸易的情况，从两个方面反映出来。一方面是往来使者把丝绸往西运。张骞第二次出使西域时，“赍金币帛直数千巨万……道可便遣之旁国”。② 张骞通西域成功之后，许多人争着出使西域，而这些使者“所赍操大放博望侯时”，③ 即携带大量的丝绸；“其使皆私县官赍物，欲贱市以私其利”④。汉昭帝元凤四年，傅介子入西域，“持黄金、锦绣行赐诸国”。⑤ 汉朝皇帝亦常把丝绸赐给外国使者。《汉书·张骞传》说武帝“数巡狩海上，乃悉从外国客……散

① 陈梦家：《汉简缀述》，中华书局1980年版。
② 《汉书·张骞传》。
③ 《史记·大宛列传》。
④ 《汉书·张骞传》。
⑤ 《汉书·傅介子传》。

财帛赏赐，厚县饶给之，以览视汉富厚焉”。元封中，遣江都王建女细君嫁乌孙王，细君“以币帛赐王左右贵人”，而武帝“间岁遣使者持帷帐锦绣给遗焉”。[①] 宣帝元康元年，龟兹王来朝，宣帝一次赐给“绮绣杂缯琦珍凡数千万”。[②] 东汉时班超出使西域，仅赐给焉耆、危须、尉犁三地王子，“采五百匹”。据《后汉书·西域传》记载，皇帝亦时赏赐丝绸给外国使者。

另一方面是商业性质的丝绸交易。西域有些国家，恃其离汉遥远，对汉使非常傲慢，汉使“非出币帛不得食，不市畜不得骑用”。[③] 在渠犁国附近各国，都是“丝缯可以易谷食”。到东汉时，有些政府官员，也从事丝绸贸易。例如班固给他弟弟西域都护班超的信说：“今赍白素三百匹，欲以市月支焉。”[④] 另一信说：“窦侍中（即窦宪）令载杂彩七百匹，白素三百匹，欲以市月氏马、苏合香、毾㲪。”[⑤] 这是政府官员，利用班超任西域都护之便，用丝织品购买月氏的特产如马、苏合香、毛毯等，从中获利。西域使者亦多以政治使节之名，行丝绸贸易之实。汉成帝时，“康居遣子侍汉”，都护郭舜一针见血地指出：“何故遣子入侍？其欲贾市为好，辞之诈也。”[⑥] 可见康居是托名“侍子”而到汉朝经商。罽宾遣使者来献，杜钦也对王凤说，“奉献者皆行贾贱人，欲通货市买，以献为名”，“罽宾实利赏赐贾市”。[⑦] 由于西域各国来汉经商者多，因此文献中常见“贾胡”一词。例如《后汉书·梁冀传》，冀“起菟苑于河南城西，经亘数十里。……尝有西域贾胡，不知禁忌，误杀一菟，转相告言，坐死者十余人”。又如《后汉书·马援列传》记耿舒与其兄书曰：“伏波类西域贾胡，到一处辄止。”这样就出现了“驰命走驿，不绝于时月；商胡贩客，日款于塞下”[⑧] 的局面。

在这条丝绸贸易的大道上，安息处于汉朝与欧洲大秦之间，安息人善于经商，垄断了丝绸贸易，大秦“王常欲通使于汉，而安息欲以汉缯彩与之交市，故遮阂不得自达”。[⑨] 东汉和帝永元九年，都护班超遣甘英出使大秦，中途亦被安息人恐吓而中止。[⑩] 说明这种贸易是大宗的。

两汉时代丝绸贸易的盛况，不但见之于文献，而且为考古出土的实物所证

---

① 《汉书·西域传》。
② 《汉书·西域传》。
③ 《史记·大宛列传》。
④ 《太平御览》卷八一四。
⑤ 《全后汉文》卷二五。
⑥ 《汉书·西域传》。
⑦ 《汉书·西域传》。
⑧ 《后汉书·西域传》。
⑨ 《后汉书·西域传》。
⑩ 《后汉书·西域传》。

明。19世纪末20世纪初，一些外国人窜到新疆、河西探险，斯坦因在敦煌、玉门、婼羌、吐鲁番、楼兰、尼雅等地盗走的有丝绢、锦缎、丝绣等。[①] 俄国科兹洛夫在外蒙古诺颜乌拉获汉代丝织品残片204件，包括帛、锦、绣三类。[②] 新中国成立后在“丝路”各点发现的汉代丝织物更多。1959年，甘肃武威磨咀子一座汉墓发现一幅绢地刺绣。[③] 同年，新疆民丰（尼雅）的一座东汉墓发现大批丝织物，计有绮、锦和刺绣。[④] 在新疆昭苏等地发掘的乌孙墓群中，亦有丝织遗物。[⑤] 在吐鲁番、楼兰等地都有汉代丝织物发现。

汉代的丝绸贸易是有贸易点的，其中楼兰、吐鲁番、尼雅就是重要的贸易点。吐鲁番是北道的要冲，楼兰是南道的要冲，在此屯田并销售丝绸。尼雅是汉代精绝国遗址，是楼兰和于阗之间的咽喉要地。斯坦因先后三次在此盗掘，出土大量丝织品和汉晋木简。[⑥] 罗振玉、王国维认为木简文字“似汉末人书，尚在永平以后”，[⑦] 史树青则认为“其时代可推到西汉后期”[⑧]。此遗址出土的木简，有不少汉晋间的“过所”（即古代过关所用的身份证明），《流沙坠简补遗》有几简：

> 违会不还，或安别牧，私行籴买，无过所启信，各私从吏……
> 月支国胡支柱，年卅九，中人，黑色。
> 卅，中人，黑色，大目，有髭须。
> 异，年五十六，一名奴，发须仓白色，著布裤褶、綒履。

使用“过所”的人多数是“月支国”的商人。“月支国”人来中国购买丝绸，转运安息，从安息向西，可到大秦。这些“过所”，今天成了丝绸贸易的历史见证。

综上所述，我们认为西汉时期，特别是汉武帝以后，“丝绸之路”畅通的原因有多方面，其中在西北地区实行屯田是最重要的原因。因为屯田为打败匈奴奠

---

① ［英］马尔克·奥莱尔·斯坦因：《斯坦因西域考古记》，向达译，中华书局1937年版，第5章。

② ［苏］卢博·列斯尼翠科：《古代中国的丝织品和刺绣》，列宁格勒，1961年。

③ 《“丝绸之路”上新发现的汉唐织物》，载《文物》1972年第3期。

④ 新疆博物馆：《新疆民丰县北大沙漠中古遗址墓葬区东汉合葬墓清理简报》，载《文物》1960年第6期；夏鼐：《新疆新发现的古代丝织品——绮、锦和刺绣》，载《考古学报》1963年第1期；武敏：《新疆出土汉——唐丝织品初探》，载《文物》1962年第7、8期。

⑤ 李遇春：《新疆维吾尔自治区文物考古工作概况》，载《文物》1962年第7、8期。

⑥ ［英］马尔克·奥莱尔·斯坦因：《斯坦因西域考古记》，向达译，中华书局1937年版，第6章。

⑦ 《流沙坠简》和《流沙坠简补遗》。

⑧ 史树青：《谈新疆民丰尼雅遗址》，载《文物》1962年第7、8期。

定了物质基础，屯田为往来使者和商队提供了食宿，屯田巩固了西北边塞。两汉时代的丝绸贸易是繁荣的，不仅有丰富的文献记载，而且为考古出土的大量文物所证明。汉朝以后的历史也证明：凡是在西北地区实行屯田，并搞得比较好的时期，“丝路”就畅通；反之，“丝路”就堵塞。因此，研究“丝绸之路”不可不研究西北地区的屯田。

论汉晋时期楼兰（鄯善）王国的丝绸贸易

自从西汉张骞通西域，中西交通畅通之后，我国的丝织物沿着这条道路源源不断地输往欧亚大陆各国，远至西方的罗马。因此，中外史家把这条道路誉为“丝绸之路”。“丝绸之路”在汉代有南、北两道，以后又发展为南、中、北三道。南道从汉代到南北朝时期一直使用，而且是最早的一条国际交通大道，到唐代才衰落下来。这条道路西出阳关后，经白龙堆沙漠的南缘到楼兰（鄯善），经且末、精绝、于阗，越过葱岭，继续往西到达罗马。“丝绸之路”上的丝绸贸易是怎样进行的，过去人们研究得不够。进行丝绸贸易时，沿途有许多转运站和居间者。楼兰王国就是这样的转运站和居间者。本文试图解剖南道的楼兰王国与中原的贸易关系，从而了解“丝绸之路”上的贸易情况。

一

楼兰王国的历史，我国史籍最早的记载是《史记·匈奴列传》，传载西汉文帝四年（前176）匈奴单于冒顿给汉文帝的信称“定楼兰、乌孙、呼揭及其旁二［三］十六国，皆以为匈奴”。说明楼兰在公元前176年以前就役属于匈奴。但是，此时西汉对西域的情况了解不多。汉武帝建元三年（前138），张骞奉命出使西域，元朔三年（前126）返到长安。张骞把沿途的见闻、风土人情详细向武帝作了报告，司马迁据此写成《史记·大宛列传》。传载：“楼兰、姑藏，邑有城郭，临盐泽。”盐泽，即今罗布泊，说明此时的楼兰，已有“城郭”。汉昭帝元凤四年（前77），遣博介子刺杀楼兰王，更立尉屠耆为王，更其国名为鄯善，此为鄯善得名之始（本文为了行文统一，一律称楼兰）。《汉书·西域传》有鄯善传，专记其事迹。以后之作史者均相沿不改，设《鄯善传》。所以，我们考察楼兰的历史，有相当多的文献资料。[①] 同时，近代西方的“探险”家先后在楼兰王国的范围内考察，如瑞典人斯文赫定、英国人斯坦因、日本人橘瑞超等，都盗掘了大量的珍贵文物。在这些文物中，还有许多简牍，有汉文的也有佉卢文的。[②]

---

① 冯承钧：《鄯善事辑》《鄯善楼兰问题》，见《西域南海史地考证论著汇辑》，中华书局1957年版；黄文弼：《古楼兰国历史及其在西域交通上之地位》，见《西北史地论丛》，上海人民出版社1981年版。

② 汉文简牍见罗振玉、王国维《流沙坠简》；张凤《汉晋西陲木简汇编》。近来林梅村、李均明重新整理出版之《疏勒河流域出土汉简》，文物出版社1984年版；林梅村编：《楼兰尼雅出土文书》，文物出版社1985年版。佉卢文简赎见林梅村《纱海古卷》（中国所出佉卢文书初集），文物出版社1988年版。

我国考古学家如黄文弼等多次深入楼兰考古，也获得了大量的文物。[①] 新中国成立后，我国考古工作者在楼兰地区考古，并进行专题研究，对楼兰王国历史的研究，取得了可喜的成绩。[②] 所有这些都为我们研究楼兰王国的贸易提供了资料和方便。

楼兰王国究竟有多大，包括现在哪些地方？其所处的地理位置对发展中西贸易有什么方便？这些是我们首先需要研究的问题。《后汉书·西域传》载：“小宛、精绝、戎卢、且末为鄯善所并。”《三国志》卷三十注引《魏略·西戎传》：“南道西行，且志国、小宛国、精绝国、楼兰国，皆并属鄯善也。”冯承钧认为“且志应是且末之误”，“此楼兰应指故楼兰城”。[③] 可见后汉时的楼兰国西南部，包括了且末、小宛、戎卢、精绝。斯坦因西域考古，曾多次发掘尼雅遗址，盗去大量珍贵文物。新中国成立后，新疆博物馆考古队也对这个遗址进行了清理。这个遗址位于今民丰县，民丰县维吾尔名称“尼雅”（即很远的地方之意），民丰河名“尼雅河”。据研究，这个遗址即汉精绝国的故地。[④] 斯坦因在尼雅遗址所盗得的佉卢文书中，有三件木牍的背面封泥上盖有汉文“鄯善郡尉”[⑤] 印记，可知此地属鄯善，这是毋庸置疑的。尼雅出土的佉卢文书中，有一驿传文书：“威德宏大、伟大之国王陛下敕谕，致州长毗摩耶及税监黎贝，谕令如下：今有沙弥伽上奏本廷，彼负使者之命前往于阗；由且末派一护从送其至莎阗；再由莎阇派一护从送其至尼壤。从尼壤至于阗，应由精绝派一护从（送其）至于阗。当汝接到此楔形泥封木版时，自尼壤至于阗途中护从之薪俸应由汝按惯例连同额外津贴一起支付，务必依法作出裁决。”（编号：14）[⑥] 据文书记载，国王命令精绝的

---

① 黄文弼：《罗布淖尔考古记》，国立北平研究院史学研究所，1948 年。

② 新疆社会科学院考古研究所编：《新疆考古三十年》，新疆人民出版社 1983 年版；侯灿：《楼兰遗迹考察简报》，载《历史地理》1981 年创刊号；吐尔逊·艾沙：《罗布淖尔地区东汉墓发掘及其初步研究》，载《新疆社会科学》1983 年第 1 期；新疆楼兰考古队：《楼兰古城址调查与试掘简报》《楼兰城郊古墓群发掘简报》，侯灿：《楼兰新发现木简纸文书考释》，以上三文均载《文物》1988 年第 7 期。

③ 冯承钧：《鄯善事辑》，见《西域南海史地考证论著汇辑》，中华书局 1957 年版。

④ ［英］马尔克·奥莱尔·斯坦因：《斯坦因西域考古记》，向达译，中华书局 1937 年版；《新疆民丰大沙漠中的古代遗址》，载《考古》1961 年第 3 期；史树青：《新疆文物调查随笔》，载《文物》1960 年第 6 期；史树青：《谈新疆民丰尼雅遗址》，载《文物》1962 年第 7、8 期。

⑤ 这四字，从斯坦因开始，传统都释为“鄯善都尉”，马雍释为“鄯善郡尉”，见其著《新疆所出佉卢文书的断代问题》，见《文史》第 7 辑，今从马说。

⑥ 林梅村：《沙海古卷》（中国所出佉卢文书初集），文物出版社 1988 年版，第 40 页。以下所引佉卢文书，未注明出处者均出自本书，只注文书编号，不再注书名及页码。

地方长官准备自楼兰国至于阗的最后一段路线的护卫，可见楼兰国的西境达于精绝。① 佉卢文书第 291、329、341、349、351、357、358、362、368、379 等号，均有"朕处理国事之时，汝应日夜关心国事，小心戒备。若扞弥和于阗有什么消息，汝要向朕，伟大之国王陛下禀报"的文字，说明楼兰的西境与于阗相接。

楼兰王国的东边到达哪里？1900 年，瑞典人斯文赫定在罗布泊西北岸发现一座古城，此后英人斯坦因、日人橘瑞超等在此地"考察"，出土大量文物和简牍。证明此城为楼兰古城。然而楼兰古城的地理位置，斯文赫定、斯坦因等所测定的经纬度有错误。近年来，新疆社会科学院考古所的研究人员对楼兰古城进行考察，重新标定楼兰城址的位置为东经 89°55′22″，北纬 40°29′55″。② 在这个遗址出土的木简和纸文书中，有"楼兰"二字的，有三批：

（1）斯文赫定木简 4 枚，纸文书 5 枚，共 9 枚。③

（2）斯坦因在楼兰所获的木简和纸文书，尽收在罗振玉、王国维的《流沙坠简》和张凤的《汉晋西陲木简汇编》中。《流沙坠简》有楼兰地名的木简 2 枚，纸文书 2 枚。《汉晋西陲木简汇编》有楼兰地名的 2 枚。

（3）侯灿等在楼兰考察，得有楼兰地名的纸文书 1 枚。

从这些木简和纸文书记有"楼兰"地名来看，出土地点就叫作楼兰。而且斯坦因从佉卢文书中也考证出此地原来的名称是 Kroraina，即楼兰的对音。④

因此，我们有理由说，楼兰王国的东边至少达罗布泊西北岸的楼兰城遗址。

楼兰王国的疆域如此辽阔，西边与于阗相接，到达今天的民丰，东边至少到达今天罗布泊西北岸，"南抵昆仑山麓，北临塔克拉玛干大沙漠"。⑤ 至于它的都城，历来有不同说法：一说是在罗布泊之南的婼羌；一说在罗布泊西北的"楼兰城"；一说是最先在"楼兰城"，元凤四年更名鄯善之后，则迁都于罗布泊之南了。本文不讨论这个问题，只强调楼兰王国所处的地理位置十分重要。它是东西交通的必经之地，是"丝绸之路"南道的咽喉。它担负着送往迎来的任务，"常立发导，负水儋粮，送迎汉使"⑥。

---

① ［日］长泽和俊：《楼兰王国》，第三文明社 1976 年版，第 115 页。

② 侯灿：《楼兰遗迹考察简报》，载《历史地理》1981 年创刊号；侯灿：《论楼兰城的发展及其衰废》，载《中国社会科学》1984 年第 2 期；新疆楼兰考古队：《楼兰古城遗址调查与试掘简报》，载《文物》1988 年第 7 期。

③ ［德］孔拉德：《斯文赫定在楼兰所得的中国文书与其他发现》，1920 年德文版所附图版，转引自侯灿：《论楼兰城的发展及其衰废》。

④ ［英］马尔克·奥莱尔·斯坦因《古楼兰的探险》，见《斯坦因西域考古记》，向达译，中华书局 1937 年版。

⑤ 马雍：《古代鄯善于阗地区佉卢文字资料综考》，载《中国民族古文字研究》，中国社会科学出版社 1984 年版。

⑥ 《汉书·西域传》。

二

汉晋时期“丝绸之路”上的贸易是繁荣的。中原王朝的丝绸首先通过西域的王国，然后远销到欧洲去。疆域如此辽阔的楼兰王国，与中原王朝的贸易必然十分频繁。这种贸易何以得以进行，取决于三点：第一，交通工具的情况；第二，沿途社会治安情况；第三，该地区需求的发展程度。

人们西出阳关之后，便是“平沙万里绝人烟”的荒凉大漠。一条条沙梁，蜿蜒起伏；一座座沙丘，比肩而立。在这样流沙漫漫的沙海中，车、船是无法进行交通运输的，进行交通、运输主要依靠“沙漠之舟”——骆驼。骆驼原名橐驼，因为它的脊背上耸起一块很大的肉峰如囊橐一般，故两汉人都称其为橐驼。骆驼为沙漠中的交通运输工具，有许多优点：躯体高大健壮，可以驮负重物；软蹄硕大，可以在流沙里安然行走；眼睛敏锐，可以在风沙弥漫中识途辨向；鼻孔柔软，可以关闭起来防止风沙灌入和水分的大量消耗；绒毛细长，可以在沙漠中抗寒御热；牙齿坚实，可以嚼食粗糙带刺的沙漠植物。而且，据说骆驼对水有特殊的敏感。张华《博物志》说：“自敦煌西涉流沙往外国，沙石千余里，中无水，时则有沃流处，人莫能知，皆乘骆驼，骆驼知水脉，遇其处辄停不肯行，以足蹋地，人于其蹋处掘之，辄得水。”① 由于骆驼不仅性格温驯，刻苦耐劳，而且具有以上这些优点，所以自古以来，沙漠中的交通运输总少不了它。

在尼雅、安得悦、密远、楼兰城等遗址出土的佉卢文书中有大量关于骆驼的记载：有皇家的骆驼队，有骆驼运输队，有骆驼看守人，有以骆驼当税收的，有军用骆驼，有为一峰骆驼发生争执而诉讼的，有买卖骆驼的契约等。现列举材料如下。

关于皇家骆驼队的文书：

1. 余现已将若干皇家橐驼送去，其中一头三岁之橐驼，应送还州里。（编号：152）

2. 无论皇家畜群之橐驼于何州病倒不能行走，均应由当地扶养。倘若……由于驮物赶路而死亡，则要由牧驼者赔偿。倘若其自然衰老而亡，应将饲料上交当地州邦。（编号：40）

3. 务必由皇家驼群途经各城镇提供饲料和饮水。无论其在何处病倒，都要由当地给予照料。（编号：55）

4. 唯威德宏大的伟大的国王陛下、侍中摩醯利天子在位之13年□月26日，是时皇家橐驼之帐目登记如下（骆驼清单略）。（编号：180）

① 范宁：《博物志校证》卷八《史补》，中华书局1980年版。

5. 今有甘阇伽上奏本廷，彼系皇家驼群之牧人，以前一直由州给皇家驼群之牧人配备卫兵，现在彼等不再给这些人配备卫兵。以前，皇家驼群一直于第四日……（编号：182）

6. 至于皇家畜群之橐驼，须作统计。（编号：349）

7. 汝派彼等当皇家牧驼人。（编号：562）

关于用骆驼作运输工具的文书：

1. 当此诏书到达汝处时，应即刻从速征收此项谷物，应派四十头橐驼运送，每只橐驼载物三弥里码。……应预先准备好十五头橐驼运酒，这批橐驼应从军人处筹备……（编号：291）

2. 现在且末酿酒业盛行。当此谕令到达汝处时，务必即刻将五头橐驼（所能驮载）之酒交左尔格耶，日夜兼程送来。每头橐驼可驮载一弥里码一硒……（编号：329）

3. 今有怖军上奏，彼等因彼之橐驼一头，驮运谷物。该橐驼于途中死亡，未将所驮之物运来。当汝接到此楔形泥封木牍时，应即刻详细审理此案。依原有国法，凡为国家服役的人或牲畜死亡，应由国家偿还。务必按这一国法赔偿。（编号：435）

4. 由彼护送一匹橐驼给朕，伟大的国王；但彼之包裹被窃，朕未曾租到驮物之橐驼。（编号：52）

因为主要交通工具是骆驼，所以骆驼是很贵重的，有专门看守骆驼的人。骆驼的价格很昂贵，在当时一名奴婢换一峰骆驼。在买卖骆驼时还要订立契约。正因为骆驼是楼兰王国人民生活中不可缺少的东西，是生产运输的主要工具，所以往往因为一峰骆驼而发生争执，诉讼于政府司法部门：

1. 今有牟者上奏本廷，彼为一头橐驼和左摩伽发生纠葛。当此楔形泥封木牍到达汝地时，应即刻审理此事，依国法作出判决。（编号：219）

2. 今有州长勤军上奏本廷，彼之人现和众人为驼、马买卖发生争执。（编号：226）

3. 关于此事，布伽系见证人。奥古侯布尔那沙曾捕获左摩伽的两头橐驼。诸大夫在皇廷判决如下：州长支牟罗之一头橐驼和卫兵之一号橐驼由左摩伽领回。时至今日，彼等尚未得到橐驼。当汝接到此楔形泥封木牍时，应即刻对此事亲自详加审理，依照皇廷上所作的判决，将两头橐驼立即判予左摩伽。（编号：297）

4. 彼还起诉说，据皇廷给彼之判决书，波耆那须给彼两头橐驼。一头橐驼已给，第二头尚未给彼。汝务必亲自详细审理此案。依据判决书上的判决，依法作出判决，不得作出相反的判决。彼还起诉说，楚格色罗曾租用一头橐驼，租金已全部付清，该橐驼由伐尔比带回，于途中死亡。现彼要求赔偿，应对此事作出判决。（编号：359）

我们从上述佉卢文书中可以看出，骆驼对于西域交通的重要之处。在古代，必然有一队队骆驼，驮着精美、华丽的丝绸，来往于商贾如鲫、百货交汇的丝绸路上。新疆的古代墓葬里，经常发现驮负重物、昂头稳步的骆驼俑及神情沉毅、饱经风霜的"西域牵驼人俑"。唐人张籍诗说"无数铃声遥过碛，应驮白练到安西"，杜甫诗说"羌女摇烽燧，胡儿制骆驼"。这些俑和诗句都是骆驼商队运输情况的真实写照。所以，骆驼是解决中西交通问题的运输工具。

其次，沿途社会治安状况在楼兰王国是怎样呢？在中原与西域的通道上，常有匈奴人袭击，《史记·大宛列传》："匈奴奇兵，时时遮击使西国者。"清徐松认为："古音国读为域。"（《汉书·西域传补注》卷上）中原王朝政府，为了保护商队的利益，维护商队的安全，在西域采取了各种措施。汉宣帝神爵二年（前60），置西域都护管辖西域50余国。《汉书·西域传》及荀悦《汉纪》，都记载楼兰、精绝、且末等属西域都护管辖。民丰尼雅遗址出土的佉卢文木牍，封泥上盖有"鄯善郡尉"的篆文印章，还发现过碳精质的"司禾府印"一方。这些都是中原王朝管辖楼兰的确证。东汉安帝延光二年（123）改置西域长史辖西域。最初长史府设在柳中（今鄯善县），大概在东汉顺帝永和二年（137）以后长史府迁到了罗布泊西北的楼兰城。此后，历桓帝、灵帝、献帝，直至魏晋，相沿不改。楼兰城出土的木简和纸文书上屡见"西域长史"和"长史"的官衔和长史下许多属吏的名称，足见楼兰城就是西域长史治所。① 西域都护和西域长史的职责就是代表中央政府管辖西域。中原王朝也对西域各地首领进行册封。从民丰出土的两枚晋简可以看出，鄯善王、焉耆王、龟兹王、疏勒王、于阗王曾受晋封为

---

① 关于西域长史治所问题，学术界曾有海头与楼兰之争。1909年3月，日人橘瑞超在罗布泊西岸挖掘出土了"李柏文书"残纸4页。橘瑞超并没有搞清出土地点，后来在伦敦会见了斯坦因，向斯坦因提供了文书照片。斯坦因与他在楼兰所获木简纸文书比较，认为字体类似而肯定这四纸文书出自LA（即楼兰）遗址。王国维在研究这一文书时发现，在"月二日到此"的"此"字上圈去了原字，旁边注上"海头"二字。因此，王氏认为LA（即楼兰）遗址，"决非古楼兰，其地当前凉之世实名海头"。后来经过日人森鹿三的努力，从橘瑞超那里发现了该文书出土地点之照片，这个地点就是斯坦因编号的LK遗址。LK遗址在LA遗址西南50公里，两个遗址是不同的（参考侯灿《论楼兰城的发展及其衰废》和［日］长泽和俊《楼兰王国》）。

“晋守侍中、大都尉、奉晋大侯、亲晋”[①]。西域都护和西域长史向西城各国转送中央政府的命令，迎送并保护中央派往西域的使节，反映西域各国的情况，迎送并保护西域各国进京朝贡的使者，维护沿途商队的安全。保护商人贸易的利益是西域都护和西域长史职责的重要方面。《三国志·魏书·仓慈传》：“又常曰西域杂胡欲来贡献，而诸豪族多逆断绝；既与贸迁，欺作侮易，多不德分明。胡常怨望，慈皆劳之。欲诣洛者，为封‘过所’，欲从郡还者，官为平取，辄以府见物与共交市，使吏民护送道路，由是民夷翕然称其德惠。”仓慈时任敦煌太守，由于他的“德惠”，“西域诸胡闻慈死，悉共会聚于戊己校尉及长史治下发哀”。在西域都护或长史的治理下，楼兰王国像西域其他各国一样，政治是稳定的，交通是畅通的。在尼雅遗址发现许多汉晋间的“过所”（即古代过关所用的身份证明）[②]，就是政治稳定而使交通畅通的证明。

而且，在楼兰王国内设有驿站，有完备的驿传制度，为往来商人提供了极便利的条件。佉卢文书第135号说：“今有监察善亲须出使于阗。当汝接到此楔形泥封木牍时，阿毗陀也须出使，和善亲一起到于阗。务必向监察善亲提供两头专用橐驼，并给阿毗陀一头专用橐驼，还要向彼等提供一位合适之人作向导，在前面引路。该向导应骑自己的牲畜。和以前一样，使者之粮秣和水由汝提供，现在就应发给。”从这个文书和上面引到的第14号文书中可以了解到当时的驿传制度。在且末、精绝等绿洲里，设有卫兵和向导，王令一下，他们便执行任务，把使者从一站送到另一站。当然这里说的是送迎来往的使者，但是有了驿站，给来往的商人提供了方便，应是毫无疑问的。

第三个条件是需求的发展程度。那么楼兰王国乃至西方国家对丝绸的需求如何呢?

楼兰王国本地没有产丝，《史记·大宛列传》：“其地皆无丝、漆。”但当地人民却十分喜爱丝织品，特别是五彩缤纷的锦绮，对楼兰的统治阶级，具有很大的吸引力。他们以丝绸制作衣服、被褥等日常用品。1959年，在民丰清理了一座东汉夫妻合葬墓，发现了许多汉代锦绸服饰。死者身上穿着服饰以丝绸、织锦为主，有刺绣，布类较少。计有绸衣、锦袍、内外绸上衣、绸衬衣、绸裙子、盖身黄绸、锦袜、锦手套、锦枕头、绣花绸镜袋、绣花绸粉袋等，有的锦上织有“万世如意”“延年益寿宜子孙”等隶书字样和图案。这些出土绸锦，都是从内地运来的；而刺绣的技法和图案，衣服的样子，都具有本地的特色。[③] 这对木乃

① 王国维:《尼雅城北古城所出晋简跋》，见《观堂集林》第三册，中华书局1959年版，第865-871页。

② 《流沙坠简补遗》。

③ 新疆维吾尔自治区博物馆:《新疆民丰县北大沙漠中古遗址墓葬区东汉合葬墓清理简报》，载《文物》1960年第6期。

伊身穿这么多华丽的锦绸丝织品，这是楼兰国人喜爱内地丝织品的确证。

1979 年至 1980 年，新疆楼兰考古队对楼兰古城址的调查与试掘，出土丝织品 8 件，主要有锦、绢、绝三种。考古队又在楼兰城郊清理了东汉古墓 9 座，其中一座出土丝织品 75 件，有锦、绮、绢、刺绣数种。其中锦 53 件，有的织有铭文和图案，如“延年益寿”“延年益寿长葆子孙”“乐明光”“长寿明光”“望四海贵富寿为国庆”“永昌”“登高富贵”等等。更值得一提的是，有一件“延年益寿大宜子孙”锦的幅边背面有佉卢文题记一行，意为“频婆·室利诃陀之锦，一百钱”。绮 5 件，有大红和土黄二色。绢 16 件，有黄、绿、湖绿、绛、红、素色等。刺绣 1 件。这些织锦有隶书文字，显示了汉代织锦的特征，这些织锦应来自中原地区。①

楼兰国人不但喜爱穿着丝绸，而且在买卖交易和其他经济活动中，以丝绸作为货币使用。例如佉卢文书第 3 号：“今有苏耆陀上奏本廷，彼曾买下一女子，名苏耆沙，出价织物 41 匹。”《汉晋西陲木简汇编》有一简云：“水槽椽左朗白前府椽所食诸郭瓜菜贾（价）丝一匹客付曹。”买瓜菜以丝作价。上引“延年益寿大宜子孙”锦幅边背面的佉卢文题记：价值一百钱，这也是以锦作货币的明证。人们也以丝织品互相赠送，例如佉卢文书第 316 号：“余现赠汝丝制之 Pramzavamta 一件。”既然在交易中以丝绸作为货币，在人们的交往中以丝绸作为礼品，那么对丝绸的需求量是大宗的。正因为如此，在楼兰各地政府仓库中，存在大量的丝和绢。佉卢文书中有一类是籍帐，常有“获丝绸二匹”“丝绸三匹”（编号 225）的记录。第 660 号文书就是一本政府仓库的收支丝绸的流水帐：

> 彼等再次从扜泥归来后，交付黄丝绸两匹。
> 彼等从青莲华处送去红丝绸一匹。
> 胜赞取朱红色（丝绸）一匹。
> 罗塔跋罗取彩色（丝绸）一匹。
> 多卢格取丝绸一匹。
> 弥支伽耶买新彩色（丝绸）一匹。
> 迦波陀耶取成捆的彩色（丝绸）一匹。
> 善军取丝绸七匹。
> 彼等替摩迦耶买成捆的新的红丝绸。
> 山地人取两匹丝绸。

① 新疆楼兰考古队：《楼兰古城址调查与试掘简报》《楼兰城郊古墓群发掘简报》，载《文物》1988 年第 7 期。

除楼兰国本身需要大量的丝绸外，西方国家需要中国丝绸的数量更大。而楼兰是一个中转站，因此，在丝绸贸易上具有特殊的地位。

三

中原王朝与楼兰王国的丝绸贸易是怎样进行的呢？

首先是往来使者携带的丝绸具有贸易的性质。《汉书·张骞传》说张骞第二次出使西域时“赍金币帛直数千巨万，多持节副使，道可便遣之旁国”。张骞携带大量丝绸，赏赐沿途各国。这沿途各国，当然包括楼兰王国在内。这不但因为楼兰王国是必经之地，而且张骞回到长安后，向汉武帝报告西域各国的情况，班固根据这些档案材料，写成《西域传》，其中专门介绍了楼兰。张骞通西域成功之后，许多人争着出使西域。汉朝每年派出的使团，多则十几次，少则五六次；一次多则数百人，少则百余人。这些使者“所赍大放博望侯时”①，即携带大量的丝绸，“其使皆私县官赍物，欲贱市以私其利”②，使者从中得利。《汉书·傅介子传》：“介子与士卒俱赍金币，扬言以赐外国为名。至楼兰，楼兰王意不亲介子，介子阳引去，至其西界，使译谓曰：汉使者持黄金锦绣行赐诸国（师古曰：遍往赐之），王不来受，我去之西国矣。即出金币以示译，译还报王，王贪汉物，来见使者。”傅介子这个故事说明了汉使携带大量黄金锦绣行赐诸国，而包括楼兰王国在内的西域各国，都贪图“汉物”。

西域来汉朝的使者或“人质”，亦常得到汉皇帝赏赐以丝绸。《汉书·张骞传》说武帝“数巡狩海上，乃悉从外国客……散财帛赏赐，厚县饶给之，以览视汉富厚焉”。《汉书》《后汉书》《三国志》《晋书》中关于皇帝赏赐丝绸给西域使者的记载不胜枚举，当然也包括楼兰王国的使者。西域使者实际上多以政治使节之名，行丝绸贸易之实。《汉书·西域传》载汉成帝时“康居遣子侍汉”，都护郭舜尖锐地指出：“何故遣子入侍？其欲贾市为好，辞之诈也。”“奉献者皆行贾贱人，欲通货市买，以献为名。”所以，中原王朝派出的使者和西域派来的使者所带走的丝绸本身具有贸易性质。

其次，中原王朝派去管辖西域的政府官员，也进行丝绸贸易，从中获利。例如班固给他弟弟西域都护班超的信说：“今赍白素三百匹，欲以市月支焉。”③另一信说：“窦侍中（即窦宪）令载杂丝七百匹，白素三百匹，欲以市月支氏马、苏合香、毾㲪。”④显然，这是政府官员利用班超任西域都护之便，用丝织品购买西域特产。月氏马，应该像大宛马、“汗血马”“乌孙马”一样，是一种良马。

---

① 《史记·大宛列传》。

② 《汉书·张骞传》。

③ 《太平御览》卷八一四。

④ 《全后汉文》卷二五。

苏合香，《太平御览》卷九八二引《续汉书》曰："大秦国合诸香煎其汁，谓之苏合。"《梁书》卷五四《诸夷传》中天竺条云："中天竺国其西与大秦、安息交市，海中多大秦珍物，珊瑚、琥珀、金碧、朱玑、琅干、郁金、苏合。苏合是诸香汁煎之，非自然一物也。"又云："大秦人采苏合，先笮其汁以为香膏，乃卖其滓于诸国贾人，是以展转来达中国，不大香也。"毾㲪，《北堂书钞》卷一四三引班固《与弟超书》："月氏毾㲪，大小相杂，但细好而已。"《太平御览》卷八二〇引吴笃《赵书》："（石勒）建平二年，大宛献珊瑚、琉璃、（毾㲪）、白叠。"可见毾㲪主要产自西域。毾㲪，是古代西域一种著名的毛织品，王琦《李长吉歌诗汇释》对此物考释颇详："毾㲪音榻登，《埤苍》：毛席也。《北堂书钞》：毾㲪细者谓之毾㲪。《韵会》：氍毹，织毛褥也，一曰毾㲪。《通雅》：中天竺有毾㲪，今曰毾毲。"[①] 这些产自大秦的苏合香，中原人主要用作药物。[②] 而毾㲪的用途，据《太平御览》卷七〇八引服虔《通俗文》说："毾㲪者，施大床之前，小榻之上，所以登而上床也。"政府官员这种用中原的特产去交易西域或大秦的特产，必然从中获大利。

第三，商人的自由贸易。斯文赫定在楼兰发现几封写在纸上的信，都与买绫有关，还有一个记载着"余彩七匹"的木简。[③] 从事丝绸贸易的有内地的汉人。佉卢文书第 35 号："应阻止苏耆陀。现在没有商贾自汉地来，可不必清查丝债。至于橐驼之事，应烦劳檀支那负责。待自汉地来的商贾抵达时，务必清查丝债。若发生纠纷，朕将于王廷亲自裁决。"这说明内地商贾到楼兰经商。《流沙坠简遗文》第 47 为内地商人在楼兰国写的书信。《流沙坠简补遗》有四简：

> 异，年五十六，一名奴，中人，长髭须仓白，著布
> 异，年五十六，一名奴，髭须仓白色
> 著布裤褶卢履
> 丑，年十四，短小，著布裤褶口

这四简是内地汉族商人经过尼雅关城时的"过所"。在《流沙坠简补遗》中，还有无"过所"的记录："去三月一日，骑马诣元城收责（债），期行当还，不克期日，私行无过"（按：王国维云，简末有"过"字，其"所"字在次简之

---

① 参见［日］藤田丰八：《榻及毾㲪、氍毹考》，何建民译，见《中国南海古代交通丛考》，商务印书馆 1936 年版；蔡鸿生：《唐代九姓胡贡品分析》，载《文史》第 31 辑，中华书局 1988 年版。

② ［英］李约瑟：《中国科学技术史》（中译本）卷 1 第 2 分册，科学出版社 1975 年版。

③ ［德］孔拉德：《斯文赫定在楼兰所得的中国文书与其他发现》，转引自季羡林《中印文化关系史论文集》，第 64 页。

首无疑）。这是汉族商人去元城收债，超过日期，没有“过所”的记录。“违会不过或安别收，私行粜贾，无过所启信，各私从吏”，这是汉族商人“私行粜贾，无过所启信”的记录。“☐右一人，属典客，寄☐钱佛屠中，自赍敦煌太守往不过”（按：王国维云，简末有“过”字，其“所”字在次简之首无疑），这是汉族商人自带敦煌太守发放的“过所”，经过尼雅关城，并把货物、钱财寄存于尼雅寺院中的记录。

在楼兰经商的还有月氏人，《流沙坠简补遗》有四简：

> 卅，中人，黑色大目，有髭须
> 月支国胡
> 月支国胡支柱，年廿九，中人，黑色
> 口胡（下漫灭）

这四简是月氏商人经过尼雅关城时的“过所”。月氏商人亦称为“贾胡”。《流沙坠简遗文》第69为官府汉文文书，即提到“贾胡”。两汉文献中亦常见“贾胡”一词。例如《后汉书·梁冀传》，冀“起菟苑于河南城西，经亘数十里。……有西域贾胡，不知禁忌，误杀一兔，转相告言，坐死者十余人”。又如《后汉书·马援列传》：“伏波类西域贾胡，到一处辄止。”《后汉书·西域传》所说的“驰命走驿，不绝于时月；胡商贩客，日款于塞下”，当是古代丝路上贸易繁荣兴旺的真实写照。当然，这“贾胡”不单指月氏商人，而是泛指从西域来的商人。

从楼兰王国本身的政治经济情况及与中原王朝的关系来看，其本国人亦有从事丝绸贸易的，但人数不会太多。关于这方面的材料，还发现不多。

第四，汉晋时期楼兰地区的贸易大概还处在实物交换阶段。佉卢文书中有一部分关于买卖土地、庄园、葡萄园、奴隶的契约，其中所付代价是牛、马、骆驼、羊、地毡、谷物和酒等实物。下面仅举几例：

> 伟大国王、王中之王、胜利的人、公正的人、正确执法的人、天子耽阇迦陛下在位的三年七月八日，有一名叫鸠伐耶，系塔素查奥祇耶之子。另有一人名叫阿只希耶，还有他的弟弟米多拉马、支毕多加、木达乌嵯等，都是耶摩村人。现在阿只希耶等情愿将土地卖给鸠伐耶，该地能种二种里马籽种，鸠伐耶出价阿契查骆驼一峰，双方在此公平条件上达成协议。下列证人皆知此事。……此文书……其有效期长如生命。（编号：422）①

---

① 以下第422、495、549、575、589、590号文书是契约，林梅村《沙海古卷》把中国所出佉卢文书的契约部分收入该书的《续集》，而《续集》尚未出版。这里所引见王广智译《新疆出土佉卢文残卷译文集》（中国科学院新疆分院民族研究所油印本）。

这是用骆驼交换土地之证，并立下有效期长如生命的契约。

耶吠村有一名男居民，名叫阿钵注罗。彼愿将土地出卖。该地由莱吉耶购卖。该地能种一米里马十希籽种。给价价值三十穆立之三岁马一匹，已（由卖主）收讫。双方在此公平之条件上，当诸执政官之面达成协议。（编号：495）

这是用马交换土地之证。

摩尼吉耶及莫伽多贰兄弟将能种一来里马十希籽种之土地卖给僧人僧伽菩地。摩尼吉耶及莫伽多得于阗粗地毯一条及谷物五米里马作为地价。双方在此公平的条件上达成协议。（编号：549）

这是用地毯及谷物交换土地之证。

莱比耶愿将支摩伽该人卖给凯度多之苏笈多，得价三岁之骆驼一峰，谷物五米里马。（编号：575）

彼等于饥荒之时愿将名色迷嵯之女孩一名卖给司书罗没索蹉。给价为价值四十穆立之一岁骆驼一峰。另又给绵羊四只。（编号：589）

这是用骆驼、谷物、绵羊等物交换奴隶之证。像这样以物易物或以物易人的材料在佉卢文书中不胜枚举。特别值得注意的是，丝织品也作为交换媒介。上举佉卢文书第3号说一个妇女的身价是41匹丝绸，《汉晋西陲木简汇编》中有买瓜菜以丝绢计算的木简，还有一简说："直六百五十尺布直六十。"以丝织品作为交换媒介，在史籍中也有记载，例如《三国志·吴书·孙休传》注引《襄阳记》说：李衡为家种甘橘千株，后来他的儿子因出卖甘橘"岁得绢数十匹"。《晋书·食货志》记载，魏文帝时，曾下令"罢五铢钱，使百姓以谷帛为市"。甚至到隋唐时，还有"钱皆不行，交易者皆绢布"[①]，"唐时，民间用布帛处多，用钱处少"[②] 的记载。陈寅恪也说："唐代实际交易，往往使用丝织品。"[③]

第五，虽然以实物交换为主，但亦辅以货币。过去在罗布泊、尼雅两个著名遗址，发现许多内地的钱币，其中有西汉五铢、新莽货泉、大泉五十，东汉末的

---

① 《隋书·食货志》。

② 〔清〕黄宗羲：《明夷待访录·财计》。

③ 《元白诗笺证稿》，第252页。

"剪轮五铢"等。1979年至1980年楼兰古城址和城郊古墓群除出土中原王朝的五铢钱等货币之外，还出土有贵霜铜币。说明在交易中除用中原王朝货币之外，亦用贵霜铜币。有一枚汉简云："任城国亢父缣一匹，幅广二尺四寸，长四丈，重二十五两，值钱六百一十八。"任城国亢父缣一匹，值钱六百一十八。在上引"延年益寿大宜子孙"锦幅边的佉卢文题记中，写明价值一百钱。说明以钱来计算丝绸的价值。《汉晋西陲木简二编》中还有"钱四十八口七"、所"出钱十五贯口"的简文。在佉卢文书中，还有四例提到"金币"，但每次使用不过一二枚。可见即使有"金币"使用，也是不多的。

值得注意的是在进行买卖时，实物有时要折合成"穆立"（林梅村译为"目厘"）计价。佉卢文书590号，是一份买卖奴隶的契约：

> 伟大国王、骑都尉天子阿没克伐迦在位的十七年四月二十八日，有一男人名叫僧凯，愿将吕钵耶的女人卖给罗没索蹉。僧凯收到罗没索蹉所出的吕钵耶的身价，计有价值四十穆立的维耶拉骆驼一峰，价值三十穆立的安凯拉骆驼一峰，十二手长、十一手长的地毯各一条，另外获得八穆立的苏脱拉，卖价共为九十八穆立，双方在此公平条件上做成交易。……此字据由司书耽摩色钵之子、司书莫加多奉执政官之命而写，其有效期像生命一样，长达百年。此字据为接受僧凯的请求而写。

这位吕钵耶女奴值98穆立，从其他文书看，这位女奴的价值比一般的奴隶贵。以"移立"（目厘）来计算物价的文书，还有一些，在此不一一列举。

由此可以看出，当时楼兰王国的贸易，以物易物为主，亦辅以货币。货币有用内地的货币，有用贵霜铜币，也有以当地的价值或货币单位"穆立"（目厘）来计算物价。

第六，中原王朝与西域的贸易设有专门的机构和制度进行管理。《后汉书·百官志》，大鸿胪，掌诸侯及四方归义蛮夷。《流沙坠简补遗》第1简："西域长史营写鸿胪书，到，如书罗捕、言、会十一月一日如诏书律令。"诏书之赐给诸属国者，当先下达大鸿胪，由大鸿胪下达西域长史，而西域长史营写之下达诸国，故曰"西域长史营写鸿胪书"。说明皇帝的诏书经大鸿胪到西域长史，再传到西域各国。西域的使者和商人到首都长安或洛阳时，由大鸿胪的属官如行人译官等接待他们，并安排在藁街的客馆里。《汉书·陈汤传》，斩郅支单于之首传送长安，"宜悬头藁街蛮夷邸间"。说明藁街有蛮夷邸，蛮夷邸即外国或少数民族的使节或商人的住处。

中原王朝鼓励对西域的贸易。如武帝招募出使西域的吏民都不问所从来，所以出使西域的人很多。对来长安的西域使者或商人，则"设酒池肉林，以飨四夷之客”，并让他们跟随到各地游历，赏以金银财帛。这样，很多西域人士兴趣盎然地要求来汉通商。

当然，对西域的贸易也有一定的制度加以限制。如出入边关的人必须持有通行证一符、传（即“过所”），“无符传入为阑”，① 有罪当罚。“胡市，吏民不得持兵器出关。虽于京师市贾，其法一也。”② 中原王朝对西域贸易的规定，当然亦适用于楼兰王国。

综上所述，汉晋时期的楼兰（鄯善）王国，是丝绸之路南道的咽喉，地位十分重要。楼兰王国与中原王朝贸易的发展不是偶然的，而有着深刻的政治、经济背景。从事贸易的人有往来使者、管辖西域的政府官员、自由商人。这种贸易以实物交换为主，以货币交换为辅。汉晋政府对这种贸易鼓励多于限制，因而贸易是繁荣的。

① 《史记·汲郑列传》《集解》引。

② 《史记·汲郑列传》《集解》引。

汉代我国与东南亚国家的海上交通和贸易关系

我国是世界上有悠久历史和文化的国家之一。它有很长的海岸线，给人们以交通海外各民族的方便。从很古的时候起，我国与东南亚各国就有海上交通和贸易关系。但是这种关系获得大规模的发展，是从汉武帝时代开始的。为什么在这个时候才获得大规模的发展呢？这里有着深刻的经济、政治和历史的原因。

汉初的五六十年间，由于劳动人民的辛勤劳动，使农业、手工业、商业和文化都得到很大的发展，社会呈现出一派繁荣的景象。农业、手工业和商业的发展，必然带来城市的繁荣。长安成为财富集中的商业都会，其他各地区都出现许多新的城市。尤其值得注意的是番禺，当时它已发展为全国重要都会之一，说明当时的商业活动已向南发展到南海之滨，这与以后发展中西海上交通和贸易有密切的关系。《史记・货殖列传》说："汉兴，海内为一，开关梁，弛山泽之禁，是以富商大贾，周流天下，交易之物，莫不通，得其所欲。"这从一个侧面反映了当时商业的盛况。

汉武帝刘彻就是在这样一个社会经济繁荣的背景之下登上历史舞台，开始施展他宏大的经略。他北却匈奴，积极发展农业和国营工商业，加强中央集权，使汉王朝空前强大。随着国内农业和手工业的不断发展、交通的便利和商业的繁荣，要求与国境以外的地区和民族互相往来、互通有无，这是社会经济发展的自然趋势。汉武帝两次派遣张骞出使西域，这不但对结好大月氏、乌孙等以夹攻匈奴获得相当的成功，而且开辟了一条中西交通和贸易的大道，即后世所称的"丝绸之路"。中国的丝织品就是沿着这条大道远销至西方的罗马帝国，西方国家的商品也沿着这条大道被运到中国。当张骞第一次出使时，在大夏见有四川出产的邛竹杖和蜀布，何其国人此物何来？答云，其国商人得于身毒（印度）。骞乃得知身毒向西可通大夏，向东可通四川。他对武帝说：出陇西、经天山至西域一道，北边易被匈奴截获，南边又受阻于羌人，不如取四川、身毒一道比较安全、捷便。武帝采纳他的建议，于元狩元年（前122）令张骞从四川几路并出，但后因中途阻于西南夷，未达目的。[①] 从这次出使可以看出，武帝感到原来的通道有其不便之处，急于另寻沟通中西的路线。但尝试陆路的结果，不是危险，就是闭塞，于是自然就想到海上的通道了。

从西方国家方面讲，中国丝绸远销于西方罗马，不是由中国人直接经营，而

---

① 《汉书・张骞传》。

是把丝绸卖给从西域来的大夏和粟特两国商人，然后转售于安息（波斯）商人，再由安息商人转销于罗马。所以，中国与罗马之间的丝绸贸易，中间被安息人操纵而博取厚利，引起罗马人的不满。因此，罗马也急于打通一条海上通道，直接与中国交易。[①]

可见开辟一条海上通道以沟通中国与西方国家的往来和贸易，是当时中西国家的共同愿望。东南亚地区是中西海上交通的必经之地，地理位置十分重要。探讨和研究我国汉代与东南亚国家的交通和贸易关系，不但在中西交通史方面具有重要意义，而且对阐明我国与东南亚国家间源远流长的友好关系也具有重要意义。

一、汉代的航海事业和造船技术

航海事业和造船技术的发展，是发展海外交通和贸易的必要前提。我国海上行舟，由来甚古，始于何时，已难稽考。但至迟在春秋战国时，处在沿海的齐、吴、越等国，都有船舶在海上航行的记载。[②] 秦始皇时，航海事业有很大发展。据《史记·东越列传》，始皇二十六年，秦灭六国后不久，即平闽越，置闽中郡。《史记·平津侯主父列传》："使尉佗、屠睢将楼船之士攻百越。"这次战役规模很大，据《淮南子·人间训》载，大军分五路南进，其中一路由海道直取番禺，故曰"处番禺之都"。同书《秦始皇本纪》又谓始皇二十八年遣齐人徐市发童男女数千人乘船入海寻三神山，也是一次航海壮举。秦时的航海范围，东方已由渤海发展到日本海，[③] 南方已发展到南海。

汉代的航海事业获得了更大的发展，尤其在汉武帝时期。武帝常远航海上。元封元年，武帝自泰山东巡海上，沿渤海湾西岸航行，直抵河北省昌黎县北的碣石山。元封四年，武帝南巡，自寻阳浮江东下，船舶相接达千里，出长江口后入海北向，直抵山东海岸的琅邪。太始三年，又东巡，乘海船沿山东半岛航行，直抵芝罘，在诸岛之间巡航。不仅如此，汉武帝还在海上进行军事活动。建元三年，闽越发兵围攻东越（亦称东瓯），东越告急于汉。中大夫朱买臣献策，用海军直趋闽越王的根据地泉山（今福建泉州）。武帝任命朱买臣为会稽太守，先回郡建造楼船，并准备粮食和战具，然后下令严助率军从会稽出发，从海道往救东越。元鼎五年，南越王相吕嘉反叛，武帝发五路大军出征南越。另派东越王余善率军从海道进攻南越。东越王抵揭阳，以阻于海上风波为藉口，屯兵不前。[④] 又

---

① 新疆维吾尔自治区博物馆出土文物展览工作组：《丝绸之路·汉唐织物·说明》。

② 《越绝书》；《史记·封禅书》。

③ ［日］木宫泰彦：《中日交通史》上册，陈捷译，商务印书馆 1931 年版，第 1－4 页。

④ 《史记·东越列传》。

南越吕嘉、建德于番禺陷落后，逃亡入海，乘船西去。汉军乘船追捕，卒获两人首级而还。元封二年至三年间，武帝又遣楼船将军杨仆率船军五万人，东渡渤海，平定朝鲜，于其地置乐浪、临屯、玄菟、真番四郡。汉代自从在岭南设置南海、苍梧、郁林、合浦、交趾、九真、日南7郡之后，此7郡的贡献，都从海道，[①] 足见汉代的航海事业已很发达。航海事业这样发达，当时的航海知识必已达到相当的高度。据《汉书·艺文志》载有《海中星占验》十二卷、《海中五星经杂事》二二卷、《海中五星顺道》二八卷、《海中二十八宿国分》二八卷、《海中二十八宿臣分》二八卷、《海中日月彗虹杂占》十八卷。其时指南针尚未用于航海，故舟师主要靠观察天空上日月星辰的方位和现象以测定航向和气象的变化。这6种航海天文古书，虽早已失传，但据此亦可以窥见当时我国人民航海知识之一斑。

我国远古时代已有舟船。船的原始形式是独木舟和木（或竹）筏。至春秋战国时代，造船技术有很大提高。《越绝书》记："阖闾见子胥（伍员），问船运之备何如？对曰：船名大翼、小翼、突冒、楼船、桥船。令船军之教，比陵军（按即陆军）之法。大翼者，当陵军之重车；小翼者，当陵军之轻车；突冒者，当陵军之冲车；楼船者，当陵军之楼车；桥船者，当陵军之轻足骠骑也。"（《太平御览》卷七七〇）伍子胥《水战内经》曰："大翼，一艘广一丈五尺二寸，长十文，……凡九十一人。中翼，一艘广一丈三尺五寸，长九丈六尺。小翼，一艘广一丈二尺，长九丈。"（《太平御览》引《越绝书》）吴、越人均善于行舟，也善于造船。观《越绝书》所载，吴国的造船技术已经是很高明的了。

秦汉时代，在春秋战国的基础上，把造船技术推向更高的水平。《汉宫殿疏》谓武帝所开昆明池中有豫章大船，可载万人（见《太平御览》）。可载万人，似乎夸大，核之唐段成式《酉阳杂俎》，应作可载千人。昆明池中又有楼船，高十余丈。又有戈船，其上树戈矛（晋葛洪《西京杂记》）。汉代战船的构造，更加精密。汉刘熙《释名·释船》言战船的构造颇详，除一般船所具有的棍、舵、橹、棹、帆等设备之外，还有庐是船舱的第二层，飞庐是第三层，爵室是第四层。五百斛以上的大兵船，还有第五层小层，名叫斥候。这大概就是汉代的"楼船"。后人对楼船有过介绍："楼船者，船上建楼三重，列女墙、战格，树旗帜，弩窗矛穴，状如小垒。"[②] "楼船"不一定每只只有三重，有的可能层数更多。汉代的楼船是很有名的。常封统率水兵的将领为"楼船将军"。除"楼船"担任作战之外，还有艨冲担任冲击敌船，腰狭而长；舸腰短而广，不易倾侧，大概用以

---

① 《后汉书·郑弘传》："旧交趾七郡贡献转运，皆从东冶泛海而至，风波艰阻，沉溺相系。"

② 〔明〕茅元仪：《武备志》卷一一六《战船》。

防守。这种精密的构造，只有经过长期的航行和具有丰富的水战经验才能获得。三国时魏人张揖所撰《广雅》，在有关两汉、三国时代舟船的记录中，有“粮艒”和“艔”两种大船，都是能够在海上航行的大船。

新中国成立后，在许多地方，如湖北江陵、湖南长沙、广东广州的汉代墓葬中发现木船，或木船模型、陶船模型，尤其以在广州发现的为最多。综合研究这些出土实物，可以看到汉代船舶的设备已很完备。有推进设备如桨、橹、帆，有掌握航向的操纵设备如舵，有系泊设备如锚等，应有尽有。①

更使人们惊叹的是1974年底广州市发现了一处秦汉造船工场遗址，为人们研究秦汉时代的造船技术提供了十分宝贵的实物资料。经初步研究，工场的布局分造船台和木料加工场地两个区域。船台区有三个造船台，平行排列。造船台的构筑方法，是船台与滑道相结合，形如现代的铁路轨道一样，由枕木、滑板和木墩组成。第一号船台两滑板中心间距为1.8米，第二号船台两滑板中心间距为2.8米。② 现代木船厂一般所造的船只的宽度是滑板间距的2～3倍。汉墓中出土的船模长宽比例是5∶1。以此推算，那么一号船台能造宽3.6～5.4米，长18～27米的船只。二号船台能造宽5.6～8.4米，长28～42米的船只。而且，滑板的宽距不作固定处理，可以根据不同需要造大小不同的船。这显然是一个颇具规模的官办造船工场。

汉代的造船地点分布全国。在内地的有长安（长安以东的船司空县，今陕西华阴东北，即因造船得名）、洛阳、巴蜀（四川）、湘州（长沙郡和洞庭湖附近一带）、庐江郡（今安徽庐江县一带，《汉书·地理志》谓庐江有楼船官，可见西汉时设船官于此。又其所属寻阳，为汉时楼船集中之地）、豫章（今江西南昌附近）。沿海地区有渤海郡（故治在今河北沧县）、琅琊郡（今山东诸城市东南一带）、东莱郡（今山东莱州至福山一带）、会稽郡（秦、西汉时郡治在今江苏苏州，东汉移治今浙江绍兴）、永嘉郡（今浙江温州）、闽越（今福建福州）、南海郡（郡治番禺，今广州市）、合浦郡（郡治徐闻，后汉移治合浦）、交趾郡、日南郡。

秦汉时期航海事业的发达、造船技术的提高、造船地点分布的广泛，为发展中西海上交通创造了必要的条件，使发展海外交通成为可能。

① 上海交通大学“造船史话”组：《秦汉时期的船舶》，载《文物》1977年第4期。

② 广州市文物管理处等：《广州秦汉造船工场遗址试掘》，载《文物》1977年第4期。

二、汉代我国与东南亚国家的海上交通

我国与东南亚国家的海上交通往来，从远古时代已经开始。见于文献的如周成王十年（约前11世纪）的“越裳氏来朝”。[①] 越裳氏究竟在什么地方？说法不一。但从记载此事的文献资料来推测，可能位于今马来半岛的南部。

我国与东南亚国家的海上交通和贸易，发展到汉代已经是很频繁的了。最详细的记载是《汉书·地理志》粤地条：

> 自日南障塞徐闻、合浦船行可五月，有都元国；又船行可四月，有邑卢没国；又船行可二十余日，有谌离国；步行可十余日，有夫甘都卢国。自夫甘都卢国船行可二月余，有黄支国，民俗略与珠崖相类。其州广大，户口多，多异物。自武帝以来，皆献见。有译长，属黄门，与应募者俱入海，市明珠、璧流离、奇石、异物，赍黄金杂缯而往。所至国皆禀食为耦，蛮夷贾船，转送致之。亦利交易，剽杀人。又苦逢风波溺死，不者，数年来还。大珠至围二寸以下。平帝元始中，王莽辅政，欲耀威德，厚遗黄支王，令遣使献生犀牛。自黄支船行可八月，到皮宗；船行可二月，到日南、象林界云。黄支之南，有已程不国，汉之译使自此还矣。

这段材料，记载了汉朝使者经过几个国家然后到达终点站黄支国，在我国航海史上和中西交通史上都极其重要。中外学者曾经有过不少的研究和讨论，其中以日本藤田丰八和法国费琅（G. Ferrand）二人的主张比较一致。他们把黄支国置于印度东海岸的建志补罗（Conjevaram）。[②] 此说为伯希和（P. Pelliot）、冯承

---

① 《竹书纪年》卷上。《后汉书·南蛮传》记载此事较详：“交趾之南，有越裳国。周公居摄六年，制礼作乐，天下和平。越裳以三象重译而献白雉曰：道路悠远，山川阻深。音使不通，故重译而朝。”汉代人著作如《尚书大传》《韩诗外传》以及晋崔豹的《古今注》，都有关于此事的记述，并且有周公送给使者指南车的传说。

② ［日］藤田丰八：《东西交涉史の研究·南海篇》，昭和七年东京冈书院出版，第95－135页；［法］费琅：《昆仑及南海古代航行考》，冯承钧译，商务印书馆1930年版，第104－122页。

钧、张星烺、岑仲勉、许云樵、苏继庼、韩振华等人所赞同。[①]唯有劳榦、韩槐准、谭彼岸等提出不同看法。[②]他们所考证的黄支国的具体地望尽管各异，但总的来说不出于今天东南亚国家的范围。归纳起来，关于黄支国的地望问题，有两派意见：一派主张在印度东海岸，一派主张在东南亚。

汉使所经地名或国名，藤田氏等人的考证都以对音为主。我们认为在研究两千多年以前的外国地名时，不应太依靠对音。不仅因为经过时间太长，地名变化很大，而且各种民族的兴替和迁移，以及它们的不同语言，对地名的影响也很大。此外转译人的方言，亦往往造成译音的差异。所以我们认为，太依靠对音就容易流于穿凿附会。我们主张尽量利用现存的文献，先根据史籍记载中关于黄支国的总方向，并从其他文献中求出古代帆船沿着海岸航行的一般速率。然后按照总方向，依航行速率和汉使由某地至某地所需的航行时间，找出其所可能达到的地区。最后结合其他条件，如地势、历史背景、物产和对音等，找出其可能达到的具体地点。

根据这个方法，我们先考察汉使航程的总方向。《汉书·地理志》的原文只述汉使航行若干月若干日到某国，而没有说明某国的方向。但《汉书·王莽传》："莽既致太平，北伐匈奴，东致海外，南怀黄支。"同书《平帝纪》"元始二年春，黄支国献生犀"，注云："应劭曰：黄支在日南之南，去京师三万里。"又《后汉书·南蛮传》："元始二年，日南之南黄支国来献犀牛。"这些记载都指明黄支国的方位是在日南之南。汉代对于一个地方的总方向，是很认真的，从日南郡之取名，就可以证明这一点，据《汉书·地理志》日南郡注："师古曰：言其在日之南，所谓开北户以向日者。"同书比景县注："如淳曰：日中于头上，景在己下，故名之。"又《南齐书》卷五八："区粟城建八尺表，日影度南八寸。"区粟城即汉之西卷县，为日南郡治所在。可见汉代对于方向的测定，是用

---

① ［法］伯希和：《诸蕃志译注正误》，冯承钧译，见《西域南海史地考证译丛》，商务印书馆1934年版，第113－114页；冯承钧：《中国南洋交通史》，商务印书馆1937年再版，第1－3页；张星烺编注：《中西交通史料汇编》第6册，辅仁大学1977年版，第39页，注5；岑仲勉：《西汉对南洋的海道交通》《汉使航程的再次讨论》，见《中外史地考证》上册，中华书局1962年版，第89－107页；许云樵：《古代南海航程中之地峡与地极》，载《南洋学报》第4卷第2辑，第26－37页；苏继庼：《汉书地理志已程不国即锡兰说》，载《南洋学报》第5卷第2辑，第1－4页；又《黄支国在南海何处》，载《南洋学报》第7卷第2辑，第1－5页；韩振华：《公元前2世纪至公元1世纪间中国与印度东南亚的海上交通——汉书地理志粤地条末段考释》，《厦门大学学报》（社科版）1957年第2期。

② 劳榦：《论汉代之陆运与水运》，载《中央研究院历史语言研究所集刊》1948年第16期，第69－91页；韩槐准：《旧柔佛之研究》，载《南洋学报》（新加坡）1948年第5卷第2辑，第5－25页；谭彼岸：《汉代与南海黄支国的交通》，载《社会经济研究》1951年第2期，第111－144页。

立表观景的方法，比较可靠。测定日南郡的方向如是，测定日南郡以南各地的方向亦应如是。如果把黄支国位于印度东海岸的建志补罗（Conjevaram），则其方位已在日南郡之西，而不是日南郡之南了。

我们再根据晋法显《佛国记》以来各种有关我国与东南亚各地之间的航海资料来分析比较，并假定汉使的海舶张帆二桅，估计顺、慢、逆三种风候都有，平均每日航行在10海里至15海里之间。我们按照汉使航行的总方向和这样的航行速率来探研汉使的航线和所到国家的具体地点，得到如下结论：都元国应位于今马来半岛东岸的北大年。邑庐没国应在今爪哇的雅加达。谌离国应位于三宝陇（Cemarang）。夫甘都卢应位于诃陵（Kediri）西南方的海岸，此处有地名Tulunhagang，音与都卢夫甘（夫甘都卢）相似。黄支国应位于苏门答腊的西北部。此西海岸有地名Ayer Bangis。在有关爪哇的古代文献中，B音与V或W音可通用，故Bangis可作Wangis。现代马来语Wangi，义为“香”，Ayer，义为“水”，Ayer Wangi，义为“香水”，但Ayer是一种通称，故译时可省略。Bangis之北不远有地名Baros（《梁书》狼牙修国传称“婆律”，唐释义净称“婆鲁斯”），古代以出产龙脑香和沉香著名，Wangis或即以其特产为地名，此名与黄支的读音极相近。已程不国应在Bangis之南的Sipora群岛。皮宗当位于越南半岛的最南端，即Kamo岬或其附近。此岬附近有一小岛名Byong，又有一小岛名Panjang，都与皮宗的读音相似。详细考证见周连宽《汉使航程问题——评岑韩二氏的论文》。[①] 这些国家和地方，都位于东南亚范围。

从考古材料看，马来亚柔佛州出土过大量古代的陶片。这种陶片有印纹和划纹。[②] 关于这种陶片的性质、来源和年代问题，有的学者认为与中国有关，并认为陶片是从中国输入的。[③]

英人加得纳（G. B. Gardner）在马来半岛柔佛的哥打丁宜（Kota Tingi）发现大量的琉璃珠和陶片。遗址的地层已乱，夹杂着许多中国明代的蓝白瓷。英人威勒斯（H. G. Quaritch Wales）著《马来亚古代印度殖民的考古研究》（*Archacological Researches on Ancient Indian Colonization in Malaya*）详记其事，并附图版一张，内有四件印纹陶片。[④] 纹饰为编织纹、重叠菱形纹，及在一般印纹的基础上加戳印记号。这些陶片上的纹样与越南清化省发现的汉代陶片上的纹样

---

① 《中山大学学报》（社科版）1964年第3期。

② 安志敏：《马来亚柔佛州出土的古代陶片》，载《考古》1965年第6期。

③ 韩槐准：《中国古代与南洋之陶瓷贸易》，载《中国学会年刊》1955年，第33－39页；《旧柔佛之研究》，载《南洋学报》1948年第5卷第2辑，第5－25页；《南洋遗留的中国古外销陶瓷》，新加坡青年书局1960年版，第51－56页。

④ 《皇家亚洲学会马来亚分会会报》第18卷第1辑，第60－63页。

极相类似。①

我们认为，柔佛出土的印纹硬陶和划纹硬陶，可以从我国东南沿海地区所发现的印纹陶中找到它们之间的渊源关系。更值得注意的是那种在一般印纹的基础上加戳印记号的艺术手法，普遍出现于广东、广西西汉墓出土的陶器上。② 好像是西汉南越人所开创的特有的艺术手法。因此，我们固然不能排除古代柔佛土著居民有自己制造这种陶器的可能，但这种印纹陶文化，可以肯定是受我国印纹陶文化的影响。由此可见，在汉代我国与今马来半岛旧柔佛地区的交通往来是频繁的。

在印度尼西亚的加里曼丹岛沙捞越河口的山猪基山麓发现一些五铢钱；苏门答腊南部巴西马地区的某些石雕，与陕西霍去病墓前的石雕在风格上有许多类似的地方。③ 在苏门答腊、爪哇和婆罗洲的墓葬中，出土大批中国汉代陶器，其中在苏门答腊出土的一件陶鼎，在它的底部有西汉元帝初元四年（前 45）的纪年铭文。在苏门答腊还出土一件陶碗，上刻有穿中国人服装的人物以及汉代式样的马匹。④ 这些遗物，有几种可能：一种可能是“逢风波溺死”的汉代商人的随葬物；一种可能是定居于该地区的汉族人的随葬物；也可能是土著居民的随葬物。不管哪种可能，这些材料都说明汉代我国与东南亚国家的交往是频繁的，因而中国文化给东南亚国家以深刻的影响。

为什么西汉时汉使的海舶只到达东南亚的黄支国而不继续向西远航至印度洋呢？原因似有多种。或者因为到了黄支国已满足了要求，不必继续向西远航；或者因为那时还不知道利用信风，横渡印度洋；或者因为怕被马六甲海峡西岸、安达曼群岛和尼科巴群岛的海盗或野人所剽掠劫杀。⑤

至东汉时，情况已大不相同。中国不仅与天竺（印度）之间有频繁的海上往来，而且与西方的大秦（罗马）也有往来。如果说和帝时天竺国屡次遣使来献还是从西域陆路前来的话，那么桓帝延熹二年、四年又屡次从日南徼外来献，这肯定是航海经东南亚而来的。⑥ 他们的船舶利用信风，横渡孟加拉湾或印度

---

① ［瑞］占斯（Olov. R. T. Janse）：《印度支那考古研究》（*Archaeo - logical Research in Indo - China*, Harvard University Pr., Cambridge, 1947）。

② 麦英豪：《广州华侨新村西汉墓》，载《考古学报》1958 年第 2 期；《广州淘金坑的西汉墓》，载《考古学报》1974 年第 1 期。

③ ［英］布赛尔：《东南亚的中国人》，载《南洋问题资料译丛》1957 年第 4 期。

④ ［英］布赛尔：《东南亚的中国人》，载《南洋问题资料译丛》1957 年第 4 期。

⑤ 晋法显从天竺（印度）至狮子国（锡兰），于义熙七年（411）乘船离狮子国，次日就遇大风。在大海中漂流了 13 日，到一岛边。据足立喜六的考证，此岛即指今尼科巴群岛（Nicobar）中之一岛。法显说：“海中多有抄贼，遇辄无全。”可见此一带海域海盗横行，为商旅所惮。

⑥ 《后汉书·西域传》“天竺国”条。

洋，通过马六甲海峡，经越南沿海而达广州。安帝永宁元年掸国（缅甸）王雍由调遣使来汉朝贺，带来了大秦国的魔术师（幻人）。这些魔术师自言是海西（大秦）人，是从波斯湾或红海乘船到缅甸的。① 大秦王安敦于桓帝延熹九年遣使从海道来汉，但所携贡物，并非珍异，或系一般商贾冒充大秦使者，以便求利。②

西方关于中国与罗马间海上交通的记述，甚至较我国史书所记还早。罗马著名学者白里内（Gains Pliny the Elder，23—79 年）所著《博物志》（*Natural History*）一书，谓当锡兰岛克老的由斯（Claudius）皇帝时（约在我国东汉光武帝时），拉切斯（Rachias）等四人从海道出使罗马。据拉切斯说，他的父亲曾到过中国。白里内又谓罗马人远赴中国，以红海出产的珍珠与中国交换衣料（丝绸），计每年由罗马流入印度、中国和阿拉伯半岛的金钱不下一万万赛斯透司（sesterces）。③ 这一时期，中国官方有无遣使从海道至天竺和罗马，史无明文。但从当时中国与罗马之间的贸易额这样巨大来看，绝非几次贡使所能办到。只有许多中国商舶利用信风，把大量的丝绸运往印度和罗马，以换取它们的明珠、璧琉璃、玳瑁、琉璃、象牙、犀牛等奇珍异物，才有可能使罗马这样巨额的金钱流入中国。

与此同时，东南亚各国的贡使亦接踵而至。这些贡使除从海道，经日南郡的沿海，到达番禺之外，有一部分则从海道先抵缅甸海岸，复由缅甸海岸溯伊洛瓦底江，以达永昌郡（云南西部）。东汉顺帝永建六年，叶调国的使臣师会首次来汉。④ 这个国家的名称出自梵文的 Yavadhipa，伯希和、费琅都谓即今爪哇岛，冯承钧亦同此说。⑤ 200 多年后，于东晋安帝义熙七年，法显从狮子国（锡兰）乘船东归，遇大风，漂流了 90 余日，到达耶婆提国。耶婆提即 Yavadhipa 的音译，亦即《后汉书》的叶调国。据足立喜六的考证，此国应位于苏门答腊岛的中央

---

① 《后汉书·南蛮西南夷列传》“哀牢夷”条。或谓此大秦不是指罗马帝国，而是指南天竺。南天竺一名 Daksina - Patha，即《法显传》的达嚫，而印度亦以幻术著称（见冯承钧《中国南洋交通史》，第 5 页）。可是，《后汉书·西域传》大秦国条明说：“大秦国一名犁鞬，以在海西，亦云海西国”。引《汉书》云“从安息陆道绕海北行，出海西，至大秦”，既未闻南天竺称犁鞬或海西国，也未闻往南天竺须从安息陆道绕海北行。

② 《后汉书·西域传》“大秦国”条。

③ 张星烺：《中西交通史料汇编》第 1 册，辅仁大学 1977 年版，第 20 页。

④ 《后汉书·顺帝纪》及注引《东观记》；《后汉书·南蛮西南夷列传》。

⑤ ［法］伯希和：《交广印度两道考》，冯承钧译，商务印书馆 1934 年版，第 86 - 90 页。［法］费琅：《昆仑及南海古代航行考》，冯承钧译，商务印书馆 1930 年版，第 72 页；《苏门答剌古国考》，冯承钧译，商务印书馆 1932 年版，第 67 - 70 页。冯承钧：《中国南洋交通史》，商务印书馆 1937 年版，第 6 - 7 页。

以至东南的北部海岸地方。[①]

可以认为，汉武帝时期开始的大规模的海上交通，最初的中西交通中心点是位于东南亚的黄支国，中国的货物在黄支国再由“蛮夷贾船”转运到更远的地方。至东汉时，中国商船不必停留在黄支国，可以直接渡过马六甲海峡或巽他海峡，横跨孟加拉湾或印度洋，过红海，到达大秦（罗马）。在这条交通线上，中国人民同东南亚各国人民以至西方各国人民长期互通有无，进行贸易，同时也结下了情谊。

三、汉代我国与东南亚国家的贸易关系

汉代的海外贸易分官营和私营两种。秦始皇平百越的时候，曾派一部分商人随军到百越地区来经商。这些商人，一方面同物产丰富的巴蜀地区进行贸易；[②]另一方面，不辞劳苦，远涉重洋，进行海外贸易。桓宽《盐铁论》称，中国运蜀郡的货物到南海交换珠玑、犀、象等珍品。可见在西汉及其以前，民间的海上贸易已为数不少。

汉武帝平南越之后，为进一步发展海外贸易，发展与东南亚各国的关系提供了有利条件。汉朝政府经常派出庞大的商业使团到各国进行贸易。这些商业使团的成员一部分是皇帝的亲信，专门为皇帝搜集珠饰、宝玩的黄门官吏；一部分是趁机到外国经商以谋取厚利的“应募”商人。这些使团出海一次，来回需要数年之久。

汉朝政府主要输出什么呢？根据文献记载，汉朝政府的商业使团，“赍黄金杂缯而往”，黄金和杂缯都是非常贵重的东西。

黄金作为货币形态，至迟在战国时就流通于楚国。到了西汉，黄金更多。在汉代，黄金称为“上币”，铜钱称为“下币”。汉朝皇帝常以黄金赏赐给功臣、武官或外国使团。单就《汉书》所记西汉皇帝的赐金，有明确数目的就有 90 万斤，合现代 277338 公斤；东汉皇帝赐金 21740 斤，合现代 5564 公斤。[③] 新中国成立后出土的汉代金饼，已达 111 枚（已被剪切的碎块未计在内）。出土地点有湖南、江苏、山西、河南、陕西、河北、安徽、广东、广西等省、自治区。[④] 当时的重要港口广州、合浦的墓葬中亦有金饼、马蹄金出土。从皇帝赐金之多、出

---

① ［日］足立喜六：《法显传考证》，何健民等译，商务印书馆 1937 年版，第 273 – 283 页。

② 《史记·西南夷列传》记载唐蒙在南越吃到蜀的特产枸酱。《史记·货殖列传》谓程郑冶铸，“贾椎髻之民”。司马贞《索隐》云：“谓通贾南越也。”

③ 彭信威：《中国货币史》，第 142 – 143 页；赵翼：《廿二史札记》卷三“汉多黄金”条。

④ 安志敏：《金版与金饼》，载《考古学报》1973 年第 2 期。

土实物地域分布之广，可以想见汉代黄金的流通是比较普遍的。所以，商业使团带黄金出海作为支付手段，就不足为奇了。

“杂缯”是汉代丝织品的总称。汉代丝织物称为“帛”“缯”，或合称“缯帛”。《说文》缯帛互训。《史记·西南夷列传》有“皆贪汉缯帛”语。可见缯、帛皆泛指丝织品。

我国是世界上使用蚕丝最早的国家。发展到汉代，不但产品的种类多，而且质量相当精美。根据文献记载和出土实物的研究，汉代的缯、帛有生熟之分。生帛有“缟”“素”“绡”“绢”等名称，除用作衣服外，还用于书写、绘画、制扇、作屏风等。经过精练的熟帛称为“练”。“练”一般都染色，用来制作衣裳、被褥、帷帐等，取其柔软、美观。就织法而论，分为绢、纱、绮、锦、刺绣等几种。从出土文物看，平织无纹的绢、纱等，织造技术比较简单；有纹彩的绮、锦等，织造技术比较复杂。纹彩越复杂，织造越艰难。关于丝织物的价格，《九章算术》卷三的算题提道“缣一丈价值一百二十八”“素一匹一丈价值六百二十五”，按一匹四丈折合，即缣每匹五百一十二钱，素每匹五百钱。过去在敦煌曾发现过“任城缣”残帛，上面有汉文题记：“任城国亢父缣一匹，幅广二尺二寸，长四丈，重二十五两，直钱六百十八。”① 可见平织丝帛每匹数百钱。至于高级丝织物如绮、锦、刺绣等的价格，《初学记》卷二七引《范子计然》：“绣细文出齐，上价匹二万，中万，下五千也。”汉朝皇帝喜欢把丝织品赐给功臣及外国使者。《汉书·西域传》，宣帝元康元年，龟兹王来朝，一次就赏赐了“绮绣杂缯琦珍凡数千万”。《后汉书·南匈奴传》说汉朝皇帝赐给单于“黄金锦绣，缯布万匹”，又赐“彩缯千匹，锦四端”，“赐单于母及诸阏氏、单于子及左右贤王、左右谷蠡王、骨都侯有功善者缯彩合万匹”，而且是“岁以为常”。

从上面可以看出，汉朝政府的商业使团携带大量黄金和绢、纱、绮、锦、刺绣等丝织品去东南亚贸易并非偶然。因为这些东西是中国的特产，产量多、质量好，博得东南亚人民和西方各国人民的喜爱，故销路至广。同时，也只有用这些贵重东西才能换取东南亚和西方各国的特产、珍宝，供统治阶级享用。此外，商业使团所携带的中国特产，可能还有铜器、陶器、漆器等等。

当中国的商业使团跨洋渡海到东南亚进行贸易的时候，东南亚的商人也纷纷来到中国。他们有两种情况：一种是来中国对外贸易的重要商业城市番禺（广州）进行贸易。《史记·货殖列传》和《汉书·地理志》描写番禺“多犀、象、毒冒、珠玑、银、铜、果布之凑”，正反映了当时商业繁荣的盛况。另一种是官方使团以“贡献”的名义将土特产“贡献”给汉朝皇帝，博得皇帝对他们的

---

① Aurel Stein：*Serindia*，Clarendon Press，Oxford，1921，V. 11，p. 701. 王国维：《流沙坠简》卷二。

“赏赐”，以获得巨大的利润，实质上就是贸易的关系。西汉平帝元始二年，“黄支国来献犀牛”；东汉顺帝永建六年，叶调国“遣使贡献”。汉朝皇帝“厚遗”这些“贡献”的国家。所谓“厚遗”就是将黄金、丝织品“赏赐”给他们。各国商业使团到中国来之后，汉政府盛情款待，专门为他们“设酒池肉林，以飨四夷之客”。汉朝统治阶级因之从东南亚国家中获得不少珍异，以满足其穷奢极欲的需要。

汉朝政府输入什么商品呢？根据文献记载和考古材料，知道其大略情况。

1. 琉璃。上述《汉书·地理志》提到汉武帝派人入海“市明珠、璧琉璃、奇石、异物”。《汉书·西域传》：“武帝使人入海市琉璃。”汉代对琉璃十分重视，以此作为高级装饰品。汉代郭宪之《别国洞冥记》卷二有几段记载琉璃的使用情况。武帝元鼎六年起招仙阁于甘泉宫西，以“青琉璃为扇”。太初三年，起甘泉望风台，台上得白珠如花一枝，武帝“盛以琉璃之筐”，“以赐董偃”。《西京杂记》谓武帝以白光琉璃为鞍，又谓赵飞燕女弟居昭阳殿，“窗扉多是绿琉璃”。

璧琉璃，不是指琉璃制成的璧，而是外国名称的音译。出自梵文 Vaidurya，或译作吠琉璃，亦单称琉璃，在汉代是一种宝石的名称。隋唐以后，才与琉璃相混。琉璃有自然形成和人工烧炼两种，容易混淆。自然琉璃，据近人考证，即今所谓绿宝石（beryl），或青金石（lapis lazuli）。自然琉璃（青金石）由来甚古，据西方学者考证，早于公元前 2000 年，叙利亚及巴比伦已有用之以刻印章者。[①] 青金石的产地为西域的巴达克山（Badakshan），在今阿富汗的东北境内。《汉书·西域传》谓罽宾国出璧琉璃，汉时罽宾国境内包括今巴达克山以东至巴基斯坦的克什米尔一带。我国在西周的墓葬中，就出土有人工烧制的碧琉璃珠。[②] 春秋战国的墓葬中，也有琉璃珠出土。[③] 人工烧制琉璃，以大秦国（罗马）最著名。《后汉书·西域传》大秦国条谓大秦有琉璃，大秦所出琉璃珠，被称为罗马烧珠或料珠。《三国志》卷三十裴注引《魏略》说大秦产赤、白、黑、绿、黄、青、绀、缥、红、紫十色琉璃。晋郭义恭《广志》说：“琉璃出黄支、斯调、大秦、日（扶）南诸国。”这些国家除大秦之外，其余均属东南亚国家。这些东南亚国家的琉璃均系所谓“蛮夷贾船，转送致之”的交易之物。近年来在马来西亚各地发现了大量的琉璃珠，绝大部分是中东产品，也有一些是来自中国的，时代是从公元开始或更早一些。[④] 在柔佛（今新加坡）的一个相当于中国汉朝时代

① 〔清〕章鸿钊：《石雅》上编，1927 年版，第 9 页。

② 《宝鸡出土文物在故宫展出》，载《光明日报》1975 年 11 月 6 日第 3 版。

③ 中国科学院考古研究所：《洛阳中州路》，科学出版社 1959 年版，第 115 页；《长沙发掘报告》，科学出版社 1957 年版，第 154 – 160 页。

④ 谭·夏里臣：《一九六四年在马来西亚最近考古发现》，载《皇家亚洲学会马来西亚分会会报》第 28 卷第 1 辑。

的遗址中出土了许多大秦出产的琉璃珠。[①] 这正反映了当时中西各国在东南亚国家进行贸易的情况。据《魏书·大月氏传》谓世祖（拓跋焘）时，大月氏人至京师，采矿石铸成五色琉璃，光泽美于西方来者。自此，中国琉璃遂贱，人不复珍之。在北魏时中国吸收了西方烧制琉璃之技术，但是仍然各有特点。中国琉璃，色虽甚光鲜，而质则轻脆，以热酒洒之，随手破裂。西方制者，色虽微暗，而汤注之，毫不损动。[②]

新中国成立后，广东、广西的汉墓中出土大量琉璃珠，尤其是广州、合浦、徐闻的汉墓中出土最多。就形状来说，有圆形、扁圆形、长圆形、圆管形、菱形、三角（或四角）长条形等等。就颜色来说，有浅蓝、深蓝、黄、绿、黑、月白等，五光十色，应有尽有。此外，还出土琉璃碗、琉璃杯、琉璃璧。广东、广西地处沿海，尤其是广州、合浦、徐闻，因是当时海上交通进出港口，在这些地方大量出土琉璃器，正反映了汉朝与东南亚贸易频繁的历史情况。

2. 果布。《史记·货殖列传》和《汉书·地理志》都说“番禺亦一都会”，是“珠玑、犀、象、玳瑁、果布之凑”。然则“果布”是什么，产自何地?《史记集解》引韦昭曰：“果谓龙眼、离支之属。布，葛布也。”其实不然，因为上面所举几种都是珍贵物品，如果“果布”是指一般水果、葛布，似乎不合情理。我们认为“果布”应另有所指。《梁书·海南诸国传》说狼牙修国在南海中，产“婆律香”。经唐代苏恭、段成式及近代各国学者研究，证明“婆律香”即龙脑香，或呼为“果布婆律”（kapur barus）。“婆律”是马来语称龙脑香下半 barus 之音译，“果布”即马来语称龙脑香上半 kapur 之音译，都是指龙脑香。龙脑香由龙脑树（或叫冰片树）提炼而成，亦叫作冰片，是高级香料，也是高级药材。盛产于苏门答腊、马来半岛、婆罗洲等地。[③] 汉朝统治者为了满足其奢侈生活的需要，故从东南亚大量输入果布。尤其值得注意的是，广州南越时期的墓葬和长沙西汉早期墓葬中，最早出现一种豆式熏炉，随后中原地区的贵族也使用一种博山炉式熏炉。熏炉的出现，即意味着香料的使用，而其出现的次序是南方比中原早。这说明东南亚的香料已成为著名的进口商品。

3. 犀牛。犀牛这种动物，产自东南亚、印度及非洲。《汉书·平帝纪》：“元始二年春，黄支国献犀牛。”又《王莽传》：“黄支自三万里贡生犀。”扬雄《交州箴》：“遂遵黄支，牵来其犀，航海三万，泉竭中虚。”汉政府进口犀牛的用途，一是以犀角制古人重视的觥及带，或以犀角做药材；二是放在贵族游玩的林苑，供他们欣赏。班固的《西都赋》说：“西郊则有上林禁苑，其中有黄支之

---

① 《皇家亚洲学会马来西亚分会会报》第 18 卷第 1 辑，第 60 页。

② 〔宋〕程大昌：《演繁露》。

③ 韩槐准：《龙脑香考》，载《南洋学报》第 2 卷第 1 辑。

犀。”郑锡《百兽率舞赋》：“条支之彀，黄支之犀。”

新中国成立后，广州的两汉墓葬中出土陶制犀角，其中1960年在三元里马鹏岗清理的一座西汉前期墓出土15件。同一墓中还出土1件漆扁壶，外表髹黑漆，两面各以朱漆绘一犀牛。① 广州汉墓出土陶犀角及犀牛图案，说明汉代已从海路运入犀牛，同时也说明古人以犀牛为珍贵东西，故以犀角随葬。

4. 琥珀。琥珀（amber）是一种有机宝石，碳氢化合物，由树脂石化而成。我国汉初陆贾《新语·道基》提到琥珀与其他宝石“择地而居”。王充《论衡·乱龙》说“顿牟掇芥”，顿牟就是琥珀。两广的汉墓中经常发现琥珀珠、琥珀印章、琥珀雕刻。1975年，广西合浦的一座汉墓出土雕成狮子、青蛙、扇子、篮子等琥珀工艺品。广西贵县（今广西贵港市）的汉墓中也出土琥珀小狮。② 琥珀的产地，仅寥寥数处。在欧洲，主要在波罗的海沿岸，西西里岛和罗马尼亚也有出产。据《后汉书》的《南蛮西南夷列传》和《西域传》，当时的永昌郡牢夷（在今云南西部）、缅甸北部和海外的大秦国也有出产。③ 琥珀是东西通商史上的重要物资。④ 在欧洲，很早就把琥珀作为商品进行贸易。早在公元前几百年，荷马就说过腓尼基人曾做过波罗的海琥珀的买卖。⑤ 大秦国（罗马）亦通过腓尼基人而购得波罗的海产的琥珀，并利用琥珀制成各种各样的成品投入市场，进行贸易。当时琥珀的价格十分昂贵，据白里内《博物志》说，一尊琥珀雕成的小象比一名奴隶还值钱。广西合浦汉墓出土有用琥珀雕成狮子的工艺品（还有用肉红石髓雕成的狮子）。狮子并不产于我国，而产于印度、欧洲东南部、非洲及叙利亚等地。特别是非洲及叙利亚是狮子出没之区，《后汉书》说该地“终无盗贼寇警而道多猛虎、狮子遮害行旅”。当时罗马常从非洲及东方各省输入狮子，以供皇帝的娱乐。⑥ 至汉代，狮子才输入我国。西域各国常以狮子来献。⑦ 合浦、贵县汉墓出土琥珀圆雕狮子，是琥珀从罗马经东南亚而由海道输入我国的确证。

5. 玛瑙（agate）和肉红石髓（carnelien）。世界各地产玛瑙的地方很多，我国的宁夏、山西、河北、云南等地都有出产，其中以云南保山县玛瑙山出产的最

---

① 广州市文物管理委员会：《广州市三元里马鹏岗西汉墓清理简报》，载《考古》1962年第10期。

② 广西省文物管理委员会：《广西贵县汉墓的清理》，载《考古学报》1957年第1期。

③ 〔清〕章鸿钊：《石雅》上编，第29-32页。

④ ［美］劳费尔：《中国伊朗编》，商务印书馆1964年版，第351页。

⑤ ［古希腊］荷马：《奥德赛》，第15章第460节。

⑥ ［德］夏德：《大秦国全录》，商务印书馆1964年版，第90页。

⑦ 《汉书·西域传》：“乌弋产桃拔、狮子、犀牛”。《后汉书·西域传》：“章帝章和元年，安息国遣使献狮子、符拔；顺帝阳嘉二年，疏勒国献狮子、封牛”。

为著名。[①] 据魏文帝《马脑勒赋》说："马脑出自西域，文理交错，有似马脑，故其方人因以名之。"又《三国志·魏志》和《唐书·拂菻传》均谓大秦（罗马）多玛瑙。在我国各地的战国、两汉墓葬中都发现有玛瑙，但是以广州汉墓、广西贵县汉墓、合浦汉墓出土的最为丰富。当然，我们不能说汉墓出土的玛瑙、肉红石髓器都是从外国进口的，但是在当时海外贸易进出港口广州、合浦等地发现最多，这不能不说与海外交通有密切关系。

6. 其他如象牙、翡翠、玳瑁、水晶、珊瑚、绿松石等贵重的药材、装饰品，也有相当一部分从东南亚海道输入。

更值得注意的是广州西汉后期至东汉的墓葬中，出土一种陶质人俑，形象不同于汉族人，亦不同于一般汉墓所出的侍俑。这类人俑有男性、女性。据近人研究，认为这是汉代黑奴俑。从形象看属于"原始马来族人"，是汉代统治阶级从东南亚购买来的奴隶。[②] 这种俑还见于湖南长沙和广西贵县[③]的汉墓中。这是汉代统治者掠夺东南亚异族人作家内奴隶的罪证。

在这里必须指出，汉代统治者输出的主要是贵重的黄金和丝织品，输入的主要是汉代统治者所追求的高级商品。因此，这种贸易都是官营的。至于一般民用商品，通过民间的交通和贸易，互通有无，应该更频繁。但由于是民间往来，所以没有留下详细的记载。

四、汉代的番禺、合浦和徐闻——对外交通和贸易的重要地区

秦始皇三十三年平南越之后，置南海、桂林、象三郡。南海郡包括现在广东大部分地区。桂林郡包括现在广西大部分地区。秦始皇把岭南地区置于封建中央集权统治之下，对岭南地区的开发起了重要的作用。秦末汉初，赵佗被封为南越王。南越地区成为汉诸侯王国之一。汉武帝元鼎五年，南越国赵建德、吕嘉叛反。元鼎六年，汉武帝出兵平定南越国，在现在的广东、广西置南海、苍梧、郁林、合浦、珠崖、儋耳六郡。《汉书·地理志》说南海郡统辖六县：番禺、博罗、中宿、龙川、四会、揭阳，有 19613 户，94253 人。到东汉时，根据《后汉书·郡国志》记载，南海郡除包括上述六县之外，还增加增城县。这时有 71477 户，250282 人，比西汉时已大大发展了。南海郡治在番禺。《史记·货殖列传》和《汉书·地理志》都说番禺是一重要都会，是南方及海外所产的犀、象、毒冒、珠玑、银、铜、果布等的集散地，并说中原地区的商人到番禺来经商，"多

---

① 〔清〕章鸿钊：《石雅》上编，第 17－20 页；《古矿录》，地质出版社 1954 年版。

② 胡肇椿、张维持：《广州出土的汉代黑奴俑》，载《中山大学学报》（社科版）1961 年第 2 期。

③ 今广西贵港，下文同。

取富焉”。可见，番禺自秦、汉以来是岭南地区政治、经济、文化的中心。

番禺就是现在的广州，它的地理位置十分重要。广州处于珠江口。珠江由西江、北江、东江汇合而成，是岭南地区最重要的一条河流。它的流域包括了两广大部分和云南、贵州、湖南、江西的一部分。沿着西江而上，可达云南，溯牂牁江可与贵州、四川贸易。云南、贵州、四川的土特产可源源沿西江而下到达广州。沿北江而上，可与湖南、江西交往。特别是秦始皇、汉武帝平南越时，凿通了五岭山脉的重要隘口，修筑了灵渠，使中原的物产通过五岭的隘口，沿北江而下到达广州。东边潮汕平原和福建、浙江的物产可沿东江而到达广州。广州又南临大海，与东南亚诸国遥遥相对。东南亚诸国和印度、欧洲的商人来中国，都从广州登陆，所以广州成为中外海舶出入的重要港口。据宋王象之《舆地纪胜》卷八九《广南东路·广州》云：“番禺控引海外，诸国贾胡岁具大舶，赍奇货，涉巨浸，以输中国。”由此可见，广州扼三江入海之总汇，是海外贸易的咽喉。秦汉时代，每年有多少外国船舶来到广州，已难稽考。据《新唐书·李勉传》记载，距今1200多年前，即770年（唐代宗大历五年），外国船舶至广州者，多达4000艘。

合浦郡，武帝元鼎六年设。据《汉书·地理志》，西汉合浦郡包括徐闻、高凉（故治在今广东阳江市北）、合浦、临允（故治在今新兴县南70里）、朱卢（故治在今海南琼山区东南30里）五个县，郡治在徐闻。《后汉书·郡国志》载，东汉合浦郡所属五县没有改变，惟“临允”作“临元”，“朱卢”作“朱崖”，郡治移在合浦。当时合浦郡的范围很大，西起合浦，东达新兴、阳江，包括雷州半岛及整个海南岛，是当时岭南地区政治、经济、文化的重要地区之一。

根据考古调查，汉代的合浦城址就是在今天合浦县城——廉州城或其周围的范围之内。《大清一统志》卷四二〇：“汉合浦郡合浦县地。”卷四五〇：“合浦故城在今廉州府合浦县东北。”考古材料与文献记载是相符的。汉代的合浦，是一个“依山临海”的良好港口。中国远洋巨舶由此出海，到东南亚各国进行通商贸易；而来中国贸易的外国船舶也从合浦港登陆。同时，汉代的交趾也是重要港口之一，《后汉书》记载外国由海道来贸易的，有四次从交趾登陆。南海诸国，“自汉武以来，朝贡必由交趾之道”①。合浦与交趾比邻，在交趾登陆的外国使者和商人，要与中原取得联系，必经合浦。合浦港与南流江相接，溯江而上，经南流江与北流江的分水坳——桂门关②，进入北流江，接西江，溯桂江而上，通漓江，过灵渠，接湘江，经湘桂走廊到长江流域，沟通了岭南与中原的联系。

---

① 《旧唐书·地理志》。

② 〔清〕顾祖禹《读史方舆纪要》卷一〇八：“北流县西十里有天门关（又名桂门关，俗称鬼门关），颠岩邃谷，两石峰相对，状如关门，中间阔三十步，马援讨林邑，路由此。交趾往来皆道此关。”

中国的出口商品，沿着这条水道，云集合浦港。而外国进口商品，亦沿着这条水道，远销中原。所以，合浦是国内外物资集散地和对外贸易的重要港口之一。

徐闻县是汉武帝元鼎六年设置的。县城的地理位置历来意见不一，有人认为在海康县（现今雷州市城区）的位置上，[①] 有人认为在雷州半岛南端。从《汉书·地理志》看，徐闻应是一个港口。而现今的雷州市城区位于雷州半岛中部，并非海港，距海峡也较远，附近也未发现大片的汉代遗址或墓葬，因此不可能是汉代徐闻县城的故地。广东省博物馆经考古发掘与调查，认为汉徐闻县城应位于雷州半岛南端、琼州海峡中部偏西的海边。[②] 唐朝李吉甫《元和郡县志》云："雷州徐闻县，本汉旧县。……汉置左右候官[③]，在徐闻县南七里，积货物于此，备其所求，与交易有利。故谚曰：欲拔贫，诣徐闻。"[④] 从这段材料可知，汉代的徐闻囤积着大量的货物，货物在此装船，远销东南亚各地。当然，作为一个港口，徐闻的条件不及广州和合浦。徐闻偏于雷州半岛南端，无内河行船，陆路也甚困难。汉代徐闻之所以成为一个港口，是因为汉使的船舶从番禺（广州）开出之后，沿着大陆岸边行驶，一定经过琼州海峡，徐闻是必经之地，船舶在此停靠，以便补充更多的淡水、粮食和货物。因而能在当时的海外交通中占有一席地位。

汉代的番禺、合浦、徐闻三地都是对外交通和贸易的重要港口。《汉书·地理志》说，中国出口船舶"自日南障塞徐闻、合浦"开行，其实，从番禺开航的船舶也有，只是因为从番禺航行至其他三个港口，仍然是在当时汉王朝的国境内，船离开这三个口岸之后，才离开国境而远航至东南亚各地。为了计算航程，所以《汉书·地理志》只言日南障塞、徐闻、合浦，而不言番禺。

---

① 徐俊鸣《两广地理》，上海新知识出版社 1957 年版，第 6 章《历史地理概述》："古徐闻在今海康县。"

② 广东省博物馆：《广东徐闻东汉墓——兼论汉代徐闻的地理位置和海上交通》，载《考古》1977 年第 4 期。

③ 汉制，于险要或边防地区设塞，塞上有城堡，置戍卒守之，此种城堡称为障，故塞又称障，亦可连称障塞。守卫及治理障塞的长官称为候官。如居延汉简 145·39 云"□都尉谓令移甲渠候官听□"，此即居延都尉下令给"甲渠候官"的文书，"甲渠候官"即守卫及治理"甲渠障"的候官。侯官比县令，秩六百石。居延汉简 259·2 云："右障候一人，秩比六百石。"汉时徐闻县南七里设有左右两个障塞，守卫及治理这两个障塞的长官称左右候官。

④ 〔清〕严氏辑《元和郡县补志》卷八，并据〔宋〕王象之《舆地纪胜》卷一一八雷州徐闻县条补正。

略论汉初的“南越国”

在我国南岭山脉之南，历史上称为岭南。南岭在秦汉时代又叫作“五岭”。《史记·淮南王列传》：秦始皇“又使尉佗逾五岭攻百越”。《史记·陈馀列传》：“南有五岭之戍。”所谓“五岭”，就是指南岭山系五个最高的山。关于“五岭”的名称，历史文献记载，说法纷纭；[①] 近、现代人的考证，亦各不相同，莫衷一是。据法人鄂卢梭考证，比较可靠的是大庾岭、骑田岭、都庞岭、萌诸岭、越城岭。[②]“五岭”横亘于今广东北部、江西南部、广西北部，把长江流域和珠江流域分隔开来。

岭南地区是我国古代越族聚居和生活的地区。它很早以前就同长江流域乃至黄河流域有着政治、经济、文化的往来。《逸周书·王会解》提到岭南各族向商王朝进贡珠玑、玳瑁、象齿、文犀、翠羽等地方特产。《诗经·大雅·江汉》也记载周宣王时“于疆于理，至于南海”。战国初年，楚悼王任用吴起，曾一度“南平百越”[③]。

秦始皇时，发卒50万，分五路进攻岭南，统一南方，并设置了南海、桂林、象郡等三郡。秦末汉初，南海郡龙川县令赵佗遵照南海郡尉任嚣的遗嘱，行使南海郡尉职权，并檄告横浦、阳山、湟溪关，绝新道，“诛秦所置长吏，以其党为

---

① 记载“五岭”名称的重要史籍如下：

《史记·陈馀列传》司马贞《索隐》引裴渊的《广州记》：“大庾、始安、临贺、桂阳、揭阳，斯五岭。”（按：《汉书·陈馀传》颜师古注同）

《史记·秦始皇本纪》于始皇三十二年下，张守节《正义》引《广州记》：“五岭者，大庾、始安、临贺、揭阳、桂阳。”

又引《舆地志》：“一曰台岭。亦名塞上，今名大庾；二曰骑田；三曰都庞；四曰萌诸；五曰越岭。”

《汉书·陈馀传》颜师古注引邓德明《南康记》：“大庾领一也，桂阳骑田领二也，九真都庞领三也，临贺萌诸领四也，始安越城领五也。”

《太平御览》卷五五引《南康记》：“秦始皇略定杨越。谪戍五方，南守五岭。第一塞上岭，即南康大庾岭是。第二骑田岭，今桂阳郡腊岭是。第三都庞岭，今江华郡永明岭是。第四甿渚岭，今江华郡白芒岭是。第五越城岭，即零陵郡南临源岭是也。”

《水经注》在卷三八中，也载有大庾、骑田、都庞、萌诸、越城五名。

② ［法］鄂卢梭：《秦代初平南越考》，见冯承钧编译《西域南海史地考证译丛》九编，中华书局1958年版。

③ 《史记·孙子吴起列传》。

假守"①，后来又兼并了桂林郡、象郡，自立为南越武王。从赵佗称南越武王开始，历5世93年。汉武帝元鼎六年，平定建德、吕嘉叛乱，灭了"南越国"。

对于"南越国"5世93年的历史，应该怎样评价？有人认为赵佗是开发岭南地区的"功臣"；也有人说赵佗建立的"南越国"是"分裂割据政权"。越南有些著作把"南越国"说成是"侵略"政权。② 本文试图用文献和考古材料，论述南越国的政治、经济和文化状况，以雄辩的事实说明华南地区早就是中国领土不可分割的部分。

一、"南越国"的地理范围

据《史记·南越列传》和《汉书·西南夷两粤朝鲜传》，汉武帝元鼎六年（前111）平南越国，"自尉佗初王后，五世九十三岁而国亡焉"。按此推算，则赵佗是前204年（汉高祖三年）称王的。

"南越国"的范围包括哪些地方？这是我们研究"南越国"历史必须首先解决的问题。对这个问题，我们可以从两个方面加以考察。第一，秦始皇统一岭南之后，于岭南地区设置南海、桂林、象郡。这三郡之地在"南越国"时期，是否都属于"南越国"。第二，据《汉书·西南夷两粤朝鲜传》说，汉武帝平南越之后，"遂以其地为儋耳、珠崖、南海、苍梧、郁林、合浦、交趾、九真、日南九郡"。这九郡之地，是否都属于"南越国"管辖的范围。我们搞清楚了这两个问题，"南越国"的地理范围就大致清楚了。

首先，考察第一个问题。《史记·南越列传》：

> 南越王尉佗者，真定人也，姓赵氏。秦时已并天下，略定杨越，置桂林、南海、象郡，以谪徙民，与越杂处十三岁。佗，秦时用为南海龙川令。至二世时，南海尉任嚣病且死，召龙川令赵佗语曰："闻陈胜等作乱，秦为无道，天下苦之，项羽、刘季、陈胜、吴广等州郡各共兴兵聚众，虎争天下，中国扰乱，未知所安，豪杰畔秦相立。南海僻远，吾恐盗兵侵地至此，吾欲兴兵绝新道，自备，待诸侯变，会病甚。且番禺负山险，阻南海，东西数千里，颇有中国人相辅，此亦一州之主也，可以立国。郡中长吏无足与言者，故召公告之。"即被佗书，行南海尉事。嚣死，佗即移檄告横浦、阳山、湟溪关曰："盗兵且至，急绝道聚兵自守。"因稍以法诛秦所置长吏，以其党为假守。秦已破灭，佗即击并桂林、象郡，自立为南越武王。

---

① 《史记·南越列传》。

② 越南社会科学委员会编著：《越南历史》（第1集），北京大学东语系越南语教研室译，人民出版社1977年版。

《汉书·西南夷两粤朝鲜传》也有大同小异的记载。

这段记载就“南越国”的范围而言，说明了三点：①任嚣把南海郡尉的权力移交给龙川县令赵佗，让他“行南海尉事”，所以，赵佗行使权力范围必然包括整个南海郡；②在赵佗“行南海尉事”时，出兵吞并了桂林郡和象郡，然后自立为南越武王，所以，“南越国”包括桂林郡和象郡；③南海郡的北境有横浦、阳山、湟溪关。

横浦关，《史记索隐》（下简称《索隐》）案，《南康记》云：“南野县大庾岭三十里至横浦，有秦时关，其下谓为塞上。”晋代之南康，在今江西省之南，即今赣州市南康区所在。塞上就是大庾岭。《水经注》谓大庾岭为五岭之最东。可见汉初的横浦关，是从豫章入越之要道。

阳山关，《索隐》姚氏案，《地理志》云，揭阳（疑是桂阳之误）有阳山县。今此县上流百余里有骑田岭，当是阳山关。此关是长沙经北江入番禺之要道。

湟溪关，湟字有误作涅者，有误作汇者。《史记·南越列传》云路博德为伏波将军，出桂阳，下汇水，而《汉书》作出桂阳，下湟水。《史记集解》云，徐广曰湟水一名洭水。“洭”“汇”字形近，故把洭水写成汇水。《水经注》云，洭水出桂阳县卢聚东南，过含洭县，南出洭浦关为桂水。含洭县，汉属桂阳郡，在今广东连江口之西北。而师古云南海中宿县有洭浦关。《水经注》云，洭浦关在中宿县，洭水出关右，合溱水谓之洭口，《山海经》谓之湟水。洭口即今之连江口。所以湟溪关，即汉之洭浦关。应在今日连州江与北江合流之处。《广东通志》卷十说，广东英德市西南 42 里，质言之，在连州江同北江合流之处，有一水名洭水。可见，湟溪关就在英德市西南。

由此可见，横浦、阳山、湟溪三关，是赵佗时代南海郡的北界。长沙马王堆三号汉墓出土两幅古地图，其中一幅《地形图》中，标有 8 个县城地名，其中一个是桂阳县。[①] 桂阳，秦为长沙郡地。王先谦《汉书补注》引周寿昌《汉书补正》，认为《汉书·地理志》中的桂阳属长沙国。桂阳就是现在广东省的连州市，《地形图》上位于今湟江东岸，图上虽未书水名，而实际上就是《水经注》中的洭水。阳山关离此不远。可见此为长沙国与南越国交界之地，桂阳属长沙国，阳山关属南越国。

秦始皇设的桂林、南海、象郡，包括哪些县？除南海郡龙川县之外，史念海先生还考证出番禺、四会、象林三县。[②] 其余不可考。因此，我们要弄清楚南越国的地理范围，还必须借助于汉武帝元鼎六年平南越国之后所开置的郡县。《汉

---

① 马王堆汉墓帛书整理小组：《长沙马王堆三号汉墓出土地图的整理》，载《文物》1975 年第 2 期。

② 史念海：《秦县考》，载《禹贡》第 7 卷第 6、7 合期。

书》说武帝平南越之后，“遂以其地为儋耳、珠崖、南海、苍梧、郁林、合浦、交趾、九真、日南九郡”。从“遂以其地”几个字来看，这九个郡的范围都是南越国的范围。

在南越国时期，汉武帝所设之九郡就已初具规模了。

南海郡，《汉书·地理志》注云：“秦置。秦败，尉佗王此地。”

郁林郡，《汉书·地理志》注云：“故秦桂林郡，属尉佗。武帝元鼎六年开，更名。”此郁林郡，在南越国时期仍称桂林郡。《史记·南越列传》说汉平南越时，“越桂林监居翁谕瓯骆属汉”。《集解》注云：“《汉书音义》曰：桂林郡中监，姓居名翁。”可见南越国时尚有桂林郡之设。

苍梧郡，《汉书·地理志》注云：“武帝元鼎六年开。”我疑此郡在南越国时期已设置。《史记·南越列传》云：南越“苍梧王赵光者，越王同姓，闻汉兵至，及越揭阳令定自定属汉”。其上说吕嘉“及苍梧秦王有连”，《集解》：“《汉书音义》曰：苍梧，越中王，自名为秦王。”《索隐》：“案：苍梧，越中王，自名为秦王，即下赵光是也。”可知，南越尚有一苍梧王，大约为赵佗所封。更值得注意的是，《史记》记载吕嘉反后，“攻杀王、太后及汉使者。遣人告苍梧秦王及其诸郡县，立明王长男越妻子术阳侯建德为王”。此言“诸郡县”，当不止一郡。由此推测，大抵苍梧郡在南越国时期，已由桂林郡分立出来了。

《汉书·地理志》在日南郡下注云：“故秦象郡①，武帝元鼎六年开，更名。”上文证明了秦时的象郡是属赵佗的，赵佗在并兼象郡之后，取消此郡名称。《水经注》卷三七引《交州外域记》云：“越王令二使者典主交趾、九真二郡民。”《史记·南越列传》《索隐》姚氏案《广州记》云：“后蜀王子将兵讨骆侯，自称为安阳王，治封溪县。后南越王尉他（佗）攻破安阳王，令二使典主交趾、九真二郡人。”据《交州外域记》和《广州记》所称，赵佗在击灭象郡之后，分为交趾、九真二郡。《史记·南越列传》说赵佗以兵威边，以财物赂遗闽越、西瓯、骆而役属之，遂有东西万余里。此与《交州外域记》《广州记》相印证，则大致是相同的。

由此可见，南越国时期的行政区域，最少有南海、桂林、苍梧、交趾、九真、日南六郡。至于合浦、儋耳、珠崖郡，《汉书·地理志》都注云：武帝元鼎

---

① 对于秦象郡的方位，按《汉书·地理志》，即汉之日南郡。日南郡在今越南境。从《汉书·地理志》以来，至清代地理学家，乃至欧洲、日本许多学者都不否认。至1916年法人马司帛洛对象郡提出新的说法，反对传统的考订，而主张象郡完全在中国境内，有一部分在广西同贵州两省之中（《远东法国学校校刊》一册，冯承钧译，见《西域南海史地考证译丛》四编，商务印书馆1940年版）。法人鄂卢梭《秦代初平南越考》第2章《象郡考订诸说》，对马司帛洛的论据逐一加以驳斥，可参考《西域南海史地考证译丛》九编，中华书局1958年版。

六年开。儋耳、珠崖郡，《汉书·地理志》云："自合浦、徐闻南入海，得大州，东西南北方千里，武帝元封元年略以为儋耳、珠崖郡。"就是现在的海南岛。南越国时期的势力范围是否达到这三郡，史无明文记载，但从《汉书》所说"遂以其地"置九郡来看，是属于南越国范围的。同时，我们还可以从当时骆越族的分布情况来证明儋耳、珠崖、合浦三郡的地方属南越国。上面引到赵佗以财物赂遗骆越而役属焉。汉代的儋耳、珠崖郡是骆越散居的地方。《汉书·贾捐之传》载贾捐之谈到儋耳、珠崖郡的设置问题时说："骆越之人，父子同川而浴，相习以鼻饮，与禽兽无异，本不足郡县置也。"儋耳、珠崖郡既属南越管辖范围，合浦郡必属南越国所管。合浦郡在今雷州半岛，从合浦入海，方到达儋耳、珠崖。清代全祖望《汉书地理志稽疑》卷二，认为南海郡、郁林郡、苍梧郡、交趾郡、合浦郡、九真郡、日南郡都"属尉佗",① 可见当时"南越国"的范围包括了现今整个广东、广西、海南岛和越南大部分地区。

二、"南越国"的性质——汉王朝封建诸侯国

"南越国"是什么性质的，是分裂割据政权，还是汉王朝封建诸侯国？这是研究"南越国"历史的重要问题。为了回答这个问题，必须从汉初的诸侯王国谈起。

在楚汉战争中，刘邦为了取得胜利，曾分封一些重要的将领为王，以争取他们的支持。这种分封，是从高祖五六年开始的。《汉书·高帝纪下》载有高祖五年五月诏："七大夫以上皆令食邑"；六年"剖符封功臣曹参等为通侯"。从此以后，分封了许多封君。一般说，封君有侯、王两级。封君的名号和地位可以分为皇帝、太子、皇太后、皇后、王、侯、公主、关内侯、乡侯、亭侯以及爵位在侯以下、七大夫以上的封君等类型。刘邦分封的目的，是缓和统治阶级内部矛盾，把他们的亲信和亲属分散于各地，以控制地方的政权和经济力量，组成巩固汉王朝的队伍。所以《史记·汉兴以来诸侯王年表》说："天下初定，骨肉同姓少，故广疆庶孽，以镇抚四海，用承卫天子也。"刘邦在临终前也道出了他分封的目的：

> 吾立为天子，帝有天下，十二年于今矣。与天下之豪士贤大夫共定天下，同安辑之。其有功者上致之王，次为列侯，下乃食邑。而重臣之亲，或为列侯，皆令自置吏，得赋敛。女子公主，为列侯食邑者，皆佩之印，赐大第室。吏二千石，徙之长安，受小第室。入蜀汉定三秦者，皆世世复。吾于

① 《二十五史补编》第一册。

天下贤士功臣，可谓亡负矣。其有不义背天子擅起兵者，与天下共伐诛之。布告天下，使明知朕意。[①]

汉初，异姓诸侯王有七个：楚王韩信、淮南王英布、梁王彭越、赵王张敖、韩王信、燕王臧荼、衡山王（后改称长沙王）吴芮。他们的封地几乎相当于战国时期东方六国的全部土地。还有功臣140多人被封为列侯，领有大、小不同的食邑。后来刘邦以种种借口，一个一个剪除了异姓诸侯王。刘邦认为秦之所以速亡，是因为未能分封同姓子弟为王，于是，他在消灭异姓诸王的同时，又大封同姓王。同姓诸王有九：燕、代、齐、赵、楚、梁、吴、淮南、淮阳。这些王国的封地很大，"大者或五六郡，连城数十"。而汉中央政府直接控制的只有15郡，"而公主列侯颇食邑其中"。[②]

为了说明"南越国"的性质，我们可以先研究以上这些异姓诸侯王国和同姓诸侯王国的国内情况。诸侯王国是汉朝特有的地方政权组织，其等级与郡相同，但也有其特点，举其大者于四：

（1）王国和诸侯王的名称，都是以所封的地区为名。七个异姓王和九个同姓王及其王国的名称，无一例外。

（2）诸侯王是世袭制。父死子继，兄终弟及。

（3）在经济上，诸侯王在国内衣食租税。《史记·货殖列传》："封者食租税，岁率户二百，千户之君则二十万，朝觐聘享出其中。……衣食之欲，恣所好美矣。"诸侯王国内的人民，除负担租税之外，还要服劳役。如封君死了，"得发民輓丧、穿复土、治坟"[③]。还要服兵役。

诸侯王对皇帝贡献献费、酎金。《汉书·高帝纪》："高帝十一年，诏曰：欲省赋甚，今献未有呈，吏或多赋以为献，而诸侯王尤多，民疾之。令诸侯王、通侯常以十月朝献，及郡，各以其口数率，人岁六十三钱，以给献费。"《续汉志·礼仪志》："酎金律，文帝所加。以正月旦作酒，八月成，名酎酒。因令诸侯助祭贡金，……列侯各以民口数率，千口奉金四两。奇不满千口至五百口亦四两，皆会酎。"此外，国家有军事行动，诸侯王得出兵协助。

（4）诸侯王国的政治制度有二。

①在王国内行郡县制，与汉王朝的其他郡县一样。

汉朝封诸侯王，其封地大小是以郡县计算的。如汉高祖四年封英布为淮南王，占有九江、庐江、衡山、豫章四郡。[④] 高祖十一年，英布反，刘邦亲自将兵

---

① 《汉书·高帝纪下》。
② 《史记·汉兴以来诸侯王年表》。
③ 《汉书·景帝纪》。
④ 《史记·黥布列传》。

击灭之，立子刘长为淮南王，亦统上述四郡。[①] 又如汉高祖六年立刘交为楚王，“王薛郡、东海、彭城三十六县”[②]。诸侯王在王国内仍然行郡县制，诸侯王之间或诸侯王与皇帝之间的矛盾，也以郡县的增减来解决。如齐悼惠王刘肥，“食七十余城”，与吕太后有矛盾，“于是齐王献城阳郡以尊公主（鲁元公主）为王太后。吕后嘉而许之”[③]，矛盾才算解决。文帝、景帝时的削藩政策，也是削减诸侯王的郡县。如景帝时，削楚王东海郡，削赵王河间郡，削吴王豫章郡、会稽郡，削胶西王六县，等等。这些都是诸侯王国内行郡县的见证。

②诸侯王宫室的官制与汉中央官制相同。

《汉书·百官公卿表》：“诸侯王高帝初置，金玺盭绶，掌治其国。有太傅辅王，内史治国民，中尉掌武职，丞相统众官，群卿大夫，都官如朝。”齐国百官名称，见于《史记·扁鹊仓公列传》，临淄出土的齐封泥，官职俱全。所以王国维说：

> 以官爵言之，则汉初诸王官属与汉朝无异也。《汉书·诸侯王表》谓藩国宫室百官同制京师，《百官公卿表》谓诸侯王群大夫都官如汉朝，贾谊书亦谓天子之于诸侯臣同御同宫墙门街同。初疑其为充类说，实非实录。……（考释封泥之后），始知贾生等齐之篇，孟坚同制之说，信而有征。[④]

《西汉会要》卷三三收集诸侯王国官职的名称甚详，可供参考。

王国官吏，最初除丞相由汉中央派遣之外，其他由王自置。景帝中五年，“令诸侯王不得复治国，天子为置吏”[⑤]，但经皇帝特许，仍可由王自置。如《汉书·淮南厉王传》：“法二千石缺辄言汉补。大王逐汉所置而请自置相二千石，皇帝（文帝）骫天下正法而许大王甚厚。”

以上我们概括地叙述了汉初诸侯王国的经济、政治情况。现在我们根据上述诸侯国的特点进一步看“南越国”是否具有这些特点。

“南越”之得名，因为岭南地区是百越族聚居的地方。秦统一岭南，于此设置桂林、南海、象郡。秦末汉初，赵佗据此称南越武王。汉高祖十一年，派陆贾出使南越，正式封赵佗为南越王。“南越”是因地域而得名的。

南越王的王位继承是世袭的。第一代武王赵佗。第二代文王赵胡，是赵佗之孙。或以为赵佗长寿，年逾百岁，诸子或先死，故立孙。第三代明王婴齐，是胡

① 《史记·淮南衡山列传》。

② 《汉书·楚元王传》。

③ 《汉书·高五王传》。

④ 〔清〕王国维：《观堂集林》卷一八《齐鲁封泥集存序》。

⑤ 《汉书·百官公卿表》。

之子。第四代赵兴，是婴齐之次子。兴是婴齐质于汉廷时，娶邯郸女樛氏所生。因为兴生于汉廷，所以立为太子，婴齐死后，得继为王。第五代建德，是婴齐的长子，娶越族女所生。

为了说明“南越国”的性质，现根据《史记·南越列传》和《汉书·西南夷两粤朝鲜传》，可以把“南越国”分为五个时期。

（1）从秦末赵佗自称为南越王至汉高祖十一年正式封他为南越王之前。这时期赵佗脱离了秦朝，实际上是一支反秦的力量。

（2）从汉高祖十一年（前196）正式封他为南越王，到汉惠帝期间，称臣于汉。

“南越国”“与剖符通使”，每年向汉朝廷进贡，在边关与汉互通市物，进行贸易。除贡赋之外，还向汉王朝进贡土特产。《西京杂记》卷4记载“南越王献高祖石蜜五斛，蜜烛二百枚，白鹇、黑鹇各一双，高帝大悦，厚报遣其使”；卷3“尉佗献高祖鲛鱼、荔枝。高祖报以蒲桃、锦四匹”。

（3）吕后时期，南越王赵佗称帝。

吕后时禁绝南越关市金铁田器及马牛羊畜毋得市牝。赵佗派内史藩上书，请市易如故，吕后不准。赵佗又派中尉高、御史平，先后入朝谢过。吕后把这些使者都扣留起来，不准返回南越。

赵佗是河北真定人。当时有一种传说，说吕后派人发掘赵佗父母的坟墓，逮捕其兄弟宗族。赵佗以为吕后这些做法，是由于长沙王的离间。于是赵佗自尊为南越武帝，发兵攻打长沙边邑。吕后削赵佗南越王爵并派隆虑侯周灶、博阳侯陈濞讨佗。“会暑湿，士卒大疫，兵不能逾岭”，退屯长沙以备之。赵佗在这个时候，“财物赂遗闽越、西瓯、骆、役属焉，东西万余里。乃乘黄屋左纛，称制，与中国侔”。

（4）文帝、景帝至武帝元鼎四年（前113），赵佗去帝号，仍称南越王。

吕后死，文帝为赵佗亲冢置守邑，每年祭祀；封官厚赐其兄弟。丞相陈平推荐陆贾出使南越，说服赵佗去帝号。陆贾至南越，赵佗十分害怕，谢罪说：“蛮夷大长老夫臣佗……妄窃帝号，聊以自娱，岂敢以闻天子哉！”愿长为藩臣，奉贡职。于是乃下令国中曰：“吾闻两雄不俱立，两贤不并世。皇帝，贤天子也。自今以后，去帝制黄屋左纛。”从此一直至汉武帝元鼎四年，南越王都称臣于汉，每年进贡朝请。文帝元年，“献白璧一双，翠鸟千，犀角十，紫贝五百，桂蠹一器，生翠四十双，孔雀二双”。武帝元狩二年夏，“南越献驯象，能言鸟”①。据《西京杂记》卷1记载：“汉宫积草池中，有珊瑚树，高一丈二尺。一本三柯，上有463条，是南越王佗所献，号曰烽火树，至夜有光景常欲然。”

① 《汉书·武帝纪》。

（5）建德、吕嘉叛乱。

吕嘉相三王，势力很大，宗族为长吏者70余人，男尽娶王女，女尽嫁王子、宗室，与苍梧秦王赵光也有婚姻关系。吕嘉对于南越王赵兴和太后樛氏臣服汉廷、比内诸侯，很不高兴，便有叛汉之心。于武帝元鼎五年（前112）发动叛乱，杀赵兴、王太后及汉使者，立赵建德为王。武帝派兵分五路进攻南越，于元鼎六年（前111）平定南越，南越国亡。

纵观南越国93年的历史，除吕后时期赵佗一度称帝之外，大部分时间南越国是以诸侯王国的面目出现的。

南越国的诸侯国性质，我们还可以从南越国的政治制度得到证明。前面说到汉初诸侯王国的官制与汉朝廷官制相同。南越国官制与汉廷一样，官职名称，见诸文献的有丞相、内史、中尉、御史等[①]；见诸考古材料的有居室、食官、大厨、常御、长秋居室等[②]。在王国内还封侯。第三个王婴齐的长子建德为越女所生，待婴齐在长安娶樛氏生子兴，从长安返国后，立兴为太子，封建德为高昌侯。《汉书·景武昭宣元成功臣表》和《史记·建元以来侯者年表》都注明是“越高昌侯”。到汉武帝元鼎四年，徙封为术阳侯。所以，《史记》《汉书》记载吕嘉叛乱时说：“立明王长男粤妻子术阳侯建德为王。”所立的侯都是经汉朝廷承认了的，才记载在《史记》《汉书》的表中。同时，像其他诸侯国一样，南越国在王国内仍行郡县制，详已见第一节。

从上述可以看到，“南越国”与汉初同姓王国、异姓王国的性质是一样的，都是诸侯王国。问题是在吕后时期，赵佗曾经称“帝”，而且擅自发兵攻打长沙王；至文帝时，《史记》《汉书》记载，他虽然去“帝”号，但是“其居国窃如故号名”，“婴齐代立，即藏其先武帝玺”（《汉书》谓“藏其先武帝、文帝玺”），说明称帝的玺还存在。对于这些记载，应该怎样解释？我们认为必须从三个方面去理解。

第一，赵佗为什么称帝？这完全是吕后造成的。吕后禁止中原的铁器及雌性马牛羊运往南越，企图窒息南越与中原的交往。赵佗对此深为不满，曾派内史藩上书，请市易如故；又派中尉高、御史平，先后入朝谢过，不但没有结果，吕后反而把他派去的人也扣留在长安。赵佗派兵攻打长沙王一事，正好说明赵佗没有称帝的野心，一心想内属汉朝。赵佗自己说：“高帝立我，通使物，今高后听谗臣，别异蛮夷，隔绝器物，此必长沙王计也，欲倚中国，击灭南越而并王之，自为功也。”因为他怀疑是长沙王离间他与汉王朝的关系，所以要攻打长沙王，目

① 《汉书·西南夷两粤朝鲜传》；《史记·南越列传》。

② 麦英豪：《广州华侨新村西汉墓》，载《考古学报》1958年第2期；《广州淘金坑的西汉墓》，载《考古学报》1974年第1期。陈直：《广州汉墓群西汉前期陶器文字汇考》，载《学术研究》1964年第2期。

的是保持与汉王朝的关系，但是没有达到目的。后来文帝派陆贾出使南越时，赵佗对陆贾说：他的称帝是“自弃”“聊以自娱”而已。而且由于吕后削掉他的爵位，使他“夙兴夜寐，寝不安席，食不甘味，目不视靡曼之色，耳不听钟鼓之音，以不得事汉也”。当文帝恢复他南越王的称号，与汉通使时，他感激涕零，“老夫死骨不腐，改号不敢为帝矣”。所以，赵佗称帝是吕后的政策造成的；即使称帝了，也还时刻想内属汉朝。到死时，赵佗的谥号为南越武王，而非南越武帝。

第二，赵佗死后的南越王是否称帝独立呢？我们从南越国的实际行动可以作出否定的回答。有四件事实：①赵佗于汉武帝建元四年死后，由其孙赵胡继王位。此时闽越王郢兴兵打南越边邑，赵胡使人上书汉朝曰：“两越俱为藩臣，毋得擅兴兵相攻击。今闽越兴兵侵臣，臣不敢兴兵，唯天子诏之。”于是汉武帝认为南越王做得对，派王恢、韩安国两将军讨伐闽越。兵未逾岭，闽越王弟余善杀郢，向汉投降，于是罢兵。赵胡没有擅自兴兵反击闽越，而是请中央派兵，这是“守职约”（师古曰“守藩臣之职，而不逾约制”）的表现。②汉平闽越，杀闽越王郢之后，南越王赵胡对汉中央感恩戴德，说“死亡以报德”，派太子婴齐入朝当宿卫。婴齐继南越王位以后，又派子次公去长安当天子宿卫。③婴齐死，子兴继南越王位。太后“劝王及幸臣求内属。即因使者上书，请比内诸侯，三岁一朝，除边关。于是天子许之，赐其丞相吕嘉银印，及内史、中尉、太傅印，余得自置”。④王国封侯经中央批准。这些事实足以证明南越国是汉王朝的诸侯国。

第三，有的同志根据“然南越其居国窃如故号名”，“婴齐代立，即藏其先武帝玺”的记载，认为赵佗是两面派：一面称臣于汉；一面在国内仍僭帝号。我以为是不能这样看的。为了说清楚这个问题，我们不妨摘录《史记》《汉书》两段原文，仔细推敲它的意思：

《史记》：

> 遂至孝景时，称臣，使人朝请。然南越其居国窃如故号名，其使天子，称王朝命如诸侯。

《汉书》：

> 遂至孝景时，称臣遣使入朝请。然其居国，窃如故号；其使天子，称王朝命如诸侯。

这两段话都说得很清楚，赵佗对汉王朝称臣，如其他诸侯王一样，使入朝请，不再实行帝制，不与汉王朝分庭抗礼。而在国内，因为赵佗长期在南越生活，连风俗习惯也学习越族，“魋结箕倨”，自称“蛮夷大长老夫”。赵佗靠其威严，在国内发号施令，从其形式来说，好像皇帝对臣下发号施令一样，所以说“其居国，窃如故号”。但从内容来说，赵佗实行的是汉制，称臣于汉朝。因此，不能因这一记载而说赵佗是两面派。

至于《史记》说“婴齐代立，即藏其先武帝玺”（《汉书》说“即藏其先武帝、文帝玺”）的记载，《史记索隐》和《汉书》注都说：“李奇云：去其僭号。”其实这是一种误解。《史记》只说有“武帝玺”，《汉书》才说有“武帝、文帝玺”。但史籍没有赵胡称帝的记载，而死后亦谥曰文王，并非文帝。即使从《汉书》说，有“武帝、文帝玺”，也不是婴齐“去其僭号”。因为婴齐继承的是王位而非帝位。这两方“帝玺”，很可能是赵佗称帝时的，准备把帝位传给孙子胡，所以刻了两方“帝玺”。赵佗放弃帝号之后，不再使用。婴齐久在汉朝宿卫，回来看到两方未销毁的玺，大吃一惊，于是把它藏起来，并非“去其僭号”。

从以上我们可以得出结论：南越国像汉朝其他王国一样，是一个封建诸侯国，是汉朝的地方政权，并不是什么“分裂割据”政权。

三、“南越国”的经济与文化

南越国时期，岭南的经济发展状况、生产力发展水平，历史文献留下的记载不多。但是新中国成立后，两广地区发掘了南越国时期的墓葬达数百座之多，主要集中在广州、贵县（今贵港）、平乐等地。这些墓葬的随葬品相当丰富，是我们研究当时的经济、文化状况的珍贵资料。我们凭借这些材料，结合有关文献，可以大体上勾画出当时的经济、文化轮廓。

在人类历史上，铁器的使用，曾发生过划时代的作用。恩格斯指出：“铁已在为人类服务，它是在历史上起过革命作用的各种原料中最后的和最重要的一种原料。”“铁使更大面积的农田耕作，开垦广阔的森林地区，成为可能；它给手工业工人提供了一种其坚固锐利非石头或当时所知道的其他金属所能抵挡的工具。”① 我国在春秋后半期就开始冶铁和使用铁器。战国中、晚期，铁制生产工具已广泛应用于包括农业在内的各生产部门。在战国时代，铁器已传入岭南地区，广东的战国遗址和墓葬、广西平乐银山岭的战国墓葬中，都发现有铁制生产工具。② 秦始皇统一岭南时，徙中原人民“与越人杂处”，中原人民带来先进的铁制生产工具。在南越国时期，已比较广泛地使用铁制生产工具了。在广州、贵

① ［德］恩格斯：《家庭、私有制和国家的起源》，见《马克思恩格斯选集》卷4，人民出版社1972年版，第159页。

② 杨式梃：《关于广东早期铁器的若干问题》，载《考古》1977年第2期。广西壮族自治区文物工作队：《平乐银山岭战国墓》，载《考古学报》1978年第2期。

县、平乐的南越国时期墓葬中，都发现有铁制生产工具。种类有斧、凿、镰、铁口锸等。生活日用品如铁釜、铁剪、铁带钩、铁镊等也有出土。但当时南越国尚未有冶铁业，所需要的铁器主要靠中原输入。同时亦从四川输入一部分。《史记·货殖列传》记载程郑从山东迁来临邛，“亦冶铸，贾椎髻之民，富埒卓氏”。这“椎髻之民”就是越族之民，越族有“椎髻”之风俗，赵佗久居粤中，亦被其风俗所同化，所以，当陆贾来见他时，“尉佗魋结箕倨见陆生”[①]。“魋结”，《史记集解》：服虔曰：“魋音椎”，《索隐》：“结音计。谓其髻一撮以椎而结之，故字从结。”《汉书·陆贾传》颜师古注“魋结”，认为就是“椎髻”。《史记·货殖列传》的《索隐》说得更清楚：“魋结之人，上音椎髻，谓通贾南越也。”可见当时南越与四川的贸易是频繁的，从中输入一部分铁器。正因为没有自己的冶铁业，当吕后为了阻止南越国经济的发展，禁止向南越国出售金、铁田器，马牛羊只出售雄的，而不准出售雌的时候，犹如卡住了赵佗的咽喉，所以他非常紧张。这说明当时的铁器及耕畜主要是仰于中原。由于使用从中原传入的铁制生产工具如镰、铁口锸、斧、斤等于农业，对砍伐林木、开垦广阔的森林地区，翻土、理埂、掘坑、开渠等都起了很大的作用，促进了农业生产的发展。从汉墓中发现的粮食就有小米、高粱、稻等，水果有梅、李、橄榄、酸枣等。粮食和水果种类的丰富，说明农产品的丰稔。

铁器的使用，农业的发展，为手工业的发展创造了有利的条件。秦汉时期中原地区手工业部门很多，南越国的手工业部门也是很多的，比如煮盐、纺织、制陶、铜器制造、漆器制造等都有相当高的水平。现根据考古材料，谈谈铜器制造业和漆器制造业。

岭南地区有没有像中原地区的青铜文化？如果有，是从什么时候开始的？这些问题，还没有一致的意见。但是，据广东、广西考古都发现过春秋时代的青铜器。[②] 战国时代的墓葬中，出土青铜器更多。[③] 这些青铜器，从造型、纹饰来看，都属中原青铜文化的范畴，特别是与楚文化的关系更密切。但是，也具有浓厚的地方特点，如广东四会鸟旦山出土的折平沿、方耳、细长外撇的实足鼎，广西平

---

① 《史记·陆贾列传》。

② 杨豪：《介绍广东近年发现的几件青铜器》，载《考古》1961 年第 11 期。广东省文物管理委员会：《广东清远发现周代青铜器》，载《考古》1963 年第 2 期；《广东清远的东周墓葬》，载《考古》1964 年第 3 期。广西壮族自治区博物馆：《广西恭城县出土的青铜器》，载《考古》1973 年第 1 期。

③ 广东省博物馆：《广东四会鸟旦山战国墓》，载《考古》1975 年第 2 期；《广东德庆发现战国墓》，载《文物》1973 年第 9 期；《广东肇庆市北岭松山古墓发掘简报》，载《文物》1974 年第 11 期。广西壮族自治区文物工作队：《平乐银山岭战国墓》，载《考古学报》1978 年第 2 期。

乐出土的扁茎剑、有钮矛、双肩铲形钺和靴形钺等，都是中原所罕见的。既然有地方特点，就说明当时的岭南已有水平相当高的青铜冶铸业。

南越国就是在原来的基础上，把青铜冶铸业向前推进了一步。《太平寰宇记》卷一五八："铜山，昔越王赵佗于此山铸铜。""铜山"在哪里？据《旧唐书·地理志》载，铜陵县汉属合浦郡，"界内有铜山"。近年来曾在广西北流、容县、岑溪等地发现汉魏时期的冶铜遗址多处，并出土有大量的坩埚。① 广西西部也产铜，宋范成大的《桂海虞衡志·志金石》说："铜，邕州右江州峒所出，掘地数尺即有矿，故蛮人好用铜器。"产铜矿是冶铜业发展的基础，而冶铜业的发达，为铜器制造业创造了良好的条件。

南越国时期的青铜冶铸业已达到相当高的发展水平，主要表现在产品多，分布广，工艺水平高。南越国的墓葬中出土的青铜器，有武器、日用器、生产工具等，而日用铜器应有尽有。在随葬品中，铜器无论从数量还是从器型的种类方面，都仅次于陶器，居第二位。当然，不能说所有这些铜器都是南越国自己制造的，但是一些具有明显的地方特点的铜器是南越国自己制造的，应该是毫无疑问的。最能反映南越国铜器制造业工艺水平的莫过于广西贵县罗泊湾一号汉墓出土的铜器。② 该墓出土铜器200余件，其中相当一部分是具有地方特点的，如铜鼓、羊角钮钟、铜桶、铜竹节筒等。特别是其中的两件铜鼓，一大一小，大者于足部一侧卧刻篆字"百廿斤"，实测重30750克。鼓面和鼓身有衔鱼的翔鹭纹、羽人舞蹈纹、羽人划船纹等等。如此巨形的铜鼓，细致生动的纹饰，非有高度的铸造术是铸不出来的。更值得注意的是，在一件铜桶、一件铜钟、一件铜鼎上篆刻"布"字，"布"系地名，即"布山"之省文。"布山"，《汉书·地理志》作为郁林郡的首县，旧说布山是汉武帝时置的。此墓的发掘，证明"布山"至迟在汉初，即南越国时期就有了。而布山县治就是今之贵港。这些铜器可能就是当地所铸。

南越国还有自己的漆器制造业。出土漆器的墓葬也不少。大批地出土漆器的有几座墓：广州先烈路黄花岗三号西汉木椁墓、广州西村石头岗一号木椁墓、广州三元里马鹏岗一号木椁墓、广西贵县罗泊湾一号汉墓。这些漆器主要是木胎，多施绘画，还有个别是镂空的和嵌镶玉饰的。器型有敦、扁壶、盒、篋、盘、案、耳杯、环、玦等。有学者对广州出土的漆器作了研究，认为这些漆器虽然具有楚国漆器的风格与特点，但从其使用金色等特点来看，它不是来自楚国或别国，而是岭南本土所产。③ 广州西村石头岗一号墓出土的木胎长形椭圆形篋，木

① 洪声：《广西古代铜鼓研究》，载《考古学报》1974年第1期。

② 广西壮族自治区文物工作队：《广西贵县罗泊湾一号墓发掘简报》，载《文物》1978年第9期。

③ 商承祚：《我国古漆器与广州出土汉代漆器初探》，载《学术研究》1962年第1期。

胎上有篆文“蕃禺”二字烙印,[①] 古代“蕃”“番”两字声同通假，“蕃禺”即“番禺”。“番禺”是南海郡属的一个县，又是南海郡治。这证明番禺不但能够制造漆器，而且已有相当高的技术水平。

广西贵县罗泊湾一号汉墓出土大量漆器，主要是生活用具，大都是斫木胎。可以复原的耳杯有20多件，其中10多件杯底烙印“布山”两字，字外有方框；烙印“市府草”“市府□”各一件。[②] 有“布山”烙印的，就是“布山”即贵县（今贵港）地方所造。近年来长沙马王堆一号汉墓和江陵凤凰山西汉墓出土的漆器中，烙印有“成市”“成市□”“市府”“市府□”。山东临沂银雀山4号汉墓出土的漆器中，也有“莒市”“市府草”“市”等戳记。“草”，《广雅·释言》：“草，灶，造也。”可知“草”“造”音义相通，草，即造字。“成市草”，即成都市府制造。“莒市草”，即莒县市府制造。[③] 贵县出土的漆器有“布山”“市府草”的烙印，当是布山市府制造。市府就是封建政府的市井官署。汉代在县以上的城市都设有市，市成为一个地方固定的商业和手工业活动中心，于市设有“市令”或“市长”等官吏，管理市场的行政和贸易活动。这种管理市井的官署设于“市楼”，又名“旗亭”，因而“市楼”或“旗亭”就成了市井官署的象征。[④] 由以上几批漆器的铭文可知，西汉前期各地重要的漆器作坊，大都由市府管理，是一种由郡县经营、控制的地方性官府手工业。贵县出土的“布山”漆器，说明布山不但能够制造漆器，而且漆器作坊是由市府经营的。这是和中原一样的制度。

铜器铸造和漆器制造，在古代的手工业部门中，难度是比较大的。既然此两项在南越国时期已具有比较高的水平，而且是地方官府经营，可以想见其他手工业也具有相当的水平。随着农业和手工业的发展，社会财富的增多，商品交换必然频繁起来。南越国仍实行郡县制，在郡县的政治中心和交通要道逐步形成一批中小城市。上举“布山”设置“市府”就是明证。《汉书·地理志》载，当时南海郡治番禺（今广州）已成为岭南的最大都会，也是全国的大都会之一，“中国往商贾者多取富焉”。徐闻、合浦、苍梧、布山，也是重要的港口和货物集散地。此外，西汉政府在同南越交界的边境上还设置“关市”，进行由政府控制的有限贸易。在这种“关市”上贸易的，有从中原输入金、铁、田器、马、牛、羊等

---

① 梁国光、麦英豪：《秦始皇统一岭南地区的历史作用》，载《考古》1975年第4期。

② 广西壮族自治区文物工作队：《广西贵县罗泊湾一号墓发掘简报》，载《文物》1978年第9期。

③ 俞伟超、李家浩：《马王堆一号汉墓出土漆器制地诸问题——从成都市府作坊到蜀郡工官作坊的历史变化》；蒋英炬：《临沂银雀山西汉墓漆器铭文考释》，均载《考古》1975年第6期。

④ 俞伟超：《汉代的“亭”“市”陶文》，载《文物》1963年第2期。

生产工具、武器和牲畜，还有统治者追求的铜镜、丝绸等服饰用品。考古发现南越国时期的铁器、铜镜等几乎全部是中原内地制造的。运往中原的主要是食盐、水果、珠玑、犀角、象齿、玳瑁、翡翠等土特产。另外，南越国与西南的交通和贸易也沟通了。汉武帝时番阳令唐蒙在南越吃到蜀枸酱，唐蒙问是从哪里来的，答曰是通过牂牁江运来的。唐蒙回到长安问蜀商人，商人说，只有蜀产枸酱，蜀把枸酱卖给夜郎，夜郎通过牂牁江与南越贸易。① 上文讲到铁器时，也列举了南越从巴蜀购买铁器。可见南越与四川（蜀）、贵州（夜郎）是有交通和贸易往来的。

商业的发展与货币和度量衡的统一有很大关系。在战国时代，各国的货币和度量衡不统一，阻碍了各国商品经济的发展。秦始皇统一全国后，实行统一货币和度量衡的政策，并把这个政策推广到新统一的岭南地区。南越国时期继承了秦的传统。在南越国的墓葬中发现的货币都是秦半两或汉初半两，与中原的货币一样，没有另铸地方性货币。西汉的度量衡制度，研究者根据全国各地出土的实物，结合文献研究，得出结论，西汉前期（文、景、武帝）1 尺合今 22.5 ～ 23.5 厘米，1 升合今 188 ～ 200 毫升，1 斤合今 244 ～ 250 克。② 1976 年，广西贵县罗泊湾一号汉墓出土计量实物多件，度、量、衡三类齐备，③ 是研究南越国度量衡制度的珍贵资料。具体如下。

长度：竹尺一件，残存七寸刻度，实测长 16.1 厘米。按此推算，1 尺 =23 厘米。木尺二件，一件已残朽；一件完整，正面十等分刻度，正中刻交叉十字，刻槽内填红漆，一端有圆孔，长 23 厘米。即 1 尺 =23 厘米。

重量：铜鼓一件，足部篆刻“百廿斤”，实测重 30750 克，按此，1 斤 = 256.25 克。铜钟二件，一件正面篆刻“布七斤”，实测重 1870 克，按此，1 斤 = 267.1 克。一件正面篆刻“布八斤四两”，实测重 2190 克，按此，1 斤 =260.71 克。此两器的“布”字，即“布山”（今贵港）的省文。铜桶一件，中部篆刻“十三斤”，实测重 3485 克，按此，1 斤 =268 克。

容量：有四件铜鼎刻有容量单位的：一件口沿外侧篆字“二斗二升”，实测容量为 4240 毫升，按此，一升 =192.72 毫升。一件盖面刻“布”字，腹外壁一侧刻“布”“析”二字，另一侧刻“析二斗一升”“二斗大半升”，实测容量为 4100 毫升。一件盖上刻“布”“析”，腹外壁一侧刻“一斗九升”，腹下刻“布”字，另一侧刻“蕃二斗二升”“析二斗大半升”，实测容量也是 4100 毫升。此两器刻文“析”“蕃”“布”应是地名，器物流传的地方。“析”在今河南西峡县；“布”是“布山”，即今广西贵港；“蕃”即蕃县，在今山东滕州市。

---

① 《史记·西南夷列传》。

② 天石：《西汉度量衡略说》，载《文物》1975 年第 12 期。

③ 广西壮族自治区文物工作队：《广西贵县罗泊湾一号墓发掘简报》，载《文物》1978 年第 9 期。

我们把广西贵县（今贵港）出土的度量衡器与各地出土的比较，就发现几乎是一致的。长度1尺=23厘米，各地一致。重量有三器三个数字，1斤=256.25克、267.1克、260.71克，比各地平均值1斤=250克略偏高。但这也不足为奇，因为这250克的数字是从满城汉墓中出土的刻有斤两的铜器十四件，经实测之后，并参照其他材料而得出的大约数字。而满城的铜器中也有一斤超过250克的。例如铜镬（M_1，器号4110）铭文“……重四十一斤……”，实测重11200克，1斤=273.17克；鎏金银镶嵌乳丁纹壶（M_1，器号5019）铭文“重卌斤一两八朱六□”，实测重11205克，1斤=279.55克。[①] 这说明各地的重量大体上是一致的。容量，贵县出土的几件容器的实测结果是1升等于190多毫升，不足200毫升，与各地容器接近一致；而且有些器从“析”“蕃”流传来“布山”，更说明它的一致性。南越国的货币和度量衡同全国各地是统一的这一事实，说明在南越也是“汉承秦制”，对发展岭南的商业和促进岭南与中原的交往是有很大作用的。

秦始皇统一中国以后，也把统一文字的措施推广到岭南地区。南越国推行经秦始皇统一过的文字。新中国成立以来，在广州地区发掘的西汉早期墓葬中，出土有文字的陶器数十件，玉、铜印章数枚。[②] 文字都是经秦始皇统一后的小篆体。更值得注意的是1976年，广西贵县罗泊湾一号汉墓出土有文字的漆器、铜器、木牍等数十件之多。文字都是小篆或略带篆意的隶书，同长沙马王堆三号汉墓、云梦西汉早期墓、江陵凤凰山西汉早期墓、山东临沂银雀山西汉早期墓出土的帛书、遣策、简牍上的文字相一致。[③] 此墓出土一块长38厘米、宽5.7厘米、厚0.2厘米～0.7厘米的木牍，自名为《从器志》，记载着各种随葬器物。这块木牍与新中国成立后从全国各地如江苏连云港、湖北云梦、湖北江陵凤凰山、长沙马王堆等墓葬中出土的作为遣策的木牍相比，从形式到内容都是一致的。[④] 这说明南越国与中原地区的礼仪和埋葬制度是一样的。

我们从上面的材料可以看到，原来经济、文化比较落后的岭南地区，在南越国时期，得到很大的发展，正在逐步接近和赶上中原地区的经济、文化水平。这是南下的中原地区人民和当地的土著居民——越族人民共同创造的结果。祖国的各族人民为创造岭南地区的历史写下了光辉灿烂的一章。

---

① 天石：《西汉度量衡略说》，载《文物》1975年第12期。

② 麦英豪：《广州华侨新村西汉墓》，载《考古学报》1958年第2期；《广州淘金坑的西汉墓》，载《考古学报》1974年第1期。陈直：《广州汉墓群西汉前期陶器文字汇考》，载《学术研究》1964年第2期。

③ 广西壮族自治区文物工作队：《广西贵县罗泊湾一号墓发掘简报》，载《文物》1978年第9期。

④ 张振林、张荣芳：《广西贵县罗泊湾一号汉墓出土的“从器志”考释》（未刊稿）。

四、附论赵佗

我国幅员广大，人口众多，在古代，各地社会经济的发展水平是不平衡的。岭南地区，直到秦始皇统一岭南之前，还处在世袭的军事酋长制阶段（或者是初期奴隶制阶段）。经秦始皇统一岭南之后，到汉武帝元鼎六年（前 111）平南越国，其中只有 100 年左右的历史。但是从政治、经济、文化发展来看，却接近或赶上了中原地区。为什么岭南地区在这 100 年中发展得那么快呢?

第一，由于先进的社会制度代替了落后的社会制度。秦始皇统一岭南之后，把地主阶级专政的一套完整的地方行政机构郡县制推广到岭南地区，在岭南地区建立封建的政治秩序。南越国是汉王朝所封的封建诸侯国，是封建王朝的地方政权，它所推行的政策是封建地主阶级的政策。在当时来说，封建制度是一种先进的政治制度，建立这种制度必然使社会生产力获得大的解放，改变旧的生产关系，促进经济文化的发展。

第二，中原地区的先进的生产工具和生产技术传入岭南，有利于开垦荒地、兴修水利、精耕细作，使农业获得迅速发展；同时也促进了手工业和商业的发展。

第三，我们在指出岭南地区这 100 年的历史发展迅速是一种历史的必然，是各族人民共同创造的结果的同时，必须指出个别人物的历史作用。马克思主义的历史必然性的原理，一点也不否定个别杰出人物在历史上的作用。具体来说，秦始皇统一岭南，曾起过进步作用，我们另文论述；赵佗的历史功绩也是不能抹杀的。

赵佗在汉高祖三年（前 204）称南越王，汉武帝建元四年（前 137）死，统治南越 67 年，占南越国历史的 2/3，而且以后的 26 年的历史，经历了四个王，大抵是沿袭着赵佗的统治方术，个人没有多少作为。所以，赵佗在南越国的历史上占有相当重要的地位。

赵佗是秦始皇统一岭南的重要将领之一。秦始皇两次用兵百越，第一次在始皇二十五年。[①] 据《史记·平津侯主父列传》："又使尉（佗）、屠睢将楼船之士南攻百越，使监禄凿渠运粮，深入越，越人遁逃。旷日持久，粮食绝乏，越人击之，秦兵大败。秦乃使尉佗将卒以戍越。"这次是尉佗、屠睢两人将楼船之士南攻百越。据《汉书·严助传》及《淮南子·人间训》，可知越人夜袭，杀屠睢，

---

① 《史记·平津侯主父列传》没有明言是始皇二十五年用兵百越。但是《史记·王翦列传》说："秦因乘胜略定荆地城邑。岁余，虏荆王负刍，竟平荆地为郡县。因南征百越之君。"据《史记·秦始皇本纪》，平荆在二十五年，可知第一次用兵百越是在二十五年。

秦兵败，没有取得越地，于是便派赵佗将兵戍边，以备越人。秦始皇三十三年，“发诸尝逋亡人、赘婿、贾人略取陆梁地，为桂林、象郡、南海，以适遣戍”①。这是第二次用兵，取得了越地，并设置三郡。据《晋书·地理志》，这次秦使任嚣、赵佗攻越，略取陆梁地。胜利之后，遂以任嚣为南海尉，以赵佗为龙川令。可见秦始皇两次用兵百越，赵佗皆身参与其事。② 在统一岭南的战争中发挥了重要作用。

在秦末，中原大乱，陈胜、吴广起义反秦，刘邦、项羽亦兴兵聚众，虎争天下。陈胜、吴起义失败后，楚汉之争，使民生凋敝，社会经济受到很大的破坏。秦末时任嚣、赵佗以为“秦为无道，天下苦之”，“中国扰乱，未知所安”。任嚣分析了当时岭南的形势，嘱赵佗拥兵自立。秦当时是腐朽的政权，任嚣、赵佗这种举动，本身就是反秦的一种力量，也是一种革命的行为。赵佗拥兵自立，控制了岭南地区，使岭南地区避免了像中原地区那样的战乱局面。赵佗把岭南地区治理得井井有条，所以汉高祖赞扬他“能和集百越”，“甚有文理”，“中县人以故不耗减，越人相攻击之俗益止，俱赖其力”，于是派陆贾使越，封赵佗为南越武王。赵佗知道中原已重新建立封建中央政权，接受了刘邦的封号，归附汉王朝，支持和维护了中央集权。

赵佗在统治南越时期，进一步加强了岭南地区与中原的联系。他在未称王之前，就上书秦朝廷，要求派女无夫家者万五千人到岭南来为士卒补衣。因为在统一南越的过程中，50 万大军南下，胜利后都屯驻在岭南。这些士兵大部分是中原人，必有恋家之念。赵佗这一措施，对安定这部分人的情绪，愿意长期留居岭南起了一定的作用。赵佗要从中原来的士卒和人民“与越人杂处”，一方面把中原先进的生产工具和生产技术传给越族人民；另一方面也尊重越族人民的风俗习惯，连赵佗自己也学习越族“魋结箕倨”之俗，自称为“蛮夷大长老夫”。这样，从各地来的人民，共同相处，潜移默化，在共同的生产、斗争中，创造了巨大的物质财富，使岭南地区的经济、文化迅速发展。赵佗实行郡县制，要岭南各族首领，“俯首系颈，委命于吏”，即各族首领，要听命于郡县的官吏。同时也封一些势力特别大的首领为王，而这些王也得听命于南越国。总的目的是要稳定各族首领，制止他们“好相攻击”之俗。从而一步一步改变岭南的社会性质，适应封建的统治秩序。赵佗这一统治方术，收到了良好的效果。所以，汉高祖称赞他“能和集百越”。

因此，赵佗在开发岭南，促进岭南地区各族人民和中原地区人民的融合，使原来政治、经济、文化比较落后的岭南地区迅速赶上中原地区方面，是有一定功

---

① 《史记·秦始皇本纪》。

② 〔清〕梁廷枏：《南越五主传·先主传》。

绩的，在岭南地区的历史上，不失为一位值得肯定的人物。

当然，像一切事物无不具有两重性一样，赵佗也有他的缺点和错误。作为封建统治阶级的一员，对各族人民来说，他是压迫者、剥削者。同时，他曾经一度称帝，不管其主观动机如何，在客观效果上是不利于中央集权的，因而是不足取的。不过，他毕竟是封建统治阶级的人物，我们不应苛求于古人，更不应以他的缺点、错误去否定其人。

附记：本文写于1979年，发表于1981年。1983年，在广州象岗发现的南越国第二代王墓出土文物1000余件（套），其中有说明墓主身份的“文帝行玺”金印，“赵眛”玉印等。这是十分重大的发现，为研究南越国史提供了大量珍贵的资料。笔者与黄淼章同志合作撰有《南越国史》一书（广东人民出版社1995年出版），其中对本文的一些观点作了修正。为保持文章的原貌，本文在收入本书时，未作相关改动。请读者参阅《南越国史》一书。

汉代岭南的青铜铸造业

1949 年以来，岭南地区出土了大量汉代青铜器。本文拟通过对这些青铜器数量、种类的统计与分类，分析其产地，阐述汉代岭南的青铜铸造技术与工艺，并简要指出汉代岭南青铜铸造业发达的原因。

一、岭南地区1949年后出土的汉代青铜器的数量、种类及产地分析

1949 年至今，岭南地区的汉代考古不断取得新进展，不仅广泛发掘了遍布全区的各种类型汉墓，而且集中力量发掘了广西贵县罗泊湾一、二号墓及广州西汉南越王墓这样大型的汉代墓葬，先后出土了大量的汉代青铜器，据我们的初步统计，其数量应在 3863 件以上（见表 1）。

表 1　1949 年后岭南出土汉代青铜器统计

出土地点	铜器件数	资料来源
广西贵县	410	《考古学报》1957 年第 1 期
广东临高	1	《考古》1964 年第 9 期
广西合浦	58	《考古》1972 年第 5 期
广东肇庆①	70 余	《文物》1974 年第 11 期
广西梧州	至少 8	《文物》1977 年第 2 期
广东广州	1	《文物》1977 年第 4 期
广东肇庆	72	《文物》1977 年第 4 期
广东徐闻	8	《考古》1977 年第 4 期

① 关于广西平乐银山岭和田东锅盖岭、广东肇庆松山墓的年代，原报告定为战国时期。黄展岳先生通过对这三处出土青铜器等文物的形制、纹饰风格、刻画符号等方面的比较，重定为西汉初期，见黄著《论两广出土的先秦青铜器》及《两广先秦文化》二文，分载《考古学报》1986 年第 4 期及《文物出版社成立三十周年纪念·文物与考古论集》，文物出版社 1986 年版。

续表1

出土地点	铜器件数	资料来源
广西平乐①	350	《考古学报》1978年第2期
广西平乐	32	《考古学报》1978年第4期
广西西林	270	《文物》1978年第9期
广西田东②	14	《考古》1979年第6期
广西某地	4	《考古》1980年第4期
广西藤县	7	《文物》1981年第3期
广东德庆	11	《考古》1981年第4期
广西西林	1	《文物》1983年第10期
广西贵县	13	《考古》1984年第1期
广西柳州	6	《文物》1984年第4期
广西贵县	24	《考古》1985年第3期
广西柳州	8	《考古》1985年第9期
广东南雄	3	《考古》1985年第11期
广西贺县	2	《考古》1986年第1期
广西合浦	9	《考古》1986年第9期
广西浦北	12	《文物》1987年第1期
广西昭平	8	《考古学报》1989年第2期
广东深圳	3	《文物》1990年第11期
广东顺德	4	《文物》1991年第4期
广东东莞	2	《文物》1991年第11期
广东顺德	1	《文物》1991年第12期

① 关于广西平乐银山岭和田东锅盖岭、广东肇庆松山墓的年代，原报告定为战国时期。黄展岳先生通过对这三处出土青铜器等文物的形制、纹饰风格、刻画符号等方面的比较，重定为西汉初期，见黄著《论两广出土的先秦青铜器》及《两广先秦文化》两文，分载《考古学报》1986年第4期及《文物出版社成立三十周年纪念·文物与考古论集》，文物出版社1986年版。

② 关于广西平乐银山岭和田东锅盖岭、广东肇庆松山墓的年代，原报告定为战国时期。黄展岳先生通过对这三处出土青铜器等文物的形制、纹饰风格、刻画符号等方面的比较，重定为西汉初期，见黄著《论两广出土的先秦青铜器》及《两广先秦文化》两文，分载《考古学报》1986年第4期及《文物出版社成立三十周年纪念·文物与考古论集》，文物出版社1986年版。

续表1

出土地点	铜器件数	资料来源
广州汉墓	812	《广州汉墓》
广西贵县	126	《广西贵县罗泊湾汉墓》
广州南越王墓	1389	《西汉南越王墓》
广东封开	1	《文物资料丛刊》第1辑
广东南海、广西梧州等	123	《文物资料丛刊》第4辑

说明:

1. 统计数字仅包括《考古》《考古学报》《文物》三杂志(1949—1991年)、《广州汉墓》《广西罗泊湾汉墓》《西汉南越王墓》《文物资料丛刊》(第1、2、3、4、6、7、9、10辑),① 其余暂未计入。

2. 铜车马饰因体积小而数量多,故一般不计入统计数字中,如广州西汉南越王墓出土的青铜器1389件中,就不含仪仗顶饰、仪仗镦、凤首形饰、盖弓帽、衔、害、冒、衡末饰、舆饰、当卢、缨座、带扣、络管饰、节约、伞柄箍、沟钉、圆片饰等约1462件,参阅《西汉南越王墓》上册,第514-519页;又,铜钱亦不计入,如广州汉墓出土的2013枚铜钱即作如此处理。

3. 广州地区1981年前出土的青铜器,以《广州汉墓》一书所载为准,这以前三大杂志与《文物》杂志所报道的不再计入。

已知的岭南青铜器不仅数量巨大,而且种类十分丰富,表明汉代岭南青铜铸造业已可以广泛生产各种类型、具有不同用处的青铜器,这些青铜器初步可分为七类。

1. **生产工具** 犁、铧、斧、锛、凿、斤、锯、铲、锥、刮刀、削刀、锉刀、锄头、印花凸板。

2. **生活用具** 鼎、釜、甑、瓿、鍪、釜、壶、钫、铜、篇、筒、甗、盆、盘、瓶、缸、匜、卮、案、勺、樽、灯、镜、奁、扣、箸、锅、杵、臼、尺、姜礤、熏炉、烤炉、煎炉、虎子、刷柄、门环、耳环、指环。

3. **兵器** 剑、刀、矛、戈、钺、镖、镦、匕首、弩机、镞、戟。

① 分见:广州市文物管理委员会等《广州汉墓》上、下册,文物出版社1981年版;广西壮族自治区博物馆《广西贵县罗泊湾汉墓》,文物出版社1988年版;广州市文管会等《西汉南越王墓》,文物出版社1991年版;文物编辑委员会《文物资料丛刊》第1辑,文物出版社1977年版;文物编辑委员会《文物资料丛刊》第4辑,文物出版社1981年版。此外,本文出现的英文字母表示铜器的墓葬出处或编码,以M开头者均为广州地区汉墓,出自《广州汉墓》上、下册,其余英文字母表示出自《西汉南越王墓》(引用原报告)。

4. **乐器** 鼓、铙、铃、勾鑃、铎、钮钟、甬钟、镦及某些乐器的青铜配件，如琴轸、轸钥、琴枘等。

5. **装饰器** 带钩、各种牌饰、凤首形饰、椁铺首仪仗饰（仪仗顶饰、仪仗镦、伞柄饰等）、鎏金铜饰。

6. **明器** 鎏金俑、鎏金铜饼、马俑、各种动物铸像，以及一些日常用具的明器［如四山纹镜（B35）、三弦钮镜（B114）、弩机（M1174：68）、戈（M118:26）、矛（M1026:14）、车辕饰（C256）等］。

7. **杂器** 车马器（如衔、害、冒、衡末饰、当卢、舆饰、缨座、络管饰、节约、辕末饰、车辕饰）、棋盘、泡钉、伞柄箍、铃形器、钵形器、凿形器、长方条形器、钉形器（包括构件钉形器等）、阳燧、板瓦形器等。

从以上分类之多，可以推见汉时岭南青铜铸造业之兴盛。

岭南地区出土的数千件汉代青铜器，其大多数是岭南本地铸造的，可通过四点看出：其一，可从青铜器的形制看出。具有浓郁南方民族特点的铜鼓、勾鑃、越式鼎、羊角钟、提筒、靴形钺、铜棺等，不见于岭南或越族以外的地区，断为岭南本地铸造无疑。其二，从青铜器的某些铸造技术、制造工艺上可以判断，如广西西林铜鼓墓出土的大量与中原地区形制相同的铜洗、钼、耳环等物，其周边均有钻眼的做法，这种做法十分特殊，为中原地区所没有，正好反证此类青铜器为当地所铸的仿中原产品。[①] 再如，从铸造铜鼓等物的缝隙式浇口法、凸长方形浇道、加强筋等岭南独特铸造技术也可证明此点（详见第二节）。其三，科学鉴定雄辩地证实了这一点。譬如通过对广西贵县罗泊湾一号汉墓出土的五件青铜器的取样分析，得知锡含量在5.95%～10.1%，平均为8.21%，铅含量在6.94%～17.3%，平均为12.79%，锡、铅含量中，铅含量偏高，这在西汉前期中原所铸造的青铜器中很罕见，但与当地生产的北流型铜鼓的合金成分极为相似，证明为岭南本地所铸。[②] 又如，科学工作者还曾对西汉南越王墓出土的19件具有代表性的青铜器进行抽样鉴定，从原子吸收光谱所分析的9件来看，锡含量在7.15%～22.4%，平均为12.18%；铅含量在0.28%～8.73%，平均为2.84%，剩余的10件青铜器从金相观察来看，锡、铅含量与上面的分析相类似，在锡含量上与广西同期汉墓出土的青铜器存在一致性，[③] 亦可证其皆为岭南当地所铸。其四，岭南出土的一些汉代青铜器上的铭文标明为当地铸造。如1975年广东德庆大辽山发现东汉铜器11件，其中的铜洗2件及铜壶1件。铜洗上有铭文，曰：“元初五年

---

① 蒋廷瑜：《西林铜鼓墓与汉代句町国》，载《考古》1982年第2期。

② 北京钢铁学院冶金史研究室：《贵县罗泊湾一号墓出土的五件铜器鉴定报告》，见《广西贵县罗泊湾汉墓》附录五。

③ 北京科大冶金史研究室：《西汉南越王墓出土铜器、银器及铅器鉴定报告》，见《西汉南越王墓》附录五，文物出版社1991年版。

七月中西于造谢若（按：原书写者笔误，应为‘著’）胨”、“谢若有”；铜壶上的铭文是“元初五年七月中西于李文山治谢著有”。[①] 按，元初五年为118年；西于，据《汉书·地理志下》及《后汉书·郡国志五》载，系交趾郡属县。此铭文表明，至少这三件青铜器为汉代岭南所铸。有的研究者进一步指出，铭文中的李文山为西于县经营铸造铜器的作坊主，并推测德庆大辽山东汉墓该次出土的11件铜器皆为李文山作坊的产品。[②] 再如，广州西汉南越王墓东耳室出土了“文帝九年乐府工造”铜编铙，其中“文帝”不可能是西汉文帝，只能是南越国的“文帝”——南越第二任国王赵眜，故此套编铙亦为岭南所铸，李东华先生亦据此套铜编铙及同墓中出土的内范，断定南越国的青铜铸造业“水准”“甚高”，且“有相当部分的青铜器是南越所产”。[③]

当然，从中原地区输入的青铜器也有一部分，尤以兵器为多，其他类型的青铜器也有，如南越王墓出土的某些铜镜（B13、F42），其合金配比、金相组织与中原及楚地铸造者相同；又如，广西田东发现的铜鼓、窄格剑和内缘凸起的玉环，容县汉墓发现的羊角形鍪钮钟，柳州发现的铜片，很可能是滇池的产品等等，表明某些青铜器不是岭南所铸。不过，总的来说，外地输入岭南的青铜器仅占汉代岭南青铜器总数的小部分。

二、汉代岭南青铜铸造技术

汉代岭南能铸造出大量精美、具有岭南特色的青铜器，与当时人们掌握了较先进的金工铸造技术及浇铸工艺分不开，下作一简析。由于广州汉墓、西汉南越王墓及广西贵县罗泊湾汉墓出土的青铜器，不少为当时国王、诸侯或各级官吏所有，因而代表了岭南地区在汉代不同阶段青铜铸造的较高水平，甚至是最高水平（如南越文王墓出土的青铜器代表了西汉前期的最高水平），所以，下面的论述将以这三大墓葬出土的青铜器为主，同时兼及其他墓葬出土的铜器。

（一）几种主要的铸造技术

根据考古发掘出土的铸范，观察青铜器的形制及某些局部的铸痕（如器表的光洁度、浇口和镶嵌痕迹，以及外露于器表的蕊垫、合范缝等），可知汉代岭南已经采用了范铸法和失蜡法。

---

① 广东省博物馆：《广东德庆大辽山发现东汉文物》，载《文物》1981年第4期。

② 宋治民：《汉代手工业》，巴蜀书社1992年版，第47页。

③ 李东华：《秦汉变局中的南越国——岭南地区对外发展史研究之一》，见张炎宪主编《中国海洋发展史论文集》第3辑，台湾“中央研究院”中山人文社会科学研究所丛刊（24）1988年版，第228页。

所谓范铸法，就是先制成陶范（或石范），然后浇入铜汁以铸成器，先秦时期，岭南已用此法。如香港大屿山石壁遗址和东湾、沙冈背遗址出土的铜斧、鱼钩陶范，[①] 广东海丰、珠海出土的铜斧、铃石斧，[②] 广西武鸣元龙坡先秦青铜墓出土有石范，特别是有的铜钺、铜刀、铜斧、铜簇等可放入相应的石范内，说明当时已利用石范浇铸。[③]

范铸法又有全范铸造法、多范铸造法之分，以及一次铸成、分铸而成之别，下试析之。

1. **全范铸造法** 指用单范铸造铜器的方法。这是冶金史上最早出现的铸造技术，也是一种十分常用的方法。由于铸范的限制，全范法只能用以铸造体型比较简单、结构亦不复杂、容积较小的实心铜器，如刀、斧、尺、簇、指环、动物塑像等。在属于西汉早期的广州汉墓及今越南北部的谅山等地的墓葬及遗址中，曾发现过斧、铃、匕首的全范，[④] 证明秦汉时期岭南流行此法。西汉晚期和东汉时期广州汉墓出土的铜泡钉（M2046）、铜铃（M3028）、铜环（M4008）、带钩（M5021）、耳环（M5054）、铜箸（M5064）等皆用此法铸成。

2. **分范铸造法** 即“浑铸法”，就是把两块及两块以上铸范、蕊紧密扣合，然后一次浇铸而成，又有二分范、三分范及多分范之别。出土的西汉前期青铜器就广泛采用了这一铸法，如南越王墓出土的越式鼎（C265 等）、广州汉墓出土的铜壶（M1041）、罗泊湾一号汉墓出土的三件铜钟，二号汉墓出土的铜桶（67号）、广东临高县（今属海南省）出土的铜釜[⑤]即使用此法。对上述几件青铜器，仅通过肉眼观察，就可见器腹上有一道明显的合范痕，表明为二分范法之作；广西平乐县出土的铜鼎，鼎底的范铸呈圆形，腹部范痕有一道从足上穿过，系三合范一次铸成。[⑥]

3. **分铸法** 即铸接法，是相对于一次铸成技术而言的。这是中原早在商代前期就已发明并使用的技术，如 1974 年湖北黄陂出土的商代兽面纹卣即用此法

---

① 参阅陈公哲《香港考古发掘》，载《考古学报》1957 年第 4 期；Schofield，Walter，*An Archaeological Site at Shek Pik*，*Journal Monograph Ⅰ*，Hong Kong Archaeological Society，Hong Kong，1975；Maglioni，Raphael，*Archaeological Discovery in Easten Guangdong*，*Journal Monograph Ⅱ*，Hong Kong Archaeological Society，Hong Kong，1975。

② ［日］森本六尔：《青铜器的铸造》，载《日本考古学研究》，昭和十八年（1943）。

③ 广西壮族自治区文物工作队：《武鸣先秦墓葬清理工作有收获》，载《广西文物》1985 年第 2 期。

④ ［越］黎文兰等：《越南青铜时代的第一批遗迹》，河内科学出版社 1963 年版；余天炽等：《古南越国史》，广西人民出版社 1988 年版，第 114 页。

⑤ 梁明燊：《广东临高县出土汉代青铜釜》，载《考古》1964 年第 9 期。

⑥ 广西壮族自治区文物工作队：《平乐银山岭战国墓》，载《考古学报》1978 年第 2 期。

铸成。[①] 这表明，以往认为分铸法出现于春秋时代是不确切的。[②] 约在战国中期或稍后，这一技术传入岭南，到了西汉前期便广泛采用了，此法又可分为先铸法与后铸法。先铸法的工艺过程如下：首先铸出所需器物的小附件，如羊尊的羊角，提筩的附耳，鼎的盖钮、四足等，然后将铸好的附件嵌入外范内，把铜汁浇入范道，于是铸成；后铸法则先铸出主件，后铸附件。考古出土文物表明，汉代岭南已熟练地掌握了这一技术，譬如南越王墓出的Ⅱ型熏炉（C172），其炉盖、炉体、座足等四部分皆先分铸，然后嵌入座足的内范之中，在浇铸炉足时才合成，以此法铸成的还有越式鼎（G58）、铜匜（F56）、东汉前期广州汉墓的铜虎子（M4039）、后期的灯座（M5036）、铜壶（M5036）等多种器物。

范铸法可以铸造大件、小件的铜器，但却不适宜铸造器形复杂、雕镂精细的器物，失蜡法的发明正补充了这一不足。中国史籍对此法的记载，最早见于唐朝（《唐六典》），但1980年河南淅川出土的春秋时期的铜禁，器表繁缛精致的纹饰，即系失蜡法铸成，这就把中国使用失蜡法的时间前推至前6世纪。[③] 失蜡法的铸作过程如下：先用蜡做成需铸器物的模型，再用墐泥在蜡模上浇淋，使泥蜡凝结为一体，然后以火相烘烧，蜡汁化而流出，于是得到所需的陶范。西汉前期，失蜡法已在岭南地区得以应用。南越王墓出土有一件屏风的铜转角构件（D19－11），造型为力士操蛇，力士及蛇的形体均为自然的浑圆体，其表面没有范铸的痕迹，有关专家经过认真推究，发现蛇体之间、蛇与力士缠绕之处，均留有蜡模的接痕及修痕，确认为失蜡法铸成，力士两侧的云形框饰，乍看颇似范铸，但仔细测量前后两面的宽度，发现有的地方前、后两面的宽、窄是不一样的，没有统一的拔模斜面，而铸好之后是无法开范的，故科技史专家断定这些铜件是用失蜡法铸成的；[④] 此外，汉代岭南越族铸造的某些铜鼓的环形耳，亦是用失蜡法铸成的。

（二）铸造过程中的浇铸工艺

有关专家对此已有论述，[⑤] 我们在这里仅指出汉时岭南与中原的异同。

1. **浇口** 汉代岭南青铜器的浇口分布在器表的多处，如广西贵县罗泊湾铜

---

① 北京钢铁学院《中国冶金简史》编写小组：《中国冶金简史》，科学出版社1978年版。

② 杜迺松：《先秦两汉青铜铸造工艺研究》，载《故宫博物院院刊》1989年第3期。

③ 杜迺松：《失蜡铸造法与蚀花石髓》，载《光明日报》1980年10月14日。

④ 李京华：《南越王墓出土金属器制造技术试析》，见《西汉南越王墓》附录六，文物出版社1991年版。

⑤ 李京华：《南越王墓出土金属器制造技术试析》，见《西汉南越王墓》附录六，文物出版社1991年版。

鼓（一号墓的 11 号），其浇口在铜鼓侧面的范缝上，范缝较大，并有打磨的痕迹，且有的范缝时宽时窄，或者宽缝不达顶部，表明这是采用缝隙式浇口法铸成的，这是铸造体形巨大的北流型铜鼓的技术需要。秦汉时期的岭南还与同时期的中原一样，也采用了倒浇法，就是把浇口设计在器物的底部，如西汉前期的铜提筒（B58）与熏炉（C172）、东汉晚期的铜鼎（M5036）等即如此，但也有的青铜器把浇口设在器底中部，如一些圜足铜器（南越王墓出土的铜壶 C86）即如此。

2. **浇道** 中原地区的浇道一般为凸弧形，但汉代岭南却与楚地等长江流域的其他地区一样，浇道为凸长方形，例如西汉南越王墓出土的勾鑃（B96）。

3. **活蕊垫法** 这是常用于控制铜器胎质厚度，以确保器壁各处厚薄如一并支撑铸范内外模的方法，其具体做法就是在内外模之间夹一块小铜块（或多块），铜块的厚度也就是器壁的厚度，这种蕊垫的熔点较铸件高一些，以使表面稍许熔化，从而与新浇入的金属焊接而不致过多地降低它们的强度。[①] 汉代岭南已采用了这一方法。譬如广西发现的汉代铜鼓，其器表就可看见多块蕊垫，一般宽 1 ～ 2 厘米，贵县罗泊湾一号墓铜鼓（11 号），其鼓面上就分布了三层共 37 个蕊垫，可证。

4. **加强筋** 主要见于西汉初期的铜勾鑃，如 B96 号等器上，即在该器物上铸出一道或两道的凸筋，没有蕊撑孔，就是一种仅见于汉代岭南地区的工艺。[②]

通过上述的论述可知，汉代岭南在青铜器铸造技术上已与中原有许多共同点，如合范法、分铸法、失蜡法等，但也有不同处，如浇铸工艺上，岭南地区仍然沿用活蕊垫法及在铜器中部设置浇口的做法，在中原地区是属于春秋战国时代的技术，入秦汉之世已经很少用了，但在汉代（尤其是西汉前期）岭南仍有采用，表明岭南在铸造技术上，与中原相比较，仍是较落后的。[③] 此外，在长期的铸冶实践中，岭南工匠也创造出了一些独特的工艺，如加强筋工艺即为一例。

由于采用了上述较先进的铸造方法，因此，汉代岭南铸造出了许多杰出的青铜器，如代表南方青铜文化发达水平的铜鼓，在广西西林、贵县（今贵港）均有出土，广州南海神庙至今仍存一面，其中北流型铜鼓，是铜鼓中体形最大的一种，不仅铜鼓壁薄，音质宏亮，而且铸工精良，花纹精细。[④] 研究铜鼓的专家都认为它们是岭南地区青铜铸造技术高度发展的标志。[⑤]

---

① ［英］R. F. 泰利柯特：《冶金史》，华觉明等编译，科学技术文献出版社 1985 年版，第 90 页。

② 李京华：《南越王墓出土金属器制造技术试析》，见《西汉南越王墓》附录六，文物出版社 1991 年版。

③ 广州市文物管理委员会等：《西汉南越王墓》上册，文物出版社 1991 年版，第 332 页。

④ 蒋廷瑜：《西林铜鼓墓与汉代句町国》，载《考古》1982 年第 2 期。

⑤ 中国古代铜鼓研究会：《中国古代铜鼓》，文物出版社 1988 年版，第 192 页。

三、汉代岭南青铜铸造业中的辅助工艺及装饰工艺

（一）辅助工艺

1. 焊接工艺

焊接工艺约起于西周末、东周初，是转变期的一种重要的新兴金属工艺。①应用此工艺的最早实例是上村岭虢国墓地出土的铜壶及铜匜，据郭宝钧先生研究，其壶耳及匜鋬是分铸焊接的。② 约在春秋晚期或战国初期，聚居于今天湖南境内的越族就采用了这一工艺，在他们的民族器物——越式鼎等青铜器的铸造中予以使用。③ 至迟秦末、西汉初年岭南也使用了这一工艺。如南越王墓出土的三件铜瓿（B50、B62、B66）就采用了这一工艺，该瓿之足及一对牛首衔环即系焊接上去的；又如同墓出土的一件铜鉴（G68），其腹上部对生的两个大半环耳及鉴底的三个短小方形足，均系先铸成件之后，再通过焊接而成的；再如，同墓出土的小节约（系车马器，G164 等数十个），其背面无环，有一个焊接的横梁等。广西贵县罗泊湾一号汉墓出土的铜三足案（12 号），其案足亦系焊上。

另外，青铜器如有磨损，有时也用焊接工艺进行修补，如西汉前期的铜匜（E81），其底残裂后，用另一块铜片焊接上去；罗泊湾一号汉墓出土的铜盘（22、25 号）、铜钵（19 号）、铜匜（5、7 号）、铜鋗（39 号）、广东徐闻东汉墓出土的铜盆（M12）皆用此法。④

2. 铆接工艺与套接工艺

铆接工艺就是用铆钉来连结青铜器的某个部分。岭南地区在西汉初期就采用了这一工艺，如广州汉墓出土的Ⅱ型铜瓿七件（M1095、M1097 等），南越王墓出土的两件铜鋗（G80、G81）等，其瓿耳及三足等部均系分铸后以铆钉固定的。广西西林出土的四件铜鼓，每件的足边都钻有六个钻眼，铆入了一件四瓣纹花钉，工艺独特。⑤

岭南也与中原一样，用铆接工艺来修补破损的青铜器。南越王墓出土的铜盆（G78）、罗泊湾一号汉墓出土的六件铜盆（15、20、21、22、24、26 号）等器

---

① 华觉明：《中国古代金属技术》，科学技术文献出版社 1985 年版，第 504 页。

② 郭宝钧：《商周铜器群综合研究》，文物出版社 1981 年版。

③ 熊传新等：《湖南古越族青铜器概论》，见《中国考古学会第四次年会论文集》，文物出版社 1985 年版。

④ 广东省博物馆：《广东徐闻东汉墓——兼论汉代徐闻的地理位置和海上交通》，载《考古》1977 年第 4 期。

⑤ 蒋廷瑜：《西林铜鼓墓与汉代句町国》，载《考古》1982 年第 2 期。

均有铜钉铆补之痕。

套接工艺，是一种与分铸法一起使用的工艺。用分铸法铸成复杂的青铜器的几个部分之后，把各个部分套合起来，就成为一种完整的青铜器，这实际上是开始运用机械原理于器物制造了。[①] 套接工艺可用于较为复杂的青铜器，并且由于可以分合，因此便于取卸及组装，中原战国时代的铜灯就常用这一工艺，著名的有河北平山的中山王墓所出土的十五连盏灯。[②] 西汉初岭南亦应用了这一工艺，如南越王墓出土的两件铜灯（G62），似把豆形，灯盘敞口，直唇，唇沿外折，内底立三尖状乳突用以插蜡烛，灯盘与灯座用榫卯套合，盘底出一小节突，突上有两个小孔，用钉贯拴，显系套接工艺之作。罗泊湾一号汉墓出土的铜灯（8号），从主干分三层向外伸出九条支干，每支顶端托一桑叶形灯盏，主干顶端置金乌形灯盏，干、枝、叶、金乌皆系分别铸成，然后以榫卯套合，装卸十分方便。尤其值得一提的是，广西贵县风流岭三十一号汉墓出土的青铜马。[③] 该马体型高大，自足趾至耳高达115.5厘米，长109厘米，马背宽约30厘米，整个铜马分为头、耳、身躯、四肢、尾共九段，其铸造方法就是先铸出这九段，然后套接，装配接头为子母口，有铆孔，以竹钉固定即成，是不可多得的珍品。[④] 这表明汉代岭南套接工艺的应用已十分成熟了。

东汉后期亦可见这一工艺，如广东德庆汉墓出土的一件龙凤鱼虫案，案底有四个圆孔，用以安装四个活动扁足。[⑤] 广西梧州鹤头山二号墓出土的铜灯[⑥]亦然。

（二）装饰工艺

1. 鎏金工艺

鎏金工艺就是把金粉与汞的混合剂涂抹于青铜器表面，然后通过烘烧使汞蒸发，于是金粉就附着于铜器表面上了，通过鎏金工艺，不仅可以美化青铜器，使之更加光彩夺目，而且由于附着的金属隔绝了铜胎与空气，起到了防止铜器被氧化的作用。长江流域的湖南、湖北、浙江、安徽等地早在战国就采用了这一工艺。[⑦] 岭南与这些地区毗邻，至迟在西汉初期也引进了这一工艺，如广州汉墓出

---

① 曾延伟：《两汉社会经济发展史初探》，中国社会科学出版社1989年版，第120页。

② 河北省文管处：《河北省平山县战国时期墓葬发掘简报》，载《文物》1979年第1期。

③ 广西壮族自治区文物工作队：《广西贵县风流岭三十一号汉墓清理简报》，载《考古》1984年第1期。

④ 《中国历史学年鉴》（1985年），人民出版社1985年版，第81页。

⑤ 广东省博物馆：《广东德庆大辽山发现东汉文物》，载《文物》1981年第4期。

⑥ 李乃贤：《广西梧州市鹤头山东汉墓》，见《文物资料丛刊》第4辑，文物出版社1981年版，第135－142页。

⑦ 吴坤仪：《鎏金》，载《中国科技史料》1981年第1期。

土的铜壶（M1172）即为一例，至于南越王墓出土的鎏金青铜器，则更多（见表2）。

表2　南越王墓出土的鎏金铜器

类别	名称及数量（件）		编号及出处
兵器	镦	1	D195－2
	弩机	1	D128－1
乐器	钤钥	3	C196～198
	琴枘	12	东耳室出土8件，西耳室出土4件
车马器	冒	6	A23、A39、D10、D14、D117、D135
	軎	2	D38
	伞柄箍	4	C126、C154、C175、C230
	衡末饰	2	A11、A12
	曲尺形舆饰	4	A19、A20＋26、A21、A22
	当卢	4	西耳室出土
	盖弓冒	近百个	西耳室出土
	络管饰	523	西耳室出土
生活用具	印章	3	E45、E56、E123
	钫	2	B51、B52
	壶	3	B49、B84、B86
	匜	9	C74～82
	镜	1	C231
	带钩	13	B7、B101－1、B101－2、E27、E127、E147、F36、F37、F69及西耳室出土4件
	铜	9	C33、C34、C91～93、C94－1、C94－2、G80、G81
杂物饰物	柿蒂形饰	1	C186
	凤首饰件	2	E109－1、E109－2
	泡钉	616	皆出自耳室
	牌饰	8	H51（2件）、B65－4～7、D165、D73－1
	仪仗饰	2	H29（2件）
杂器其他	环	14	C251～252、E122－1～2、E130、E129（2件）
	扣	2	C95、C96

此外，西耳室出土的11枚铜钥（C228），其表面似亦曾鎏金。

通过上表统计，可知南越王墓出土的鎏金铜器及小饰物达1350件左右，这些鎏金铜器的特点有二：第一，车马器、泡钉等饰物占了绝大多数；此外，日常生活用具也占了一定的比例；兵器仅有两件，可能是专为殉葬而制。第二，小物件鎏金较多，而形体较大者鎏金则较少。

除南越王墓外，罗泊湾一号汉墓出土的三件铜匜（5、6、7号），其衔环上的铺首皆鎏金；二号墓出土的铜壶（68号），西汉晚期广州汉墓出土的冥币铜饼（M3030：64）亦都为鎏金。

值得一提的是，广西西林汉墓出土的大量鎏金铜器，如铜棺墓出土的铜棺、面具，铜鼓墓出土的骑马俑、各种牌饰、车马器饰件等，[①] 都是精良工艺之作，这与广州南越王墓出土的大量鎏金铜器一起，表明早在西汉早、中期，岭南的铜器鎏金技术就达到了很高水平。

东汉时期，鎏金工艺在岭南得以继续，如鎏金的带钩、冥币、马蹄金[②]、羽觞、刀[③]、铜泡钉、铜削[④]、熊钮（M5080）等可证。

鎏金工艺是汉代岭南青铜铸造技术的辅助工艺中最为发达的一种，鎏金铜器的做工精细，数量巨大，应用逐渐广泛，表明汉代岭南的铜器鎏金工艺不仅发达，而且其水平亦相当高。

2. 鎏银工艺

鎏银工艺的原理与鎏金一样。南越王墓出土了一些鎏银工艺的铜器，如西耳室出土的IN型盖弓帽三十六件中，除个别为鎏金品以外，余皆鎏银；东侧室出土的带钩（E106）、西侧室出土的带钩（F78、F83）皆是通体鎏银；此外，西汉中期广州汉墓出土的鎏银小铜铃（M2029：15，冥器），也说明汉代岭南有此工艺。不过，就目前考古出土品而言，这一工艺的使用是不普遍的。

3. 镶嵌工艺

镶嵌工艺有两种工艺流程：其一为“嵌镶法”，就是在铸好的青铜器表的纹槽内嵌入其他质料的丝片或块颗；其二为“铸镶法”，就是用预铸的花纹铜片安放在铸型内，通过浇铸而将花纹铜片铸结在器表。镶嵌工艺的目的是取得美观的艺术效果。进行这一工艺时，有的需用错石在铜器表面进行最后的打磨平整，有的（如镶入绿松石等宝石类块颗）则不需打磨平整。

常用的镶嵌材料有金、银、红铜、铁及其他某些金属、绿松石等宝石类，按王仲殊先生的说法，这一工艺在汉代中原虽然“并没有失传”，但应用此工艺

---

① 蒋廷瑜：《西林铜鼓墓与汉代句町国》，载《考古》1982年第2期。

② 广东省博物馆：《广东德庆大辽山发现东汉文物》，载《文物》1981年第4期。

③ 广西省文物管理委员会：《广西贵县汉墓的清理》，载《考古学报》1957年第1期。

④ 柳州市博物馆：《柳州市郊东汉墓》，载《考古》1985年第9期。

“确实是极少见了”。[①] 与中原地区相比，岭南应用此工艺是较广泛的，如罗泊湾一号汉墓Ⅱ式铜鼎中就有两件应用了这一工艺（31、32 号），下分质料而述之：

错金 南越王墓出土的一件虎节（C204），上有五字的错金铭文：“王命＝车𨑍（徒）”，色彩绚丽。

错银 南越王墓出土有一件伞柄箍（C230），即用此法装饰成一复杂的图案。

错红铜 南越王墓出土的一件带托铜镜（C231），其镜托背即错红铜、金、银、绿松石，嵌砌成一种很复杂的图案，令人目不暇接。这种铜器的错红铜技术，在秦汉之世的中原已不多见，秦汉以后则更难见了。[②]

镶嵌玻璃 南越王墓出土的铜牌饰中就有一种镶嵌玻璃的（C177），该牌饰镶上一块深蓝色的平板玻璃后，看上去黄蓝相间，十分美观。

镶宝石 如前所述的一件带托镜（C231）上即嵌有绿松石，同墓出土的一件龙形带钩（D153），其表面就包金并镶嵌有绿松石数十颗，光彩夺目；广东肇庆出土的一把铜剑，剑腊上亦镶嵌了宝石，与镂刻的细腻花纹相映成趣。[③]

镶嵌其他质料 广州汉墓出土的一件铜钼（M1172），其器腹中的两周小凹窝中嵌有金属；东汉后期广州汉墓的一件酒樽（M5054：22），其腹部亦镶嵌有方块形呈白色的金属物，共三行计 27 个，樽盖亦可见镶嵌的痕迹。

此外，广西贵县罗泊湾、平乐银山岭出土的某些青铜器亦曾镶嵌，但镶嵌物已脱落，今不详为何物。[④]

4. 张贴工艺

张贴工艺就是通过粘贴上金、银丝或其他物体，达到美观的装饰效果的工艺过程，古代希腊、罗马的雕像就曾流行过贴金的方法。

南越王墓出土的青铜器上多次应用了这一工艺，如虎节（C204），该虎节的老虎图像的毛斑铸出弯叶形浅凹槽，于其中加上粘料后，贴上金箔片，其背面亦按此法加工，使整个虎节看上去斑斓有序，立体感很强；又如龙形钩（D153），钩背白龙首以下的一段亦贴金箔片，在南越王墓中，还发现利用此工艺原理，以胶漆粘结镜面与镜托的铜镜（C231）。

5. 彩绘工艺

彩绘工艺指将颜料（以漆为最常见）绘于青铜器表。这一工艺在铜镜上使用得最频繁，如西汉前期广州汉墓出土的铜镜（M1058：2 及 M1175：13）的背

---

① 王仲殊：《汉代考古学概说》，中华书局 1984 年版，第 58、59 页。

② 王仲殊：《汉代考古学概说》，中华书局 1984 年版，第 58、59 页。

③ 广东省博物馆等：《广东肇庆市北岭松山古墓发掘简报》，载《文物》1974 年第 11 期。

④ 广西壮族自治区文物工作队：《平乐银山岭战国墓》，载《考古学报》1978 年第 2 期。

面均涂朱，南越王墓出土的几件铜镜中，镜 C145 - 73 即以白、青、绿三色颜料绘制卷云纹、波浪形纹、小圆点纹及人物；镜 E117 - 1、C213、C171 等都曾彩绘，一件属于明器的车辕饰（C256）表面亦彩绘。

广西汉代铜镜的彩绘多以黑漆，髹于器表，庄严典雅。罗泊湾一号汉墓出土的铜钫（9 号），器表曾髹黑漆，画成图案，现尚隐约可见口颈部有垂连三角齿纹；蒜头扁壶（17 号）、杯形壶（16 号）亦曾髹黑漆；尤其是提梁筒（42 号），更是精美绝伦，表现的人物、禽兽、花木、山岭、云气等，栩栩如生；广西汉代青铜器的彩绘亦有用红色者，如前述的贵县青铜马，其眼、鼻、舌、唇及同墓出土的铜桶的袍、甲均曾彩绘，以致如今仍可见残留的朱色痕迹。[①] 可见，汉代岭南的青铜器上已施红、黑、白、青、绿等颜色，使铜器更加美观、华丽。

6. 镂雕工艺

镂雕工艺，指用铁或钢制的镂刻工具在青铜器表刻凿出一定的形状，以取得某种装饰效果。包括镂空、镂刻等方法。这一工艺在战国就已出现，汉代又有了进一步的发展，该工艺主要流行于包括岭南在内的南方地区。[②]

镂空，在岭南汉代铜器上极为常见，如西汉初期广州汉墓出土的一件甑（M1172），其底即满布透气的小圆孔，系在铸成之后才钻凿而成的，在南越王墓出土的青铜器中更常见这一工艺方法，尤其是熏炉，镂空的花纹有多种：炉盖、炉身为三角形镂孔者（B61）；盖顶及炉体上部的气孔作菱形纹者（C72）；盖顶及炉体均作波形纹者（E23）等。西汉初期后，岭南承袭了这一工艺，如西汉中期的铜壶（M2060：15）、晚期的“S”形云纹镂孔的铜壶[③]等。

镂刻，即以刻刀镂出纹饰，这种阴刻的花纹是岭南所铸青铜器的特征之一，如西汉中期广州汉墓出土的铜卮（M2029）、晚期的铜盒灯（M3028：31）、广西出土的西汉晚期的铜缸、奁，皆錾刻三角纹、网状纹、锦纹[④]；东汉后期的铜瓶（M5028：7）、温酒樽（M5003：52）、铜案（M5054，共 4 件）、熏炉（M5036）、铜灯（M5060）等。多类型、不同用途的青铜器上镂刻工艺的应用，表明汉代岭南镂刻工艺的应用十分广泛，而且，就两汉而言，时间越往后，镂刻工艺就越成熟，应用的范围就越广泛。

通过第二、三节对汉代岭南复杂的青铜铸造技术与制造工艺的叙述，汉代岭

---

① 广西壮族自治区文物工作队：《广西贵县风流岭三十一号汉墓清理简报》，载《考古》1984 年第 1 期。

② 王仲殊：《汉代考古学概说》，中华书局 1984 年版，第 58、59 页。

③ 广西壮族自治区文物工作队等：《广西贺县河东高寨西汉墓》，见《文物资料丛刊》第 4 辑，文物出版社 1981 年版，第 29 - 46 页。

④ 广西壮族自治区文物工作队：《广西合浦县堂排汉墓发掘简报》，见《文物资料丛刊》第 4 辑，文物出版社 1981 年版，第 46 - 57 页。

南人民能生产出许多精美绝伦的青铜器也就很自然了，如青铜马、铜鼓、提筒、铜案、凤灯等①，这些青铜器不仅铸工精良，使用方便，而且在造型的工艺设计上符合美学原则，因而富有艺术魅力，这种实用性与艺术性结合巧妙的青铜器，表明了汉代岭南铸造业在铸造、浇灌、器物形体设计、铸成后的装饰加工等多方面已具有很高水平，充分代表了汉代岭南青铜铸造业所达到的高度，从中也可以看出我国文化在国内不同地区因地域差异而表现出来的地域特色。譬如以装饰而言，在中原铜器逐渐减少繁缛的花纹，素面成为铜器装饰的主流时，镂雕工艺在岭南却被大量采用，尤其是细腻的阴刻，与中原地区铜器的庄重浑厚、典雅堂皇，以及北方地区铜器的粗犷有力、体态矫健的艺术风格迥异；② 在鎏金等方面亦有同样的情况出现。

四、汉代岭南青铜铸造业发达的原因

我们认为，汉代岭南青铜业发达的原因有三：历史条件、自然条件与邻近青铜文化的交流影响，下简析之。

（一）先秦岭南的青铜冶铸已经相当发达

先秦时期岭南地区青铜冶铸的发达，其主要原因在于接受了中原地区青铜文化的影响。

岭南地区在先秦时期为百越民族聚居之地，那时便与中原有密切关系，在《尚书·费誓》《诗经·大雅》《逸周书·王会解》等史籍中，以及先秦中原铸造的青铜器上均可见“南夷”“南瓯”“仓吾”“南国”“南海”等词③，可证。在这种历史条件下，先进的中原文化对岭南产生影响十分自然。1949 年后，尤其是二十世纪五六十年代以来，以西江流域为中心的岭南地区清理了大批先秦墓葬，青铜器占随葬品的 80% 以上，个别达 100%，以分布地点而论，在今广东境内有佛山、清远、肇庆、四会、德庆、龙川、广宁、佛岗、怀集、罗定、龙门、曲江、兴宁、封开、和平、始兴、乐昌、揭阳、惠来、博罗、深圳、海丰等地，今广西境内则有武鸣、恭城、北流、兴安、梧州、平乐、灌阳、宾阳、平南、靖西、灵山、田东、忻城、柳州、贺州、象州、桂平、容县等地；④ 以青铜器种类

① 广西壮族自治区文物考古写作小组：《广西合浦西汉木椁墓》，《考古》1972 年第 5 期。

② 宋治民：《汉代手工业》，巴蜀书社 1992 年版，第 53 – 55 页。

③ 郭沫若：《两周金文辞大系图录及考释》，科学出版社 1957 年版。

④ 文物编辑委员会编：《文物考古工作三十年》，文物出版社 1979 年版，第 329 – 330、341 – 343 页；《文物考古工作十年》，文物出版社 1991 年版，第 220 – 222、233 – 234 页。

而论，也有铜鼎、釜、壶、缶、鉴、盘、编钟、钲铎、剑、刀、戈、削、刮刀、镞、钺、斧、匕首、箭、叉形器、车马器等多种，其中，人首铜柱、青铜匕首、铜鼓、方印形器、伞盖、车马器更具浓郁的南方特色，以上说明，早在商周时期，岭南地区的土著居民就与黄河、长江流域有经济往来和文化交流，[①] 并且，从春秋、战国时代起，岭南地区青铜铸造受中原影响，不仅有了较好的基础，而且包括岭南在内的南方冶铸业已“相当发达”，是南方青铜文化发达的地区之一。[②]

台湾李东华先生也认为，岭南地区发现的春秋、战国时代的青铜器，说明在先秦时期岭南已有水准不差的青铜铸造业。[③] 这也可作为我们论点的支持。

（二）优越的自然条件

岭南地区气候温暖，植被繁茂，在古代就能够为耗能甚多的铜矿冶炼提供充足的燃料；而且，岭南的铜矿蕴藏十分丰富，这就为青铜冶铸业在岭南的发展提供了良好的自然条件。

岭南地区铜矿蕴藏丰富，古今文献有记载。早在《禹贡》一书中就有如下记载：荆州、扬州，“厥贡惟金三品”；孔传云“金、银、铜也”。这说明包括岭南在内的南方、东南方地区从先秦时期就出产铜。到了西汉初期，岭南就以多铜而闻名，作为经济中心的番禺，更是“银铜、果布之凑”的“一都会”[④]。唐朝时，岭南的铜陵县“汉属合浦郡，界内有铜山”[⑤]。宋时《太平寰宇记》亦称“铜陵县本汉临允县，属合浦郡，宋之龙潭县，隋改为铜陵。以界内有铜山。铜山，昔越王赵佗于此山铸铜”[⑥]，甚至指明西汉初期的南越王赵佗曾在铜山铸铜。唐德宗建中初期（780 年后），“判度支赵赞采连州（今广东连州市）白铜铸大钱，一当十，以权轻重”，[⑦] 这就是钱币史上有名的白开元大钱。宋初，韶州城南 70 里处（今广东韶关）又曾“置场采铜”。明清之际，“广东亦有赤铜”“广西右江州峒有之，往时掘地数尺即有矿”[⑧]，等等。

---

① 马承源主编：《中国青铜器》，上海古籍出版社 1988 年版，第 486－493 页。

② 中国古代铜鼓研究会：《中国古代铜鼓》，文物出版社 1988 年版，第 118、230、192 页。

③ 李东华：《秦汉变局中的南越国——岭南地区对外发展史研究之一》，见张炎宪主编《中国海洋发展史论文集》第 3 辑，台湾“中央研究院”中山人文社会科学研究所丛刊（24）1988 年版，第 227 页。

④ 《汉书·地理志》。

⑤ 《旧唐书·地理志》。

⑥ 《太平寰宇记》卷一五八“春州铜陵县”条。

⑦ 《新唐书·食货志》。

⑧ 〔明〕屈大均：《广东新语》卷一五《货语》。

此外，据《旧唐书·地理志》、《九域志》、张端义《贵耳集》等书记载，在今广东的连山、曲江、恩平、阳春、梅县、惠阳等地皆出产铜。① 《西汉南越王墓》也指出粤西、粤东、粤北皆有丰富的铜、锡矿资源。② 又据《广西通志稿》称，广西境内，“凡金银铜铁锡铅锌锰……莫不具有，蕴藏量颇大，成色亦佳”。③ 根据地质部门调查，在广西苍梧、贺州、钟山、北流、容县、龙州等地，都分布有铜、锡、铅矿。④

考古发掘证实了文献记载的可信。前引文献所言的铜陵县，在今广东、广西交界处，其境内的铜山，位于今广东阳春、广西贵港和横州之间的云开大山山区，即在今广西北流县铜石岭、容县西山及岑溪等地。⑤ 铜石岭，自1949年以来，就不断发现了与古铜冶遗址有关的遗物，如仅是铜锭、铜块就发现了多次（见表3）。

表3　1949年后铜石岭发现的铜锭块

时间	发现者	铜锭、块详情	出处
1966年	广西文物工作队潘世雄	铜鼓碎片一块，长6.25厘米，宽3.6厘米，厚0.4～0.5厘米	蒋廷瑜等编：《北流型铜鼓探秘》，广西人民出版社1990年版，第112－113页
不详	当地农民	铜锭，总重约35公斤	蒋廷瑜等编：《北流型铜鼓探秘》，广西人民出版社1990年版，第114页
1975年	不详	铜锭20余块，重15公斤	蒋廷瑜等编：《北流型铜鼓探秘》，广西人民出版社1990年版，第115页
1976年	广东阳春县农民	长方形铜锭一块，长20厘米，宽6厘米，厚1.5厘米	蒋祖缘、方志钦主编：《简明广东史》，广东人民出版社1987年版，第46页

比铜锭、铜块更重要的是，古铜冶遗址及有关的炼炉、铜渣等物的发现，早在20世纪60年代的地质普查中，就发现铜石岭有7个古矿井，经地质钻探后，发现铜石岭富含铜矿，当时顺便清理了3个矿井，发现矿井竟深达20多米，井

① 〔清〕阮元主修、陈昌齐等主纂：《广东通志》卷九四《舆地略十二·金略》。
② 广州市文物管理委员会等：《西汉南越王墓》上册，文物出版社1991年版，第406页。
③ 〔清〕蒙起鹏：《广西通志稿·物产》。
④ 余天炽等：《古南越国史》，第116页。
⑤ 洪声：《广西铜鼓研究》，载《考古学报》1974年第1期。

上散布着大量的矿石碎块（孔雀石）。[①] 同一时期，广西玉林的文物部门经调查，发现铜石岭遗址包括大铜石岭、小铜石岭及会岭台山等地，约3平方公里，遗址内，随处可见炉渣、残炉壁及鼓风管等遗迹；[②] 以后经1977年冬、1978年春的两次发掘，进一步证实该遗址是汉代至唐朝的，并发现炼炉14座、灰坑9个、排水沟2条，采集到一批鼓风管等遗物，炉渣的分布很广，南北长约2000米，东西宽约250米，炉渣数量大，形态均匀光滑。[③]

以铜石岭冶铜遗址为例，可推知西汉初期及这以后岭南地区青铜冶炼的某些状况。

该遗址分布面积较大、炉渣数量较多，可推想当时冶炼的规模已相当可观，炼炉的直径一般在1～2米，较汉代中原地区为小，[④] 而且炉壁小、结构简单，结合炼炉外地面上的红烧土及炼炉内的炭屑灰烬，可以推知当时的冶炼方法是先燃烧木炭，再通过鼓风管人工向炉内鼓风，这是一种比较落后、原始的冶炼方法，与之配套的生产设备也较为简陋；通过对炉渣的矿相检验，知其主要含量为二氧化硅，含铜量一般在0.5%，取样标本的平均值为1.07%，与湖北大冶铜绿山春秋早期炼渣中含铜量平均值0.7%较为接近，[⑤] 可知汉代岭南的冶铜技术虽然原始，配套的生产设备虽然简陋，但富于智慧的岭南人民仍然冶炼出了具有高含量的铜锭，较熟练地掌握了冶炼提纯技术。北京钢铁学院的同志认为，铜石岭遗址炼铜1吨，仅耗木炭16吨，是有较高冶炼水平的，应用物料平衡法核算一下，每个炼炉一年可出铜3.2吨。[⑥] 联系到铜石岭遗址中炼炉密布的情况，可知钢石岭一年的出铜量相当可观。

此外，岭南地区也出产铸造青铜所必需的锡、铅矿，岭南地区从先秦起就生产锡，广西的北流、博白、桂平、容县、贺县（今贺州）皆产锡，[⑦] 清初广东学者屈大均甚至说，“（广西）贺县出锡，故名贺。贺，锡也”，又指出“广东长

---

① 蒋廷瑜等编：《北流型铜鼓探秘》，广西人民出版社1990年版，第93－94页。

② 唐尚恒：《粤式铜鼓铸地问题初探》，见《第二次古代铜鼓学术讨论会资料集》（1984年），文物出版社1984年版，第19页。

③ 广西壮族自治区文物工作队：《广西北流铜石岭汉代冶铜遗址的试掘》，载《考古》1985年第5期。

④ 刘云彩：《中国古代高炉的起源和演变》，载《文物》1978年第2期。

⑤ 孙淑云等：《广西北流县铜石岭冶铜遗址的调查研究》，载《自然科学史研究》1986年第5卷第3期。

⑥ 孙淑云等：《广西北流县铜石岭冶铜遗址的调查研究》，载《自然科学史研究》1986年第5卷第3期。

⑦ 万辅彬等：《铜鼓矿料来源的研究》，中国南方与东南亚铜鼓和青铜文化国际学术会议论文，1988年版。

乐、兴宁、河源、永安皆产锡”“韶州产锡”；[①] 明黄佐《广东通志》《九域志》等称广东的广州、阳春、阳江、梅州、高明出产铅，清远、惠阳、信宜等地出产锡。[②] 锡、铅都是铸造青铜的必备材料。

（三）汉、楚、西南民族以及东南沿海等地青铜文化对岭南青铜文化的影响

汉代岭南青铜铸造业发达的原因，除有利的历史条件、优越的自然条件外，还有较为有利的技术条件，这就是指岭南人民对先秦及秦汉的汉、楚、西南民族以及东南沿海文化的先进铸造技术的引进和借鉴。

已如前述，先秦岭南铸造的青铜器，大多数的铸造工艺、造型、纹饰、铭文皆具有中原地区的特点，受汉文化影响良深，汉时仍然如此。仅以铜鼓纹饰为例，西汉早期岭南铜鼓鼓面的主晕花纹为翔鹭，而以鹭饰鼓在中原地区有着悠久的历史；西汉中期以后，岭南北流型铜鼓上的主要纹饰，除云雷纹外，开始出现了“五铢”钱纹，东汉以后则出现了“X”字钱纹，都是汉代中原青铜器上的流行纹饰，[③] 又如广西贵县罗泊湾1号汉墓出土的提梁筒（42号）上描绘的云气、仙人，与汉代中原流行的长生不老、神仙迷信思想息息相关，二者文化交流之盛，于斯可见一斑。此外，属于中原的江西地区先秦青铜铸造技术也值得一提。在江西清江吴城冶铸遗址，从1973年以来，已累计发现刀、凿、镞、锛、斧、戈、钺等青铜器的铸范300余块，其分型面磨光，有的甚至是一范多型，除吴城外，在清江县境内的营盘里、筑卫城、樊城堆以及乐平县也都发现了石范，其制作技术较高。[④] 近些年，江西新干大洋洲青铜文化遗址也说明了此点。

楚文化源远流长，青铜冶铸水平也很高，先进的技术对岭南产生了相当大的影响，[⑤] 从两广出土的先秦青铜器表流畅的云气纹、羽状纹、雷纹、绹纹以及鸟状纹可以看到楚文化的痕迹。徐恒彬先生认为楚文化的影响至迟在春秋晚期已覆盖广东及整个岭南地区，至战国时期，楚文化的影响已经深入到广东社会的重要方面，使南粤社会发生了显著变化。黄展岳先生则认为，战国中期以后，由于楚国势力进逼岭南，岭南与楚的交流得以加强，在中原青铜文化、楚文化的强烈影

---

① 〔明〕屈大均：《广东新语》卷一五《货语》。

② 〔清〕阮元主修、陈昌齐等主纂：《广东通志》卷九四《舆地略十二·金略》。

③ 中国古代铜鼓研究会：《中国古代铜鼓》，文物出版社1988年版，第191页。

④ 彭适凡等：《江西早期铜器冶铸技术的几个问题》，见《中国考古学会第四次年会论文集》，文物出版社1985年版。

⑤ 蒋廷瑜等：《广西先秦青铜文化初论》，见《中国考古学会第四次年会论文集》，文物出版社1985年版。

响下，岭南人接受了先进技术，青铜冶铸业得到了较快的发展。[①] 通过广州南越王墓出土的楚镜等多种青铜器也令人看到了当时岭南与楚的联系。

西南地区是铜鼓的起源地之一，最古老的石寨山型铜鼓就分布在这里，生活于斯地的滇人、句町、夜郎等民族曾铸造及使用过铜鼓，他们的青铜铸造技术也对岭南产生了影响，这其中，以滇文化对岭南影响最大。活动于云南中部滇池地区的滇人，在西南地区较早建立了国家，社会经济较为发达，其制造的青铜器（尤其是铜鼓）从形制花纹到合金成分都显示出发达青铜时代的特征，[②] 滇地至迟在西汉初年就与岭南通过牂牁江建立了直接联系，[③] 南越国的使节也曾到过滇地西部的同师（今云南龙陵一带[④]），二者相互交流频繁；处于滇地与岭南中间的句町人，在汉初就能够制造铸工精良、纹饰优美的铜案、精致硕大的铜鼓、重达几百斤的铜棺，表明句町的青铜冶铸水平也很高，处于高度发展的青铜文化阶段。[⑤] 句町毗邻岭南，当与岭南有较紧密的交往。贵州的古夜郎地区，在先秦、秦汉时代青铜文化也有一定的发展，不但形成了自己的独特风格、拥有自己的典型器物，[⑥] 而且与四邻的滇、巴蜀、南越等青铜文化有一定的交流。这都对岭南青铜文化的发展产生了影响。

早在先秦时代，岭南就与浙江良渚文化、山东大汶口文化、两湖的江汉地区等原始文化有交流，石峡文化遗址出土的玉璧、玉琮代表了先秦时代岭南与江浙良渚文化的联系。而春秋、战国时期，岭南与江浙地区的文化交流较前又有发展。二十世纪七八十年代广东揭阳战国墓葬随葬的原始瓷匜与上海金山戚家墩遗址以及江苏淮阴高庄战国墓出土的相同[⑦]，可视为当时双方有比较密切文化交往的证物。[⑧]

至此，可以看出，优越的自然条件及有利的历史、技术条件，促成了岭南青铜铸造业在两汉时期的发达。岭南青铜冶铸业，既是汉代铸造业的重要组成部分，又是对同期中原铜器生产不景气的补充。

---

① 黄展岳：《论两广出土的先秦青铜器》，载《考古学报》1986 年第 4 期。

② 中国古代铜鼓研究会：《中国古代铜鼓》，文物出版社 1988 年版，第 233－234 页。

③ 《汉书·西南夷两粤朝鲜传》及《史记·南越列传》。

④ ［日］泷川资言：《史记会注考证·西南夷列传》引清人丁谦说。

⑤ 蒋廷瑜：《西林铜鼓墓与汉代句町国》，载《考古》1982 年第 2 期。

⑥ 宋世坤：《贵州古夜郎地区青铜文化初论》，见《中国考古学会第四次年会论文集》，文物出版社 1985 年版。

⑦ 上海文物保管委员会：《上海市金山县戚家墩遗址发掘简报》，载《考古》1973 年第 1 期；淮阴市博物馆：《淮阴高庄战国墓》，载《考古学报》1988 年第 2 期。

⑧ 文物编辑委员会编：《文物考古工作十年》，文物出版社 1991 年版，第 222 页。

两汉时期苍梧郡文化述论

两汉时期（本文指前111—220）的苍梧郡，为秦代桂林郡的部分。西汉初年为赵氏南越王国苍梧秦王的封地。元鼎六年（前111），汉武帝平定南越国后，以其地置苍梧、南海、郁林、交趾、合浦、九真、日南等郡。根据《汉书·地理志下》的记载，苍梧郡下辖广信、谢沐、高要、封阳、临贺、端溪、冯乘、富川、荔浦、猛陵等共10县（东汉增设鄣平，为11县），治所在广信（今广西梧州市）[①]，辖境相当于现今广西都庞岭，大瑶山以东，广东肇庆、罗定以西，湖南江永、江华以南，广西藤县、广东信宜以北的广大地区。[②]

关于汉代苍梧等岭南诸郡在中华文化史上的地位，一些前辈学者已经做了某些探索工作。20世纪30年代，罗香林先生就在《中国学术史上广东的地位》等论文中，将广东的学术文化划分为四个历史时期，其中第一时期为西汉至杨隋，系接受中原学术的时期，罗先生还指出，应注意汉代粤西地区文化的发展；[③] 稍迟的30年代末期，徐松石先生也在名著《粤江流域人民史》中研究了岭南古代文化，提出“岭南经学，实以二陈（陈钦、陈元）为始”等见解；[④] 80年代，著名学者马雍先生亦指出，岭南地区的交趾为东汉南方对外通商的一大口岸，其在海路交通线上的地位，与陆通交通线上的敦煌相等；马先生还指出，汉末士燮治理交趾时，当地的儒学是很盛的。[⑤] 以上诸先生的研究，为我们的探索提供了很大的方便。

我们认为，秦汉之前的岭南地区，为百越民族聚居之地，民风淳朴，文化落后；但汉武帝统一岭南后，苍梧郡的文化面貌却有了很大变化：公私办学积极，民俗日益汉化，学术活动频繁，各类人才空前涌现，尤其是先后出现了陈钦、陈

---

① 传统观点认为汉广信即以后的梧州，如明代广东学者叶春及认为“《一统志》苍梧县即汉广信，苍梧郡治此，故陈元父子载于苍梧”（《广东新语》卷七《人语》），《辞海》亦然。但据今人陈乃良调查，认为自汉至隋苍梧郡治广信均在今广东封开县江口镇，唐代后期移至广西梧州，见陈撰《岭南古代一奇葩》一文，转引自徐俊鸣《岭南历史地理论集》，中山大学学报编辑部1990年版，第262页。

② 《辞海》地理分卷的历史地理分册，上海辞书出版社1982年版，第116页。

③ 《书林》1937年第1卷第3期。

④ 徐松石：《徐松石民族学研究著作五种》，广东人民出版社1993年版，第168页。

⑤ 马雍：《东汉后期中亚人来华考》，见《西域史地文物丛考》，文物出版社1990年版，第46－59页。

元、陈坚卿祖孙三代，士燮、士壹、士䵋、士武兄弟四人等全国闻名的经学家，文化可谓盛极一时，超过了汉代岭南的南海、合浦、郁林、桂阳等郡，成为当时岭南地区最先进的地区，就是在全国范围而言，苍梧郡亦跻身文化先进地区之列。尤其是越到汉朝后期，这种文化兴盛的表现就越为明显。本文拟通过对汉代苍梧郡文化诸况的叙述，揭示其兴盛程度，并从农业经济基础、政治制度的完善程度、地理及交通的有利条件、中原各种人士来到苍梧郡及本地区古老文化因素等诸方面，分析两汉300余年中苍梧郡文化兴盛的社会原因。

一、汉代苍梧郡文化之诸况

由于文献记载的匮乏，至今我们仅能明确勾画出汉代苍梧郡文化面貌的某些方面，虽然这种描述不是十分全面的，但一叶知秋，我们仍可从中窥知当时苍梧郡文化的发展情况。

（一）公私积极兴学

与中原相比，岭南地区教育事业的起步是落后的，并且发展的速度也比较缓慢。但在西汉武帝设置岭南诸郡之后，岭南的一些地区，如苍梧郡、桂阳郡等已出现了日趋繁盛的兴学之风，根据主办者的性质，可分为公、私办学两种类型。

先言私人办学。私人办学者多为从北方南下的士人，甚至是著名经学家。譬如汉末北海郡人刘熙，明代郭棐《粤大记》称赞他“博览多识，名重州党”，建安中期，“荐辟不就，往来苍梧南海，客授生徒数百人”。[①] 这数百生徒中，不少人成了有名的士人及官吏，如南阳人许慈“师事刘熙，善郑氏学，治易、尚书、三礼、毛诗、论语”，建安中叶，学成后的许慈与“许靖等俱自交州入蜀，为博士，后主世稍迁至大长秋”；[②] 再如汉末、三国初期的名臣虞翻，奄通典籍，学识渊博，曾举茂才，及“汉召为侍御史，曹公为司空辟，皆不就”，后仕于东吴，一次因触犯孙权，被徙交州，“在南十余年”，“虽处罪放，而讲学不倦，门徒常数百人”，虞翻在岭南“以典籍自慰”，“又为老子、论语、国语训注，皆传于世”。根据《会稽典录》，虞翻的第四子虞汜“生南海，年十六，父卒”[③] 及

① 〔清〕阮元主修、陈昌齐等主纂：《广东通志》卷三二七，本文所言的《广东通志》，非特别往明者，其版本皆指此书。

② 《三国志·许慈传》。

③ 见《三国志·虞翻传》，马雍先生甚至认为，在虞翻手下受学的数百门徒中“恐亦不乏胡人”，当时一些来华的胡裔名僧，其幼年亦可能在岭南“受过儒学的熏陶”，以至“其熟习《论语》等书，自不足怪”，参见《东汉后期中亚人来华考》。

《吴书》云虞翻复为孙权徙至苍梧猛陵等事[①]，可知虞翻被徙岭南至少在 16 年以上。这 10 余年间，虞翻来往于南海、苍梧等郡，积极办学，对包括苍梧、南海等郡在内的岭南地区的文化促进之功必定不少。

在苍梧郡私人办学的还有岭南籍的士人，其中以南海郡人黄豪最为著名。明代黄佐《广东通志》曰，黄豪“年十六，通论语、毛诗，弱冠诣交趾部，刺史举茂才，因寓广信，教授生徒”。[②] 通儒家经典的茂才黄豪在苍梧郡首府广信的兴学授徒，对儒学在岭南的传播及苍梧郡文化事业的发展起到了推动作用。

事实上，早在东汉光武帝刘秀在位时期，苍梧广信籍的经学家陈元就办过私学，史载陈元在京都洛阳教授生徒，“传春秋左氏学”，[③] 可谓肇其端焉。

除了私人办学，苍梧郡应有官学。联系到汉代苍梧郡的邻区桂阳等郡皆设有官学[④]、交趾部所驻的苍梧郡治广信能举茂才（如黄豪）、苍梧郡人能够担任异地之县令等官职（如后文将言及的邓盛等人），以及苍梧郡出现了不少符合儒家伦理、德行的忠孝之士等事实，我们认为，汉代苍梧郡已有官学是可以肯定的，只是史志阙于记载罢了。

在一个人口仅几十万的地区，能够有多位学者办学，而且先后从师授学者亦有数百上千之众，仅此点可知当时苍梧郡兴学之风日盛。

（二）民俗日益汉化

当一种先进文化与另一种落后文化发生激烈的文化冲突后，往往是落后的文化向先进的文化靠拢，并主动吸取，这种现象，类似于欧美人类学界提出的“涵化”（acculturation）概念[⑤]。具体到汉代苍梧郡而言，就是抛弃较落后的越族文化的大部分过时因素，接受汉族文化的有益因素，实质上就是接受更为彻底的汉化，这在文化领域的一个重要表现是苍梧郡民俗的汉化。所谓民俗，与时代精神一样，都是一种精神的气候（法国哲学家丹纳语），从社会文化角度看，都属规范文化（又称行为文化），具有规范所属社会成员的行为，以维系所处社会的政治、经济秩序的性质。苍梧郡民俗的汉化亦如此。

早在秦始皇时代，已将犯罪的官吏、触犯帝王的官僚及失势的外戚徙于岭南的苍梧等地，如秦始皇三十四年（前 213），“谪治狱吏不直者，筑长城及南越

---

① 《三国志·虞翻传》。

② 《广东通志》卷二六八引。

③ 《后汉书·儒林列传》。

④ 《后汉书·循吏列传·卫飒》。

⑤ 瓦克特尔（N. Wachte）在《论涵化》（巴黎 1974 年版，第 124－146 页）一书中对此有详细的表述。

地”[①]。西汉武帝统一岭南后沿袭了这一做法，如成帝时驸马都尉董宽信、哀帝时方阳侯孙宠、平帝时中太仆、关内侯史立等人被贬徙岭南皆可说明此点。[②] 这些人大多具有较高的文化水平，谙悉中原典章制度，遵循儒家学说的教诲，他们被贬到岭南，其一举一动有意识或无意识地影响着所到地的汉越各族人民，他们的亲身示范作用，对宣扬儒家礼制文化、苍梧民俗的汉化起着潜移默化的作用，这就使得苍梧郡在有了琅琅入耳的读书之声后，又新增了“笳箫鼓吹”“鸣钟磬”的声音。[③] 诚如《三国志》所记载，西汉之世，“颇徙中国罪人杂居其间（指岭南诸郡），稍使学书，初知言语，使驿往来，观见礼乐”[④]。这样客观上取得了很好的效果。

汉季失权柄，军阀大混战，避乱的中原人士大量涌入苍梧郡等岭南地区（下面将叙及），亦加强了这种潜移默化的规则示范作用。史籍给我们提供了一个著名事例：汉献帝初平中期，中原大乱，士人桓晔乃“浮海客交趾”，“越人化其节，至闾里不为讼”[⑤]，可证。

有的研究者认为，苍梧孝子丁密、顿琦，忠烈之士衡毅、钱博等人的举动行事，充分反映了当地的社会意识及学校教育的倾向。[⑥] 这是有一定道理的。此外，通过公私兴学，儒家的伦理名教及婚姻、丧葬等礼制亦得以在苍梧郡宣扬及推行，这在一定程度上改变了苍梧地区某些越族“不知礼则”“不闲典训”的落后状况，[⑦] 因而具有移风易俗、加速汉化的作用，这也是苍梧郡文化进步的重要原因。

（三）学术活动频繁

我们之所以认为苍梧郡学术活动比较频繁，是基于以下三方面的事实：第一，由于众多士人相聚一堂（最鼎盛时经学家及士人有100余位，加上他们的门生、弟子当达数百名），研讨经学，使得苍梧郡的学术辩论气氛比较浓厚；第二，学者各自著书立说，弘扬儒家学术文化，因而学术著作层出不穷；第三，经学家及其学术思想对当时及后世的影响较为深远。这三方面的事实，亦即三项评价指标，随着历史的向前发展，其显示得越来越为清晰、明显。

两汉之际及东汉末年，为避难仇，中原人士大量逃往岭南地区，查两汉书

---

① 《史记·秦始皇本纪》。

② 分见《汉书》之《外戚冯昭仪传》《外戚恩泽侯表》《董贤传》。

③ 《三国志·士燮传》及裴注。

④ 《三国志·薛综传》。

⑤ 《后汉书·桓荣传》。

⑥ 蒋祖缘、方志钦主编：《简明广东史》，广东人民出版社1987年版，第92－93页。

⑦ 蒋祖缘、方志钦主编：《简明广东史》，广东人民出版社1987年版，第92－93页。

《地理志》，知苍梧都在西汉时仅有“户二万四千三百七十九，口十四万六千一百六十”，而至东汉却激增至“户十一万一千三百九十五，口四十六万六千九百七十五”，人口增幅为岭南诸郡之最，之所以然，其主要原因在于中原各种人士的南下。如汉末士燮主政交趾时，“中国士人往依避难者以百数”①，其中不少是全国著名的经学家或士人，汉时出避交趾（州）的中原士人可参见表1。

表1　汉时出避交趾（州）的中原士人

出避时间	姓氏	简况	出处
新莽时期	士燮七世祖	鲁国汶阳人，避王莽之乱来到交州	《三国志·士燮传》
新莽末年、东汉初年	胡刚	名臣胡广之后，处士，清高有志节，王莽篡汉，遂亡命交趾	《后汉书·胡广传》
东汉末年	薛综一族	沛郡竹邑人。综少时，依族人避地交州，从刘熙学，成为士人	《三国志·薛综传》
东汉末年	袁徽	陈郡扶乐人，名臣袁涣之从弟，以儒素称，遭天下乱，避难交州	《三国志·袁涣传》
东汉末年	许慈	南阳人，避地交州，从刘熙学	《三国志·许慈传》
汉献帝初平中叶（约191—192）	桓晔	修志，避乱至会稽，从会稽浮海，客交趾越人	《后汉书·桓荣传》
汉献帝兴平二年（195）	许靖、许劭兄弟	二许为名士，率附从、疏亲，与袁沛、邓子孝等走交州避难	《三国志·许靖传》
汉献帝某年（196以前）	袁忠	世家大族，为袁安之玄孙，浮海至交趾	《后汉书·袁闳传》
汉献帝建安中叶（200—210）	刘熙	经学家，博学多识，名重州党，往来苍梧、南海二郡之间，大兴私学	〔明〕郭棐《粤大记》（阮元《广东通志》卷三二七引）

① 《三国志·士燮传》及裴注。

续表1

出避时间	姓氏	简况	出处
汉末、三国初（约201—224）	程秉	名士、学者避乱至交州	《三国志·程秉传》

上述的士人、经学家到了社会安定的苍梧郡等地，又展开了对义理弘大、辞意深远的经学的讨论。

士人程秉，汝南人氏，从郑玄学，后避乱交州，与经学家刘熙“考证大义，遂博通五经”；[①] 士燮精通数经，“闻京师古今之学，是非忿争”，遂“条左氏、尚书长义上之”，以岭南经学家的身份参加了今古经学之争；士燮“玩习书传，春秋左氏传尤简练精微”，经学家袁徽“数以咨问传中诸疑，皆有师说，意思甚密”[②]。因此，袁对士燮的经学研究水平予以很高评价。类似的史例还有一些。《三国志·士燮传》云“中国士人往依避难者以百数”，就被一些研究者理解为士燮主政交趾时，收容了100多位中原士人研讨经学。[③] 这应是正确的。

避地至苍梧郡的经学家及苍梧籍学者还勤于著述，撰写了不少学术著作（见表2），这些著作阐明了他们的学术思想，对后世产生了一定的影响。譬如刘熙的《释名》就被唐欧阳询的《艺文类聚》多次引用，《一切经音义》亦屡加征引。[④]

表2　汉代苍梧郡籍及到苍梧郡学者在岭南著作简表

姓名	籍贯	著作名称	卷数	出处
陈钦	苍梧广信	《陈氏春秋》	十卷	〔明〕黄佐《广东通志》、（此从阮元《广东通志》卷一八九引）
陈元	苍梧广信	《左氏同异》	不详	〔隋〕陆德明《经典释文》
		《陈元集》	一卷	《隋书·经籍志》
士燮	苍梧广信	《春秋经》	十一卷	同上
		《士燮集》	五卷	《旧唐书·经籍志》
牟子	苍梧郡	《牟子》	二卷	〔梁〕释僧祐《弘明集》卷一，但《隋书·经籍志》云为“后汉太尉牟融撰”

① 《三国志·程秉传》。

② 《三国志·士燮传》及裴注。

③ 蒋祖缘、方志钦主编：《简明广东史》，广东人民出版社1987年版，第92－93页。

④ 正、续两种，分别为唐释慧琳、辽释希麟撰，上海古籍出版社1986年重版。

续表 2

姓名	籍贯	著作名称	卷数	出处
刘熙	北海郡	《释名》	八卷	〔明〕郭棐《粤大记》（阮元《广东通志》卷三二七引）
		《谥法》	三卷	《隋书·经籍志》
程秉	汝南郡	《周易摘》	不详	《三国志·程秉传》
		《尚书驳》	不详	同上
		《论语弼》	不详	同上
虞翻	会稽郡	《明杨》	不详	《三国志·虞翻传》裴注
		《释宋》	不详	同上
		《老子注》	不详	同上
		《论语注》	不详	同上
		《国语注》	不详	同上
		《御史虞翻集》	二卷，但《旧唐书·经籍志》作三卷	
薛综	沛郡	《私载》	不详	《三国志·薛综传》
		《五宗图》	不详	同上
		《二京赋解》	不详	同上

当时经学家的思想对后世影响尤大，特别是“陈氏春秋”学说的创立、发扬者陈氏祖孙三代。陈钦于西汉末年首创“陈氏春秋”，经过陈元的发扬光大，成为左氏春秋学的重要学术流派，早在当时就与郑众、贾逵父子等经学家的学说一样，为治学者所诵习。史载，东汉后期梓潼郡涪县士人尹默，“博通经史，又专精于左氏春秋。自刘歆条例、郑众贾逵父子陈元服虔注说，咸略诵述”，即为一例。[①] 由此亦可看出，当时苍梧籍经学家的学术思想早已突破岭南的地域限制，在全国经学论坛上占据了重要的一席。

汉人苍梧郡学术活动的频繁，在一定程度上反映了当地的文化面貌。

（四）人才空前涌现

根据《汉书》《后汉书》《三国志》以及《广州人物传》《广东新语》《广东通志》《广西通志》等文献，我们得知汉代苍梧郡已涌现出不少符合儒家礼教的

① 《三国志·尹默传》。

孝子、忠烈之士以及政治、军事、学术等领域的人才，这些人才的大量涌现，是汉以前岭南社会少见的现象。

1. **行孝之士**

汉代是以孝治闻名后世的朝代，作为汉郡，苍梧亦如此。故孝行之士，时有涌现。

苍梧郡孝子首推丁密。丁密，字靖公，“性情清介”“不受于人”“父丧庐墓侧，有双凫游密庐旁小池，见人驯伏，后遭母丧，复庐三年，归旧庐，一宿双凫复至，游戏池中焉”。[①] 汉世“天人感应说”盛行，世人无不认为万物是相互感应的，故皆认为双凫系由丁密的深孝感动所至，《交广记》继云，由是丁密“以孝行显闻世”，被时人誉为“巨孝”。[②]

苍梧孝子又有顿琦。顿琦，“居母丧，独身立坟墓，历年乃成，手种松柏成行，哀毁逾制，感物通灵，有飞凫白鸠栖息庐侧，见人辄去，见琦而留”，又一个“感物通灵”的孝子！以至到了南齐永明年间（约485— 491），“范云使祭琦及丁密墓”[③]，可以推知丁、顿二孝子对当时苍梧郡起过示范作用，并对后世有一定影响。这从一个侧面说明了当时苍梧的礼教气氛较浓，而这正是当地文化进步的表现。

2. **忠烈之士**

主要指忠于汉王朝的衡毅、钱博二人。衡、钱二人，皆苍梧人。东汉末年，二人“皆为郡太守吴巨所信用”，后来吴巨为孙权部下步骘所杀，“毅、博念巨部曲旧恩，且骘之来非汉命也，乃兴兵逆骘于高要隘口，与战三日，既溃败，毅与众人皆投水死，死者千余人，无一生降”，故衡、博二人可谓“汉之忠烈臣”也，清屈大均赞叹云：“以列于季汉书内传，岂曰非宜。”[④]

3. **政治人才**

苍梧郡也出现了一些政治人才，担任本地或异地的县令、太守等职，甚至到中央为官。

明欧大任《百越先贤志》记载，邓盛，苍梧人；《广州人物传》云，“不知其所以进，仕为秭归令，闻母病，解印绶决去，既归，母果亡，居丧尽孝”，从这个角度出发，邓盛也是一位孝子。“太尉马日磾嘉其所履，服竟即辟之，初入府为主簿，寻为太尉诸曹掾。”当时曾有一案，久审犯人却不得供词，众人束手无策，邓盛乃前往狱中，诚心待犯人，使犯人大受感动，终使案件圆满了结，以

---

① 《广东通志》卷三〇三引《广州人物传》。

② 《广东通志》卷二九九引。

③ 《广东通志》卷三〇三引。

④ 〔清〕屈大均：《广东新语》卷七《人语》。

至时人语之曰："淑问得竞，皋陶邓盛。"[①] 在汉代，社会公众舆论为人颂语是相当高的荣誉，而邓盛以政治才干获此殊荣，可见社会舆论对邓盛的敬重，所以"公卿皆礼重之，后徙居苍梧"。[②] 这以后邓盛的事迹，不复见载。

陈元更是一位政治人才，他对政治领域诸问题都提出过自己的见解。《后汉书·陈元传》，元"以才高著名，辟司空李通府"，据隋陆德明《经典释文·序录》曰，陈元之职为"南阁祭酒"[③]，陈元曾上疏议相权，认为周武王、齐桓公、汉高祖、汉文帝皆"优相国之礼""假宰辅之权"，故不宜以司隶校尉督察三公；建武十五年，大经学家欧阳歙被任为司徒后，又辟陈元，元又"数陈当世便事、郊庙之礼"，而光武帝皆"不能用"。华峤《后汉书》卷一《陈元传》亦称"宋弘受罪，（陈元）上书讼之，言甚切直，又敷陈当世便宜事"。[④] 陈元对汉世相权、郊庙之礼等时事的独特看法，反映了他的政治思想。

东汉末期张使君是另一位苍梧籍的政治人才。张使君名何，于史无载，灵帝熹平末期，南海郡番禺人董正"忠厚"，且孝顺，"时（南海）州治苍梧郡张使君举正，三辟不就"。[⑤] 从这段记载可知张使君为苍梧籍封疆大吏，自然是一位政治人才。

汉末、三国初期，苍梧郡更出现了以士燮为首的士氏政治人才群体。士燮，"字威彦，苍梧广信人也"，曾"察孝廉，补尚书郎"，后又"举茂才，除巫令，交趾太守"。士燮之大弟士壹，为司徒丁宫所辟，"比至，宫已免，黄琬代为司徒，甚礼遇壹"；黄琬与士壹的友善为执政的权臣董卓所恶，故"历年不迁"。[⑥] 及至董卓之乱，"交州刺史朱符为夷贼所杀，州郡扰乱"，士燮遂以交趾太守职统管岭南军政要务，他"体器宽厚，谦尊下士"，很有政治家的气度。士燮又上表汉廷，以弟士壹"领合浦太守，次弟徐闻令䵋领九真太守，䵋弟武领南海太守"，"兄弟并为列郡，雄长一州，偏在万里，威尊无上"，"当时贵重，震服百蛮，尉他不足逾也"。在士氏兄弟的治理下，岭南地区40余年间"疆场无事，民不失业，羁旅之徒，皆蒙其庆"，时无下大乱，而士燮"不废贡职，特复下诏拜安远将军，封龙度亭侯"。[⑦] 这是两汉时期苍梧籍人士获得的最高官职及爵位，也从一个侧面肯定了士氏兄弟的政绩。

---

① 《广东通志》卷三〇三引《广州人物传》。

② 《广东通志》卷三〇三引《广州人物传》。

③ 《广东通志》卷二九六引。

④ 《北堂书钞》卷六八引。

⑤ 《广东通志》卷二六八引。

⑥ 《三国志·士燮传》及裴注。

⑦ 《三国志·士燮传》及裴注。

4. **军事人士**

苍梧郡虽偏在岭南一隅，但在汉代仍出现了几位军事人才，或为将军驰骋沙场，或任太守独当一方。

军事人才首推陈钦。陈钦“习左氏春秋”，“王莽从钦受左氏学”，[①] 及至王莽篡权，大变汉政。始建国二年（10），匈奴以换印（王莽改匈奴单于“玺”为“章”）及掳乌桓人受干涉事，“入塞寇盗”，抢掠财产，残害边民，于是王莽发兵30万戍北边，并令十二将军十道并出，其中厌难将军陈钦与另一将军“巡出云中”，[②] 后来，王莽借故罢陈钦之职，并“收前言当诛领侍子者故将军陈钦，以他罪系狱”。其实，诛匈奴侍子并非陈钦的建议，他仅是报告了一下边情而已，但王莽被内忧外困搞得一塌糊涂，于是找个借口以陈钦为替罪羊。陈钦入狱，意识到王莽“是欲以我为说于匈奴也”，[③] 愤然自杀，终年60余岁。

第二位军事人才就是士燮。士燮从40余岁起，“在郡四十余岁”，主持岭南的军、政大事，有其弟士壹等人的辅佐，“震服百蛮”，“雄长一州”，出入时，“胡人夹毂焚烧香者常有数十”，[④] 士燮兄弟之所以能安定岭南，固然与文功为主有关，但应曾有武略为辅。

5. **学术人才**

汉代学术，以儒家经学为主，苍梧郡学术人才亦主要集中于儒家经学。

岭南经学事业的拓荒者为新莽时代的苍梧广信籍经学家陈钦。陈钦，“习左氏春秋，事黎阳贾护”，通过北上的求学，陈钦得到了左氏春秋学正宗学派的真传，据《汉书》《两汉三国学案》等书，[⑤] 可将陈钦的师承关系列为表3。

表3 陈钦师承关系

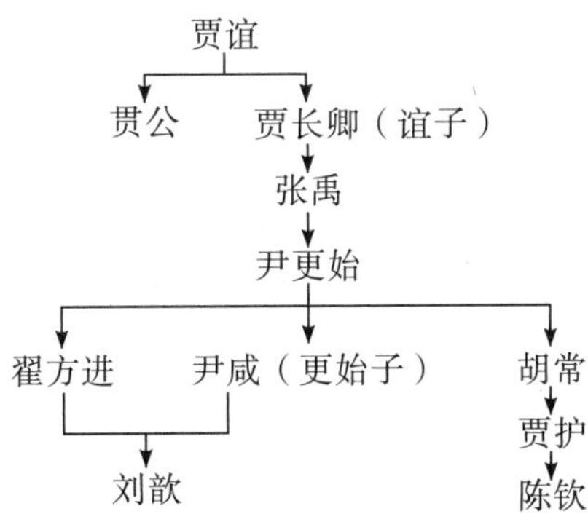

① 《后汉书·陈元传》。

② 《汉书·王莽传中》。

③ 《汉书·王莽传中》。

④ 《三国志·士燮传》及裴注。

⑤ 《汉书·儒林列传》。

陈钦之学，师从名师，源远流长。学成后，“与刘歆同时而别自名家”，对此，李贤注，陈钦“以左氏授王莽，自名陈氏春秋，故曰别也”。[①] 明代黄佐《广东通志》称《陈氏春秋》，汉陈钦撰，佚，十卷。阮元案曰：“是书隋、唐志皆未著录，则其亡佚已久，《后汉书》亦无卷数。”[②] 可知陈钦曾有专著问世，这从《后汉书》载的陈元（钦子）“少传父业，为之训诂”也可看出。[③]

陈钦师承宿儒，得到学术正传；又另辟蹊径，有独创的新见解，故《三辅决录》称“‘左氏春秋’远在苍梧，盖指钦也”。[④] 陈钦不仅是一位有名的经学家，更是苍梧郡乃至岭南学术文化事业的一代宗师，还是汉代学术的一位带头人，对当时及后世影响的深远，应是不言自明的。

陈钦之子陈元更是一位全国闻名的经学大师。陈元，“少传父业”、“锐精覃思”、“以才高著名”，早在建武初年，陈元就与硕儒“桓谭、杜林、郑兴俱为学者所宗”。由于“左氏春秋”仅有古文经学（而易、书、礼等经皆有今、古二派），故建武之初，“尚书令韩歆上疏，欲为费氏易、左氏春秋立博士”，光武帝诏下其议，这触动了今文经学派学者的利益，遭到了他们的反对，其代表人物范升“奏左氏之失凡十四事”及“太史公违戾五经、谬孔子言，及左氏春秋不可录三十一事”,[⑤] 赢得朝廷中一片附合之声。陈元闻之，乃诣阙上疏，主张学术应鼓励异说并立，取长补短，说“先帝后帝各有所立，不必其相因也”，并驳斥范升的上疏前后相违，将微瑕“掇为巨谬”，“掩其弘美”。疏奏，光武帝下其议，这以后，“范升复与元相辩难，凡十余上。帝卒立左氏学”，这表明陈元的力争得到了“受尚书，大义略举”的光武帝的赞同。[⑥] 以后，“太常选博士，元为第一。帝以元新忿争，乃用其次司隶从事李封，于是诸儒以左氏之立，论议灌哗”，为陈元鸣不平，“自公卿以下，数廷争之。会封病卒，左氏复废”[⑦]。

后来，陈元以年老而辞官归家。返乡后，陈元继续进行经学研究，以至有“岭南经学，实以二陈为始”等说法[⑧]，隋陆德明《经典释文》曰，“陈元作《左氏同异》”[⑨]；《隋书·经籍志》录有司徒掾《陈元集》一卷，汉陈元撰。前书主要阐述陈元对《左氏春秋》的学术观点。后书为陈元的文集，“其可考者，

---

① 《后汉书·陈元传》。
② 《广东通志》卷一八九。
③ 《后汉书·陈元传》。
④ 〔明〕汪森：《粤西丛载》卷五引。
⑤ 《后汉书·范升传》。
⑥ 〔晋〕袁宏：《后汉纪·光武皇帝纪》。
⑦ 《后汉书·陈元传》。
⑧ 徐松石：《徐松石民族学研究著作五种》，广东人民出版社 1993 年版，第 168 页。
⑨ 《广东通志》卷一八九。

请立左氏春秋博士疏、辨范升条奏左氏失十四事、难范升奏太史公违戾孔子及左氏春秋不可录者三十二事凡十余上、论司隶校尉督察三公疏、上书陈便宜事、上书追讼欧阳歙、上书讼司空朱宏"[①] 等。此二书今均佚，但《后汉书·陈元传》录入了陈元的两篇疏议，这是历史上由岭南籍人士撰写的、有史可查的最早文字记载。

陈元卒后，其子坚卿亦承父业，研习经学，《后汉书》称其"有文章"[②]，但其内容若何，于今不得而知。

陈氏祖孙三代，均为经学家，既是岭南文化事业的拓荒者、创始人，又是具有全国影响的经学家、学术带头人，世人瞩目的学术文化弘扬者，三陈对苍梧文化事业的进步可谓贡献至巨。

汉朝末年，又出现了士氏四兄弟等苍梧籍经学家。士燮"少游学京师，事颍川刘子奇，治左氏春秋"，并"耽习春秋，为之注解"，"春秋左氏传尤简练精致"，"传中诸疑，皆有师说，意思甚密。又尚书兼通古今，大义详备"，[③] 可见士燮精通数经。士燮的著作有《春秋经》《士燮集》等，今均佚。

汉代苍梧郡各类人才的空前涌现，表明汉时苍梧郡文化气氛浓郁，有着比较好的成才环境，是苍梧郡文化兴盛的重要表现之一。

通过以上对苍梧郡文化面貌的描述，可知有汉一代，苍梧郡公私办学积极、民俗日益汉化、学术活动频繁、各类人才空前涌现，这些文化景象，都是以前所没有过的。因此，我们可以说，汉代苍梧郡的文化是比较兴盛的。

二、两汉时期苍梧郡文化比较兴盛的原因

通过上节对汉代苍梧郡文化诸状态的论述，可知苍梧郡文化是比较兴盛的。为什么汉武帝统一岭南后，会出现这一景象呢？据我们的研究，其社会原因是十分深刻的：秦汉农业发展的社会经济基础，日趋完善的政治制度，地理及交通方面的有利条件，中原人士的到来及苍梧郡本地较为深厚的文化基础等，均对苍梧郡文化的发展及走向兴盛起过作用。

（一）经济因素：苍梧郡是汉代岭南农业发达的地区

苍梧郡，地处郁水、漓水两江要冲，河流纵横全境（还有贺水等），灌溉方便，土壤肥沃，十分有利于农业的发展。早在先秦时期，汉苍梧郡所在地区的农

---

① 〔清〕顾怀三：《补后汉书艺文志》卷九。

② 《后汉书·陈元传》。

③ 《三国志·士燮传》及裴注。

业生产已有相当的发展，人口相对也较多。明代史学家全祖望《汉书地理志稽疑》认为，汉苍梧、合浦、郁林三郡为秦代桂林郡之土；今人蒙文通先生通过《汉书·地理志》所载西汉岭南诸郡居民户口数字的比较，亦认为汉苍梧郡“宜为秦桂林郡中物富民殷之地”[1]。自然，先秦时期这里的农业基础已相当不错。西汉初年，秦军将领赵佗趁乱建立南越国，封同族赵光为苍梧秦王，对苍梧地区进行了新的开发与经营，[2] 使苍梧经济有了新的发展。仅从广西梧州地区汉代考古发掘所获的各种冥器来看，出土的大量各式农业用具、粮仓等（尤其是铸造精良的铜质粮仓），[3] 说明苍梧地区是产粮区，因此也就是重要的农业区。[4] 近有研究者认为，随着汉代中原移民潮流推向岭南，使当地的劳动者队伍空前壮大，这也促进了当地农业等经济领域的发展。[5] 联系到两汉书《地理志》中苍梧郡人口数字由西汉的14.6万激增到东汉的46.6万，增幅居岭南诸郡之首这一事实，我们基本同意这一看法。

农业的发达，使以种植蔬菜、瓜果、观赏植物等为主的园艺业也逐渐在苍梧地区得到发展，西晋嵇含《南方草木状》载，“苍梧多荔枝，生山中，人家亦种之”。[6] 考古发掘证实了此点。广西合浦县堂排二号汉墓出土的一件铜锅中有荔枝，该荔枝的果皮及内核均保存得十分完整，是目前中国农业考古中所发现的最早的一件荔枝种实标本；[7] 又如，梧州鹤头山东汉墓出土的铜盘中亦盛有柑橙类果核；[8] 再如，前面提及的苍梧巨孝丁密，“非己耕种菜果不食”，[9] 亦可为一证。

家庭纺织业是以耕织为特征的农业经济模式的重要组成部分。两汉时期，苍梧郡广大地区也出现了家庭纺织业，如丁密“非家织布不衣”[10] 就说明了此点。

随着农业经济的迅速成长，商业也逐渐在苍梧郡发展起来。两汉之际，苍梧郡等岭南地区的市场已有一定的发展，如处士胡刚“亡命交趾，隐于屠肆之

① 蒙文通：《越史丛考》，人民出版社1983年版，第85页。

② 《史记·南越列传》。

③ 梧州市博物馆：《广西梧州市近年出土的一批汉代文物》，载《文物》1977年第2期。

④ 冼剑民：《秦汉时期岭南的农业》，载《农业考古》1988年第3期。

⑤ 王子今：《秦汉气候变迁与江南经济文化的进步》，见《秦汉史论丛》第6辑，江西教育出版社1994年版。

⑥ 〔晋〕嵇含：《南方草木状》卷四。

⑦ 广西壮族自治区文物工作队：《广西合浦县堂排汉墓发掘简报》，见《文物资料丛刊》第4辑，文物出版社1981年版，第46－57页。

⑧ 李乃贤：《广西梧州市鹤头山东汉墓》，见《文物资料丛刊》第4辑，文物出版社1981年版，第135－142页。

⑨ 《广东通志》卷三〇三引《广州人物传》。

⑩ 《广东通志》卷三〇三引《广州人物传》。

间”[1]，说明此时已有屠宰等经营性行业；根据广西梧州富民坊西汉烧窟遗址、旺步东汉墓出土铜碗等遗址与文物，[2] 可推见当时苍梧郡陶器制造业、青铜铸造业等也有了很大发展；尤其是旺步东汉墓出土的铜碗底刻有“章和三年（89）正月十日钱千二百”字样，更是当时苍梧地区商品交换与货币经济繁荣的铁证。

农业经济的发达，为苍梧郡文化的发展提供了物质保证。由此点出发，就不难理解为什么虞翻办学，能够“门徒常数百人”；士燮主政，能够收纳“中国士人”“以百数”，并且士氏兄弟能够“出入鸣钟磬备具威仪，笳箫鼓吹，车骑满道”了。[3]

（二）政治因素：苍梧郡政治制度的日趋完善

一个地区的文化发展，受该地区的自然条件、经济状况、社会风尚、交通条件、学术传统等多方面因素的制约，但尤以政治形势的影响最为经常和直接，[4] 这对汉苍梧郡来说也不例外。

前 111 年，汉武帝灭南越国。之后，在岭南设置了南海、苍梧、合浦、郁林、交趾、九真、日南、儋耳、珠崖等九郡，各郡名义上是平行的，实际上各郡的政治构架、制度的完善程度、行政措施的执行程度都是不同的，经济上较为发达、文化上较为古老、地理位置上靠近中原的苍梧郡，其政治制度就比儋耳、珠崖、日南、九真等郡完善得多。下简述汉代苍梧郡的政治情况。

史志记载表明，苍梧郡的最高军政长官为苍梧太守。整个两汉时期，先后出任苍梧太守者有以下 13 位，见表 4（《汉书》《后汉书》《三国志》及各通志，还有一些漏载或未载者）。

表 4　两汉苍梧太守

时期	姓名	出处
光武帝	杜穆	《后汉书》卷一七《岑彭传》
和帝	喻猛	《广西通志》及《江西通志》。又据清朝王相《百家姓考略》：“喻，江夏郡郑之公族。汉苍梧太守谕猛，改姓喻氏”，可知喻猛原姓为谕
顺帝（永建中）	陈临	谢承《后汉书》卷六（《太平御览》卷四六五引）

① 《汉书·胡广传》。

② 罗德振、陈朗月：《梧州出土文物概述》，《广西文物》1990 年第 2 期。

③ 《三国志·士燮传》及裴注。

④ 卢云：《东汉时期的文化区域与文化重心》，见《〈中国文化〉研究集刊》第 4 辑，复旦大学出版社 1987 年版。

续表4

时期	姓名	出处
顺帝之后	雷授	《后汉书》卷八一《独行列传》
桓帝(延熹中)	甘定	司马彪《续汉书》卷一《桓帝》
	张叙	《后汉书》卷七《桓帝纪》
	徐征	《广西通志》
灵帝(光和初)	陈绍	袁宏《后汉纪》卷二八《孝献帝纪》
献帝	刘　曜	阮元《广东通志》卷二三一引
东汉后期	刘　利	《后汉书》卷一一《刘玄列传》注引《帝王纪》
不详	陈稚升	《广西通志》、黄佐《广东通志》(转引自阮元《广东通志》卷十《职官表》)
不详	令狐溥	《广西通志》、黄佐《广东通志》(转引自阮元《广东通志》卷十《职官表》)
不详	王　斌	《太平御览》卷五〇〇引

而且，从汉武帝置苍梧郡后，交趾刺史部就设“治所在苍梧郡”,[①] 驻于广信，唐颜师古注《汉书》时称“胡广记云，汉既定南越之地，置交趾刺史，别于诸州，令持节治苍梧”[②]。两汉时期曾任交趾(州)刺史者至少有以下22人(23人次，详见表5)，包括待考者一人——周乘，见载于谢承《后汉书》卷七，今出处尚不详。[③]

表5　两汉交趾(州)刺史

时期	姓名	出处
武帝	罗宏	明汪森《粤西文载》，转引自阮元《广东通志》卷十、卷二三一
平帝	何敞	同上，卷十
新莽末年	邓让	《资治通鉴》卷三八
明帝	僮尹	同上，卷十
和帝	杨扶	《后汉书·杨璇传》

① 《广东通志》卷二三一引。

② 《汉书·地理志上》。

③ 对此条史料今所知的出处，清姚之骃《后汉书补逸》云为《艺文类聚》，周天游先生经研究，认为是不确切的，其“出处俟考”，见周校《七家后汉书》(清汪文台辑本)，河北人民出版社1987年版，第139页。

续表5

时期	姓名	出处
安帝	綦毋俊	《三国志·虞翻传》裴注
顺帝	樊演	《后汉书·南蛮传》
	张乔	同上，又见《后汉书·顺帝纪》
	周敞	谢承《后汉书》（转引自《北堂书钞》卷一五一，又见《太平御览》卷六十，《从事赋注》卷六）及《晋书·地理志》
	夏方	《后汉书·南蛮传》
桓帝	葛祇	《广西通志》、明黄佐《广东通志》（转引自阮元《广东通志》卷十）
	夏方	《后汉书·南蛮传》
	张磐	《太平御览》卷六五二引
	侯辅	司马彪《续汉书》卷一《桓帝纪》
灵帝	蒋晋	阮元《广东通志》卷十
	朱隽	《后汉书·灵帝纪》及《后汉书·朱隽传》
	贾琮	《后汉书·贾琮传》
	李进	《百越先贤志》卷二《李进传》
	丁宫	《三国志·士燮传》
献帝	朱符	《三国志·士燮传》
	张津	《资治通鉴》卷六六

由于交趾刺史持节治苍梧郡，驻于广信，故广信成为岭南的政治中心，这对苍梧郡官僚政治机器的运转是有助益的。譬如东汉安帝元初三年（116），“合浦蛮夷反叛”，交趾刺史綦毋俊退而“保障苍梧”，渐平定了叛乱，“安帝下诏美之”,[①] 可证。

苍梧郡军事制度也比较完善。调遣军队时有虎符制度[②]，与中原惯例相同，郡中有一定数量的常备军，一旦情况紧急，甚至可以调往邻郡，如光武帝时交趾二征反，光武帝乃玺书拜马援为伏波将军，“发长沙、桂阳、零陵、苍梧兵万余讨之”[③]。

苍梧郡之下设有县（如西汉分为10县，东汉为11县），县则置有令、长；

① 《广东通志》卷二三一引。

② 〔晋〕司马彪:《续汉书·桓帝纪》。

③ 《后汉书·南蛮传》。

县之下有亭，置有亭长，如高要县就置有鹊巢亭，有亭长龚寿，该亭亦可为过往人士提供住宿等方便。①

统治岭南的汉廷官员，多在岭南大力推广儒家教化，如东汉锡光“在交趾教民夷以礼义”，任延在九真“教民耕种嫁娶”，使得“岭南华风始于二守”。② 这固然受到史家赞誉，而几位苍梧太守的政绩亦值得一提：东汉初期和帝时的苍梧太守喻猛，“以清白为治，郡人歌之”，③ 能获郡人歌之，表明了社会的广泛承认；再如陈稚升担任苍梧太守期间，“治尚清静，民化之，囹圄恒空，临水钓鱼以自适”④。陈稚升的治理方法，实为西汉初汉廷盛行的黄老政术；更值得指出的是陈临，谢承《后汉书》卷六载陈临为苍梧太守，“推诚而治，导人以孝悌”，⑤ 并举一例：“人遗腹子报父怨，捕得系狱，伤其无子，令其妻入狱，遂产得男。人歌曰‘苍梧陈君恩广大，令死罪囚有后代，德参古贤无报施’。”⑥ 陈临在苍梧郡享有很高的声望，以至后来被调到中央后，苍梧郡人民“以五月五日祠临东城门上，令小童洁服舞之”，⑦ 可见苍梧郡人民对这位太守的怀念。此外，还有中原士人卫修等亦曾在苍梧郡为官。⑧

在较为开明的治理下，苍梧郡出现了安定的社会局面，早在西汉初期就已经共处的汉越人民⑨，如今更加融洽，这对苍梧文化的建设是有推动的。

再者，汉朝的重要政治制度，在苍梧郡亦得到了执行。这些制度包括任子制、察举制及征辟制等。任子制是汉朝实行的凡官俸达二千石的官吏可以择子一人为郎的仕举制度，陈钦曾任将军之职，有此资格，其子陈元即“以父任为郎”；⑩ 又如察举、征辟制，士燮、士壹兄弟亦系在当地察孝廉、举茂才，或被中央三公直接征召至京师为官的；灵帝时，高兴郡（今化州）望族李进任交趾刺史时，就上议恢复部内茂才的原有品第，即“请依中州例贡士，其后阮琴以茂才仕至司隶校尉，交趾人才得与中州同选，实自进始”⑪，亦可证。

---

① 《太平御览》卷一九四。

② 《资治通鉴》卷三八。

③ 《广东通志》卷二三一引。

④ 《广东通志》卷二三一引。

⑤ 《太平御览》卷三五。

⑥ 《太平御览》卷四六五。

⑦ 《太平御览》卷三五。

⑧ 《风俗通义》卷四《过誉》。

⑨ ［美］毕汉斯（Hans Bielenstein）：《王莽，汉之中兴，后汉》，见［英］崔瑞德（Denis Twitchett）主编：《剑桥中国史》卷1（中译本为《剑桥中国秦汉史》），中国社会科学出版社1992年版，第288页。

⑩ 《后汉书·陈元传》。

⑪ 《广东通志》卷二九八引。

多项政治措施被顺利执行，政治制度比较完善，多位清明有为的地方长官的有效治理，使得苍梧郡社会环境比较稳定，这就为文化的兴盛创造了很好的条件。

（三）地理与交通因素：优越而有利的地理位置与交通路线

苍梧郡北抵南岭，靠近中原，尤与楚地、豫章郡相邻，东、南方为岭南文化的又一中心——南海郡，西方则为楚、滇等地，可谓处于楚文化、滇地及西南少数民族青铜文化、东南沿海文化及中原汉文化的交叉地带，较之岭南其他诸郡，苍梧郡的地理位置是优越的，这就便于接受来自四方的先进文化因素，如东汉初期，豫章地区的经学有了一定发展，当时豫章南昌人程曾，为著名经学家，门下弟子有数百人，“著书百余篇，皆五经通难”。[①] 这对邻近地区影响不小，汉苍梧郡经学的发展可能亦曾受其影响。

苍梧郡的交通亦十分发达，一般民众亦经常外出。“苍梧广信女子苏娥，行宿高安鹊巢亭，为亭长龚寿所杀，及婢致富，取其财物，埋致楼下。交阯刺史周敞行部宿亭，觉寿奸罪，奏之，杀寿。”[②] 可见，苍梧郡中的交通是很方便。

苍梧郡处于西江、浔江、桂林三江汇合处，水上交通方便，通过西江而下，可顺抵番禺。西汉初年巴蜀的枸酱也需经过此路贩卖到南越国；[③] 此外，又有陆路及从西江抵达番禺后再“从涨海出入”的海道[④]。

苍梧郡首府广信，地处西江、贺江交汇处，水路运输方便；又地处中原进入岭南西部的陆路交通线，地理位置及交通条件均处有利之势，由此不难理解为什么三陈、四士等经学家均为广信人。这一点恰如加拿大历史学家小克拉克（E. A. Kracke. Jr.）指出的，沿交通线地区学人的数量增加较快。[⑤]

所以，适中的地理位置、便利的交通条件，为苍梧郡文化事业的发展提供了有利条件。

（四）外来影响因素：中原人士来到苍梧

汉代苍梧郡，既是中原人士的避乱之所、罪吏及失势皇族的迁谪之处，还是中原人士的游历之地、潜逃罪犯的亡命之乡。

为避中原大乱而到苍梧郡的中原人士最多。史载“中州人士避乱而南”就

① 《后汉书·儒林列传》。

② 《太平御览》卷一九四。

③ 《史记·西南夷传》。

④ 《初学记》卷八引谢承《后汉书》卷八。

⑤ ［日］斯波义信：《长江下游地区的城市化与市场发展》一文引用此观点，载 J. W. Haeger 主编：*Crisis and Prosperity in Sung Dynasty*，University of Arizona Press，1975。

指这种情况，[①] 这其中有处士、名士、经学家等人，已见表1。自然，更多的应是一般百姓。避乱而来者往往是一个大家族全部迁来，如薛综一族。他们的到来，对苍梧郡文化氛围的浓化，起到了很好的作用。正所谓“自汉末建安至于东晋永嘉之际，中国人避地者多入岭表，子孙往往家焉，其流风遗韵、衣冠气习，熏陶渐染，故习渐变而俗庶几中州”。[②] 宋苏轼撰的《伏波庙记》云，“自汉末至五代中原避乱者，多家于此，今衣冠礼乐，盖斑班然矣”。[③] 亦可为一侧证。

来苍梧者不少是被贬谪而来的。名臣虞翻就是触怒孙权，被徙交州，复又议辽东事，“为爱憎所白，复徙苍梧猛陵”的。[④] 余英时先生为《剑桥中国史》而撰写的《汉朝的对外关系》一章时，亦认为这些中国罪犯被迁去与越族中间生活时，当地越人因此“获知某些中国文化的特性”，[⑤] 这对当地文化的发展很有帮助。

还有一些人是游历至岭南的。新莽之时，“志气高抗，不慕当世”的名士郅恽不为王莽所用而系狱，“会赦得出，乃与同郡郑敬南遁苍梧”，[⑥] 至东汉建武初，才“自苍梧还乡里”；[⑦] 再如东汉末年灵帝时，尚书郎汝南人氏王叔汉之父王子方，“出游二十余年不返”，后来“有人告子方死于汝南，即遣兄伯三往迎丧”，“既而子方从苍梧还”。[⑧]

更有一些获罪的亡命之徒逃到苍梧郡。三国初期薛综上书孙权时就指出，“其南海、苍梧、郁林、珠官（汉合浦郡）四郡”，“专为亡叛逋逃之薮”，[⑨] 以至汉代社会普遍认为亡命罪犯会“南走越，北走胡”[⑩]，即逃向岭南越地或北方匈奴地区。

中原各类人士来到苍梧，对当地影响很大。一般民众的移民潮流，促进了苍

---

① 《三国志·全琮传》。

② 《广东通志》卷九二引。

③ 此石碑今存于广州市东郊黄埔的南海神庙内。

④ 《三国志·虞翻传》。

⑤ 《剑桥中国史》卷一（中译本），中国社会科学出版社1992年版，第490页。

⑥ 见《后汉书·郅恽传》，对此处之“苍梧”，李贤注云“山名也，《山海经》曰，南方苍梧之丘，苍梧之川，其中有九嶷山焉，舜之所葬也。在今永州唐兴县东南”，但我们根据上下文意及有关汉代苍梧郡的诸情形判断，此处苍梧应指苍梧郡。可以东汉应劭《风俗通义》卷四《过誉》为例，此书载，“汝南陈茂君因为荆州刺史”，其友人卫修“先是茂客，仕苍梧还”，对此处的“苍梧”，吴树平先生就认为是苍梧郡，可见吴校释《风俗通义》，天津人民出版社1980年版，第137－138页。

⑦ 《后汉纪·光武皇帝纪》。

⑧ 〔唐〕马骢《意林》引《风俗通义》，此转引自吴树平先生校释本。

⑨ 《三国志·薛综传》。

⑩ 《三国志·武帝纪》。

梧等郡的经济发展，使岭南地区出现了“商旅平等”“谷稼丰衍”的局面；[①] 而他们中的文化人以言行向苍梧郡汉越百姓展示了中原汉文化的独特魅力，他们对岭南苍梧等郡文化的进步作出了贡献。

（五）历史因素：苍梧地区古老文化的影响

苍梧郡的得名，是由于先秦时期聚居于此地的百越民族的一支——苍梧族。在先秦时代，苍梧地区就有着比较发达的文化。“苍梧”（即“仓吾”）一词屡见于《尚书》《汲冢周书》《左传》《路史》等古籍，如《路史》列有“苍梧”国名，注谓系今广东西部至湖南湘潭地；[②] 出土的周代青铜器上，亦见“仓吾”铭文。20 世纪 40 年代，徐松石先生出版《泰族僮族粤族考》一书，就认为尧舜之世，岭南地区就存在着隶属于中原政权的仓吾国，“古苍梧国人民怎样喜欢音乐，和怎样长于音乐”“音乐和歌唱乃文化的高尚部门，古苍梧国的文化必定不低。至于苍梧国的政治组织也必定规模大具”，[③] 这以后，仓吾发展为春秋战国时的百越苍吾，再发展为汉代的苍梧郡。[④] 著名史学家蒙文通先生亦认为“仓吾为国，已早见于周世”，苍梧之地“宜为秦桂林郡中物富民殷之地”。[⑤] 可知汉代苍梧郡在先秦及秦代农业经济就已经比较繁荣，人口众多，文化有很大发展。根据上述诸先生之述，我们得知苍梧郡的沿革如下：

尧舜之世		春秋战国		秦		汉
仓吾	——→	苍吾族	——→	桂林郡之部分 （苍梧族）	——→	苍梧郡

近又有学者通过分析，认为“苍梧之名落实之处，正是桂东北、粤中、粤北地区灿烂的先秦文化的中心地带，当地独具一格的战国墓葬分布区和当时岭南人口最为密集处，即在汉苍梧郡内”，[⑥] 这都说明苍梧地区的文化较为先进。正因为苍梧郡古文化传统深厚，入汉之时，它才能通过与汉文化的相互借鉴、吸收，从而获得新生。

之所以说苍梧地区文化悠久，是因为这从苍梧族与汉族的较好融合可以看出。汉应劭《风俗通义·氏姓》云，苍氏，“汉有江夏太守苍英，子孙遂为江夏

① 《后汉书·循吏列传·任延传》。

② 《路史》卷三《古代国名记》。

③ 徐松石：《泰族僮族粤族考》，台北东方文化事业公司 1976 年版，第 2 页。

④ 徐松石：《泰族僮族粤族考》，台北东方文化事业公司 1976 年版，第 3 页。

⑤ 蒙文通：《越史丛考》，人民出版社 1983 年版，第 85 页。

⑥ 陆明天：《秦汉前后岭南百越主要支系的分布及其族称》，见《百越民族史论丛》，广西人民出版社 1985 年版。

人”，有的研究者就认为这个苍英及其子孙，就是苍梧族，但此时竟担任太守这类地方大员了，可见在汉代，他们已很好地融入了华夏族。① 由于苍梧地区的越族在汉代的汉化程度较高，以至时人眼中他们已不再是“蛮夷”，而是汉人了。② 能够做到这一点，说明苍梧地区文化的确较高，与汉族文化的差距比百越民族其他部族来说就小得多，因而同化就比较容易。此外，珠崖、儋耳等郡因统治不稳定而时设时立，以及日南、九真等郡民众的经常“叛乱”、起事，也可反证此点。

所以，历史悠久古老、发展程度相对较高的苍梧文化土壤，是汉代苍梧文化之花盛开的重要原因。

三、几点认识

通过前面的论述，我们了解到两汉之世的苍梧郡，其文化是比较兴盛的，表现在公私积极办学、民俗日益汉化、学术活动频繁、各类人才空前涌现。故苍梧郡文化能居岭南地区前列，就全国范围而言，亦跃入较前面之行列。

苍梧郡文化之所以在两汉时期比较兴盛，有其独特的社会原因：农业经济的发达，为文化的进步奠定了比较坚实的基础；社会政治制度完善，则创造了安定、宽松的社会环境；地理位置适中、交通便利，有利于各种文化因素的相互吸收与共同进步；中原人士的到来，不仅为苍梧郡文化的发展注入了新鲜的血液，而且他们的一举一动还展示着中原汉族文化的魅力，直接推动了苍梧郡文化事业的发展；最后，汉苍梧郡地区在先秦、秦代均为岭南地区文化发达之地，有古老悠久的文化传统，因而有着发展文化所需的文化基础。

---

① 何光岳：《南蛮源流史》，江西教育出版社 1988 年版，第 361 页。

② 如东汉岭南籍学者杨孚《异物志》各卷中散见“南人”一词即为其例。

论马援征交趾的历史作用

马援（前14—49），字文渊，东汉扶风茂陵（今陕西兴平东北）人。他是东汉王朝的名将，在一生中，南征北战，东讨西伐，屡建战功，为封建国家的统一事业，作出过重要的贡献。尤其是在光武帝建武十七年至十九年（41—43），平定南方边郡——交趾、九真的征侧、征贰叛乱中，起了重要作用。他凯旋时，在洛阳被汉光武帝刘秀封为新息侯，食邑三千户。[①] 由于马援平定征侧、征贰的叛乱，使该地区的社会经济得到迅速发展，社会制度发生变化。因此，他在岭南地区的历史上，是一个有重要贡献的历史人物。

然而，过去由于种种原因，史学界对这个人物研究得不多；尤其是对他的征交趾的问题，几乎没有研究。在相当一部分的历史读物中，作了不符合历史实际的描述。

本文试图以历史唯物主义的原理为指导，把问题提到一定的历史范围之内，根据所能看到的历史材料，具体分析马援征交趾的历史作用，以恢复历史的本来面目。

一

在我国古代史籍中，有不少关于“交趾”的记载，但都把交趾作为传说中的帝王统治的南方边境，是一种泛称。例如《淮南子·主术训》说，神农之治，“南至交趾”。《史记·五帝本纪》说，帝颛顼时，“南至于交趾”。《尚书·尧典》《史记·五帝本纪》《墨子·节用中》《韩非子·十过》《淮南子·修务训》等，均说“尧治天下，南抚交趾”。《史记·五帝本纪》《大戴礼记·少闲篇》说舜治天下，“南抚交趾”。《吕氏春秋·求人》说禹治天下，“南至交趾”。至周成王时，《尚书大传·周传·归禾》说，交趾之南有越裳国，三象重九译而献白雉（《后汉书·南蛮传》有相同记载）。所有这些记载，都说诸帝王南抚交趾，[②] 对交趾没有一个明确的地理范围，是泛指南方边境而言。

“交趾”作为中国一个郡的名称，则是秦以后。秦始皇二十六年（前221）

---

① 《后汉书·马援列传》。

② 古代史籍中，“交趾”的“趾”字，与“阯”“止”字相同。例如，《史记·五帝本纪》所本的《五帝德》颛顼下作“趾”，舜下作“阯”；而《史记》于颛顼下作“阯”，舜下作“趾”。《尚书大传》交趾凡两见，皆作“阯”，《汉书》中，《地理志》作“趾”，注云，宋祁曰，趾景本作“止”，而《南越列传》作“阯”。《后汉书·南蛮传》皆作“阯”。

统一中国，分天下为36郡。关于秦的36郡，历来学者争论颇多，王国维写《秦郡考》[①]，认为在南方的百越之地中，浙江、福建一带的会稽、闽中两郡，包括在36郡之内。而秦始皇统一六国之后，即着手进行统一岭南的工作，至始皇三十三年（前214）才略取岭南，设置南海、桂林、象郡等三郡。这三郡不在36郡之内。南海郡约当今广东省地，桂林郡约当今广西壮族自治区，历来没有异议。而象郡的位置，则历来学者意见分歧甚大。按《汉书·地理志》，秦象郡即汉之日南郡。汉日南郡在今越南境。从《汉书·地理志》以来，至清代地理学家，乃至日本、欧洲多国许多学者都不否认。对此提出异议的，一位是法人亨利·马司帛洛，他在《秦汉象郡考》中，认为秦象郡在广西和贵州之中。[②] 一位是日人佐伯义明，他在《关于秦代之象郡》中，把秦象郡考订为以广西宾阳县为中心，并主张秦之疆域未至两广以南之地。[③] 法人鄂卢梭在其所著《秦代初平南越考》的第二章《象郡考订诸说》中，对马司帛洛的论据逐一加以驳斥。[④] 劳榦在《象郡牂牁和夜郎的关系》一文中，在鄂卢梭考证的基础上，进一步考订出秦有象郡，汉武帝也曾设象郡；但两者不是设在同一地方，而汉武帝设的象郡，一直到昭帝时代才废。[⑤] 马司帛洛和佐伯义明混淆了秦的象郡和汉的象郡。秦象郡的位置，就在今越南境内。

秦末汉初赵佗以南海郡为根据地，击并桂林、象郡，自立为南越武王，建立南越国，其地理范围，就包括了秦的象郡。[⑥] 赵佗还把象郡分为交趾、九真两郡。《水经注》卷三七《叶榆河条》引《交州外域记》云："越王令二使者典主交趾、九真二郡民。"《史记·南越列传》《索隐》姚氏案，《广州记》云："后蜀王子将兵讨骆侯，自称为安阳王，治封溪县。后南越王尉他（佗）攻破安阳王，令二使典主交趾，九真二郡人。"这是交趾作为中国的一个郡的开始。

汉武帝元鼎六年（前111），平定了南越国的叛乱。"遂以其地为儋耳、珠崖、南海、苍梧、郁林、合浦、交趾、九真、日南九郡。"[⑦] 其中，儋耳、珠崖即海南岛，南海郡即今广东，苍梧、郁林、合浦即今广西地，交趾、九真、日南即今越南。据《水经注》卷三七引《交州外域记》云，当伏波将军路博德的军队到达合浦时，交趾、九真二郡的使者"牛百头、酒千钟及二郡民户口簿诣路将军"。于此亦可见交趾、九真二郡是南越国时期设的。武帝平定南越国之后，把

---

① 《观堂集林》第二册。

② 冯承钧编译：《西域南海史地考证译丛》四编，商务印书馆1940年版。

③ ［日］佐伯义明：《关于秦代之象郡》，载《史学杂志》第39籍第10号。

④ 冯承钧编译：《西域南海史地考证译丛》九编，中华书局1958年版。

⑤ 劳榦：《象郡牂牁和夜郎的关系》，见《历史语言研究所集刊》第14本。

⑥ 参看本书《略论汉初的"南越国"》篇。

⑦ 《汉书·西南夷两粤朝鲜传》。

交趾、九真二郡分成三郡，即增设日南郡。据《汉书·地理志》，交趾郡辖十县：羸𨻻、安定、苟漏、麊冷、曲易、北带、稽徐、西于、龙编、朱䳒。九真郡辖七县：胥浦、居风、都庞、余发、咸驩、无切、无编。日南郡辖五县：朱吾、比景、卢容、西卷、象林。汉武帝元封五年（前106），初置刺史，全国分十三部刺史，交趾即是其一。《汉书·地理志上》："至武帝攘却胡、越，开地斥境，南置交趾，北置朔方之州，……凡十三部，置刺史。"师古注曰："胡广记云，汉既定南越之地，置交趾刺史，别于诸州，令持节治苍梧。"隶属交趾部刺史者，即南越九郡，九郡以交趾为代表，可见交趾地位的重要。

自此，交趾刺史及下属各郡的太守均由西汉中央政府任命。见于文献的曾任西汉交趾刺史的有邓勳，南阳新野人；[①] 杨宣（君纬），蜀郡什邡人。[②] 曾任交趾太守的有石戴、周章、锡光等。武帝平南越后，即以石戴守交趾，至昭帝时卒，以周章代之。平帝时，汉中人锡光任职期间，最有政绩。[③] 曾任九真郡太守的有监益昌。[④] 王莽代汉时，曾徙罪人于交趾。

西汉末年，由于农民大起义，中原大乱，于是交趾部刺史下属诸郡，乃闭境自守。汉光武帝建武五年（29），征南将军岑彭屯兵津乡，其地为荆州、扬州之咽喉。岑彭素与交趾牧邓让厚善，因致书，陈述汉家威德，又遣偏将军屈充移檄江南。于是邓让与江夏太守侯登、武陵太守王堂、长沙相韩福、桂阳太守张隆、零陵太守田翕、苍梧太守杜穆、交趾太守锡光等，相率遣使贡献，悉封为列侯，或遣子将兵助岑彭征伐。[⑤] 此后交趾七郡属东汉王朝。据《后汉书·郡国志》所载，交趾郡辖县十二：龙编、羸𨻻、定安、苟漏、麊冷、曲阳、北带、稽徐、西于、朱䳒、封溪、望海；九真郡辖县五：胥浦、居风、咸驩、无功、无编；日南郡辖县五：西卷、朱吾、卢容、象林、比景。曾任东汉交州刺史的有邓让、蒋晋、樊演、张乔、周敞、杨扶、夏方、侯辅、葛祗、张磐（子石）、周乘、朱儁（公伟）、贾琮（孟坚）、僮尹、塞兰、丁宫、朱符、张津、赖恭、步骘（子山）、吕岱（定公）等20多人。曾任东汉交趾郡太守的有锡光、苏定、张恢、胡宠、蒋晋、桥术（伯道）、赖光、惠乘、士燮（威彦）等；曾任九真郡太守的有任延

① 《后汉书·邓晨传》注引《东观记》曰："晨曾祖父隆，扬州刺史；祖父勋，交阯刺史。"从《后汉书》记载邓晨和汉光武帝的情况看，大抵邓勋是西汉元、成之世任交趾刺史的。

② 《广汉士女志》。

③ 《后汉书·循吏列传·锡光》。

④ 《汉书·景武昭宣元成功臣表》："南越桂林监居翁闻汉兵破番禺，谕瓯骆民四十余万降，封为湘成侯，八百三十户。子益昌嗣侯，宣帝五凤四年，坐为九真太守盗使人出买犀、奴婢，臧百万以上，不道，诛。"

⑤ 《后汉书·岑彭传》。

(长孙)、胡绍(伯蕃)、祝良(邵卿)、儿式、魏朗、士鮪等;曾任日南郡太守的有胡著、李善(次孙)、士赐、黎景、虞因等。[①] 这刺史、太守大部分来自中原。

由此可见,交趾、九真、日南都是东汉王朝的郡,是中国封建王朝版图内的行政区域。

二

马援征交趾发生在汉光武帝建武十七年至十九年(41—43)。

关于这件事,根据我国史书和越南史书记载,大体是这样的:汉光武帝建武十六年(40),交趾女子征侧及其妹征贰起兵反对东汉王朝。征侧是麋泠县雒将之女,嫁给朱䳒人诗为妻,甚雄勇。交趾太守苏定以法绳之,征侧怒,故起兵反。与交趾邻近的合浦郡、九真郡、日南郡境内的"蛮俚"都纷纷响应,"凡略六十五城"。交州刺史与各郡太守无力镇压,"仅得自守"。建武十七年(41),光武帝命令长沙、合浦、交趾等郡的官吏备车船、修道桥、通障溪、储粮谷。十八年(42)派遣伏波将军马援、楼船将军段志、扶乐侯刘隆等,发长沙、桂阳、零陵、苍梧兵,水陆并进,讨伐"二征"。十九年(43)夏四月,马援破交趾,斩征侧、征贰,继续进攻九真郡,消灭"二征"的余党都羊(阳)等,于是交趾悉平。二十年(44)九月,马援自交趾还京都洛阳。[②]

在东汉王朝境内,一些少数民族不服从东汉政府的统治,起而反对东汉王朝,在东汉是常有的事。这种事情有三种情况必须加以区别:一种是少数民族的人民,不甘受东汉地方官吏的压迫和剥削,举起起义的旗帜以反抗东汉王朝的统治;一种是少数民族的头人,为搞分裂割据,而举行反叛,以脱离东汉王朝的统治;一种是少数民族的人民对东汉王朝的地方官吏本来就有不满情绪,而这种不满情绪却被少数民族的头人作为反叛东汉王朝的统治、搞分裂割据的工具。因此,要判定这种事件的性质及其历史作用,按照历史唯物主义的原理,应当把它放在当时的历史环境中考察。正如列宁所说:"在分析任何一个社会问题时,马克思主义理论的绝对要求,就是要把问题提到一定的历史范围之内。"[③] 因此,要论证马援征交趾的历史作用,必须研究当时交趾地区骆越民族的情况及其社会性质。同时,马克思主义理论认为,一切历史冲突根源于生产力和生产关系的矛盾。所以,要研究历史事件的内在原因及其本质,必须从当时社会生产力和生产关系的矛盾中去考察。

---

① 见严耕望辑《两汉太守刺史表》。

② 关于"二征"问题的记载,散见于中国史籍和越南史籍。详见本文附录。

③ 参阅[苏]列宁《论民族自决权》,见《列宁选集》第2卷,人民出版社1972年版,第512页。

秦朝统一岭南地区，设置桂林、南海、象郡，把中原地区一套封建的行政管理制度推广到岭南地区，在当时是起了进步作用的。汉承秦制，从赵佗建立“南越国”到汉武帝平定“南越国”，于岭南地区置九郡，都是把中原的封建制度推广到岭南地区。但是，像交趾、九真、日南这些边远地区，生产力发展水平，比中原地区较为落后，虽设郡县，但行政组织是比较松弛的。大体上，郡守是由中央直接委派的，县以下则由当时处于奴隶社会的奴隶主贵族“雒王”“雒将”管理。《水经注》卷三七《叶榆河》引《交州外域记》，有两条材料足以说明这个问题：①“交趾昔未有郡县之时，土地有雒田，其田从潮水上下，民垦食其田，因名为雒民，设雒王雒侯，主诸郡县，县多为雒将，雒将铜印青绶。”②汉武帝时派路博德平南越国，路将军到合浦时，越王派二位使者携带九真、交趾二郡民户口簿诣路将军，“乃拜二使者为交趾、九真太守。诸雒将主民如故”。所谓“县多为雒将”“诸雒将主民如故”，即县多由奴隶主贵族“雒将”行使相当于封建王朝的县令的职权。所以，《史记索隐》引《广州记》云：“铜印青绶，即今之令。”从经济政策来说，按《史记·平准书》记载，西汉新开的郡“番禺以西至蜀南者置初郡十七，且以其故俗治，毋赋税”，这 17 个“初郡”，《集解》徐广曰，“南越为九郡”，即交趾、九真、日南属于“以其故俗治，毋赋税”之列。西汉政府对待南方少数民族的这种“以夷治夷”的办法，在当时虽然收到一定效果，维持了边疆地区的安定，巩固了封建国家的统一。但是，它却存在深刻的矛盾：一方面，汉中央委派的郡太守，要按照封建制度进行统治：另一方面，奴隶主贵族“雒将”把持县以下，并力图维护这种落后制度，这就孕育着不可调和的冲突和斗争。

东汉政府基本上继承了西汉王朝的政策。但是，随着东汉王朝的巩固，也进一步加强对边疆郡县的管理，这表现在地方官吏针对当地的社会情况所实行的社会改革上。东汉初年任九真太守的任延，在西汉末年任交趾太守的锡光实行改革的基础上，进一步改革，而且最有政绩。所以，锡光、任延是岭南地区很有影响力的人物。

锡光、任延的改革，从三个方面进行。

首先，从经济上改变原来的耕作方式，运用和推广铁制的生产工具和新的生产技术。《后汉书·任延传》载，任延任九真太守时，“九真俗以射猎为业，不知牛耕”，《东观汉记》亦说“九真俗烧草种田”。说明当时的九真地区的耕作方式是“射猎”和“刀耕火种”。所以人民非常穷困，“民常告籴交趾，每致困乏”。任延“乃令铸作田器，教之垦辟”；从而使“田畴岁岁开广，百姓充给”。《水经注·温水》记载：“九真太守任延，始教耕犁，俗化交土，风行象林，知耕以来，六百余年，火耨耕艺，法与华同。”锡光任交趾太守时，也是“教导民夷”①，“教其耕稼”②。可见，任延、锡光把中原地区先进的生产工具和耕作技术传播到交趾、九真地区，促进了该地区生产力的发展。

其次，在上层建筑，风俗习惯方面，也加以改革，史载交趾所统，虽置郡县，但“人如禽兽，长幼无别”③，“骆越之民，无嫁娶礼法，各因淫好，无适对匹，不识父子之性，夫妇之道”，任延“乃移书属县，各使男年二十至五十，女年十五至四十，皆以年齿相配，其贫无聘礼，令长吏以下各省奉禄以赈助之。同时相娶者二千余人。是岁风雨顺节，谷稼丰衍。其产子者，始知种性。咸曰：使我有是子者，任君也，多名子为任”。④ 这说明当时骆越在婚姻制度方面，尚有原始社会群婚的遗风。任延要改变这种落后的制度，而且“移书属县”，实行群众性的改革。以年龄相配的一夫一妻制度代替群婚的遗风是符合当时社会发展要求的，所以得到人民的拥护。

最后，建立学校，教化人民。史载“锡光为交趾、任延守九真，……制为冠履……建立学校，导之礼义”⑤，“教导民夷，渐以礼义”，“岭南华风，始于二守焉”。⑥

交趾、九真地区的郡守秉承东汉王朝的意旨在该地区实行社会改革，旨在改变旧的奴隶制的生产方式和习惯势力，代之以新的封建的生产方式和意识形态，从而加速该地区社会发展的进程，在当时是进步的。事实上，这些改革也是卓有成效的。“岭南华风，始于二守”。因而得到地区人民的拥护。“九真夷人生为立祠”⑦，以纪念任延。

然而，这种改革，必然遇到来自旧奴隶主贵族雒王、雒将、雒候的反对。因为他们所代表的是一个阶级、一种制度。反动的阶级和腐朽的制度，是不会自动退位的。正如马克思所说：“为历史所证明的古老真理告诉我们：正是这种社会力量（指‘过了时的社会力量’——引者注）在咽气以前还要作最后的挣扎，由防御转为进攻，不但不避开斗争，反而挑起斗争。”⑧ 据《史记·平准书》记载，西汉时期，在少数民族地区，新置的郡称为“初郡”（包括交趾、九真、日

---

① 《后汉书·任延传》。

② 《后汉书·南蛮西南夷列传》。

③ 《后汉书·南蛮西南夷列传》。

④ 《后汉书·任延传》。

⑤ 《后汉书·南蛮西南夷列传》。

⑥ 《后汉书·任延传》。

⑦ 《后汉书·任延传》。

⑧ ［德］马克思：《反教会运动——海德公园的示威》，见《马克思恩格斯全集》卷11，人民出版社1962年版，第363页。

南），“而初郡时时小反，杀吏，汉发南方吏卒往诛之，闲岁万余人，费皆仰给大农”。也就是说，这些“初郡”的少数民族头人，在交趾地区就是“雒王”“雒将”“雒侯”，时时反对汉王朝，而汉王朝不得不派兵镇压。这种矛盾和斗争，从开设郡县以来，一直存在着。东汉建武十六年（40）爆发的征侧、征贰的叛乱，是这种矛盾和斗争的继续和发展，而且是一次总的爆发。

这次叛乱所以发生在交趾地区，由征侧、征贰领导，也不是偶然的。交趾郡在岭南九郡中占十分重要的地位，所以西汉的交趾部刺史设于此，东汉的交州刺史也设于此，是汉朝统治的一个据点，封建化的改革必然执行得比较好。同时，交趾郡又是“雒王”“雒将”“雒侯”的集中地。因此，这个地方的封建化与反封建化的矛盾必然表现得特别深刻和尖锐。据史籍记载，征侧是交趾郡麊冷县雒将之女，“性甚雄勇，所为不法，太守苏定绳之以法，侧怒，乃与其妹贰起峰州兵，攻陷郡县”[①]。征侧正是代表奴隶主贵族“雒王”“雒将”“雒侯”的势力。“所为不法”就是反对汉朝的封建化措施，太守苏定“绳之以法”，就是对她们反汉朝、反封建的行为给予惩处，因此，引起征侧的反叛。“起峰州兵”，据《资治通鉴》卷四三，胡三省注引宋白曰：“峰州，汉麊冷县地。”《读史方舆纪要》也说：“峰州城，汉交趾郡麊冷县地。”[②] 可见，征侧所率领的正是奴隶主贵族“雒将”原有的武装力量，依靠这支武装力量，企图维护奴隶主贵族的统治，反对封建的汉王朝。

在这里我们还应该指出，有人认为二征起事是因为交趾太守苏定残酷的剥削和压迫。我们收集了所有记载这件事情的材料，进行了综合的考察，大概有两条材料是这种观点的根据。其一是越南史籍《大越史记全书》（外纪，卷三）：“交趾太守苏定为政贪暴，征女王起兵攻之。”其二是中国史籍《东观汉纪・马援传》：“援平交趾，上言太守苏定，张眼视钱，睐目讨贼，怯于战功，宜加切敕。后定果下狱。”《大越史记全书》成书甚晚，大约是1479年，由吴士连所为。因此是不足为据的。至于《东观汉纪・马援传》说苏定“张眼视钱，睐目讨贼，怯于战功”，是说二征起事之后，苏定镇压不力，怯于战功，并没有说二征起事的原因。当然，苏定是东汉王朝的统治阶级的一员，对人民进行剥削和压迫，这是他的阶级本性，我们没有必要为他辩护。但是，我们在考察二征事件的原因和性质的时候，应该看到它更加深刻的历史背景。

所以，我们认为，东汉王朝交趾地区的二征事件，是一次边境地区少数民族的奴隶主贵族反对封建化的叛乱。东汉政府派马援等镇压二征，是一次正义的行为。因为当时封建的生产方式代表着社会发展的方向；而妄图搞分裂割据、维护

---

① 《越史略》卷一。

② 《读史方舆纪要》卷一一二《广西七》“太原府”条。

奴隶制的统治，则是非正义的、反动的。

有的人根据二征曾“略岭外六十余城”[①]（《南蛮传》曰“略六十五城”），“九真、日南、合浦蛮俚皆应之”[②] 的记载，而认为二征得到人民的支持，是一次影响范围广泛的人民起义。其实，这个结论是值得商榷的。

第一，所谓二征“略岭外六十余城”，并不是二征占领了岭南地区 60 多座县城。因为根据《后汉书·郡国志》记载，二征事件之前，交趾、九真、日南、合浦四郡，只有 26 县（马援镇压二征后，增加 1 县，共 27 县），加上南海、苍梧、郁林，整个岭南七郡，总共也只有 55 个县。所以，我以为“略岭南六十余城”是指占据 60 余个小城邑，即原来“雒王”“雒将”所占据的地盘，对整个岭南地区来说，其影响是有限的。越南历史学家在 20 世纪 50 年代的著作中也说：“征氏的实际权威被限制在麊冷和朱鸢周围的各城邑内，最多也只是在交趾和九真郡的城邑范围之内，而合浦和日南的各城邑就谈不上有直接的联系了。”[③]

第二，马援对二征的镇压，像摧枯拉朽一样，迅速解决了。这也说明二征没有什么群众基础。据史载，建武十六年春二月二征开始叛乱，一年多以后，才引起东汉政府的重视，命令长沙、合浦、交趾郡准备车船、粮食、修道建桥，拟派兵镇压。十八年派马援、段志、刘隆出兵，十九年春即斩征侧、征贰。继而进击九真都羊（阳），很快就平定了叛乱，此后，马援在交趾、九真进行改革，二十年九月，马援自交趾回首都洛阳。马援用兵时间，实际上只有一年左右。而且从记载马援征交趾的比较详细的文献《后汉书》和《水经注·叶榆河》来看，作战的地方都是在交趾、九真郡一些地方，没有在其他郡县作战的记载。并且，马援在交趾取得基本胜利之后，当时蜀郡守将史歆叛乱，于是马援上言：“从麊冷出贲古，击益州，臣所将骆越万余人，使习战斗者二千兵以上，弦毒矢利，以数发，矢注如雨，所中辄死”[④]，说明马援还率领投降的骆越将士出击益州的反叛。马援还宜称：“臣谨与交趾精兵万二千人，与大兵合二万人，船车大小二千艘，自入交趾，于今为盛。”[⑤] 马援在建武十八年发长沙、桂阳、零陵、苍梧兵时，只有万余人，[⑥] 而到十九年九月时，虽然由于南方瘴疫，战争伤亡不少，但是兵力却扩大到二万人，几乎增加一倍。而且这种骆越兵，后来成了马援的主力部队，于此可见二征的叛乱没有什么群众基础，而马援却得到骆越人民的支持。

---

① 《后汉书·马援列传》。

② 《资治通鉴》卷四三。

③ ［越］陶维英：《越南古代史》，刘统文等译，科学出版社 1959 年版，第 276 页。

④ 《水经注》卷三七《叶榆河》。

⑤ 《水经注》卷三七《叶榆河》。

⑥ 《后汉书·南蛮传》。

三

根据上面对马援征交趾的性质的论述，我们很自然地得出一个结论：马援是对祖国的历史做出了卓越贡献的人物。马援征交趾的历史作用，主要表现在如下两点。

第一，维护了东汉封建王朝的统一，加强和巩固了封建中央集权，使交趾地区在封建化的道路上迅速前进。

如上所述，二征事件是奴隶主贵族“雒王”“雒将”“雒侯”，为了维护奴隶制度，反对在交趾地区实行封建制度而举行的一次叛乱。二征企图把从秦开始、历经西汉，已逐渐建立封建制的交趾地区社会拉回奴隶制。这是逆历史潮流而动的反动行为。东汉政府派马援镇压二征，保卫了祖国南疆各族人民的安定生活，维护了祖国的统一，粉碎了二征的分裂割据的阴谋。封建社会的统一是与封建中央集权相联系的。正如恩格斯所说，在消灭分裂割据时，“王权是进步的因素”。[①] 马援镇压二征，正是维护“王权”的具体表现。

自秦以来，交趾地区表面上实行了郡县制，但实际上，只有郡守是由中央直接派遣的，县以下皆由世袭的奴隶主贵族“雒将”所把持。据《后汉书·马援列传》所说：“援所过辄为郡县，治城廓。”又说：“援奏言西于县户有三万二千，远界去庭千余里，请分为封溪、望海二县，许之。”《水经注》卷三七引《交州外域记》也说：“马援以西南治远，路迳千里，分置斯县，治城廓。”这说明马援在平定二征叛乱之后，在交趾地区健全了封建的郡县制。州、郡、县的地方官吏均由中央政府直接任免，一废以前县以下由“雒将”把持的制度。并且为了加强对郡县的管理，把原来范围太大的县，分成若干小县，例如分西于县为封溪、望海二县。马援在交趾地区健全郡县制，废除“雒将”的世袭制，加强了中央集权在交趾地区的统治，维护了国家的统一，从而为该地区经济、文化的发展创造了条件。

封建中央集权制度的加强，不仅表现在郡县制的健全，而且表现在封建法律的推广。马克思在《〈政治经济学批判〉导言》中说：“每种生产形式都产生出它所特有的法权关系、统治形式等等。”[②] 马援要使交趾地区顺利实行封建制度，必然要实行代表封建统治阶级的意志的法律，所以《后汉书·马援列传》说他“条奏越律与汉律驳者十余事，与越人申明旧制，自后骆越奉行马将军故事”。“越律”就是原来代表骆越奴隶主贵族利益的法律。“汉律”就是代表地主阶级利益的封建法律。“驳”，李贤注云：“乖舛也”，即“越律”与“汉律”相矛

---

① 《马克思恩格斯全集》卷21，人民出版社1965年版，第453页。

② 《马克思恩格斯选集》卷2，人民出版社1972年版，第91页。

盾、抵触的地方。“越律”的具体条文，我们已不可能知道，马援所申明的“汉律”，说明是“旧制”，也就是自西汉以来至汉光武帝时期所实行的法律。西汉自刘邦在关中“约法三章”，到萧何吸取秦法，“作律九章”，有一套完整的法律制度；中经文帝、元帝、哀帝的不断增减，逐步完善。东汉建武期间，汉光武帝一再下诏，申明西汉旧制。特别是刘秀先后六次下令释放奴婢，三次下令禁止虐待奴婢，进一步打击了奴隶制的残余，巩固封建制的东汉政权。有一个情况很值得我们参考，刘秀在解决盘踞于甘肃的隗嚣和四川的公孙述集团的时候，连续三次下诏释放奴婢：十二年春三月“诏陇、蜀民被略为奴婢自讼者，及狱官未报，一切免为庶人”；十三年冬十二月“诏益州民自八年以来被略为奴婢者，皆一切免为庶人”；十四年冬十二月“诏益、凉二州奴婢，自八年以来自讼在所官，一切免为庶人，卖者无还直”。[①] 在益、陇地区尚且如此，那么在原来奴隶制残余比较严重的交趾地区，必然也会大力实行解放奴婢的法令。

由于推行封建制的法律，进一步打击了“雒王”“雒将”等奴隶主贵族，必然得到“雒民”的支持和拥护，因此“自后骆越奉行马将军故事”。这些措施，无疑促进了交趾地区由奴隶制向封建制的转变。从此，交趾地区真正进入了像中原一样的封建社会。越南历史学家在 20 世纪 50 年代出版的历史著作中也有这样的看法，例如明峥说：“马援攻略三郡之后，就开始改变统治制度，我国社会从奴隶占有制转向封建社会。”[②] 陶维英说：“（二征）起义虽然失败了，但是它的客观结果却促使外族的统治者不得不发展郡县制度与较之以前更为深刻的封建生产关系，因此，瓯雒社会开始进入到一个属于封建制度范畴的新的发展阶段。”[③]

第二，大力发展社会生产力。马援针对交趾地区长期处于“刀耕火种”的原始落后状况，积极引进中原地区的先进生产技术。《后汉书·马援列传》说他所到之处，“穿渠灌溉，以利其民”。为了兴修水利，必然传入中原地区的铁制的先进生产工具。马援为了改变交趾地区的落后面貌，仿照秦始皇、汉武帝从中原移民的办法，把他的一部分部下留居交趾。《水经注·温水》俞益期笺曰：

> 马文渊立两铜柱于林邑，岸北有遗兵十余家不返，居寿泠岸南而对铜柱，悉姓马，自婚姻。今有二百户，交州以其流寓，号曰马流，言语饮食，尚与华同。

---

① 《后汉书·光武帝纪下》。

② ［越］明峥：《越南史略》，范宏科等译，生活·读书·新知三联书店 1958 年版，第 21 页。

③ ［越］陶维英：《越南古代史》，刘统文等译，科学出版社 1959 年版，第 281 页。

《新唐书·南蛮下》也有同样记载：

有西屠夷，盖援还，留不去者，才十户，隋末孳衍至三百，皆姓马，俗以其寓，故号马留人。

这只是一例，马援的部队留下者，我想是不止十余家的。此后，中原南来的人也日益增多。东汉时期交趾三郡的户口增加是比较迅速的。我们把《汉书·地理志》和《后汉书·郡国志》所载的交趾、九真、日南三郡的户口数字进行比较，就可以了解。

《汉书·地理志》：

交趾郡	92440 户	746237 口
九真郡	35743 户	166013 口
日南郡	15460 户	69485 口

三郡合计 143643 户，981735 口，其中以交趾郡占最大多数。

《后汉书·郡国志》：

交趾郡	（不载户、口数）	
九真郡	46513 户	209894 口
日南郡	18263 户	100676 口

东汉与西汉晚期相比，九真郡增加 10770 户，43881 口，人口增加率约为 26%；日南郡增加 2803 户，31191 口，人口增加率约为 45%。交趾郡的户口虽不详，但交趾郡为三郡中的首郡，土地肥沃，生产进步，而且中原南来的移民多集中于此地，因此，人口增长率不会低于九真、日南。

有人按增加 30% 计算，则东汉交趾郡当有 120000 户左右，970000 人左右。这样，东汉三郡合计有 184776 户左右，1280570 人左右。[①]

东汉交趾等三郡生产力的迅速发展，人口的迅速增加，与马援平定二征叛乱是分不开的。因为马援征交趾后，使该地区完全进入了封建社会，解放了社会生产力，使生产关系较为适应当时生产力的发展水平。正是因为“生产关系适合于

① 吕士朋：《北属时期的越南》，香港中文大学新亚研究所东南亚研究室刊。

生产力的性质和状况，并且给生产力以发展余地的时候，生产力才能充分地发展”①。

综上所述，马援征交趾是顺应历史发展潮流的进步事业，他对维护东汉王朝的统一、加强封建中央集权的统治、促进交趾地区社会经济的发展，做出了重要的贡献。我国人民为了纪念他，有的地名以马援名字命名，据《读史方舆纪要·广西三》郁林州条："石柱坡，在州东南三里，柱高三丈，相传马伏波所立，其地亦名马援营"；北流县，"县西南有歇马岭，相传伏波南征，曾驻兵于此"；博白县"饮马江，在县南一里，相传马援南征，饮马于此"。有的地方建"伏波庙"，供人们瞻仰。据唐人莫休符《桂林风土记》载，在全义县侧（今广西兴安县境）有"伏波庙"；宋人赵汝适《诸蕃志》载："海口有汉两伏波庙，路博德、马援祠也"。在交趾地区，雒越人民纪念马援的古迹也不少。既有以马援名字命名的地名，也有供人们瞻仰的"伏波庙"。这些都说明对为人民做过有益的事情的人，人民是不会忘记他的。

我们肯定马援征交趾的历史作用，是不是歌颂封建统治阶级呢？是不是鼓吹民族压迫呢？不是，绝对不是。

马援作为封建统治阶级的一员，有他的阶级和时代的局限性。对于被统治、被压迫阶级来说，他是一个统治者、压迫者，这是历史唯物主义者必须指出的。但是，列宁关于无产阶级对待资产阶级的态度的论述，我们是应该借鉴的。列宁说："无产阶级敌视一切资产阶级和资产阶级制度的一切表现，但是这种敌视并没有解除它应对资产阶级人士在历史上的进步和反动加以区别的责任。"② 同样，无产阶级敌视一切封建地主阶级和封建制度的一切表现，但是这种敌视并没有解除它应对封建地主阶级人士在历史上的进步和反动加以区别的责任。这种区别"进步"和"反动"的标准，就是看他对历史是否作出了贡献。我们区别历史上剥削阶级人士的"进步"和"反动"，正是坚持和捍卫了历史唯物主义。

至于说到是否鼓吹民族压迫的问题，马克思主义认为，"民族则是由不同的阶级组成的"③。当时的雒越民族分为奴隶主贵族"雒王""雒将"和奴隶"雒民"。二征叛乱，代表了"雒王""雒将"的利益，但并没有真正得到"雒民"的支持。相反，马援镇压二征，把"雒民"从水深火热之中解放出来，因而得到"雒民"的支持和拥护。事实上，马援征交趾之后，比较好地解决了民族问题，维护了雒越人民同中原人民的经济文化联系，促进了民族融合，使交趾三郡

---

① ［苏］斯大林：《论辩证唯物主义和历史唯物主义》，见《列宁主义问题》，人民出版社1973年版，第648页。

② ［苏］列宁：《旅顺口的陷落》，见《列宁全集》第二版增订版第8卷，人民出版社2017年版，第34页。

③ ［苏］斯大林：《马克思主义和民族问题》，见《斯大林选集》上，第74页。

在比较长的时间内，没有出现大的问题。

马援除在政治上、军事上对东汉王朝作出了重要贡献之外，在个人生活上也是难能可贵的。他征战交趾，常吃薏苡。据《神农本草经》曰："薏苡味甘，微寒，主风湿痹下气，除筋骨邪气。久服轻身益气。"薏苡是"胜瘴气"的良药。马援以为"南方薏苡实大"，想把它传入北方。所以胜利还师时，载以一车，"欲以为种"。这本是好事，但当时的权贵们，以为是"南方珍怪"，"明珠文犀"。待马援死后，上书诬告。光武帝"益怒"，使马援死无葬身之地。[①] 一代佼佼名将，耿耿忠臣，竟遭如此不白之冤。千秋功罪，谁人曾与评说！今天我们应该恢复马援的历史面目。

附　录

关于"二征"问题的记载，散见于中国史籍和越南史籍。今辑录如下。

《后汉书·光武帝纪》：

> 十六年春二月，交趾女子征侧反，略有城邑……十八年夏四月，遣伏波将军马援率楼船将军段志等击交趾贼征侧等……十九年春正月，伏波将军马援破交趾，斩征侧等，因击破九真贼都阳等。降之。

《后汉书·马援列传》：

> 又交趾女子征侧及女弟征贰反，攻没其郡，九真、日南、合浦蛮夷皆应之，寇略岭外六十余城，侧自立为王。于是玺书拜援伏波将军，以扶乐侯刘隆为副，督楼船将军段志等南击交趾。军至合浦而志病卒，诏援并将其兵。遂缘海而进，随山刊道千余里。十八年春，军至浪泊上，与贼战，破之，斩首数千级，降者万余人。援追征侧等至禁溪，数败之，贼遂散走。明年正月，斩征侧征贰等，传首洛阳。
>
> 援将楼船大小二千余艘，战士二万余人，进攻九真贼征侧余党都羊等，自无功至居风。斩获五千余人，峤南悉平。援奏言西于县户有三万二千，远界去庭千余里，请分为封溪、望海二县，许之。援所过辄为郡县治城廓，穿渠灌溉，以利其民，条奏越律与汉律驳者十余事，与越人申明旧制以约束之，自后骆越奉行马将军故事。
>
> 二十年秋。振旅还京师，军吏经瘴疫死者十四五，赐援兵车一乘，朝见位次九卿，援好骑，善别名马，于交趾得骆越铜鼓，乃铸为马式，还……

① 《后汉书·马援列传》。

《后汉书·南蛮西南夷列传》:

交趾女子征侧及其妹征贰反，攻郡。征侧者，麊冷县雒将之女也，嫁为朱䳒人诗（索）妻，甚雄勇，交趾太守苏定以法绳之。侧忿，故反，于是九真、日南、合浦蛮里皆应之，凡略六十五城，自立为王。交趾刺史及诸太守仅得自守。光武乃诏长沙、合浦、交趾具车船，修道桥，通障溪，储粮谷。十八年，遣伏波将军马援、楼船将军段志，发长沙、桂阳、零陵、苍梧兵万余人讨之。明年夏四月，援破交趾，斩征侧、征贰等，余皆降散，进击九真贼都阳等，破降之。徙其渠帅三百余口于零陵，于是岭表悉平。

《后汉书·刘隆传》:

以中郎将副伏波将军马援击交趾蛮夷征侧等，隆别于禁溪口破之，获其帅征贰，斩首千余级，降者二万余人。

《东观汉记·马援列传》:

援平交趾，上言太守苏定，张眼视钱，䁾目讨贼，怯于战功，宜加切敕。后定果下狱。

《后汉书·马援列传》注引《越志》:

征侧兵起，都麊冷，及马援讨之。奔入金溪［究］，二年乃得之。

《水经注·叶榆河》:

建武十九年，伏波将军马援上言，从麊冷出贲古，击益州，臣所将骆越万余人，使习战斗者二千兵以上，弦毒矢利，以数发，矢注如雨，所中辄死。愚以行兵此道最便，盖承藉水利用为神捷也。（按：杨守敬《水经注疏》云，此条及下条引马援说，乃援征交趾时事，而范书本传皆不载，当本他家后汉书。）

建武十九年九月，马援上言，臣谨与交趾精兵万二千人，与大兵合二万人，船车（按：杨守敬《水经注疏》云，船车当作楼船）大小二千艘，自入交趾于今为盛。十月，援南入九真，至无功县。贼渠降。进入余发，渠帅朱伯弃郡亡入深林巨薮，犀象所聚，群牛数千头，时见象数十百为群。援又分兵入无编县王莽之九真亭，至居风县，帅不降，并斩级数十百（按：杨守敬《水经注疏》云，当作数千百），九真乃靖。

后朱戴雒将子名诗，索麊泠雒将女名征侧为妻，侧为人有胆勇，将诗起贼，攻破州郡，服诸雒将，皆属征侧为王，治麊泠县，得交趾、九真二郡民二岁调赋。后汉遣伏波将军马援将军讨侧、诗，走入金溪究，三岁乃得（按：杨守敬《水经注疏》云，章怀引越志：二年乃得之，舆地广记亦作二年。据援传言明年斩侧，则作二是）。尔时西蜀并遣兵共讨侧等，悉定，郡县为令长也。

《资治通鉴·汉纪》：

建武十五年十二月，交趾麊泠县雒将女子征侧，甚雄勇，交趾太守苏定以法绳之，征侧忿怨。

十六年春二月，征侧与其妹征贰反，九真、日南、合浦蛮俚皆应之，凡略六十五城，自立为王，都麊泠，交趾刺史及诸太守仅得自守。

十七年，征侧等寇乱连年，诏长沙、合浦、交趾具车船，修道桥，通障溪，储粮谷，拜马援为伏波将军，以扶乐侯刘隆为副，南击交趾。

十八年三月，马援缘海而进，随山刊道千余里，至浪泊，与征侧等战，大破之，追至禁溪，贼遂散走。

十九年正月，马援斩征侧、征贰……马援进击征侧余党都阳等，至居风，降之，峤南悉平，援与越人申明旧制以约束之，自后雒越奉行马将军故事。

二十年九月，马援自交趾还。

越南史籍《大越史记全书》（外纪，卷三）：

己亥（39）交趾太守苏定为政贪暴，征女王起兵攻之……庚子元年（40）春正月，王苦太守苏定绳以法，及仇定之杀其夫，乃与其妹贰举兵，攻陷州治。定奔还南海。

《越史通鉴纲目》（前编，卷二）的记载与《大越史记全书》基本相同。

《越史略》卷一：

征侧“性甚雄勇，所为不法，太守苏定绳之以法，侧怒，乃与其妹贰起峰州兵，攻陷郡县，九真、日南皆应之”。

赵晔与《吴越春秋》

一

赵晔，后汉人。他的生平及著述，《后汉书·儒林列传》留下了117字的传记，其文如下：

> 赵晔字长君，会稽山阴人也。少尝为县吏，奉檄迎督邮，晔耻于厮役，遂弃车马去。到犍为资中，诣杜抚受《韩诗》，究竟其术。积二十年，绝问不还，家为发丧制服，抚卒乃归。州召补从事，不就。举有道，卒于家。晔著《吴越春秋》《诗细历神渊》。蔡邕至会稽，读《诗细》而叹息，以为长于《论衡》。邕还京师，传之，学者咸诵习焉。

《后汉书》中除这段传记之外，再没有其他关于赵晔的记载。从这段记载中，我们可以明确三点。

第一，他是会稽山阴（今浙江绍兴）人，生卒年月已不可考。但知道他曾从杜抚受学。《后汉书·儒林列传》中有《杜抚传》，《华阳国志》卷十（中）《先贤士女总赞》亦有杜抚（字叔和）的零星记载。据《后汉书》载，杜抚“建初中（76—84年）为公车令，数月卒”。他应死于1世纪的80年代至90年代之间。由此推知，赵晔当为1世纪中期到2世纪初期的人。

第二，他所处的时代是后汉中叶的黑暗时代。后汉的皇帝除光武帝、明帝、章帝外，几乎都是幼年继位，造成外戚、宦官两种势力轮流专权，社会非常腐朽黑暗。在这样的社会里，赵晔“尝为县吏，奉檄迎督邮”，而“耻于厮役，遂弃车马去”。他为什么“耻于厮役”，可有两种解释。一种可能，认为当时官场黑暗，不愿在官场上同流合污；另一种可能是嫌官小，认为大材小用。从后来“州召补从事，不就”的记载看，前者的可能性大。如果这个分析不谬，那么，赵晔是一个对当时黑暗社会不满，不愿与世俗同流合污，而希望洁身自好的学者。

第三，他弃官从学，千里迢迢从家乡跑到犍为资中（今四川资中），跟从杜抚学《韩诗》，杜抚“嘉其精力，尽以其道授之”。[①] 他潜心学问，积20年，与家乡断绝音讯，家人以为他已死亡，为他“发丧制服”。由于孜孜不倦地学习，

① 〔清〕王先谦：《后汉书集解》引《会稽典录》。

他对杜抚的学问能“究竟其术”。杜抚死了以后，他才从四川回到家乡浙江绍兴。他著有《吴越春秋》十二卷，《韩诗谱》二卷，《诗道微》十一篇和《诗细历神渊》一卷。《吴越春秋》，今存，下文详细介绍；其他著作已佚，但根据有关资料，可作如下分析，对理解赵晔的史学思想或许有帮助。

赵晔从杜抚学《韩诗》。西汉初年传授《诗经》的，有鲁、齐、韩、毛四家。《韩诗》一派的创立者是韩婴。《汉书·儒林列传》说，“（韩）婴推诗人之意而作内外传数万言”，《内传》在两朱之间已佚亡，只有《外传》留存至今，但已非原书之旧，而是一部分经过后人的修改了。按照《汉书·儒林列传》的说法，《韩诗外传》应该是一部阐述经义的书，但实际情况不是这样。从散见于宋以前古籍中一些零星的《内传》的佚文看来，阐述经义是《内传》的体例。现存《外传》的体例却跟刘向的《新序》《说苑》《列女传》等相类似，先讲一个故事，然后引《诗》为证。《四库全书总目》说“王世贞称《外传》引《诗》以证事，非引事以明《诗》，其说至确”。因此四库馆臣认为《外传》已无关于《诗》义，只把它作为《诗经》类的附录。《韩诗外传》记录了一些古代的故事和传说。因此，我疑心赵晔的《韩诗谱》《诗道微》《诗细历神渊》等是类似《韩诗外传》一类的著作。其理由有二：①与他的另一部著作《吴越春秋》体例相同，通过记录古代的故事和传说，寄托自己的历史观点；②蔡邕“读《诗细》而叹息，以为长于《论衡》”。《论衡》是王充的力作。他一生在政治上郁郁不得志，把主要精力和时间用来著书立说。在《论衡》中时时透露出他愤世讥政的情绪，表达对权贵的极度轻蔑。大概《诗细》等是通过历史故事和传说，表现了作者愤世嫉俗的情绪，才博得蔡邕的“叹息”，并以为“长于《论衡》”。

二

赵晔留存至今的著作是《吴越春秋》。《吴越春秋》的真伪问题，自古以来存在着分歧。

《吴越春秋》始见著录于《隋书·经籍志》，《隋志》云：“《吴越春秋》十二卷，赵晔撰。”《旧唐书·经籍志》《新唐书·艺文志》所记略同《隋志》。《宋史·艺文志》与晁公武《郡斋读书志》《文献通考·经籍考》并作十卷，已佚二卷。自唐人编纂《隋书》以来，都以它为后汉赵晔的著作。《四库全书》著录《吴越春秋》，用元大德十年（1306）刻本。大德本凡十卷，有元徐天祜音注。徐天祜在《序》中云：

> 《吴越春秋》，赵晔所著……观其所作，乃不类汉文……又按《史记》注有徐广所引《吴越春秋》语，而《索隐》以为今无此语者。他如《文选》注引季子见遗金事，《吴地记》载阖闾时夷亭事，及《水经注》尝载越事数

条，类皆援据《吴越春秋》。今晔本咸无其文。①

从徐天祜的序文看，他认为今本《吴越春秋》“不类汉文”；古书引用《吴越春秋》的事，今本又无。因此，他怀疑是伪书。关于此事，余嘉锡先生在《四库提要辨证》中作了辨证，余先生说：

> 徐天祜序云：“徐广《史记》注引《吴越春秋》，而《索隐》以为无其语。”考《吴世家》《索隐》云：“徐广引《吴越春秋》云：王僚，夷昧子，今检《吴越春秋》无此语。”序盖即指此条。考之本书《吴王寿梦传》云：“吴人立馀昧子州于，号为吴王僚也。”馀昧即夷昧，徐广所引，殆即因此二语表明隐括之。《索隐》以为《吴越春秋》无此语，已误，序从而疑此书，更误矣。其余若《文选》注诸书所引，亦当在所佚二卷之内。②

因此，徐天祜怀疑今本《吴越春秋》为伪书，根据是不足的。

今人陈中凡先生亦怀疑此书，说“《吴越春秋》非后汉经师赵晔所著的史书”，是“出于后人依托”。③ 其理由归纳起来，大概是两条：①此书所述的时序、地理、人物、古书文字的解释，错误百出，绝非“出于后汉经师赵晔之手”；②后汉末蔡邕亲到会稽访赵晔遗著，读其《诗细》而叹息，以为长于《论衡》。赵晔如著有此等国别史，蔡邕岂容不知？读到后岂能无一语涉及？诚然，《吴越春秋》在叙述史事方面有许多错误，除陈先生在该文中所举出的例子之外，还可以举出一些。但是一本书存在史实方面的错误，与要否定该书为某时代某人所作是两回事；两者虽然有一定的联系，但不能等同起来。至于蔡邕是否见过《吴越春秋》，他没有说，但我们也不能因蔡邕未提见过该书而否定该书的存在。

因此，我认为在未找到确凿证据之前，不应怀疑《吴越春秋》为后汉赵晔所著。至于该书的性质及其在史实方面的错误则是另外的问题。

三

《吴越春秋》是一部什么性质的书？自古以来，亦存在着分歧。

《四库全书总目》说《吴越春秋》“尤近小说家言，然自是汉晋间稗官杂记之体”，把它列入载记类。陈中凡先生则发展了《四库全书总目》的观点，径直

---

① 《吴越春秋》，见《四部丛刊》初编史部。

② 《四库提要辨证》卷七，中华书局1980年版，第379页。

③ 陈中凡：《论〈吴越春秋〉为汉晋间的说部及其在艺术上的成就》，见《文学遗产增刊》1959年第7辑，第18－38页。

说“《吴越春秋》为汉晋间的说部”。杨伯峻先生在编著《春秋左传注》时，亦沿用《四库全书总目》的说法，认为是“近小说家言”。[①]

另一种意见，把《吴越春秋》作为方志。如李泰棻说：“志即史也。故如《吴越春秋》《越绝书》以及未能传世之百二十国宝书，皆可称为方志。”[②] 范文澜亦说：“东汉会稽郡人赵晔著《吴越春秋》，又有无名氏著《越绝书》。两书专记本地典故，开方志的先例。”[③] 王树民在《史部要籍解题》中，也把《吴越春秋》列入“方域史”一类。[④] 而洪焕椿编著的《浙江方志考》则把它编入《浙江文献志》。[⑤]

中国史书的类别，多种多样，如正史、别史、纪事本末等。从《隋书·经籍志》开始，正式列有杂史一门，而且把《吴越春秋》列入杂史类。杂史的性质，《隋书·经籍志·杂史叙》曰：

> 自秦拨去古文，篇籍遗散；汉初得《战国策》，盖战国游士记其策谋；其后陆贾作《楚汉春秋》，以述诛锄秦、项之事；又有《越绝》，相承以为子贡所作；后汉赵晔又为《吴越春秋》。其属辞比事，皆不为与《春秋》《史记》《汉书》相似，盖率尔而作，非史策之正也。灵、献之世，天下大乱，史官失其常守，博达之士，愍其废绝，各记闻见，以备遗亡。是后群才景慕，作者甚众。又自后汉以来，学者多抄撮旧史，自为一书，或起自人皇，或断之近代，亦各有志，而体制不经。又有委巷之说，迂怪妄诞，真虚莫测。然其大抵皆帝王之事，通人君子，必博采广览，以酌其要，故备而存之，谓之杂史。

由此可见，所谓杂史是那类“非史策之正”，“率尔而作”，“体制不经”，有别于体例谨严的《左传》《史记》《汉书》之类的史书。《文献通考》卷一九五引《宋三朝志》亦曰：“杂史者，正史、编年之外，别为一家，体制不纯，事多异闻，言过其实。”而杂史的大量出现，是由于汉灵、献之世，“史官失其常守”，“博达之士”“各记闻见，以备遗亡”。

根据《隋志》及《吴越春秋》的内容，我们有理由说，《吴越春秋》是一部杂史。今人李宗邺《中国历史要籍介绍》也是把它列入杂史类。[⑥]

---

① 杨伯峻：《春秋左传注》，中华书局 1981 年版。

② 李泰棻：《方志学》，转引自黄苇《方志论集》，浙江人民出版社 1983 年版，第 35 页。

③ 范文澜：《中国通史简编》（修订本）第 2 编，人民出版社 1964 年版，第 24 页。

④ 王树民：《史部要籍解题》，中华书局 1981 年版。

⑤ 洪焕椿：《浙江方志考》，浙江人民出版社 1984 年版。

⑥ 李宗邺：《中国历史要籍介绍》，上海古籍出版社 1982 年版。

四

《吴越春秋》是一部杂史，它具有杂史的特点。

杂史的特点，首先它是一部史书。《吴越春秋》主要记载春秋末年吴、越两国的事，书中编排系统明确，吴叙太伯、寿梦、王僚、阖闾、夫差等事；越叙无余、勾践入臣、归国、阴谋、伐吴等事；序次甚为分明，共分10篇。现把其篇目抄录如下：

> 吴太伯传第一；吴王寿梦传第二；王僚使公子光传第三；阖闾内传第四；夫差内传第五；越王无余外传第六；勾践入臣外传第七；勾践归国外传第八；勾践阴谋外传第九；勾践伐吴外传第十。

赵晔写《吴越春秋》，其材料来源主要是《左传》《国语》《史记》及流行于当地的传闻。他搜集的材料是比较全面、丰富的。

作者对搜集来的资料，并非简单地排录，而是以作者的观点为主予以系统的整理。所以读完《吴越春秋》，就会留下一个比较完整的吴、越两国兴衰的历史概念。明人钱福说：《吴越春秋》“后世补亡之书耳，大抵本《国语》《史记》而附以所传闻者为之”。①

《吴越春秋》主要是写人物，通过人物传记，把吴、越两国的政治、经济及其兴衰反映出来。所以对人物及与人物有关的历史事件记载得十分详细，如记吴公子光使专诸刺王僚、伍子胥奔吴、吴王夫差伐越、越王勾践灭吴等史事都详于《左传》《国语》《史记》。

例如伍子胥这个人物。《左传》昭公十九年（前523）、二十年（前522），记伍子胥被陷害，伍子胥奔吴；昭公三十年（前512），记子胥教吴病楚；定公四年（前506）记子胥率吴师入楚；定公十四年（前496），记吴王阖闾伐越战死，子夫差决意复仇；哀公元年（前494），记夫差败越于夫椒，越王赂宰嚭以求和，子胥切谏不从；哀公十一年（前484），记子胥谏吴王伐齐，不从，自杀身死。故事虽有头有尾，但只是一个轮廓而已。《国语》的《吴语》和《越语》所记略同，但把《左传》记载子胥临死遗言“树吾墓槚，槚可材也，吴其亡乎！”改为“悬吾目于东门，以见越之入、吴之亡！”尤为悲切。《吕氏春秋》之《异宝》《首时》篇记伍子胥过郑入吴，路经楚境，在大江边得到捕鱼丈人的引渡，加强了故事性的描写。至《史记》，伍子胥的事迹，除分别见于《吴太伯世家》《楚世家》及《越世家》之外，又写成《伍子胥列传》，可说是集伍子胥的

① 〔明〕钱福：《重刊〈吴越春秋〉序》，江苏古籍出版社1986年版。

故事之大成。伍子胥的故事，在秦汉间民间流传甚广，甚至出现了写伍子胥的专著。《汉书·艺文志》杂家中有《伍子胥》八篇，不著撰人姓名；兵技巧中列有《伍子胥》十篇，《图》一卷，亦未著撰人姓名。可见伍子胥是一位兵家，擅长战略战术；而其壮烈的、可歌可泣的复仇故事，为秦汉间人民所称颂。

赵晔以《左传》《国语》《史记》关于伍子胥的材料为经，并综合秦汉以来的民间传说，使《吴越春秋》中的伍子胥更加丰满、形象、生动而具体。且看子胥离楚奔吴的记载：

> 子胥乃贯弓执矢去楚，楚追之，见其妻曰："胥亡矣，去三百里。"使者追及无人之野，胥乃张弓布天，欲害使者，使者俯伏而走。胥曰："报汝平王，欲国不灭，释吾父兄，若不尔者，楚为墟矣!"使返报平王，王闻之，即发大军追子胥，至江，失其所在，不获而返。子胥行至大江，仰天行哭林泽之中，言楚王无道，杀吾父兄，愿吾因于诸侯以报仇矣。闻太子建在宋，胥欲往之……胥遂奔宋，宋元公无信于国，国人恶之，大夫华氏谋杀元公，国人与华氏因作大乱。子胥乃与太子建俱奔郑，郑人甚礼之。太子建又适晋，晋顷公曰："太子既在郑，郑信太子矣。太子能为内应而灭郑，即以郑封太子。"太子还郑，事未成，会欲私其从者，从者知其谋，乃告之于郑，郑定公与子产诛杀太子建。建有子名胜，伍员与胜奔吴。(《王僚使公子光传第三》)

这段话详尽地记录了子胥被楚所迫而奔吴的经过。以后又写他沿途得江上渔父及濑水女子的救援，才跄踉到达吴市。"被发佯狂跣足涂面行乞于市"，市上没有人认识他，只有吴公子光认识他"勇而且智"，于是与公子光结为知己。子胥向公子光推荐两名勇士：专诸与要离，为光刺杀吴王僚以及王子庆忌，使他夺得了吴国的政权。这段关于艰苦曲折过程的记载，充分表现了伍子胥智深勇沉、坚忍不拔的性格。

《吴越春秋》写伍子胥的复仇思想，由简单到复杂，由低级到高级。当他被迫逃离楚国，途中遇到申包胥时，对申包胥说：

> 楚王杀吾父兄……吾闻父母之仇，不与戴天履地；兄弟之仇，不与同城接壤；朋友之仇，不与邻乡共里。今吾将复楚，辜以雪父兄之耻。(《王僚使公子光传第三》)

此时他的思想是一种单纯的个人复仇的思想。他在吴国得到吴王阖闾的重用，全心全意为吴国国富兵强服务，以便灭楚，报杀父兄之仇。阖闾九年（前506），吴联合唐、蔡大举攻楚，“五战径至于郢”，“乃掘平王之墓，出其尸，鞭之三百”，“阖闾妻昭王夫人，伍子胥、孙武、白喜（伯嚭）亦妻子常、司马成之妻，以辱楚之君臣”（《阖闾内传第四》）。至此，子胥的私愤已得到大泄，个人的复仇已得到实现。

然而，子胥深谋远虑，他认识到之所以能报杀父兄之仇，完全是由于吴王阖闾的大力支持和强大的吴国作为后盾。因此，他非常感激吴王和吴国，他把自己的命运与吴王和吴国联系起来。对吴王的尽忠、对吴国的报答，已成为他的义务。伍子胥的思想由单纯的复仇上升到忠君报国。

此后，吴、越两国矛盾不断，彼此报复不已，吴王阖闾在槜李之战中负伤而死，继承王位的夫差，把报越之仇作为己任，自然也是子胥的责任。及至夫差败越于夫椒，夫差以为越已服罪，率众来降，复仇的目的已达到，于是想挥兵北上，讨伐齐国，争霸中原。智虑周详的子胥始终认为吴国“心腹之病”在越不在齐，因此，他犯颜直谏，请看他的谏词多么恳切：

> 臣闻兴十万之众，奉师千里，百姓之费，国家之出，日数千金，不念士民之死，而争一日之胜，臣以为诚危国亡身之甚。且与贼居不知其祸，外复求怨，徼幸他国，犹治救瘑疥而弃心腹之疾，发当死矣。瘑疥皮肤之疾，不足患也。今齐陵迟千里之外，更历楚越之界，齐为疾其疥耳，越之为病乃心腹也。不发则伤，动则有死，愿大王定越而后图齐。臣之言决矣，敢不尽忠。（《夫差内传第五》）

子胥一片忠君报国之心，跃然纸上。然而，夫差却骂他“昏耄而不自安”，“欲专权擅威，独倾吾国”。子胥至此，本可听被离之劝，出走他国。但是，他没有出走，坚持留在吴国，“欲报前王之恩”。岂料夫差竟“使人赐属镂之剑”，“急令自裁”。伍子胥只有“伏剑而死”，含冤地下。《吴越春秋》成功地记录了伍子胥为家族、民族、国家的恩怨而贡献全力与生命的经过，补充了《左传》《国语》《史记》记载之不足。

其次如越王勾践这个人物。在《左传》《国语》《史记》中都有记载，但也只是一个轮廓而已。《吴越春秋》写越国历史的五篇中，有四篇是记勾践的，即《勾践入臣》《勾践归国》《勾践阴谋》《勾践伐吴》。

越国的历史，自无余立国，传 20 余世而至允常，日渐强大，与吴国一样，称雄于南方蛮夷之间。后吴、越两国，互相征伐。前 496 年，吴王阖闾战死，继位的夫差锐意复仇，三年后大败越军，勾践仅剩甲兵 5000 人，栖于会稽，只好向吴屈膝求和，委国入臣。

勾践入臣吴国期间，得到范蠡的指导，耐心拘囚石室，“服犊鼻，着樵头，夫人衣无缘之裳，施左关之襦，夫斫剉养马，妻给水除粪洒扫，三年不愠怒，面无恨色”，又向吴王问疾，亲尝粪便，以决吉凶（《勾践入臣外传第七》）。因此感动了夫差，同意与越国讲和，放勾践归国。

勾践归国后，乃夜以继日地苦思苦想，以报此屈辱之仇。首先，他整顿国内的政治，安定民心，使万众一心，同仇敌忾。大夫文种向他陈述“爱民”的政治措施：“无夺民所好”，“不失其时”，“省刑去罚”，“薄其赋敛”，“无多台游”，“遇民如父母之爱其子，如兄之爱其弟，闻有饥寒为之哀，见其劳苦为之悲”。由于勾践接纳文种这些建议，“于是人民殷富，皆有带甲之勇”（《勾践归国外传第八》）。其次，他奉行文种的“九术”，削弱敌人的实力（《勾践阴谋外传第九》）。最后，训练军队。勾践向楚使臣申包胥请教伐吴取胜的办法，申包胥说，“战之道知（智）为之始，以仁次之，以勇断之”，因为“不知（智）即无权变之谋，以别众寡之数；不仁则不得与三军同饥寒之节，齐苦乐之喜；不勇则不能断去就之疑，决可否之议”（《勾践伐吴外传第十》）。他按申包胥的“知（智）仁勇”三条原则来训练军队，使军纪严明，具有强大的战斗力。

由于勾践“十年生聚”，“十年教训”，最后举兵伐吴，三战三胜，围吴于西域，终于灭吴而还。勾践“早朝晏罢，切齿铭骨，谋之二十余年”的耻辱得到洗雪。

《吴越春秋》中的勾践，符合历史实际而又补了《左传》《国语》《史记》记载之不足。

此外，其他人物，如寿梦、阖闾、夫差、范蠡、文种等等，他们都有东汉以前的历史资料作根据。所以，我们首先肯定它是一部历史著作。

更加难能可贵的是《吴越春秋》在记载人物的同时，保留了反映当时生产力发展水平的极其珍贵的资料。冶铸术是反映生产力发展水平的一项重要工艺，《吴越春秋》有下列记载：

> 阖闾请干将铸作名剑二枚。干将者，吴人也。与欧冶子同师，俱能为剑。越前来献三枚，阖闾得而宝之，以故使剑匠作为二枚，一曰干将，二曰莫耶。莫耶，干将之妻也。干将作剑，采五山之铁精，六合之金英，候天伺地，阴阳同光，百神临观，天气下降，而金铁之精，不销沦流，于是干将不知其由。莫耶曰：“子以善为剑闻于王，使子作剑，三月不成，其有意乎？”干将曰：“吾不知其理也。”……莫耶曰：“师知烁身以成物，吾何难哉！”于是干将妻乃断发剪爪投于炉中，使童男童女三百人鼓橐装炭，金铁乃濡，遂以成剑，阳曰干将，阴曰莫耶。（《阖闾内传第四》）

我们对这段记载，抛开它一些神话般的描述，吴、越两国在春秋时代，能采矿铸铜剑和铁剑，确是事实，并且用橐作鼓风工具，用炭作燃料。而鼓风工人达300人之多。《周礼·考工记》对吴、越之剑特别称赞。《越绝书·外传记宝剑》篇，也记述欧冶子、干将二人为越王铸了湛卢、纯钧、胜邪、鱼肠、巨阙五口宝剑，又为楚王铸了龙渊、泰阿、工布三口铁剑，都锋利无比。吴、越两国铸铜、铁剑的事实，也为新中国成立以来的考古材料所证明。由于种种原因，吴、越铸的铜、铁剑流散在各地，特别是有铭文的剑，历年来都有一些重要发现。例如山西原平峙峪出土吴王光剑，湖北襄阳蔡坡楚墓和河南辉县琉璃阁魏墓出土吴王夫差剑，安徽淮南蔡声侯墓出土吴王夫差戈和吴王太子“姑发闲反”剑。越王的剑出土更多，陈梦家的《六国纪年》作过研究，近年又有不少出土，例如湖北江陵望山楚墓出土越王勾践剑，有“越王勾践自作用剑”铭文，湖南益阳赫山庙楚墓和江陵藤店楚墓出土越王州句剑，河南淮阳楚墓和江陵张家山楚墓出土未署名的越王剑。各地发现的这些铜剑制作精良，出土时大多完整如新，锋刃锐利，充分显示了当时高超的工艺水平。[①] 关于铁器，在长江北岸的六合附近，发现吴国贵族墓葬，出土铁器，经科学鉴定，二号墓铁条属早期块炼铁，一号墓铁丸则是目前所知年代最早的生铁。在越国故都会稽（今绍兴）城北西施山一带出土过大批青铜和铁制生产工具，并且发现冶炼的遗迹，表明那里应是越国的一处冶炼作坊遗址。[②]

文献和考古资料相印证，说明吴、越两国在春秋晚期崛起，称霸于中原，是其生产力发展的必然结果。因此，《吴越春秋》的史料价值是不容忽视的。

“杂史”的另一个特点，就是“杂”。作者不斤斤计较于史实，不拘泥于常情，尚新奇，大量采摭奇闻逸事，因此，《吴越春秋》在记载史实方面，自然有许多错误。例如书中序事的年代，有时与《春秋》《左传》《史记》各书完全不符。《史记·十二诸侯年表》记寿梦十年，吴王始通中国，与鲁成公会于钟离，而该书记为寿梦元年，提前了十年，与《春秋》《左传》《史记》皆不符。越灭吴的战争，有四次大的战役，四次战役的年代，该书记错了三次：①鲁哀公十七年，“越伐吴，吴子御之笠泽”。这是勾践十九年事，该书则误为二十一年；②鲁哀公二十年十一月，“越围吴”，这是勾践二十二年事，该书记于勾践二十一年；③鲁哀公二十二年，冬十二月，“越灭吴”，这是勾践二十四年事，该书则记于二十二年。就地理而言，该书所记的地理方位，亦有不可靠的。如记吴王第二次封地于越，“东至于勾甬，西至于槜李，南至于姑末，北至于平原，纵横八百余里”（《勾践归国外传第八》）。勾甬为今定海东北海中的舟山，确为越之

---

① 中国社会科学院考古研究所编：《新中国的考古发现和研究》，文物出版社1984年版，第314页；李学勤：《东周与秦代文明》，文物出版社1984年版，第154－155页。

② 中国社会科学院考古研究所编：《新中国的考古发现和研究》，文物出版社1984年版，第315－316页。

东境。檇李在今嘉兴县境，《国语》以为越之北境。姑末《左传》作姑蔑，在今衢县境。平原《越绝书》作武原，今为海盐，并不是越国的南北境。以上所述越国四至，除勾甬外，其余方位皆不符。至于记人物方面的错误，就更多了。例如《阖闾内传第四》记伍子胥说："白州犁，楚之左尹，号曰郄（却）宛。"却宛是伯州犁的儿子，竟把父子混为一人。《史记·吴太伯世家》记吴世系自太伯、仲雍、季简、叔达，五传至于周章，才列为诸侯。周章卒，子熊遂立，这是吴君的第二代。而该书《吴太伯传第一》则说："章子熊，熊子遂。"把熊遂分为两人。① 所载孔子、子贡的事迹亦多不可据。以上错误，仅是举例而已。

《吴越春秋》除史实的错误外，还有一些以想象的手法作神话式的描写，例如《夫差内传第五》写伍子胥被迫自杀之后说：

> 吴王乃取子胥尸，盛以鸱夷之器，投之于江中……子胥因随流扬波，依潮来往，荡激崩岸。

这显然是一种虚幻之辞。《勾践伐吴外传第十》中，记越军围吴，更有一段神奇描述：

> 越王追奔，攻吴兵，入于江阳、松陵，欲入胥门，来至六七里，望吴南城，见伍子胥头，巨若车轮，目若耀电，须发四张，射于十里，越军大惧。留兵假道，即日夜半，暴风疾雨，雷奔电激，飞石扬砂，疾如弓弩，越军坏败。……范蠡、文种乃稽颡肉袒，拜谢子胥，愿乞假道。子胥乃与种、蠡梦曰："吾知越之必入吴矣，故求置吾头于南门，以观汝之破吴也。惟欲以穷夫差，定汝入我之国，吾心又不忍，故为风雨以还汝军。然越之伐吴，自是天也。吾安能止哉。越如欲入，更从东门，我当为汝开道贯城，以通汝路。"于是越军明日更从江出，入海阳，于三道之翟水，乃穿东南隅以达。越军遂围吴，守一年，吴师累败。

这种子胥显灵，托梦于范蠡、文种的记述，显然是荒诞的，这是该书的糟粕。这种幽渺无稽之文，在书中还有一些。故有些学者视本书为"近小说家言"，也不无道理。

但是，在这里必须指出的是，虽然杂史与小说颇难区分，正如国史《经籍志》卷三所云，杂史"其体制不醇，根据疏浅，甚有收摭鄙细，而通于小说

① 陈中凡：《论〈吴越春秋〉为汉晋间的说部及其在艺术上的成就》，见《文学遗产增刊》1959 年第 7 辑，第 18－38 页。

者”，“小说与杂史最易相淆”。[①] 但是，像《吴越春秋》这样的作品，基本上还是符合史实的，不过是多采异闻遗事而已，因而仍然是一部史作。[②]

五

赵晔搜集吴、越史料写成《吴越春秋》。他不是为写历史而写历史，而是通过写历史，寄托着作者的历史观点。

西汉的刘向分类纂辑先秦至汉初的史事和传说，杂以议论，写成《新序》《说苑》等，以阐明儒家的政治思想和伦理观点。

《汉书·刘向传》说刘向著《新序》《说苑》“以助观览”，“欲以为法戒”，即通过历史故事和民间传说，对读者起劝诫和借鉴作用。赵晔继承刘向做法，希望通过历史故事，使人们从中悟出道理。《吴越春秋》反映的三个观点，值得人们重视。

第一，通过吴、越两国兴亡的历史，阐明正义的、自卫防御性的战争必然胜利，非正义的、侵略性的战争必然失败的历史规律。最初越国被吴人所压迫，越王勾践为了抗拒强敌，发动民众进行防御的正义的战争，由弱变强，节节胜利，最后灭掉吴国。

第二，战争的伟力存在于民众之中。越王勾践之所以能够覆吴报仇，称霸中国，是因为除战争的正义性之外，还在于国内“富民贵谷”。古代儒家有所谓“民为邦本”“食为民天”之说。勾践在越国实行的政治措施，正体现了儒家这一观点。勾践“无夺民时”，“爱民如子”，“葬死问伤，吊忧贺喜，送往迎来，除民所害”，与人民打成一片，甚至在战争中慰问士兵，使“军士莫不怀心乐死，人致其命”。这些都说明作者的民本主义思想。

第三，宣扬了封建的忠君思想。伍子胥对吴王忠心耿耿，犯颜直谏，是一个忠君的典型。范蠡原为楚人，入臣于越。他抱着“辅危主，存亡国”的决心，与勾践夫妻同入吴国，过着奴虏的生活。但是，他“虽在穷厄之地，不失君臣之礼”。他对勾践说：“往而必返，与君复仇者，臣之事也。”夫差劝他“改心自新，弃越归吴”，但他终“不移其志”，忠心耿耿为越王（《勾践入臣外传第七》）。子胥、范蠡这样的忠臣，一直为封建统治者所称道。

当然，《吴越春秋》中的一些怪诞不经的描述，是作者唯心史观的表现。但它是一部杂史，正如鲁迅先生所说：“虽本史实，并含异闻。”[③] 因此，笔者认为一些迷信且荒诞的渲染，是在所难免的，不必强求于古人。

---

① 《四库全书总目》小说家类二。

② 李剑国：《唐前志怪小说史》，南开大学出版社 1984 年版，第 146 页。

③ 《中国小说史略》，见《鲁迅全集》卷 8，人民文学出版社 1959 年版，第 15 页。

王国维先生的秦汉史研究

王国维（1877—1927），字静安，又字伯隅，号观堂，又号礼堂，浙江海宁人，近代学术大师。他学识渊博，通晓日、英、法数国语言，在文学、史学、哲学、文字学（甲骨、金文）、古器物学、地理学、简牍学、敦煌学、音韵学乃至教育学等方面均有很深的造诣。他卓越的学术成就久已为中外学术界所公认。

古史研究，是静安先生一生学术的重点。在古史研究中，他对先秦史、秦汉史、隋唐史用功尤勤。本文拟对静安先生的秦汉史研究作一述评。

一、读秦汉史籍，是静安先生步入史学殿堂之肇始

静安先生30岁时在《自序》中说：

> 余家在海宁，故中人产也。一岁所入略足以给衣食。家有书五六箧，除《十三经注疏》为儿时所不喜外，其余晚自塾归每泛览焉。十六岁见友人读《汉书》而悦之，乃以幼时储蓄之岁朝钱万，购买前四史于杭州。是为平生读书之始。①

可以看出，16岁前静安先生虽致力于举业，并博览群书，但尚未接触前四史。那么，16岁以前的静安先生是否已经读过史书呢？

从11岁起，静安先生就师从清末同文馆学生陈寿田先生。陈寿田在经学、外国语及近代西方先进科学文化知识上有一定了解，作为幼年静安先生的塾师，其学识水平高于一般的乡塾教师，② 所以是比较称职的。

静安先生师从陈寿田，而陈寿田每月必课骈散文、古今体诗若干，因而成为静安先生治诗文之始。静安先生之胞弟国华先生在《王国维遗书·序》中说“时先兄才十一耳，诗文时艺早洛洛成诵”，可知静安先生16岁以前主要致力于举业，尚未接触前四史之类的史书，至16岁始读史籍。

---

① 王国维：《王国维遗书》第五册《静庵文集续编》，商务印书馆1940年版；本文所据本为上海古籍书店影印本，1983年版。以下引用《王国维遗书》时，因第一～四册与《观堂集林》相同，且《观堂集林》每册均有页码，故基本引用《观堂集林》（中华书局1959年版），其余则引用《王国维遗书》第五～十六册原文。

② 王令之：《王国维早年谈书志趣及家学影响》，见吴泽主编《王国维学术研究论集》第3辑，华东师范大学出版社1990年版，第474－490页。

16岁时，静安先生始读《史记》《汉书》《后汉书》《三国志》，并谦称此为平生读书之始。这里所谓的“读书之始”，可说是读史之始。

从16岁始读史籍，到22岁入上海之时务报社，这七年之中静安先生埋首史籍，刻苦攻读《史记》《汉书》等秦汉史籍，初步形成了自己的世界观，并开始步入学术界。

静安先生对《史记》《汉书》等秦汉史籍用功极深，以至有学者通过研究，认为《史记》《汉书》的研究是静安先生治学的发轫，同时又贯穿在他整个学术生涯中。[①]

静安先生对秦汉史籍的熟谙，通过他对汉魏碑刻、汉晋简牍、古代器物、历史地理等学术领域的精深研究可以知晓。譬如他的名篇《殷卜辞中所见先公先王考》，通篇均引述《史记·殷本纪》篇，这样的例子不胜枚举。下面，仅拟从静安先生一生中所撰的古体诗词中作一管窥。

早在青年时代的戊戌年（1898），静安先生在罗振玉私人创办的东文学社学习。他曾在一位好友的扇面上题诗云：“西域纵横尽百城，张陈远略逊甘英。千秋壮观君知否？黑海西头望大秦。”诗中大颂甘英，认为其功业超过张骞、陈汤诸人，据说罗振玉偶然读后，以此诗之气势而奇静安先生，于是一首咏秦汉之史诗竟成了罗、王二人一生友谊的起点。[②]

1912年，静安先生在《读史》绝句中云，“当涂典午长儿孙，新室成家且自尊，只怪常山赵延寿，赭袍龙凤向中原”[③]；1913年，又在《咏史》诗中云，“成家与仲家，奄忽随飘风，所以曹孟德，犹以汉相终”[④]；1915年他的《游仙诗》称，“十赉文成九锡如，三千剑履从云车，临轩自佩黄神印，受箓教披素女书。金检赤文供刻召，云窗露阁榜清虚。诙谐巨奈东方朔，苦为虚皇注起居”[⑤]。此类诗均借古典而抒，而古典大多为秦汉事。

《颐和园词》是静安先生存世诗词中篇幅最长的一首。全诗为七言句，凡一千零八言，系以清末文坛上“长庆体”咏名园的著名长诗。此诗作于1912年春。[⑥] 在诗中，静安先生通过对清王室沦亡的感慨，极有感情地表达了对清室的

---

① 萧艾：《一代大师——王国维研究论丛》，湖南人民出版社1988年版，第1页。

② 萧艾：《王国维评传》，浙江古籍出版社1987年版，第19页。

③ 王国维：《王国维遗书》第四册，卷二四；《观堂别集》卷四。

④ 王国维：《王国维遗书》第四册，卷二四；《观堂别集》卷四。

⑤ 王国维：《王国维遗书》第四册，卷二四；《观堂别集》卷四。

⑥ 静安先生此诗的出处同上。关于此诗的撰写年代，陈寅恪先生在《王观堂先生挽词》注谓写于“壬子春”（即1912年春），参阅《寒柳堂集》，上海古籍出版社1980年版；黄浚《花随人圣盦摭忆》谓写于1914年，邓云乡以为写于1912年底或1913年初，参阅邓撰《静安先生〈颐和园词〉本事》，见《学林漫录》第9集，中华书局1984年版，第53－81页。孰说正确呢？查静安先生1912年5月31日给日本汉学家铃木虎雄的信，知此诗应作于1912年春（《王国维全集·书信》，第26页）以寅恪先生所记为正确。

缅怀。在全诗所用的几十个典故中，直接来自秦汉史实的占了绝大部分，这些典故可以分为五类：

源于《史记》原文者："铸鼎""龙驭""髯绝"；

源于《汉书》原文者："阳九""潢池""哀平""牡飞"；

源于《后汉书》原文者："冲人""下泽车""芜蒌粥"；

源于汉史者："汉家""长乐""甘泉""未央""原庙（高祖）""汉池""楼船""黄阁""（张）安世""（袁）本初""（汉初琅琊王）刘泽""孺子"；

源于汉赋原文者："澒洞""大牙"。

上述五类20余个典故都与秦汉史籍有关。静安先生借用他所熟悉的秦汉典故（"古典"）以暗喻时事（"今典"），如以张安世这一西汉武帝时的忠勤之臣喻指清廷栋梁张之洞；以"牡飞"（《汉书·五行志》中指"关动"）喻指咸丰十年（1860）七月大沽炮台失守、英法联军入侵天津；以"下泽车"这种汉代民间的简陋车辆喻西逃的慈禧所乘的敝车；以"原庙"这一西汉惠帝时新立的高帝庙喻指清廷的颐和园乐寿堂等，寓意十分深刻。

20世纪20年代清华国学研究院主任吴宓先生曾多次说过，陈寅恪先生的诗"寓意深长；不熟悉历史典故，不具有丰富的文学知识，不对其人有非常的了解，很难确切领会其诗深邃的含义"①，以此言验静安先生的《颐和园词》，亦可说恰当。静安先生与寅恪先生都是清华国学研究院导师，又同为专心学术者，且两人私交甚笃，因此能否这么说，寅恪先生的诗作在一定程度上受到了静安先生诗作的影响。②

20世纪20年代时，静安先生已是世界闻名的大学问家了，此时他研究《史记》《汉书》等秦汉史籍的兴趣仍不减早年。他甚至有"欲发奋一校蜀人某君淳化本《史记集解》"（共130卷）的打算。③

所以，研究《史记》等秦汉典籍不仅是静安先生一生学术活动的发轫，更是忠实地贯穿在他的整个学术生涯的始终。

---

① 吴学昭：《吴宓与陈寅恪》，清华大学出版社1992年版，第80页。

② 无论这种影响的效果是大还是小，其存在应是无疑的，如1927年10月寅恪先生仿静安先生《颐和园词》而作《王观堂先生挽词》，词中首句即为"汉家之厄今十世"（参见陈美延、陈流求编《陈寅恪诗集附唐筼诗存》，清华大学出版社1993年版，第11页），用了汉典，以为厄运当十世而尽，与静安先生《颐和园词》首句"汉家七叶钟阳九"相呼应（王诗亦用汉典喻指清室至七世咸丰朝时厄运至）。

③ 吴泽主编：《王国维全集·书信》，中华书局1984版，第307页。

二、静安先生的秦汉史研究

天资聪颖、兴致浓厚、条件优越、研究刻苦，使得静安先生在秦汉史研究中硕果宏丰、议论精当。读静安先生的著作，可见他在简牍学、历史地理学、经学、古器物学、民族史、语言与文学、史学史与目录学、礼乐、丧葬、祭祀、服饰等社会制度、度量衡制度、汲水制度等方面均有着杰出的研究成果，这些成果足以启发后学、恢宏将来，下分而述之。

（一）简牍学

对简牍的研究，不仅是静安先生学术研究的重要组成部分之一，还是他研究的主要特色之一。

1911 年，静安先生始寄居日本京都时，就开始着力于汉晋简牍的研究（限于本文论题，以下将以汉简为主）。在给罗振玉的信中，他极有远见地指出，“汉晋各简记事，于史事地理足以补载籍之阙者甚多，不独于书法上有关系也”①，“此事关系汉代史事极大，并现存之汉碑数十通亦不足以比之”②。1912 年，静安先生写成了《简牍检署考》。③ 全文约 16000 字，是我国学术史上第一部关于简牍学的通论性著作。在该论著中，静安先生论述了简牍的源流、组成部分、名称、形制（长度、形式等）、行数、字数、书写工具、编缀方法、书写书体等内容，他的创见也时见于篇中。此文一撰毕，不久即为当时日本汉学家铃木虎雄译为日文，④ 在日本《艺文杂志》发表，为日、法等国学术界所瞩目，随即广为世人征引，影响很大。

1914 年，静安先生与罗振玉合作，撰写了蜚声学界的《流沙坠简》，⑤ 对英国探险家斯坦因在中国西北所获的汉晋木简进行了考释。这批简牍的出土地点有三个，其中两个有汉简，即“敦煌迤北之长城”所出的两汉简牍及尼雅出土的十余枚汉简。⑥ 在这部中国近代第一部研究汉简的专著中，静安先生主要对与汉代西北屯戍有关的制度进行了考证，阐发了不少非常精当的高见，如他在该书中的论述，使他成为首先探讨汉代西北都尉下候官、候长、士吏、候史和士吏职别

---

① 吴泽主编：《王国维全集·书信》，中华书局 1984 版，第 306 页。

② 吴泽主编：《王国维全集·书信》，中华书局 1984 版，第 40 页。

③ 王国维：《王国维遗书》第九册，上海古籍书店 1983 年版。

④ 吴泽主编：《王国维全集·书信》，中华书局 1984 版，第 26 页。

⑤ 此书初版为 1914 年日本京都大学东山学社刊行；1934 年、1935 年又有贺昌群先生的校补、补正本刊行，近年又见有新印本。

⑥ 王国维：《观堂集林》第三册，中华书局 1959 年版，第 819－834 页。

及其关系的先驱。[①] 他根据斯坦因报告中附图绘制的边郡烽燧分布图，为后人的进一步探索提供了很大的便利；他对汉玉门关等的考订给后继者以很大启发；他关于汉简内容的分类方法基本上为劳榦先生在四川南溪的石印本《居延汉简考释》所沿袭。[②] 这方面的论述可参阅《王国维汉简研究述论》一文。[③]《流沙坠简》与当时法国汉学家沙畹教授的考释相比，在许多问题的论述上，有明显的突破与拓展，所以在学术界影响极大；不仅学术界人士研读，其他各界人士也纷纷争诵。此书付梓后的第八年，连一向对人对书严格的鲁迅先生也认为，"中国有部《流沙坠简》，印了将有十年了。要谈国学，那才可以算一种研究国学的书"[④]，给予了高度的评价。

除了上述二书，静安先生关于汉简研究的论著还有《流沙坠简序》[⑤]、《流沙坠简后序》[⑥]、《流沙坠简考释补正自序》[⑦]、《敦煌所出的简跋》（第一至第十四）[⑧] 等。在这十几篇论文中，随处可见静安先生的真知灼见：他考证了汉代皇帝"玺书之首，例云制诏"（《敦煌所出汉简跋一》），指出简中"承书从事下当用"为汉时公文常用语（同前，跋二），这实际上也就是考证了汉代的官方文书程式；又说"汉时行下诏书，或曰'如诏令'，或曰'如律令'"，且"'如律令'一语，不独诏书，凡上告下之文，皆得用之"，这实际上考证了上级官吏给下级官吏的文书程式（同前，跋三）；又说"凡汉时文书云告者，皆上告下之辞"（同前，跋四）；他考证了汉代西北边地候吏官秩为月俸六百石（同前，跋八）；又指出，"莽改汉制，又喜颠倒反易其名，故士伍为'五士'矣"，二者义同（同前，跋九），并推测当时敦煌等边地以"二日当三日者，即边郡增劳之制"（同前，跋九）；他又云汉代边地可以举"烽"，可以举"表"，二者区别在于表是"不燃之烽"（同前，跋十三）；并对中西交通、汉边地的禀给使节、行客制度（同前，跋十四）及邮书制度（同前，跋十一）均有所论。这些见解，或极富启发性，或"十分敏锐"[⑨]，成为以后几代学人传诵的名篇。

由于静安先生在敦煌等地出土的汉晋简牍研究中获得了巨大的成就，按静安

---

① 陈梦家：《汉简缀述》，中华书局 1980 年版，第 70 页。

② 薛英群：《居延汉简通论》，甘肃教育出版社 1991 年版，第 100 页。

③ 简修炜、章义和：《王国维汉简研究述论》，见吴泽主编《王国维学术研究论集》第 2 辑，华东师范大学出版社 1987 年版，第 157 – 172 页。

④ 鲁迅：《热风·不懂的音译》，见《鲁迅全集》，人民文学出版社 1973 年版。

⑤ 王国维：《观堂集林》第三册，中华书局 1959 年版，第 819 – 834 页。

⑥ 王国维：《观堂集林》第三册，中华书局 1959 年版，第 834 – 839 页。

⑦ 王国维：《王国维遗书》第四册，卷二四；《观堂别集》卷四。

⑧ 王国维：《观堂集林》第三册，中华书局 1959 年版，第 839 – 863 页。

⑨ 陈梦家：《汉简缀述》，中华书局 1980 年版，第 172 页。

先生自己的话说，就是有“于地理上裨益最多”的成就及“关乎制度名物者亦颇有创获”,[①] 所以至今近100年中，学术界公认在对那批出土的简牍所做的考释及研究中，静安先生和罗振玉的贡献最大。[②]

(二) 历史地理学

历史地理学与简牍学有密切关系。静安先生指出通过封泥、碑刻等考证古地理，可以为古代都邑的建置、封国的封号加以证实、补阙，还可以订正歧误的地名。[③] 故他认为古地理情况的研究对古史探索大有裨益，因此，他在这方面也很下功夫，他自己甚至认为在汉晋简牍的考证成就上以地理方面为最多。[④] 关于静安先生在研究历史地理学的治学渊源、史料搜集与整理方法、研究特色、成果等，著名的历史地理学专家史念海先生已有多篇论文阐述,[⑤] 但史文系从全局出发择例而论，我们则拟具体从静安先生著作中关于秦汉时期的郡制、地点、河流、道路及其他等方面来加以论述。

1. 秦汉郡制

关于秦郡的数量及具体名称和汉郡的有关情况，从班固《汉书·地理志》以来，就产生了争议。清中期以来朴学大盛，钱大昕、姚鼐等人也进行过深入的研究。为了澄清秦汉郡的真相，静安先生乃撰《秦郡考》《汉郡考》(上、下两卷)[⑥] 进行探索。他认为,《史记》在对秦郡的记载上有一定的疏漏，但尚不严重,《汉书》则继之，加重了谬误，尤其是“汉志之疏”;[⑦] 静安先生仔细揣摩《史记》《汉书》，使二书的纪传各篇互相参证，通过复杂的劳动，终于使汉初郡制的实际情况得以全面澄清。这种以《史记》《汉书》互相参证的方法，在静安先生以前是很少的。

此外，在《乾隆浙江通志考异残稿》按语中，静安先生还考证了浙江地区所属的秦郡、汉郡的情况;[⑧] 1913年，静安先生还曾打算做《两汉六朝乡亭

---

① 吴泽主编:《王国维全集·书信》，中华书局1984版，第40页。

② 沈颂金:《楼兰、尼雅出土文书研究概述》，载《文史知识》1994年12期，第83页。

③ 王国维:《观堂集林》第三册，中华书局1959年版，第922-926页。

④ 吴泽主编:《王国维全集·书信》，中华书局1984版，第40页。

⑤ 参阅史念海、曹尔琴《王静安对历史地理学的贡献》，见吴泽主编《王国维学术研究论集》第1辑，华东师范大学出版社1983年版，第118-131页；及二人合撰的《论王静安先生研治历史地理学的方法》，见《王国维学术研究论集》第2辑，华东师范大学出版社1983年版，第215-236页。

⑥ 王国维:《观堂集林》第二册，中华书局1959年版，第534-556页。

⑦ 吴泽主编:《王国维全集·书信》，中华书局1984版，第37页。

⑧ 王国维:《王国维遗书》第十四册。

考》,[①] 不知何故没有写成。

2. **地点**

在论文《汉会稽东部都尉治所考》中[②]，静安先生详细地考证了两汉、三国时期会稽东部都尉治所的设置的时间及治地的变迁，并指出了《汉书・地理志》中的有关错误，见解独到；在《后汉会稽郡东部候官考》中[③]，静安先生引用《史记》《汉书》《后汉书》，并比附敦煌汉简，考证了东汉会稽郡东部候官的治地、当时的各种称谓（全称、简称），论证精当，解决了秦汉史籍及《通典》等类书中相关记载不一的矛盾。

研究西北地理，静安先生考订地点的成就，也是比较突出的。他论证了西汉时大夏国的位置[④]，他对西汉敦煌郡的敦煌县、中部和玉门两都尉及其所属的四个候官的治所的考证[⑤]、对汉晋时期西域精绝国（尼雅遗址）的考订均是正确的。他研究西汉楼兰古城、玉门关位置的结论虽然不是正确的，但他坚持楼兰古城应该位于古代罗布泊的西北方的论点，却是经得起科学探讨和实践检验的。[⑥]

3. **河流**

静安先生对秦汉河道的考证显示了他忠于科学的精神。

在论文《浙江考》中[⑦]，静安先生旁征博引，论证先秦、西汉时期所谓的浙江，“固指今之钱塘江也”。在东汉时，班固《汉书・地理志》及许慎《说文解字・水部》始误分浙江为浙江水及渐江水，以后乾嘉学者对此深信不疑，以至以讹传讹。静安先生说“乾嘉诸儒过信其说，不复质之古书，是专师而非往古，重传说而轻目验”也，应予批评。他根据秦始皇巡行所历的道路，以及汉初列侯征战所历之地，确证渐江水即浙水，亦即浙江、钱塘江。这一结论，通行于今，反映了静安先生的学术精神。

此外，在《宋刊水经注残本跋》一文中[⑧]，静安先生通过自己掌握的丰富历史地理知识进行校勘（举楚汉相争时“鸿门”所在地点为例），取得成就，此方

---

① 吴泽主编：《王国维全集・书信》，中华书局 1984 版，第 38 页。

② 王国维：《观堂集林》第二册，中华书局 1959 年版，第 559－560 页。

③ 王国维：《观堂集林》第二册，中华书局 1959 年版，第 561－562 页。

④ 王国维：《观堂集林》第二册，中华书局 1959 年版，第 606－620 页。

⑤ 参阅史念海、曹尔琴《王静安对历史地理学的贡献》，见吴泽主编《王国维学术研究论集》第 1 辑，华东师范大学出版社 1983 年版，第 118－131 页；及二人合撰的《论王静安先生研治历史地理学的方法》，见《王国维学术研究论集》第 2 辑，华东师范大学出版社 1987 年版，第 215－236 页。

⑥ 洪建新：《浅议王国维关于楼兰问题的论证》，载《王国维学术研究论集》第 1 辑，华东师范大学出版社 1983 年版，第 136 页。

⑦ 王国维：《观堂集林》第二册，中华书局 1959 年版，第 556－559 页。

⑧ 王国维：《观堂集林》第二册，中华书局 1959 年版，第 562－567 页。

法殊为可取。

4. **丝路**

中西交往的丝绸之路（简称“丝路”）至迟在汉初已出现。西汉中期张骞凿通西域后，丝路渐盛。但是丝路绵长，路上又经绿洲、雪地、沙漠滩泽、大山巨川等复杂地形，而且历史上的河流亦因水量的变化等原因而不断变化河道，引起了丝路的局部变化，因而给后人研究造成了困难。

静安先生对这个问题有独到的研究。他根据玉门发现的记载禀给西域诸国使节、行客的两枚汉简，排比了《汉书》《后汉书》《三国志》的有关记载，认为从楼兰以南，“则从鄯善傍南山北，波河西行至莎车；北则车师前王庭，或西域都护治所，皆随北山波河，西行至疏勒。故二道皆出玉门。若阳关道路只止于婼羌往鄯善者绝不取此。故《西域传》云，婼羌僻在东南，不当孔道。《汉书》记北道自车师前王庭始，记南道自鄯善始，当得其实。然则楼兰以东实未分南北二道也”，故知“南北二道之分歧，不在玉门阳关，而当自故楼兰城始矣”。[①] 此外，在《西域杂考》一文中[②]，静安先生考证认为汉代甘延寿、陈汤往西域之道与唐玄奘西去之道相同。这些成就都可以说是超迈前人的。

5. **其他**

静安先生在《月氏未西徙大夏时故地考》中对月氏居地有所论述[③]，在《西域杂考》[④] 中，他引用《汉书・甘延寿传》及《陈汤传》诸篇，具体考证了“阗池”“都赖水”“蕃内”“乐越匿地”“务涂谷”等西域地名、河流名，提出了新见，对汉唐西域史的研究有裨益。

此外，静安先生还对敦煌郡西端一段汉长城进行了论述[⑤]，证实了斯坦因的说法。

（三）经学

古代经学，是静安先生用功甚巨的研究领域，因为他知道，“自汉以后，学术之盛，无过于近三百年”，可见他认为汉、明、清同为学术兴盛之时，而所谓学术，按静安先生之见，不外乎经学、史学、小学等，尤以经学、史学为重要。[⑥] 而研究古代经学，对于使经学大放光芒的汉代不能不着重论及。如静安先

---

① 王国维：《观堂集林》第二册，中华书局 1959 年版，第 860 – 863 页。

② 王国维：《王国维遗书》第四册，卷二四；《观堂别集》卷一。

③ 王国维：《观堂集林》第四册，中华书局 1959 年版，第 1156 – 1158 页。

④ 王国维：《王国维遗书》第四册，卷二四；《观堂别集》卷一。

⑤ 王国维：《观堂集林》第三册，中华书局 1959 年版，第 822 页。

⑥ 王国维：《王国维遗书》第六册。

生所言，“魏所立诸经殆全用后汉末诸家”①，而隋唐经文仍以汉石经相校，可见汉代经学在中国经学史上地位的重要。

静安先生在汉代经学的研究领域中刻苦钻研，如他1911年“移居（日本）以后，日读注释一卷，拟自“‘三礼’始，以及他经”②；1913年又“发温经之兴，将《三礼注疏》圈点”了一遍③，终于取得了辉煌成果。1925年，他在清华国学研究院讲授“三礼”、《说文》、《尚书》④ 等课，无不与他在汉代经学上的研究有关。静安先生在经学研究上的成果表现在对汉代经文、经学发展、经学博士制度的探索等方面。

在汉代经文方面，静安先生充分利用新近发现的各种资料进行研究，他利用新出土的汉经残石考证经文（详见碑刻一节），还利用敦煌出土残卷进行汉经研究。他的《书论语郑氏注残卷后》即为这方面的代表作⑤，在这篇论文中，静安先生根据法人伯希和在敦煌所获的《论语》卷二残卷及日人橘瑞超于吐鲁番所获《论语》断片（原本均题“孔氏本”“郑氏注”），认为该本“以其篇章言则为鲁论，以其字句言实同孔本（孔安国本）”，这实际上解决了版本学上的一个大问题，并述论了汉魏之世，《论语》张侯、齐鲁派的兴衰，文中并罗列了他的释文及该孔氏本《论语》所著以古改鲁之条，共二十七事，证明此本《论语》“各篇章之次不同，固未为失实也”，可谓慧眼明鉴。

静安先生撰有《书春秋公羊传解诂后》⑥《汉时古文本诸经传考》⑦《汉时古文本诸经有转写本说》⑧。这些论文或据典籍，并据新出土汉石经加以阐述，其论点或内容已如题目所示，均发古人之未发，新见连篇。

在论毕汉时诸儒经古文传本的基础上，在汉代古文学与小学的问题上，静安

---

① 吴泽主编：《王国维全集·书信》，中华书局1984版，第103页。

② 吴泽主编：《王国维全集·书信》，中华书局1984版，第36页。

③ 吴泽主编：《王国维全集·书信》，中华书局1984版，第37页。

④ 对静安先生在清华国学院所讲授的有关经学的内容，或云《仪礼》《尚书》《说文》（蒋天枢：《陈寅恪先生编年事辑》，上海古籍出版社1981年版，第61－62页）；或云“三礼”、《说文》（牟润孙：《清华国学研究院》，载《大公报》1977年2月23日）；或云《尚书》《诗经》（王力：《国学研究院四教授》，载《文汇读书周报》1985年9月14日）；或云《尚书》《说文》（萧艾：《一代大师——王国维研究论丛》，湖南人民出版社1988年版，第73页）；或云《尚书》《说文》，并指导学生学习“经学”（包括《尚书》、“三礼”、《诗》等，参见孙敦恒《吴宓与清华国学研究院》，转引自吴学昭《吴宓与陈寅恪》，清华大学出版社1992年版，第32－33页）。

⑤ 王国维：《观堂集林》第一册，中华书局1959年版，第168－174页。

⑥ 王国维：《观堂集林》第一册，中华书局1959年版，第167－168页。

⑦ 王国维：《观堂集林》第二册，中华书局1959年版，第320－327页。

⑧ 王国维：《观堂集林》第二册，中华书局1959年版，第327－330页。

先生也有发明。他说从西汉起，古文学家与小学家就合二为一，所以两汉小学皆出自古文学家。产生这种情况的原因是，当时“所传经本多用古文。其解经须得小学之助，其异字亦足供小学之资，故小学家多出其中”，为论证此点，他列举了汉杜林、张敞、桑钦、卫宏、徐巡、贾逵、许慎等人加以说明。至于改以隶书代替古文作为传经用字则在两汉之后。[①] 此外，静安先生还指出西汉所立诸经，与东汉末期诸家是“绝不同”的，而“魏所在诸经殆全用后汉末诸家”[②]；在《书毛诗故训传后》一文中[③]，他解释了汉代毛派《诗经》训、传合为一书，而韩、鲁、齐孙氏、齐后氏等派《诗经》则训、传不必为一人所作，故“皆各自为书”的真相，这些论证，至今仍是正确的。

关于汉代博士及博士制度问题，一直是汉代经学史上讨论的重要问题之一。在静安先生的时代，安徽胡春乔（秉虔）撰《西京博士考》，张月霄（金吾）作《两汉五经博士考》，讨论了汉代经学博士制度。静安先生对此问题亦深有研究，他先后撰写了两部专著（《汉魏博士考》[④]《汉魏博士题名考》[⑤]）及一篇论文（《书绩溪胡氏西京博士考昭文张氏两汉博士考后》[⑥]）进行讨论。

静安先生的《汉魏博士考》，考证了博士制的来源及在秦、两汉直到晋朝的沿革（如六艺流别、废立、人数、相当的官秩、任用的途径）、博士弟子、汉魏博士制度的异同等。可以说是一部简要的汉代学术流变的历史。[⑦] 他的《汉魏博士题名考》，分为上、下二卷，上卷为《两汉博士》，他根据史籍及碑刻资料，以《易》《诗》为分类标准，以人名为线索，分列了两汉经学博士的姓名及简历，类似一本两汉博士的人名索引。此二书，考辨精当、文字简练，故一出则胡、张二书即湮而不复为人所道。

为了纠正胡、张二书的错误，澄清不良影响，静安先生特撰《书绩溪胡氏西京博士考昭文张氏两汉博士考后》一文，在文中，他指出“张氏书征引虽博，而苦无鉴裁”，“胡氏之书，至不知博士与博士弟子别”；他指出了二书中六大谬误，据他的考证，胡书所考博士 242 人中不可信者竟达 83 人，而张书所考博士

---

① 王国维：《观堂集林》第二册，中华书局 1959 年版，第 330－337 页。

② 吴泽主编：《王国维全集·书信》，中华书局 1984 年版，第 103 页。

③ 王国维：《观堂集林》第二册，中华书局 1959 年版，第 320－327 页。

④ 王国维：《观堂集林》第一册，中华书局 1959 年版，第 174－217 页。

⑤ 王国维：《王国维遗书》第十一册。

⑥ 王国维：《观堂集林》第四册，中华书局 1959 年版，第 1063－1068 页。

⑦ 吴泽主编：《王国维学术研究论集》第 3 辑，华东师范大学出版社 1990 年版，第 241 页。

114 人中不可信者也有 17 人。自然，张书“无鉴裁”的价值[①]而胡书也“甚劣”了[②]。

此外，其他许多论文中也可以随见静安先生对汉代经学的真知灼见。如他钩稽两汉博士事，“知汉时闾里师所教授《仓颉》外，为《尔雅》《孝经》《论语》，其次序即如此。自此以后，专一经则为经师所授”[③]，此说从多方面检验均可获确证，他自己也在给罗振玉的信中称“甚可快也”（《王国维书信》第 104 页）；在论文《书尔雅郭注后》中，他指出“汉人注经，不独以汉制说古制，亦以今语释古语”[④]，对汉语史研究者富有启发性。

（四）古器物学

寄居日本期间，静安先生有着研究古物的优越条件。因为在罗振玉的书房“大云书库”中，碑贴、甲骨、虎符、印玺、封泥及钟鼎彝器等无一不有。这大有利于他的研究。

静安先生的古器物研究包括了他对虎符、印玺及封泥、碑刻及其他古物的研究。

1. 虎符

虎符系由周代的虎节演变而来，在战国、秦汉时期尤其流行，以后渐衰，但隋、宋、元等代仍用。静安先生对虎符很感兴趣。他亲见并研究过先秦、秦汉、隋至元虎符，对秦汉虎符尤尽力研究。他研究的先秦、秦汉虎符有先秦秦国的“新郪虎符”[⑤]，秦代“阳陵虎符”[⑥]，汉“东莱太守虎符”“魏郡太守虎符”“玄菟太守虎符”“渔阳太守虎符”“长沙太守虎符”[⑦] 及“新与河平□□连率为虎符”[⑧] 等新莽四枚虎符。

这其中，静安先生对阳陵虎符的研究尤值一提。按西汉景帝之寿陵为阳陵[⑨]，故不少人认为该虎符为西汉景武之后物。静安先生首先指出这种看法是不对的，他列举了五点原因证明“阳陵”有二，另一个为秦代阳陵县，然后点明此虎符为秦代之物，并从地方沿革、秦国称数以六之纪、虎符所用的字体、虎符

① 吴泽主编：《王国维全集·书信》，中华书局 1984 年版，第 154 页。
② 吴泽主编：《王国维全集·书信》，中华书局 1984 年版，第 138 页。
③ 吴泽主编：《王国维全集·书信》，中华书局 1984 年版，第 104 页。
④ 王国维：《观堂集林》第一册，中华书局 1959 年版，第 226–233 页。
⑤ 王国维：《观堂集林》第三册，中华书局 1959 年版，第 903–904 页。
⑥ 王国维：《观堂集林》第三册，中华书局 1959 年版，第 904–908 页。
⑦ 王国维：《观堂集林》第三册，中华书局 1959 年版，第 910–912 页。
⑧ 王国维：《观堂集林》第三册，中华书局 1959 年版，第 908–910 页。
⑨ 《汉书·景帝纪》。

的左右结构等四点加以说明，层层剥笋，令人信服。此外，静安先生还指出了“兵符之制，古者皆右在内而左在外，又左右之数各同”，而“秦虎符右在皇帝，左在阳陵，盖用古制”，此论至今无人表示异议。

2. **印玺与封泥**

静安先生认为“玺印”者，“其文字制度尤为精整，其数亦较富”①，是探索古史的重要资料。当时黄宾虹藏有一枚“匈奴相邦印”，静安先生极为重视，认为“此印果真则于学术所关甚大”②，故特作《匈奴相邦印跋》一文，他认为汉朝讳“邦”（高帝刘邦之名）而称“相国”，但匈奴则无此忌讳。③ 从西汉中期起，匈奴民族开始了对汉族文化较大规模的借鉴与学习；④ 其重要内容之一即为对汉官制的摹仿，故设相邦也有可能。因此，静安先生定此物为匈奴冒顿、老上单于之后物，且“为匈奴自制”，⑤ 令人信服，其侧证已由匈奴史专家林幹先生提出，⑥ 并在林著《匈奴通史》中予以引用⑦。

此外，静安先生根据罗振玉所藏的“由罢军印”等汉代印玺，考证汉代时的“由”等姓氏；⑧ 并把罗振玉所藏的古今印玺分为“古玺”“汉以后官印”“私印”等类进行整理，编成《印举》一书；⑨ 又在鉴赏桐乡徐懋斋所藏的“相邦吕不韦戈”及“秦公私诸玺”的印谱后，“叹其精善”而欣然作序。⑩

封泥，实即印玺对应的阴、阳文，二者本质上为一物。对其由来与应用，静安先生在《简牍检署考》中已有详论。⑪ 由于“封泥与古玺印相表里”⑫，故与古史研究有关系。1822 年，四川始发现封泥，⑬ 以后山东、陕西一带也有发现。作为古物收藏家的罗振玉藏有多种。1913 年，静安先生曾为罗整理，他根据《汉书》表志为之编次，得 400 余种，编成《齐鲁封泥集存》一书刊行于世，足

---

① 王国维：《观堂集林》第一册，中华书局 1959 年版，第 298 – 304 页。

② 吴泽主编：《王国维全集 · 书信》，中华书局 1984 年版，第 261 页。

③ 王国维：《观堂集林》第三册，中华书局 1959 年版，第 914 – 915 页。

④ 参看张荣芳、王川《文化采撷与民族振兴——兼论秦汉时期匈奴族实力的盛衰与文化素质的关系》，1994 年“民族文化素质与现代化国际学术研讨会”论文。

⑤ 吴泽主编：《王国维全集 · 书信》，中华书局 1984 年版，第 261 页。

⑥ 林幹：《王国维对匈奴史的研究》，见《王国维学术研究论集》第 1 辑，华东师范大学出版社 1983 年版，第 109 – 110 页。

⑦ 林幹：《匈奴通史》，人民出版社 1986 年版，第 1 – 3 页。

⑧ 王国维：《观堂集林》第一册，中华书局 1959 年版，第 277 – 278 页。

⑨ 吴泽主编：《王国维全集 · 书信》，中华书局 1984 年版，第 118 页。

⑩ 王国维：《观堂集林》第一册，中华书局 1959 年版，第 298 – 304 页。

⑪ 王国维：《王国维遗书》第九册，上海古籍书店 1983 年版。

⑫ 王国维：《观堂集林》第三册，中华书局 1959 年版，第 920 – 926 页。

⑬ 罗福颐：《近百年对古玺印研究之发展》，西泠印社 1982 年版，第 37 页。

补前人吴式芬、陈介祺合著《封泥考路》之阙。

静安先生认识到封泥与秦汉史研究的重要关系：首先，封泥可以印证《史记》《汉书》等有关记载的正确性，能使“贾生等齐之篇，孟坚同制之说，信而有征”；其次，某些汉官封泥为“班表马志所未载”，可补《汉书》《史记》之阙；再次，于考证地理所裨尤多，静安先生又详列四端以明之；最后，可纠正秦汉史籍中因传抄而致误的部分。故静安先生说，小小封泥，“足以存一代之故，发千载之覆，决聚讼之处，正沿袭之误”，“其于史学裨补非鲜”。① 正是在这一认识的驱导下，他才根据“清河大守”“河间大守”“即墨大守”等封泥作了极精辟的考证。②

3. **碑刻**

静安先生对汉魏等古碑刻表现出了浓厚的兴趣。《汉龟兹左将军刘平国作亭诵》是东汉桓帝时由龟兹左将军刘平国刻在西域北境山崖上的一篇短文，始发现于1870年，为东汉晚期龟兹的重要史料，历来有施补华、吴昌硕、罗振玉、端方、廖平、郭沫若、黄文弼、马衡、马雍等多人考释，静安先生亦作《刘平国治口谷关颂跋》③，认为刘平国为龟兹左将军等看法被考订者所接受，但有些释读、考证则稍显证据不足。④

在《甘陵相碑跋》一文⑤，静安先生指出了此碑所立的时间为东汉桓帝建和元年（147）改清河国为甘陵之后，又根据碑文特点“隶法健技恣肆”，“尚有东京承平气象”，指出碑文书法特点符合东汉时代特征；他还曾认为“汉魏六朝碑志至序文末多用韵”⑥，能指出汉魏诸碑的这些特征，是静安先生长期揣摩汉魏碑的结果，更是他有着较高书法艺术修养的明证。

静安先生时刻留意古代碑刻的出土，如据云1916年河南新出土的西汉末年王根碑（王莽之族）曾引起他的注意；⑦ 而一二十年代河南魏经的出土，更引起他的极大兴趣，因而导致静安先生下了一番功夫考证汉魏石经。就这个问题，从1916年起，他曾多次与罗振玉、神田喜一郎、徐乃昌、马衡、容庚、何之谦等

① 王国维：《观堂集林》第三册，中华书局1959年版，第920－926页。

② 王国维：《观堂集林》第三册，中华书局1959年版，第926－929页。

③ 王国维：《观堂集林》第四册，中华书局1959年版，第979－981页。

④ 马雍：《〈汉龟兹左将军刘平国作亭颂〉集释考订》，原见《文物集刊》第3辑，此据《西域史地文物丛考》，文物出版社1990年版，第24－40页。

⑤ 王国维：《观堂集林》第四册，中华书局1959年版，第1227－1228页。

⑥ 吴泽主编：《王国维全集·书信》，中华书局1984版，第321页。

⑦ 吴泽主编：《王国维全集·书信》，中华书局1984年版，第119页。

十余人讨论。[①] 1916年他撰写《魏石经考》二卷，共五篇；[②] 1922年又成《魏石经残石考》一文[③]。在这些论文中，静安先生用实证、对比等方法详细研究了汉魏石经的经数、石数、经本、拓本、经文、题考及书法等问题。[④] 由于他的这一研究建立在新出土资料的雄厚基础上，且娴熟地运用了二重证据法，因此取得了研究汉魏石经的新成果。此论一出，前考如万斯同《汉魏石经考》、翁方纲《汉石经残字考》、孙星衍《魏三体石经残字考》等俱成陈迹，可谓发前人之未发，对以后，如张国淦《历代石经考》[⑤]、马衡《汉石经集存》[⑥]、屈万里《汉石经周易残字集证》《汉石经尚书残字集证》[⑦]、吕振端《汉石经论语残字集证》[⑧] 均有相当的影响，就是对现今汉魏碑刻、经学等的研究也仍有一定的借鉴意义。[⑨]

4. 其他古物

静安先生还根据西汉武帝元封年间洛阳武库铜钟，说明学友懋堂先生所论的可靠；[⑩] 根据“传世汉器，其铭皆作‘鐎斗’”以证明《方言》戴注之误；[⑪] 根据河南洛阳新出土的《王保卿买地券》，考释汉晋地名的变迁。[⑫] 此外，他对汉元始四年铜钫[⑬]、汉代编磬[⑭]、汉代陶灶[⑮]、汉代草书、隶书刻砖[⑯]等均有所论。

（五）民族史

静安先生对汉代民族的研究包括了他对匈奴、南越、月氏的研究。

---

① 参见吴泽主编：《王国维全集·书信》，中华书局1984年版，第66、79、82、83、88、90、91、99、359、366、348、351、368、377、398－399、408、420－421页。

② 王国维：《观堂集林》第四册，中华书局1959年版，第955－975页。

③ 王国维：《王国维遗书》第九册，上海古籍书店1983年版。

④ 可参阅张承宗、司马平《王国维与〈魏石经考〉》，见《王国维学术研究论集》第3辑，华东师范大学出版社1990年版，第107－119页。

⑤ 燕京大学1930年印行本。

⑥ 科学出版社1957年版。

⑦ 均见《中央研究院史研所专刊》本。

⑧ 新加坡东艺印务公司1975年版。

⑨ 可参阅曾宪通《三体石经〈说文〉古文合证》，见《古文字研究》第7辑，中华书局1982年版。

⑩ 吴泽主编：《王国维全集·书信》，中华书局1984年版，第249页。

⑪ 王国维：《观堂集林》第一册，中华书局1959年版，第245－251页。

⑫ 王国维：《观堂集林》第三册，中华书局1959年版，第915－916页。

⑬ 王国维：《观堂集林》第一册，中华书局1959年版，第277－279页。

⑭ 王国维：《观堂集林》第四册，中华书局1959年版，第1215－1217页。

⑮ 王国维：《观堂集林》第四册，中华书局1959年版，第1218－1219页。

⑯ 《王国维遗书》第四册，卷二四；《观堂别集》卷四。

1. **匈奴**

静安先生对匈奴史的研究论文，存世的仅有两篇，一篇为《匈奴相邦印跋》，已如前述，另一篇为蜚声中外的《鬼方昆夷玁狁考》。[①] 关于此二文的撰述背景、内容、创新之处等问题，林幹先生已著专文指出。[②]

值得指出的是，静安先生的《鬼方昆夷玁狁考》首先提出了殷代的鬼方为匈奴族的族祖，并从盂鼎、梁伯戈、毛公鼎等古彝器及《诗经》《孟子》等典籍加以论证，考订精当，议论详确，“为匈奴史研究的一大贡献”[③]，为近100年来的中、蒙、美、苏、日等多国学者所赞同。曾有人立文与静安先生商榷[④]，但是联系到14世纪波斯伊利汗国史学家拉施特对塔塔儿（蒙古）族源及族内部成分的有关分析[⑤]，我们认为于今而言静安先生的有关论述仍有合理性。

2. **南越**

南越既是族名，又是地名、国名，指聚居岭南的越族及以之为主体的政权。南越国是公元前206年由秦龙川令赵佗趁秦末天下大乱，割据岭南而建立的地方政权，至元鼎六年（前111）为武帝所灭，共历五主，即赵佗、赵胡[⑥]、赵婴齐、赵兴、赵建德，凡93年。[⑦] 熟读《史记》《汉书》的静安先生，对南越也有一定的论述。

1916年5月11日，广东台山人黄葵石于广州城东的龟岗置地时，发现大型汉冢一个，“冢中一堂三房，高约数尺，三房合广一丈六尺”，又有“大木数十章，相凑密筑，木长丈余，广尺余，端有隶书刻字”共14章，并出土陶器、铜

---

① 王国维：《观堂集林》第二册，中华书局1959年版，第583－606页。

② 林幹：《王国维对匈奴史的研究》，见《王国维学术研究论集》第1辑，华东师范大学出版社1983年版，第100－110页。

③ 林幹：《王国维对匈奴史的研究》，见《王国维学术研究论集》第1辑，华东师范大学出版社1983年版，第100－110页。

④ 李瑾：《论殷周犬戎族属及其有关问题——王静安先生〈鬼方昆夷玁狁考〉质疑》，见《王国维学术研究论集》第2辑，华东师范大学出版社1987年版，第57－88页；及《古代“长狄”之史迹及地理分布研究——王国维〈鬼方昆夷玁狁考〉质疑之二》，见《王国维学术研究论集》第3辑，华东师范大学出版社1990年版，第22－44。

⑤ ［波斯］拉施特主编：《史集》第1卷第1分册，商务印书馆1983年版，第166－167页。

⑥ 《史记》《汉书》的南越传云南越二主名为赵胡，但据对广州西汉南越王墓的发掘，知其名为赵眛，见麦英豪、黎金《广州象岗南越王墓墓主考》，载《考古与文物》1986年第6期。

⑦ 《史记·南越列传》及《汉书·西南夷两粤朝鲜传》。

器及秦汉货币一批。[①] 当时广州文庙奉祀官谭镳（梁启超的表兄）在发现后不久即往调查，在给当时广东省省长朱庆澜的呈文中定为“南越王胡冢”，迅即全国闻名。1917 年 8 月 3 日，在上海哈同古物展览会上，也展出了该冢中所出的铜器、陶器、玉器、“黄肠木”等。[②] 静安先生不仅亲往参观，且索取了《南越冢物说明书》，通过观察，他认为所谓南越汉冢出土物中“颇有加入之物，如一圭一璧乃熟器，且圭伪，字又恶劣，镜上字乃类三段碑，必非汉时物”，[③] 表明了其“自由研究”及独立分析精神。以后，在同年的 3 月 4 日、10 日、23 日致罗振玉的信中，他也多次谈到自己对“南越王胡冢”中出土物品的怀疑。[④]

静安先生又特撰《南粤黄肠木刻字跋》一文[⑤]，引《礼记·檀弓》、《周礼·方相氏》郑注、《汉书·霍光传》，对所谓的黄肠题凑制度进行考证。由于该冢不是真正的南越文王赵胡冢，因此静安先生的考订并不成立，但是他在论文结尾时“汉代文化，南北略同”的提法却是很有远见的。1983 年，广州象岗南越王墓被偶然发现，经考古发掘，证实了静安先生的上述论断。如该墓掘崖成洞、因山为藏，与西汉前期孝文帝寿陵相同；墓中出土的车马、礼乐、饮食、箭弩等诸器，与中原汉制一样；墓中出土的“五彩石”等求仙用具表明当时南越国上层也流行与中原一样的“长寿不死”“求仙”等观念；墓中出土的“左夫人印”“景巷令印”等所反映的南越官制与汉制无异；墓中出土陶器上的“永乐宫器”等宫廷制度的征物与汉制完全一样……[⑥]由此可见静安先生学术眼光之深邃远到。

此外，在真正南越王赵胡墓未被发现之前，静安先生的这篇《南越黄肠木刻字跋》屡为学术界所征引。如 1938 年广州陷落后，流亡于香港的学人马小进曾参考此文而作《西汉黄肠木刻考》[⑦]，可见王文影响之大。

3. 月氏

月氏为秦汉时期聚居于中国西北地区的一个游牧民族。秦汉之际，月氏原居敦煌祁连间[⑧]，据《史记》记载，后为匈奴所败，乃远迁中亚妫水流域。[⑨] 对此记载，千百年来无人置疑。1925 年冬，立志每文必有所发的静安先生撰《月氏

---

① 马小进此文见中国文化协进会主办《广东文物》第 1004 - 1008 页，1940 年香港印行；此据上海书店 1990 年 8 月的影印本。

② 吴泽主编：《王国维全集·书信》，中华书局 1984 年版，第 202 页。

③ 吴泽主编：《王国维全集·书信》，中华书局 1984 年版，第 202 页。

④ 吴泽主编：《王国维全集·书信》，中华书局 1984 年版，第 202、204、207 页。

⑤ 王国维：《观堂集林》第三册，中华书局 1959 年版，第 929 - 930 页。

⑥ 可参见中国社科院考古所等编《西汉南越王墓》上、下册，文物出版社 1991 年版。

⑦ 马小进此文见中国文化协进会主办《广东文物》，1940 年香港印行，第 1004 - 1008 页；此据上海书店 1990 年 8 月的影印本。

⑧ 《史记》之《大宛列传》《匈奴列传》。

⑨ 《史记》之《大宛列传》《匈奴列传》。

末西徙大夏时故地考》一文，他根据《逸周书·王会解》《穆天子传》等书，说明战国时期，月氏当在中国正北的雁门西北、黄河之东，并根据《管子》之《地篇》《国蓄》《轻重》诸篇，认为月氏为匈奴所迫后，并未西走妫水，而是迁居西域的“且末、于阗间”，[①] 静安先生此论，可备月氏史上的一说，值得有关学者注意。

（六）汉代语言与文字

汉代语言与文字，是与汉语史及文字学有关的学术领域。静安先生对此也颇下了一番功夫。

在《书郭注方言后一、二、三》论文[②]中，静安先生从郭景纯所注的《方言》着手，考证其所注“全以晋时方言为本”，可从中推定古音，以推知汉时中原等地区的语音读法，即“汉时一方之语”。[③]

静安先生更注重文字的考释。他对甲骨文、金文的研究称誉世界。[④] 他对秦汉文字，尤其是字书颇下功夫。在这方面，静安先生的成果有《〈史籀篇〉疏证》[⑤]《〈史籀篇〉疏证序》[⑥]《〈苍颉篇〉残简跋》[⑦]《重辑〈〈苍颉篇〉》[⑧]《史记所谓古文说》[⑨]《汉书所谓古文说》[⑩]《说文所谓古文说》[⑪]《说文今叙篆文合以古籀说》[⑫]《校松江本〈急就篇〉》[⑬] 及《校松江本〈急就篇〉序》[⑭] 等。这些论文，对秦汉字书研究尤为重要。如在《〈史籀篇〉疏证》一文中[⑮]，静安先生提出了著名的“二疑问、三断定”（即史籀不是人名，而是“史官读书”意，成书

---

① 王国维：《观堂集林》第四册，中华书局 1959 年版，第 1156－1158 页。

② 王国维：《观堂集林》第一册，中华书局 1959 年版，第 233－251 页。

③ 王国维：《观堂集林》第一册，中华书局 1959 年版，第 238－245 页。

④ 陈炜谌、曾宪通：《论罗振玉和王国维在中国古文字学领域内的地位和影响》，见《古文字研究》第 4 辑，中华书局 1980 年版。

⑤ 王国维：《王国维遗书》第六册，上海古籍书店 1983 年版。

⑥ 王国维：《观堂集林》第一册，中华书局 1959 年版，第 251－257 页。

⑦ 王国维：《观堂集林》第一册，中华书局 1959 年版，第 257－258 页。

⑧ 王国维：《王国维遗书》第七册，上海古籍书店 1983 年版。

⑨ 王国维：《观堂集林》第二册，中华书局 1959 年版，第 307－312 页。

⑩ 王国维：《观堂集林》第二册，中华书局 1959 年版，第 312－314 页。

⑪ 王国维：《观堂集林》第二册，中华书局 1959 年版，第 314－317 页。

⑫ 王国维：《观堂集林》第二册，中华书局 1959 年版，第 317－320 页。

⑬ 王国维：《王国维遗书》第六册，上海古籍书店 1983 年版。

⑭ 王国维：《观堂集林》第一册，中华书局 1959 年版，第 258－262 页。

⑮ 邱永明、王廷洽：《论〈史籀篇〉疏证》，见《王国维学术研究论集》第 3 辑，华东师范大学出版社 1990 年版，第 94－106 页。

年代为秦；及字体为大篆，字数不多于九千，其形式为四字一句，二句一韵），这些论证，或被誉为“古文字学一大翻案”[①]，或被称为“极精辟的论断”[②]，对古文字学的研究作出了重大贡献。

（七）史学史与目录学

如前所述，静安先生着力于《史记》《汉书》《后汉书》等史籍，是他步入学术研究的开始。这以后，查一下静安先生的年谱及书信，随处可见他购买、借阅、研读、检索有关古代史籍，尤其是秦汉史籍。如 1916 年 9 月他购买《汉魏遗书钞》[③]，1912 年 12 月，他购买跋《后汉书》残页等[④]。这一用功贯穿了他的一生。

静安先生不仅熟读秦汉史籍，而且对秦汉史学史用功颇勤。1917 年初，他撰写《太史公行年考》一文[⑤]，实即《太史公年谱》[⑥]。在文中，他考证，以《史记》名书起于三国，两汉皆称《太史公书》或《太史公记》，“汉人所谓史记，皆泛言古史”，称太史公书为《史记》，蓄始于《魏志·王肃传》。《史记》二字“乃《太史公记》之略”，静安先生又以《史记》《汉书》为根据，澄清了不少历来有争议的问题，如司马迁的生年等，类似的创见时见篇中，所以，静安先生亦满意地宣称该文“颇有发明”。[⑦]

静安先生之所以为太史公作年谱，很大程度上出于他对司马迁的深深敬佩。他曾在诗中云：“《春秋》谜语苦难诠，历史开山数腐迁。前后固应无此作，一书上下二千年。”

关于目录学，这是我国古代就十分发达的一门学科。静安先生长期在晚清学部图书馆、罗振玉的“大云书库”中研究，对目录之学的重要性深有认识。1910 年他始与我国著名目录学家缪荃荪交游后，对目录学的研究更加深入，表现在他编制了大量的目录学著作，并阐述自己对目录学的看法。[⑧] 以下我们仅对静安先生的汉史目录学的研究作一介绍。

---

① 胡朴安：《中国文字学史》，商务印书馆 1937 年版，第 606 页。

② 邱永明、王廷洽：《论〈史籀篇〉疏证》，见《王国维学术研究论集》第 3 辑，华东师范大学出版社 1990 年版，第 94 – 106 页。

③ 吴泽主编：《王国维全集·书信》，中华书局 1984 年版，第 125 页。

④ 吴泽主编：《王国维全集·书信》，中华书局 1984 年版，第 320 页。

⑤ 王国维：《观堂集林》第二册，中华书局 1959 年版，第 481 – 514 页。

⑥ 吴泽主编：《王国维全集·书信》，中华书局 1984 年版，第 176 页。

⑦ 吴泽主编：《王国维全集·书信》，中华书局 1984 年版，第 176 – 177 页。

⑧ 周启付：《王国维对图书馆学、目录学的贡献》，见《王国维学术研究论集》第 3 辑，华东师范大学出版社 1990 年版，第 300 – 312 页。

首先，他编纂了关于汉史的多种目录。他撰写的《汉魏博士题名考》[①]，上下二卷，长达三万言，全书分《易》《书》《诗》《礼》《春秋》及“未详何经”共六类，分列了汉、魏二朝经学博士的姓名及事迹，实即关于汉、魏二朝博士的人名索引。这种艰巨的资料整理工作被静安先生谦称为“抄书之事”，但对学术界的助益却很大，并成为近现代史类人名索引编纂的先驱性著作。

静安先生的《太史公行年考》，既是一部史学史著作，又是一部目录学著作；他还校勘了包括《直斋书录解题》在内的12种书目类古籍达150卷以上，对中国目录学遗产的整理做出了贡献。

其次，在评价前代目录学著作优劣的基础上，静安先生阐述了自己的观点。《汉书·艺文志》是我国存世最早的一部目录学专著，千百年来，称誉古今，对此重头著作，静安先生却不囿陈规，通过与《别录》《七略》等的比较而屡发高论。他在《汉书艺文志举例后序》这篇为友所作的序中，举出了《汉书·艺文志》的三点不足（“未达者”三，即遗漏、“略”与“录”的不一致、缺增补）。这三点，皆昔人所未论及，而被静安先生锐眼识出并作评判，深具说服力，至今对目录学研究仍有参考价值。[②]

（八）礼乐、丧葬、祭祀、服饰等社会制度

在论文《汉以后所传周乐考》[③]中，静安先生考证后指出，《小雅·投壶》篇所记载的诗的“部居次第出自先秦以后乐家之所传，故至汉犹有存”，又根据《宋书·乐志》等的记载，指出汉魏时尚有周乐四篇；在论文《明堂庙寝通考》[④]中，静安先生考证了明堂的起源及历代的变迁情况，还指出明堂之制，“为古代宫室之通制”，而“宗庙之宫寝亦如之”，并说明了它们的构成部分、组成形式及功用，其中可见静安先生对秦汉时期明堂庙寝的认识。

对汉代丧葬制度的考证，仅有《南粤黄肠木刻字跋》一文[⑤]，此文所据的考古资料虽然是不可靠的，但静安先生对汉代葬丧制度中黄肠题凑的论述却是富有启发性的。

在1913—1914年，静安先生曾在《盛京晚报》上连续发表《东山杂记》[⑥]，对《周礼》所云的“司命”发展为汉晋间的民间灶神和近世东厨司命的沿革问

① 王国维：《王国维遗书》第十一册，上海古籍书店1983年版。

② 吴泽主编：《王国维全集·书信》，中华书局1984年版，第138页。

③ 王国维：《观堂集林》第一册，中华书局1959年版，第118－122页。

④ 王国维：《观堂集林》第一册，中华书局1959年版，第123－144页。

⑤ 王国维：《观堂集林》第三册，中华书局1959年版，第929－930页。

⑥ 吴泽：《〈周礼〉司命、灶神与近世东厨司命新论——读王国维〈东山杂记〉》，见《王国维学术研究论集》第2辑，华东师范大学出版社1987年版，第123－156页。

题作了论述，在文中他根据《风俗通义》等的记载，说明“汉时司命之祀极盛”，而这个司命“与今日祀灶无异也”，又指出“南方人家，敬事灶神，谓之东厨司命，此实古代五祀中之司命与灶神为一也”；这些论述，被吴泽先生颂誉为“烛照古今，堪称至论”。①

关于服饰制度，静安先生亦有力作论及。他的名篇《胡服考》论述了“胡服入中国后变革之略”②，即从前 307 年赵武灵王采用胡服至唐代这一千余年胡服为中原汉族采用的变化情况，包括了冠带、履靴、巾帻、体服（褶袴）及服色（褶袴所用颜色），通过静安先生对这一千余年中胡服变迁的考证，可以看到秦汉时代服饰制度的特征及当时服饰的来龙去脉。这篇论文不仅是一篇卓越的关于汉族与北方少数民族文化关系史的论文，还是一篇优秀的社会史（或云历史社会学）论文。

（九）度量衡制度

“自古礼器百物制度，无不与度量衡密切相关”③，静安先生深知其理，故对汉代度量衡制度屡有发明。

1926 年，静安先生根据新所获的汉、明古尺拓本④，乃撰《记现存历代尺度》一文⑤，记载了当时清王室、四川西充白坚甫等处（人）所藏的汉尺三件，及以后历代古尺 14 件；根据后人研究，这三件汉尺的长度在 23 ～24. 4 厘米，增长不多。⑥ 以此结论为基础，静安先生考证汉以后历代古尺度量，获得了巨大的成果，如他对六唐尺的研究、对古尺变化原因的揭示，尤为精湛，后辈学者屡屡征引。⑦

静安先生曾考定宋高若讷曾用汉货泉度尺寸，依《隋书》定尺 15 种以上，藏于太常寺；⑧ 在论文《新莽嘉量跋》⑨ 中，静安先生根据清宫及溲阳端氏所藏新莽量器的铭文，考证二器为王莽在始建国元年（9）铸行，为新莽量制，乃至对晋、隋量制的研究大有助益。文末列举了《汉书·律历志》、刘徽《九章算

---

① 吴泽：《〈周礼〉司命、灶神与近世东厨司命新论——读王国维〈东山杂记〉》，见《王国维学术研究论集》第 2 辑，华东师范大学出版社 1987 年版，第 123 – 156 页。

② 王国维：《观堂集林》第四册，中华书局 1959 年版，第 1069 – 1113 页。

③ 吴泽：《论王国维的唐尺研究——王国维在古器物和古史研究上的成就总结之一》，见《王国维学术研究论集》第 1 辑，华东师范大学出版社 1983 年版，第 168 – 190 页。

④ 吴泽主编：《王国维全集·书信》，中华书局 1984 年版，第 447 页。

⑤ 王国维：《观堂集林》第四册，中华书局 1959 年版，第 939 – 948 页。

⑥ 吴泽主编：《王国维全集·书信》，中华书局 1984 年版，第 447 页。

⑦ 曾武秀：《中国历代尺度概述》，载《历史研究》1964 年第 3 期。

⑧ 王国维：《观堂集林》第四册，中华书局 1959 年版，第 931 – 933 页。

⑨ 王国维：《观堂集林》第四册，中华书局 1959 年版，第 948 – 953 页。

术》注、《高僧传》诸书中关于新莽时量制的记载，便于后人的进一步研究。

在论文《新莽一斤十二两铜权跋》[①] 中，静安先生根据新莽始建国元年（9）所铸的一件“一斤十二两铜权”推论汉刘歆《钟律书》记载的正误，揭示了西汉末期元始末年（3—5）至新莽始建国元年（9）衡制变化的情况。另外，静安先生还在《释币》下卷中勾画了“自汉讫元布帛丈尺价值”的变化过程，[②] 其中不乏对汉代布帛丈尺形制、比价等的精当论述。

（十）汲水制度

这里的汲水制度，主要指汉代关中的“龙首渠”及其对以后西域地区的影响。

20 世纪初，新疆吐鲁番一带用井渠，俗称“坎儿水”，即“穿井若干，于地下相通以行水”的汲水方法，对此方法，法国汉学家伯希和疑为从波斯传来。历史真相是怎样的呢？静安先生在《西域井渠考》一文[③]中，引用《史记·河渠书》《汉书·西域传》等材料，证明此法在西汉武帝时已为关中人民所发明，自然是“中国旧法”；同时，他又根据《沙州图经》、《北史·西域传》、刘郁《西使记》证明中亚井渠之法是“东来贾胡”“传之彼国者”，即此法是由中国传到波斯，而不是由波斯传到中国。

综述之，静安先生在秦汉史研究中，先后在简牍学、历史地理学、经学、古器物学、民族史、语言与文字、史学史与目录学、社会制度、量度衡制度等方面均取得了突出的成果。随着时间的检验，静安先生的研究愈为人所珍视，这正应了他所说的“凡说之合理者，久之必得其证”[④]。而他涉及的领域之广、研究的程度之深，可以这么说，把静安先生的上述秦汉史研究成果汇集起来，简直可以写一部内容充实且富有特色的断代体秦汉史专著了！

三、启示

静安先生为什么能在秦汉史研究上取得如此辉煌的成就呢？我们认为，这和他在其他学术领域所得的成就一样，与他的先进治学方法是密不可分的。

陈寅恪教授在《王国维遗书·序》中说：

> 自昔大师巨子，其关系于民族盛衰、学术兴废者，不仅在能承续先哲将

---

① 王国维：《观堂集林》第四册，中华书局 1959 年版，第 1217－1218 页。

② 王国维：《王国维遗书》第九册，上海古籍书店 1983 年版。

③ 王国维：《观堂集林》第二册，中华书局 1959 年版，第 620－622 页。

④ 吴泽主编：《王国维全集·书信》，中华书局 1984 年版，第 57 页。

坠之业，为其托命之人；而尤在能开拓学术之区宇，补前修所未逮。故其著作，可以转移一时之风气，而示来者以轨则也。先生之学博矣，精矣。几若无涯岸之可望，辙迹之可寻，然详绎遗书，其学术内容及治学方法，殆可举三目以概括之者：一曰取地下之实物与纸上之遗文互相释证。……二曰取异族之故书与吾国之旧籍互相补正。……三曰取外来之观念与固有之材料互相参证。……此三类之著作，其学术性质，固有异同，所用方法亦不尽符同，要皆足以转移一时之风气，而示来者以轨则。吾国他日文史考据之学，范围纵广，途径纵多，恐亦无以远出三类之外。此先生之遗书所以为吾国近代学术界最重要之产物也。[①]

寅恪先生精辟地概括了静安先生学术的独到之处，“开拓学术之区宇，补前修所未逮”。怎样才能做到这样呢？静安先生认为必须研究其他民族、国家的记载，他说：“凡研究史学者，于某民族史不得不依据他民族之记载。如中国塞外民族若匈奴、若鲜卑、若西域诸国，除中国正史中之列传载记外，殆无所谓信史也。”（《南宋人所传蒙古史料考》）他惊叹伯希和“于亚洲诸国古今语无不深造”（《近日东方古语学及史学上之发明与其结论》），故重视外文，特别是古代民族文字（“古外族遗文”）的学习，他认为“此不能不有待少年之努力”[②]，对后辈学人学习外文寄予了希望。而静安先生之后中亚史、西域史等学术领域的发展情况也表明，要取得卓越的学术成果，攻克死文字这关是重要的前提，陈寅恪先生、季羡林先生之所以取得巨大成就，与他们掌握了多门中亚古语言有重要关系。这是静安先生的研究给我们的启示之一。

启示之二是要取得大的成就一定要注意新发现与新学问。1925 年 8 月，静安先生在清华作《最近二三十年中国新发见之学问》演讲时，意味深长地指出：

古来新学问题，大都由于新发见。有孔子壁中书出，而后有汉以来古文家之学；有赵宋古器出，而后有宋以后古器物、古文字之学。惟晋时汲冢竹简出土后，即继以永嘉之乱，故其结果不甚著。然同时杜元凯注《左传》；稍后郭璞注《山海经》，已用其说。而《纪年》所记禹、益、伊尹事，至今成为历史上之问题。然则中国纸上之学问，赖于地下之学问者，固不自今日始矣。[③]

① 陈寅恪：《王国维遗书·序》，见《王国维遗书》第一册，卷首。
② 王国维：《王国维遗书》第五册《静庵文集续编》；《王国维遗书》第九册。
③ 王国维：《王国维遗书》第五册《静庵文集续编》。

他的这一观点指导了他在汉晋简牍、古物学、敦煌学等新出土文物上的探索，并取得了巨大成就。他的观点影响了整个学术界。1928 年 11 月，清华国学研究院的讲师李济先生在广州中山大学作题为《中国最近发现之新史料》[1] 的演讲就是受到了静安先生的影响。而寅恪先生著名的“预流”说也无不受静安先生的影响。以后社会科学诸领域的发展，无不证实静安先生所言是至理名言。[2]这是静安先生给我们的第二个启示。

静安先生对我们的第三个启示是致力于新的学术领域的开拓。他对封泥、印玺、虎符等古器物的鉴赏、研究，显示承宋元金石学；他对小学、经学、西北地理的考证与当时盛行的学风有关；他对殷墟甲骨文字、敦煌及西域汉简、敦煌文书、清内阁大库及元明以来书籍档册的研究，自然与他所说的“新发见”有关；除此之外，他还能独具学术眼光，发现许多不为人注意的新领域，如他在《胡服考》中对中古服饰制度的考证，实为历史社会学的问题，在当时中国，很少有人意识到。静安先生能意识到这一点，是十分难能可贵的。

① 李济：《中国最近发现之新史料》，载《中山大学语言历史研究所周刊》1928 年第 5 卷第 57、58 期合刊。

② 如古文字专家曾宪通教授在论文《四十年来古文字学的新发现与新学问》中就强调了静安先生这一著名演讲的广泛影响（载《学术研究》1990 年第 2 期），而曾先生论文之题目仿静安先生而立，对静安先生的敬仰跃然纸上。

两周的“民”和“氓”非奴隶说

——两周生产者身份研究之一

中国社会史的分期，尤其是中国封建社会权舆于何时问题，是中外史学家争讼不决的问题之一。关于两周的社会性质，是争论的一个焦点。而在这个焦点中，关于物质资料的直接生产者的身份问题，显得特别重要。两周时代的农业生产者，就金文和文献上看，有民、氓、庶人、小人等，称谓不一。本文主要就“民”和“氓”的身份问题请教于史学界的同志们。

一

“民”是两周主要从事农业生产者之一。“民”字，在殷商时代或尚未产生，甲骨文中没有“民”字。《商书》中的《盘庚》及《微子》诸篇虽有“民”字，但这两篇未必是同时代的文字，不足为据。周金文中如《大盂鼎》《大克鼎》《齐侯壶》等[①]才出现“民”字。在《诗经》《周书》《论语》《左传》中更屡见不鲜。郭沫若同志为要证明西周是奴隶社会，因此说“民”是奴隶，“是顽强不听命者。强迫之从事生产”，“民是横目而带刺”，“横目则是抗命平视，故古称‘横目之民’。横目而带刺，盖盲其一目以为奴征，故古训‘民者盲也’，这可见古人对待奴隶的暴虐”。[②] 从文字学的角度，即从字形方面看，说“民”是一种人的身份地位是可以的，而且“民”字产生的本义是奴隶，可能也是对的。因为古人训“民”为“盲”为“冥”。梁启超、刘师培都曾根据古人训“民”为“盲”“冥”，而认为“民为愚昧无知之称”。[③] 但是一个字所包含的内容随着时代的不同而不同。甲骨卜辞还不是我国最早的文字，何况金文呢！到了周代的“民”是否还被训为奴隶，应完全从“民”的社会意义去考虑，从字形去考释已经不足为据了。

在奴隶社会中，什么样的人是奴隶？奴隶的社会地位如何？马克思主义经典作家有过明确的论述。斯大林说：“在奴隶占有制度下，生产关系的基础是奴隶主占有生产资料和占有生产工作者，这些生产工作者就是奴隶主可以把它们当作

---

① 本文所引金文都根据郭沫若：《两周金文辞大系图录考释》，下文不再注释。

② 郭沫若：《十批判书》《甲骨文字研究·释臣宰》，科学出版社 1956 年版，第 38－39 页。

③ 刘师培：《论小学与社会学之关系》，见《刘申叔遗书》；梁启超：《古代民百姓释义》。

牲畜来买卖屠杀的奴隶。"[①] 马克思说，奴隶社会中的奴隶，"只是会说话的工具"。[②] "奴隶就不是把他自己的劳动（在1891年版本中改为"劳动力"，下同——引者注）出卖给奴隶主，正如耕牛不是向农民卖工一样。奴隶连同自己的劳动一次而永远地卖给自己的主人了。奴隶是商品，可以从一个所有者手里转到另一个所有者手里。奴隶本身是商品，但劳动却不是他的商品。"[③]

根据马克思主义经典作家的以上论述，我们看一看西周、春秋中的"民"是否具有这样的社会意义呢？

"民"字在《诗经》中出现98次（其中包括5次言"庶民"、8次言"下民"），在《尚书》中出现276次，在《论语》中出现39次，在《左传》中出现近400次。综合研究这些说到"民"的地方，可知"民"是从事生产的被压迫被剥削阶级。例如，《鲁颂·閟宫》："是生后稷，降之百福。黍稷重穋，稙穉菽麦，奄有下国，俾民稼穑，有稷有黍，有稻有秬。"《大雅·桑柔》："好是稼穑，力民代食，稼穑维宝，代食维好。"《小雅·小宛》："中原有菽，庶民采之。"《大雅·灵台》："经始灵台，经之营之。庶民攻之，不日成之。经始勿亟，庶民子来。"《尚书·泰誓》："天视自我民视，天听自我民听。"[④]《论语·颜渊》："孔子对曰：子为致，焉用杀？子欲善，而民善矣！"《学而》："节用而爱人，使民以时。"《子路》："子曰：小人哉，樊须也。上好礼，则民莫敢不敬；上好义，则民莫敢不服；上好信，则民莫敢不用情。夫如是，则四方之民，襁负其子而至矣，焉用稼。"《为政》："哀公问曰：何为则民服？孔子对曰：举直错诸枉，则民服，举枉错诸直，则民不服。"《左传》昭公三年："民三其力；二入于公，而衣食其一。"这是说"民"的收获，三分之二为公家所掠夺，留下三分之一解决自己的"衣食"问题。《国语·齐语》："相地而衰征，则民不移"，"无夺民时，则百姓富"。这是说"民"有赋税负担，有自己支配的时间。还可以举很多材料来证明"民"是从事生产的被压迫被剥削阶级，但是他们不像上述马克思主义经典作家所说的奴隶社会中的奴隶，详见三点原因。

第一，文献资料及周金文中，说到奴隶的地方，总是把"民"与奴隶区别开来。例如，《小雅·正月》："民之无辜，并其臣仆。"臣、仆是奴隶，因为"民"不是奴隶，才与奴隶的臣、仆分言。《国语·周语下》中周灵王时太子晋说："是以人夷其宗庙，而火焚其彝器，子孙为隶，不夷于民。"就是说，其子孙降为奴隶，与"民"是不同的。"民"与奴隶分开来说。《左传》昭公七年："天有十日，人有十等。……故王臣公，公臣大夫，大夫臣士，士臣皂，皂臣舆，

① ［苏］斯大林：《列宁主义问题》，人民出版社1973年版，第650页。

② 《马克思恩格斯全集》卷23，人民出版社1972年版，第222页，注17。

③ 《马克思恩格斯选集》卷1，人民出版社1972年版，第355页。

④ 《孟子·万章上》引《泰誓》。

舆臣隶，隶臣僚，僚臣仆，仆臣台。马有圉，牛有牧。”这些皂、舆、隶、僚、仆、台等都是奴隶，惟独没有提到“民”。周金文中记载赏赐奴隶有“臣”“人鬲”“仆”“夷允”“臣台”等称谓，但从来没有把“民”和他们记载在一起。例如《令簋》：“王姜赏令贝十朋，臣十家，鬲百人。”《令鼎》：“余其舍女臣十家。”《不嬰簋》：“易女……臣五家田十田。”《麦尊》：“易者娥臣二百家。”《伯克壶》：“白大师易白克仆卅夫。”《师訇簋》：“赐女……夷允三百人。”《大盂鼎》：“易女邦司四白，人鬲自御至于庶人六百又五十又九夫；易夷司王臣十又三白，人鬲千又五十夫。”相反地，周金文中提到“民”“庶民”的地方却用另外一种口气，另外一种笔调。如《大克鼎》：“惠于万民。”《牧簋》：“王若曰：牧……令汝辟百寮，有叵事苞，迺多乱，不用先王乍型，亦多虐庶民。”王教训牧，应以虐待庶民为戒。《毛公鼎》：“勿雍律（累）庶民。”这是周宣王告诫毛公，不要过分累害庶民，接着还提到在征收“贮”时，不要饱入私囊，不要欺侮鳏寡。

第二，“民”的隶属关系比奴隶松弛，有自己的生产工具，有独立的经济，有自己的家庭组织。

《国语·周语上》：穆王将征犬戎，祭公谋父谏曰“不可”。“先王之于民也，懋正其德，而厚其性（生），阜其财求（赇）而利其器用。”这里的生产工具（器用）和财产（财赇）是“民”自己所有的。《周语中》：“民无悬耜，野无奥草。”这里的生产工具耜，应是“民”自己所有。《周语上》：宣王即位，不藉千亩，虢文公谏之，他追述先王之制必行“藉田礼”，则“民用莫不震动恪恭于农，修其疆畔，日服其镈，不解（懈）于时”。这个镈（生产工具）也应该是“民”自己的。《吕氏春秋·上农》：“因胥岁不举铚艾，数夺民时，大饥乃来。”这是说因统治者数夺民时，使民不能及时举铚艾（生产工具）从事生产，所以大饥乃来。

“民”有没有自己的独立经济和家庭组织呢？有的。上引《左传》昭公三年，“民三其力，二入于公，而衣食其一”，说明“民”是有独立的经济的。《左传》昭公二十六年：“公厚敛焉，陈氏厚施焉，民归之矣。”这是说齐国的陈氏为了篡政，与公室争夺人口，用大斗借出，小斗收回，于是“民”都归向他。“民”能够借债，说明是有自己的经济的。《国语·周语下》：周景王时单穆公谏王铸大钱，谓“今王废轻而作重，民失其资，能无匮乎！”明显地说“民”有自己的资财。甚至周灵王时太子晋说：古时好的统治者，使“民”“生有财用，而死有所葬”。《诗经·小雅·小弁》：“民莫不谷，我独于罹。”《小雅·蓼莪》：“民莫不谷，我独何害。”“民莫不谷，我独不卒。”这是说天下之“民”皆有父可怙，有母可恃，能父母子女相养，可见他们有自己的经济。《论语·学而》，“使民以时”，《左传》成公十八年说，晋悼公即位，“时用民，欲无犯时”。《国语·齐语》："无夺民时，则百姓富。"说明"民"有自己所需要的农业季节。《子路》"四方之民，襁负其子而至"，说明"民"有自己的家庭组织，而且可以迁徙。《尧曰》"因民之所利而利之"，说明"民"有自己的独立利益。

第三，"民"有自己的土地。

《国语·鲁语下》中曾国公父文伯之母对文伯说："昔圣王之处民也，择瘠土而处之，劳其民而用之，故长王天下。夫民劳则思，思则善心生；逸则淫，淫则忘善，忘善则恶心生。沃土之民不材，淫也；瘠土之民莫不向义，劳也。"这种在沃土或瘠土上耕作的"民"，其土地应该是自己的。不然，他们不会因为土地肥沃出产多，而习于安乐；土地瘠薄而努力于耕种，知节俭之道，有"向义"之心。《诗经·小雅·十月之交》第五章是下民对皇父的怨言，说："彻我墙屋，田卒汙来。日予不戕，礼则然矣。"意思是，撤毁了我的墙屋，田里尽是污秽草莱！还说，我不是残败田业，制度就是这样的，唉！

《大雅·瞻卬》："邦靡有定，士民其瘵。"这条材料也很重要。它是说国家没有安定。"士"和"民"同病。"士""民"并举。然则"士"是什么呢?《尚书·多士》："亦惟尔多士攸服，奔走臣我多逊，尔乃尚有尔土，尔乃尚宁干止。……今尔惟时宅尔邑，继尔居，尔阙有干有年于兹洛。"《多方》："今尔尚宅尔宅，畋尔田，尔曷不惠，王熙天之命。""尚永力畋尔田，天惟畀矜尔。"可见"士"是有田地、有居宅的。虽然，我们不能把"士"和"民"的身份同等对待，但是，想他们必有共同的命运、共同的处境、共同的生活状态，才会发出同病相怜之感慨。从这里也可知"民"有自己的田地和居宅。

当然，在先秦典籍中，直接说到"民"有自己的土地的材料殊不多见，但是，只要人们细心研究，钩沉索隐，还是可以得到肯定的回答的。

《晏子春秋·内篇·谏上第一》：景公出游于寒涂，睹死瘠，默然不问，晏子诤谏之，追述桓公的为人"……使令不劳力，藉敛不费民"。又说到景公目睹"民氓饥寒冻馁，死瘠相望，而君不问，失君道矣"。最后感动了景公，说："然，为上而忘下，厚藉敛而忘民，吾罪大矣。"这里"民"与"藉敛"发生了关系。在《墨子》书中，"民"与"藉敛"连在一起的还有几次，如《节用上》："其使民劳，其藉敛厚。"《非乐上》："将必厚藉敛乎万民。"到战国时代，"藉"已经废除了，但这些材料能说明"古者圣王"时代，"藉"实行于"民"之中，所以，这种关系还藕断丝连地反映在战国时代文人的笔墨里。这是社会关系在文字上的反映。《国语·周语上》还有一点痕迹："宣王即位，不藉千亩。虢文公谏曰：'不可，夫民之大事在农，上帝之粢盛，于是乎出……王耕一坺，班三之，庶民终于千亩。'"这也说明"民"与"藉"有关系，然则"藉"是什么？

甲骨卜辞中有"藉"字，象人手持耒的长柄而足踏耒之下端之形。郭沫若

《甲骨文字研究》和余永梁《新获卜辞写本后记跋》先后有所考释，徐中舒的《耒耜考》更详细。“藉”字在卜辞中纯指一种耕作过程，是一个象形字。①

到了周代，“藉”的内容发生了变化，是指一种剥削形态。《左传》宣公十五年：“初税亩，非礼也。谷出不过藉，以丰财也。”《公羊传》宣公十五年：“初者何？始也。税亩者何？履亩而税也。……古者什一而藉。”《谷梁传》宣公十五年：“初者，始也，古者什一藉而不税。初税亩，非也。”《春秋》三传一致认为在鲁宣公十五年以前是用“藉”的剥削形态，鲁宣公十五年才开始用“履亩而税”的剥削形态。

《孟子·滕文公上》：“助者，藉也。”赵《注》：“藉者，借也。犹人相借力助之也。”王念孙《广雅疏证》：“《大雅·韩奕》：‘实亩实藉’，郑《笺》云‘籍，税也’。宣公十五年《左传》：‘谷出不过藉’，杜预注云：‘周法民耕百亩，公田十亩，借民力而治之，税不过此’。《王制》：‘古者公田藉而不税’，郑《注》云：‘藉之言借也，借民力治公田，美恶取于此，不税民之所自治也’。……《孟子·公孙丑》：‘耕者助而不税’即藉而不税也。”② 《国语·鲁语》：“先王制土，藉田以力而砥其远迩。”亦以藉为借民力以当税。所以，在周代，“藉”就是“助”，是一种借民力以代课税的剥削形态。古书上的说法是一致的。

然则，“藉”法的具体内容是什么？我们不能不追溯到孟子的话。《孟子·滕文公上》：

> 夏后氏五十而贡，殷人七十而助，周人百亩而彻，其实皆什一也。彻者彻也，助者藉也。……诗云：“雨我公田，遂及我私”，惟助为有公田，由此观之，虽周亦助也。……使毕战问井地，孟子曰：“子之君将行仁政，选择而使子，子必勉之。夫仁政必自经界始。经界不正，井地不均，谷禄不平。是故暴君汙吏必慢其经界。经界既正，分田制禄，可坐而定也。……请野九一而助，国中什一而自赋……死徙无出乡，乡田同井，出入相友，守望相助，疾病相扶持，则百姓亲睦。方里而井，井九百亩，其中为公田，八家皆私百亩，同养公田。公事毕，然后敢治私事，所以别野人也。”

这样看来，所谓“藉”法，就是孟子所说的“井田制”。无怪乎《国语·齐语》记述管仲的话：“陆阜陵墐，井田畴均，则民不憾。”“井田制”的最大特点就是有公田、私田之分。公田就是统治阶级的土地，收获全部归统治者所有。私

① 参阅陈梦家《殷墟卜辞综述》第16章《农业及其他》，第532－533页。

② 《皇清经解》卷六六八下，见王念孙《广雅疏证》二。

田就是“民”从统治者那里领来赖以维持生活的土地，同时，因此也就不能摆脱统治者的剥削和压迫。《诗·噫嘻》：“骏发尔私，终三十亩。”《毛传》曰：“私，民田也。”这是很正确的。由于统治阶级占有土地而剥削、压迫“民”，“民”不能不尊之为“公”。所以，这个“公”是指统治阶级而言，不是什么“公共”“公众”“公有”。[①] 朱熹《孟子集注》：“公田以为君子之禄，而私田野人之所受。”这种注释也是接近原意的。统治阶级将其土地划成若干块，无论“公田”“私田”都是统治者土地的一部分。不过“私田”为“民”所受之田，“公田”是统治者用“民”之力为其耕作，即所谓“藉田以力”。因为统治阶级占有土地，而“民”的土地是从他那里领来的，所以，“民”进行耕种时，总是不得不先“公”而后“私”的[②]。“民”的私田有多少呢？从古籍看来，“受田百亩”（约相当于今 31.2 亩）的记载是可信的。[③]

综上所述，西周、春秋的“民”是受剥削受压迫的农业生产者；但是，他们有自己独立的经济、家庭组织、劳动工具和土地。因此，他们不可能是奴隶社会中的奴隶。

马克思主义经典作家认为，奴隶社会的奴隶和封建社会的农奴最根本的区别，是他们与生产资料的关系不同。马克思说，“它（指封建经济——引者）和奴隶经济或种植园经济的区别在于，奴隶要用别人的生产条件来劳动，并且不是独立的”，而封建经济的“直接生产者还占有自己的生产资料，即他实现自己的

---

① 关于“公”字的研究，请参考吴其昌《秦以前中国田制史》上，载国立武汉大学《社会科学季刊》第5卷第3号；王玉哲《有关西周社会性质的几个问题》，载《历史研究》1957年第5期。

② 《夏小正·正月》：“初服于公田，古者公田焉者，古言先服公田而后服其田也。”《管子·乘马》：“正月令农始作服于公田农耕。”《孟子·滕文公上》：“公事毕而后敢治私事。”

③ 《孟子·滕文公上》：“夏后氏五十而贡，殷人七十而助，周人百亩而彻。”《周礼·地官·大司徒》：“凡造都鄙，制其地域而封沟之，以其室数制之。不易之地，家百亩；一易之地，家二百亩；再易之地，家三百亩。”《管子·臣乘马》：“一农之量，壤百亩也。”《荀子·王霸》：“百亩一守，事业穷，无所移之也”。《荀子·大略》：“故家五亩宅，百亩田。”《孟子·梁惠王上》“百亩之田，勿夺其时，八口之家，可以无饥矣。”《万章下》：“耕者之所获，一夫百亩。”《尽心上》：“百亩之田，匹夫耕之，八口之家，足以无饥矣。”《吕氏春秋·乐成》：“魏氏之行田也以百亩，邺独二百亩，是田恶也。”以上这些虽然是战国时代人所记，但想他们去西周、春秋未远，所言必有根据，不会凭空捏造。而且“受田百亩”之记载与《国语》记载相吻合。《郑语》记述史伯说：“故王者居九畡之田，以食兆民，收经之入，以食万官。”《楚语下》记述观射父也说“天子之田九畡，以食兆民，王取经入焉，以食万官”。所谓畡、兆、经、万都是数字。《太平御览》卷七五〇引《风俗通》说：“十十谓之百，十百谓之千，十千谓之万，十万谓之亿，十亿谓之兆，十兆谓之经，十经谓之垓（畡）。”俞樾和孙诒让研究，认为这正是“一夫百亩”之制（见《皇清经解续编》卷一三九〇，俞樾《群经平议》卷二九；孙诒让《籀膏述林》卷三《国语九畡义》）。

劳动和生产自己的生活资料所必要的物质的劳动条件；他独立地经营他的农业和与农业结合在一起的农村家庭工业”。[1] 斯大林也说：“农奴有自己的经济、自己的生产工具，具有为耕种土地并从自己收成中拿出一部分实物缴给封建主所必需的某种劳动兴趣。”[2] 因此，西周、春秋的“民”正是初期封建社会中的农奴。在“民”中实行的“藉”法，实际上就是马克思所说的“地租的最简单的形式，即劳动地租，——在这个场合，直接生产者以每周的一部分，用实际上或法律上属于他所有的劳动工具（犁、牲口等等）来耕种实际上属于他所有的土地，并以每周的其他几天，无代价地在地主的土地上为地主劳动。”[3]

有的同志说，“民”不是封建制度上的农奴，而是马克思在论述到古代东方时所说的“普遍奴隶”，即农村公社成员。就是说“单独个人从来不能成为财产的所有者，而只不过是一个占有者，所以事实上他本身即是财产，即是公社的统一体人格化的那个人的奴隶。”[4] 对于这种观点我想辩明两点。

第一，马克思在《资本论》中论述到亚洲形态的直接生产者时说：“如果不是私有土地的所有者，而像在亚洲那样，国家既作为土地所有者，同时又作为主权者而同直接生产者相对立，那末，地租和赋税就会合为一体，或者不如说，不会再有什么同这个地租形式不同的赋税。在这种情况下，依附关系在政治方面和经济方面，除了所有臣民对这个国家都有的臣属关系以外，不需要更严酷的形式。”[5] 这就是说，在这种形态下的直接生产者除了对国家的臣属关系，再没有其他的隶属关系。而史籍中的西周、春秋时代却存在一种隶属关系，即“民”隶属于掌握土地的“君”。除《大盂鼎》“受民受疆土”、《左传》定公四年“殷民六族”“殷民七族”一类的记载之外，《论语》《左传》中“君，民之主也”的记载，就像同一个主题的叠奏曲一样，反反复复出现。《论语·公冶长》：“子谓子产，有君子之道四焉：……其养民也惠，其使民也义。”《泰伯》：“君子笃于亲，则民兴于仁；故旧不遗，则民不偷。”《子张》：“君子信而后劳其民；未信，则以为厉己也。”这些记载显示“民”对于“君子”有一种隶属关系。《左传》宣公二年：“麑退，叹而言曰：不忘恭敬，民之主也。贼民之主，不忠，弃君之命，不信，有一于此，不如死也。触槐而死。”《国语·周语上》：“古者先王既有天下，又崇立于上帝明神而敬事之，于是乎有朝日夕月以教民事君。诸侯春秋受职于王，以临其民；大夫、士日恪位著以儆其官；庶人工商各守其业，以共其上。”《吕氏春秋·安死》：“君之不令民，父之不孝子，兄之不悌弟，皆乡

---

① 《马克思恩格斯全集》卷25，人民出版社1974年版，第890－891页。

② ［苏］斯大林：《列宁主义问题》，人民出版社1973年版，第650页。

③ 《马克思恩格斯全集》卷25，人民出版社1974年版，第889页。

④ ［德］马克思：《资本主义生产以前各形态》，日知译，人民出版社1956年版，第30页。

⑤ 《马克思恩格斯全集》卷25，人民出版社1974年版，第891页。

里之所釜鬲者而逐之。”这些都赤裸裸暴露了“民”对于“君”的隶属关系——“君”是压迫、剥削“民”和“使民”的统治阶级，而“民”是隶属于“君”的被统治阶级。《仪礼·丧服传》：“君，谓有地者也。”郑玄于《丧服传》“君至尊也”下注云：“天子诸侯及卿大夫有地者，皆曰君。”这样看来“君”是拥有土地的，“使民”的主权者，而并不是国家；“民”是依附于“君”的被使者，而不是只对国家有臣属关系的村社成员。

第二，我们并不否认西周、春秋时代仍然存在一种原始公社遗留下来的村社组织。但这种组织正像夕阳西下，日趋没落，与当时蒸蒸日上的封建生产关系相比，只见得它在奄奄一息地苟延残喘。在这种村杜组织内进行生产劳动的成员不是“民”，而是史籍上的“小人”。《周书·康诰》：“民情大可见，小人难保。”《无逸》：“爰知小人之依，能保惠于庶民。”《小雅·节南山》：“弗躬弗亲，庶民弗信，弗问弗仕，勿罔君子，式夷式已，无小人殆。”从这些记载可以看出“小人”和“民”是有所不同的，两者不能混淆，但他们也有共同点。

“小人”和“民”一样是从事农业生产的。《论语·子路》篇樊迟请学稼学圃，孔子明言稼圃为“小人”之事而叹曰：“小人哉，樊须也。”《左传》襄公九年和《国语·晋语》皆以“君子劳心”“小人劳力”为“先王之制”。《左传》襄公十三年：“君子尚能而让其下，小人农力以事其上。”清儒毛奇龄说：“古凡习稼事者皆称小人。《尚书·无逸》篇：知稼穑艰难，则知小人之依；又祖甲逃民间，曰久为小人；高宗与农人习处，日爰暨小人；孟子曰并耕者小人之事。此从来名称如是。”①

“小人”和“民”一样是当时社会上受压迫受剥削的阶级。《诗经》中有对“小人”责难的诗句：“式夷式已，无小人殆。”（《小雅·节南山》）这是说要想平夷和制止一些不合理的现象，必须疏远小人。《小雅·大东》：“周道如砥，其直如矢，君子所履，小人所视，睠言顾之，潸言出涕。”这是说大道如砥石一样平，如箭矢一样直，君子在大路上运走了贡赋，小人看见只好低声埋怨，不禁凄然落泪。

虽然“小人”和“民”一样同是从事农业生产的受压迫受剥削的阶级。但由于“民”是农奴，直接隶属于封建主阶级；“小人”是遗留下来的农村公社的成员，他们直接和封建的国家发生关系。因此“小人”的隶属关系比“民”更松弛些，尽管他们的经济地位、生活状况十分相似，但政治地位比“民”高一些。“小人”有干预政事的权利。《周书·无逸》：“小人怨汝詈汝，则皇自敬德。厥愆曰朕之愆。”“人乃或诪张为幻曰：小人怨汝詈汝，则信之。”《竹书纪年》的“穆王南征，君子为鹤，小人为飞鸮”，说明“小人”有参战并获得战利品的

① 《皇清经解》卷一八七；毛奇龄：《四书剩言》。

权利。《孟子·滕文公下》述武王伐纣时说:“其(殷之)君子,实玄黄于匪,以迎其(周之)君子:其(殷之)小人,箪食壶浆,以迎其(周之)小人。”足证“小人”有权参与国家的战和大计。有关“小人”有议政权利的最详细的记载是《左传》僖公十五年言秦晋战于韩原,秦伯获晋侯事:

> 十月,晋阴饴甥会秦伯,盟于王城。秦伯曰:“晋国和乎?”对曰:“不和。小人耻失其君而悼丧其亲,不惮征缮以立圉也;曰:必报仇,宁事戎狄!君子爱其君而知其罪,不惮征缮以待秦命;曰:必报德,有死无二!以此不和。”秦伯曰:“国谓君何?”对曰:“小人戚,谓之不免;君子恕,以为必归。小人曰:我毒秦,秦岂归君?君子曰:我知罪矣,秦必归君。”

“小人”在西周、春秋社会里不起主导作用,只作为一种余波而存在。“小人”也在不断地分化,或上升到地主阶级,或下降为“民”。

至于战国时代的“民”,因为我认为西周、春秋时代的“民”已经不是奴隶,而是初期封建社会的农奴,战国时代的“民”更不会是奴隶,是封建社会的自耕农民。而且就我所涉猎的材料而言,明言战国的“民”是奴隶者,还不多见,因此,这里不再讨论了。

二

战国时代还有一种农业生产者曰“氓”。有的同志把战国时代这种“氓”作为残余的生产奴隶,所以有必要多费点笔墨加以讨论。

“氓”“萌”“甿”三字,在古代是同声字,声同可以通假。《说文》:“民,众萌也。”后人于经传中“萌”字皆改作“氓”。《说文》众“萌”字毛本作“氓”。《史记·三王世家》“奸巧边萌”,索隐云:“萌,一作甿。”《汉书·刘向传》颜注:“萌与甿同。”《一切经音义》云:“萌,古文氓同。”《管子·山国轨》尹注:“萌,田民也。”《战国策·秦策》:“不忧民氓。”高诱注:“野民曰氓。”《淮南子·修务训》:“以宽民氓。”高诱注:“野民曰氓”。《说文》:“甿,田民也。”则“萌”“氓”“甿”三字通用。清季孙诒让认为是声同通假。①

有的同志根据贾谊《过秦论》称陈涉为“绳枢瓮牖之子,甿隶之人”和《史记》称陈涉“为人庸耕”,认为陈涉是“农耕奴隶”,所以“甿”是“农耕奴隶”。其主要理由是说《汉书》的“庸”字“当解作押债的奴隶劳役,非雇工

① 参考孙诒让《墨子闲诂·尚贤上》“四鄙之萌人”注。

自由劳动可比”。[①] 其实，这是站不住脚的。关于“庸”字的意义，在西周时代，是指什么而言，古人的注释我们姑且不谈，就近人解训亦意见纷纭。[②] 到秦汉时，“庸”字发展成佣赁、雇用之义，即与“佣”字相通，这是毋庸置疑的。《说文》：“赁，庸也。”段注：“庸者今之佣字，广韵曰‘佣余封切，佣赁也。’凡雇、僦皆曰庸、曰赁。”《一切经音义》卷六引《说文》庸也作佣也。《史记·范雎传》：“臣为庸赁。”《汉书·栾布传》：“穷困卖庸于齐。”《汉书·司马相如传》：“与庸保杂作。”《汉书·景帝纪》：“吏发民若取庸”，韦昭曰：“发民，用其民。取庸，用其资以顾庸。”凡此皆以“庸”为“佣”。《史记·陈涉世家》中“佣耕”和“庸耕”通用，可见“庸”“佣”相通。所以，把《汉书》的“庸”字释为“押债的奴隶劳役”，因而“为人庸耕”的陈涉是农耕奴隶，从而证明“甿隶”为农耕奴隶的说法，是难以成立的。

还有人说，“孟子对当时从事生产的奴隶，则称之为氓”，“氓就是甿，就是在野外从事生产工作的无知的奴隶……又称之为野人，如齐东野人”。[③]

根据《战国策·秦策》“不忧民氓”，《淮南子·修务训》“以宽民氓”，高诱皆注曰“野民曰氓”，扬雄《方言三》“氓，野人之称”。可见“氓”又称为“野人”的说法是对的。但“野人”，是不是生产奴隶呢？我们的回答是否定的。

首先看“齐东野人”，《孟子·万章上》：“咸丘蒙问曰：语云，盛德之士，君不得而臣，父不得而子。舜南面而立，尧帅诸侯北面而朝之，瞽瞍亦北面而朝之，舜见瞽瞍，其容有蹙。孔子曰：于斯时也，天下殆哉，岌岌乎！不识此语诚然乎哉？孟子曰：否，此非君子言，齐东野人之语也。”敢如此非难儒家的人，殊不像无知的生产奴隶，从孟子的语气看，此“齐东野人”，是对一般老百姓的贱称。

《左传·僖公二十三年》记晋文公重耳：“过卫，卫文公不礼焉，出于五鹿，乞食于野人，野人与之块。”杜预注，孔颖达疏，都把“块”字解释为“土块”，牵强之至。《汉书·律历志下》：“乞食于野人，野人举凷而与之。”《说文》（卷十三下土部）中“块”字写作“凷”，字形构造很像是土装在U形器物中，也就是说“块”本来是一种装土的器物。《史记·晋世家》把《左传》这段话改成“饥而从野人乞食，野人盛土器中进之”。明显地把“块”字改成“土器”。这句

---

① 参看历史研究编辑部编《中国的奴隶制与封建制分期问题论文选集》，上海三联书店1956年版，第106-107页。

② 郭沫若：《弭叔簋及询簋考释》，载《文物》1960年第2期；王祥：《说臣虎与庸》，载《文物》1960年第5期。这两文把“庸”释为奴隶。谷霁光：《论西周的彻和庸——西周生产关系、阶级关系问题商兑之一》，载《历史研究》1962年第4期，把“庸”释为具有人身依附关系的封建农奴。

③ 杨荣国：《中国古代思想史》，人民出版社1973年版，第165页。

话是说，野人把食物放在盛土的筐里给了重耳。这样看来，“野人”就是农民，不能释为奴隶，如果是奴隶，哪有食物给重耳呢？

《吕氏春秋·必己》：“孔子行道而息。马逸，食人之稼，野人取其马，子贡请往说之，毕辞，野人不听。有鄙人始事孔子者，曰：请往说之。因谓野人曰：子不耕于东海，吾不耕于西海也。吾马何得不食子之禾？其野人大悦。相谓曰：说亦皆如此其辩也，独如向之人？解马而与之。”《淮南子·人间训》亦有大同小异的记载。“野人”敢扣留孔子的马，又似乎是耕自己的田，很难解释成奴隶，并且称“野人”为“子”，古人被称为“子”者，都是比较高贵的。如果“野人”是奴隶，那么是不会被称为“子”的。

《史记·仲尼弟子列传》《集解》引徐广曰：“尸子曰：子路，卞之野人。”子路当然不是奴隶。

《荀子·大略》：“子谓子家驹续然大夫，不如晏子；晏子，功用之臣也，不如子产；子产，惠人也，不如管仲；管仲之为人，力功不力义，力知不力仁。野人也，不可以为天子大夫。”子家驹，是鲁公子庆之孙，公孙归父之后。意思是说，子家驹与晏子、子产、管仲三人皆类郊野之人，未浸渍于仁义，故不可为王者佐。可知“野人”非奴隶。

从上可知，认为战国时代的“氓”“甿”“野人”是奴隶的说法是难以成立的。我认为他们不是奴隶，是像战国时代的“民”一样，已经是封建社会的自耕农民。但根据《战国策·秦策》“不忧民氓”，《淮南子·修务训》“以宽民氓”，《孟子·公孙丑上》“则天下之民，皆悦而愿为之氓矣”的记载，可知“民”和“氓”也有些不同。“民”是泛指封建社会的农民（即土著），而“氓”则专指从他国迁来之“民”。所以《说文》段注说：“氓与民小别，盖自他归德之民则谓氓。”我的理由有如下两点。

第一，“氓”有自己的独立的经济，从事农业和手工业相结合的劳动，以维持生活。

《孟子·滕文公上》中许行、陈相是闻滕文公实行仁政之后才到滕国“愿受一廛而为氓”的。到滕国之后，“文公与之处，其徒数十人，皆衣褐捆屦织席以为食”。可见许行及其一起迁到滕国来的人，在变成“氓”之后是有自己独立的经济的，而且从事农业和手工业相结合的生产劳动，以养活自己。陈相、陈辛也是“负耒耜而自宋之滕”者，是有自己生产工具的劳动者。从孟子与陈相的对话中亦可知：

> 孟子曰：“许子必种粟而后食乎？”曰：“然。”“许子必织布而后衣乎？”曰：“否。许子衣褐。”“许子冠乎？”曰：“冠。”曰：“奚冠？”曰：“冠素。”曰：“自织之与？”曰：“否。以粟易之。”曰：“许子奚为不自织？”

曰：“害于耕。”曰：“许子以釜甑爨以铁耕乎?”曰：“然。”“自为之与?”曰：“否。以粟易之。”

从这里我们知道许行是一个自耕农民，而且还是一个农学派，有文化，儒家的陈相亦被熏陶，“尽弃其学而学焉”。这样的“氓”怎么能解释成奴隶呢?

《管子·轻重甲》：“桓公忧北郭民之贫，召管子而问曰：北郭者，尽屦缕之甿也，以唐园为本利，为此有道乎?管子对曰：请以令禁百钟之家不得事鞒，千钟之家不得为唐园，去市三百步者，不得树葵菜。若此，则空间有以相给资，则北郭之甿，有所仇其手搔之功，唐园之利，故有十倍之利。”这里的“北郭之甿”就是从事农业而且以种植蔬菜为主的自耕农民。

《管子·揆度》：“君终岁行邑里，其力周而宫室美者，良萌也，力作者也。”这里说“宫室美”的“良萌”，是由于劳动力强，而且是勤力耕种的结果。《管子·八观》：“故曰：主上无积而宫室美，氓家无积而衣服修。”《管子·轻重丁》中经常提到“贫萌”。既然有“贫萌”，必然有“富萌”。所有这些都活龙活现地记载了封建社会自耕农民的形象。

第二，“氓”原来是“民”，“民”可以自由迁徙，迁徙之后的“民”就是“氓”。

《孟子·滕文公上》，为神农之言者许行及其徒弟，儒者陈相、陈辛皆从本国而迁至滕国。如果“氓”是生产奴隶，则很难解释“天下之民，皆悦而愿为之氓”，由自耕农变为奴隶，而且“悦而愿为”，这是很难想象的。从史料来看，“氓”并不比“民”低一等，恰恰相反，由于战国时代，兼并战争激烈，列国统治者已经深深地认识到“民”的作用。他们为了补充劳动力，为了在战争中取得胜利，想尽一切办法，吸收别国的“民”(即所谓招徕)。因此用减轻剥削、周济“贫萌”的方法予“氓”以照顾。例如《孟子·公孙丑上》：“廛无夫里之布，则天下之民，皆悦而愿为之氓矣。”廛即“民”的住宅，布是钱，夫布是人头税，里布是宅地税。“廛无夫里之布”，即免除人头税、地宅税。“氓”得到照顾、优待，所以“悦而愿为之氓”。

“贫甿”还得到政府的救济。《管子·轻重乙》：“管子曰：天下有兵，则积藏之粟足以备其粮，天下无兵，则以赐贫甿。”《晏子春秋·内篇·谏上第一》：“晏子乃返，命禀巡氓，家有布缕之本而绝食者，使有终月之委；绝本之家，使有期年之食；无委积之氓，与之薪橑，使足以毕霖雨。令柏巡氓，家室不能御者，予之金。”《晏子春秋·内篇·向下第四》：“公曰善。命吏计公掌(王引之以为是廪字之误)之粟，藉长幼贫氓之数，吏所委发廪出粟，以予贫氓者三千钟。”说到“氓”是自耕农民，又负债累累靠借高利贷过活的，《管子·轻重乙》记载最为详尽，今不惮冗长，将其大意摘录于下。

管子叫齐桓公派宾胥无去南方、隰朋去北方、宁戚去东方、鲍叔去西方调查“称贷之间其受息之氓几何家，以报吾。鲍叔驰而西，反报曰：西方之氓者，带济负河，菹泽之萌也。渔猎取薪，蒸而为食。……其受息之萌九百余家。宾胥无驰而南，反报曰：南方之萌者，山居谷处，登降之萌也。上斫轮轴，下采杼栗，田猎而为食。……其受息之萌八百家。宁戚驰而东，反报曰：东方之萌，带山负海，若处上断福，渔猎之萌也。治葛缕而食。……其受息之萌，八九百家。隰朋驰而北，反报曰：北方之萌者，衍处负海，煮泲为盐，梁济取鱼之萌也。薪食。……受息之氓，九百余家”。调查清楚东、南、西、北方各有多少户放高利贷的，有多少户受息之氓，然后管子向桓公出谋划策曰：“请以令召称贷之家，君因酌之酒，太宰行觞。”桓公举衣而问曰：“寡人多务，令衡籍吾国，闻子之假贷吾贫萌，使有以给其上令，寡人有鏤枝兰鼓，其贾中纯万泉也，愿以为吾贫萌决其子息之数，使无券契之责。称贷之家，皆齐首而稽颡曰：君之忧萌至于此，请再拜以献堂下。桓公曰：不可，子使吾萌春有以事耜，夏有以决芸，寡人之德子无所宠，若此而不受，寡人不得于心。故称贷之家皆再拜受。所出栈台之织，未能三千纯也，而决四方子息之数，使无券契之责。四方之萌闻之，父教其子，兄教其弟曰：夫垦田发务，上之所急，所以无度乎，君之忧我至于此！此谓反准。”

对这段文字，当然要作阶级的分析，统治阶级不可能对“贫萌”如此照顾，这不过是封建文人的夸张而已。但是它可以说明“氓”的身份有三：①自耕农，从事农业和手工业相结合的劳动；②有贫苦而需要借贷过活者；③国君为了维护其统治，安定“氓”心，对需借贷过活者，一定程度上给予照顾。大概因为这个缘故，“天下之民，皆悦而愿为之氓”。

以上是关于战国时代的“氓”的身份。至于西周、春秋时代的“氓”是什么身份？西周、春秋时代文献关于“氓”的记载殊不多见，但就古人遗留下来的蛛丝马迹，经过一番钩沉稽远，仍然可以恢复其真实面目。

《孟子·滕文公上》孟子追述古制时说：“无君子莫治野人，无野人莫养君子。……方里而井，井九百亩，其中为公田，八家皆私百亩，同养公田。公事毕，然后敢治私事，所以别野人也。”孟子说“野人”实行井田制，即“藉”法，以别于“国中什一而自赋”者。这种制度是封建领主土地所有制，其直接生产者是农奴。“野人”就是“氓”，前面已经证明过，可知“氓”像“民”一样也是农奴。

《孟子》的记载和《周礼》、周金的记载是相同的。周金《宜侯夨簋》：“锡奠七伯，厥甿口又五十夫。”“奠”“甸”音同通假，“奠”就是“甸人”。《礼记·文王世子》注：“甸人，主为公田者。”“甸人”在《周礼》中叫“甸师”。《周礼·天官》甸师之职：“掌帅其属而耕耨王藉，以时入之，以共斋盛。”在

“甿”之前置一“厥”字，正说明“甿”对于“甸人”的隶属关系。

孟子所说的“国中”和“野”是对诸侯国而言的。在周天子说来，就是“六乡”“六遂”。在周天子的“六乡”和诸侯的“国中”，是实行“什一而自赋”的制度；在周天子的“六遂”和诸侯的“野”，是实行“藉”法。《周礼·地官》官序“遂师”注：“遂人主六遂，若司徒之于六乡也。六遂之地，自远郊以达于畿，中有公邑、家邑、小都、大都焉。郑司农云：遂谓王国百里外。”所以，“六遂”就是远郊外，是“甿”的集中地。《周礼·地官·遂人》云：“凡治野，以下剂致甿，以田里安甿，以乐昏扰甿，以土宜教甿稼穑，以兴耡利甿，以时器劝甿，以疆予任甿，以土均平政。”这是管理农奴的方法。对于新徙来之“甿”，仍然是有照顾的，如《周礼·地官·旅师》：“凡新甿之治，皆听之，使无征役，以地之微恶为之等。”

“甿”同“民”一样，在政治上毫无权利，在文化上茫然无知。但在经济上除了在领主的田官监督下集体耕种“公田”之外，仍有自己的工具、土地、独立的经济和家庭组织。封建社会之所以比奴隶社会进步，正是因为直接生产者有了独立的经济，从而刺激了他们的生产积极性。正如斯大林所说：“新的生产力要求生产者在生产中能表现出某种主动性，愿意劳动，对劳动感兴趣。”① 在当时的“氓”中，甚至有积极生产、勤俭持家发财致富者。我们从《诗经》的弃妇诗中可明显地看出这点。《诗经·卫风·氓》是一首弃妇诗。诗中写出这个弃妇回忆她恋爱的经过，叙述她婚后的遭遇，诉说她痛苦的心事，表现她对丈夫变心的深刻的恨、对自己真心错付的无限的悔。从这首诗中，人们可以窥见那位“氓”的家庭情况。今录全诗于下：

氓之蚩蚩，抱布贸丝。匪来贸丝，来即我谋，送子涉淇，至于顿丘。匪我愆期，子无良媒。将子无怒，秋以为期。

乘彼垝垣，以望复关，不见复关，泣涕涟涟；既见复关，载笑载言。尔卜尔筮，体无咎言。以尔车来，以我贿迁。

桑之未落，其叶沃若。于嗟鸠兮，无食桑葚，于嗟女兮，无与士耽！士之耽兮，犹可说也；女之耽兮，不可说也。

桑之落矣，其黄而陨。自我徂尔，三岁食贫。淇水汤汤，渐车帷裳。女也不爽，士贰其行。士也罔极，二三其德。

三岁为妇，靡室劳矣；夙兴夜寐，靡有朝矣！言既遂矣，至于暴矣；兄弟不知，咥其笑矣！静言思之，躬自悼矣！

及尔偕老，老使我怨，淇则有岸，隰则有泮。总角之宴，言笑晏晏，信

① ［苏］斯大林：《列宁主义问题》，人民出版社1973年版，第650页。

誓旦旦，不思其反。反是不思，亦已焉哉！

从这个弃妇的自传中，可知那“氓”可以“抱布贸丝”。尽管“三岁食贫”，仍然可以“以尔车来，以我贿迁”。诗的第五章更淋漓尽致地描写了这位淑女的勤劳形象，这也是奴隶社会中农民妇女的典型形象。在整整三年里，家庭劳作一身负担无余（靡室劳矣），早起晚睡，天天如此，从来没有间断过（夙兴夜寐，靡有朝矣）。这正是一个有了独立经济的家庭，人们为了创造更好的家庭生活而辛勤劳作。

《邶风·谷风》是《卫风·氓》的姐妹篇，同是描写弃妇的形象。虽然《谷风》没有明显指出是“氓”的家庭，然而，从诗句来看，《谷风》的主人公和《氓》的主人公完全一样，真可谓“同病相怜”了。本诗第一章说这位弃妇对丈夫委婉地说理，希望免于被弃；第二章描写既已被弃，依恋痴情，不肯离去；第三章是弃妇在极大的痛苦与深刻的恨的交织下提出“毋逝”“毋发”的警告；最值得注意的是第四、五章。第四章弃妇自述她一向持家勤勉，家务无论难易都努力持操，凡邻居有灾祸都急急救助。第五章弃妇追述从前生活恐慌、潦倒的时候，夫妇曾经共患难，现在有了安定的生活，丈夫就“以我为仇”，“比予于毒”了。从第六章中可看出这位妇女对于暴戾刚狠的丈夫和劳累的家务并不感到厌倦。我们可以想象，这对夫妇为了创造幸福的生活而同甘共苦过，最后以那个男子变心而告终。无怪这位弃妇喊出“谁谓荼苦，其甘如荠”的哀声。所以与其说是这位妇女对丈夫的依恋，毋宁说是她对其经济的留恋。当然，我们从《氓》《谷风》中看出这样一个史实，即“氓”由于自己的辛勤劳动，生活渐渐好转，成了一个可以娶小老婆的人了。这是由于“氓”在生产斗争和阶级斗争中逐渐获得解放，变成了一个小农。《氓》《谷风》所反映的正是春秋中叶及其以后的史实，不愧为两首现实主义的好诗。

以上是我对两周的“民”和“氓”身份的初步看法，不敢以为正确，请同志们批评。

早期道家与道教的关系

道家，是先秦诸子学派中的一派，它是一种思想史上的哲学思潮；道教，是产生于东汉末期的一种宗教。二者都对中华文化产生了巨大影响。

对于道家与道教的关系，学术界早已有人作过研究，20 世纪上半叶傅勤家先生就指出："道教实源于道家，及古代以来方士神仙之说。"[①] 南怀瑾先生甚至认为"道教完全是以道家的学术思想做内容的宗教"[②]。他们都认为道家和道教有密切关系。道家思想正式产生于春秋，历经战国、秦、西汉，到东汉后期道教产生时已历数百年，这期间道家思想的演变是相当复杂的。我们同意学术界的一种观点：把道家思想分为春秋战国时期的早期道家（以杨朱、老庄学派、稷下道家学派为代表）、黄老道家两个阶段。[③] 本文将在哲学思想方面对早期道家和道教的关系作一番探讨。限于篇幅，主要探讨老子学派、稷下道家学派与道教的关系。

一、早期道家的分类

关于早期道家的划分，有的意见分为老庄学派和稷下道家学派[④]，我们认为这种划分固然可取，但把早期道家划分为老子学派、稷下道家学派、庄子学派这三个派别更为恰当。

之所以这样划分，我们的理由有二。

其一，杨朱为道家先驱，虽尚未形成独立的哲学体系，但对老子产生了一定影响，生活时代与老子较近，所以宜将杨朱划入老子学派。关于杨朱，先秦诸子之书与汉代典籍的记载不尽相同，但其所指的均是一位生活于战国早期，与墨子和孟子时代均有年代重叠的名叫杨朱的学者，对此，学术界已有比较一致的看法。对杨朱的思想，学术界是众说纷坛、仁智互见，归纳一下，大致有三种观点：认为杨朱是道家或道家的先驱，这种观点由来已久，得到了众多著名学者的

① 傅勤家：《中国道教史》，上海书店 1990 年影印版，第 14 页。
② 南怀瑾：《禅宗与道家》，复旦大学出版社 1991 年版，第 137 页。
③ 吴光：《黄老之学通论》，浙江人民出版社 1985 年版，第 5 页。
④ 吴光：《黄老之学通论》，浙江人民出版社 1985 年版，第 68 页。

赞同，如蔡元培、罗根泽、冯友兰、郭沫若、侯外庐、杨荣国等先生；[①] 也有人认为杨朱学派不是一个独立的学派，根本不是道家，如高亨、詹剑峰等先生即持此说，唐钱先生甚至视杨朱为名辩家；[②] 又有观点调合学术界的前二说，认为"承认杨朱是'独立学派的开创者'与承认杨朱是道家先驱的观点并不是水火不相容"，如吴光先生即然。[③]

我们认为，杨朱确为道家先驱，因为杨朱学说的某些重要哲学思想，如"贵己""为我"都对道家，特别是对老子产生了相当大的影响，可说是老子无为主义的始源，老子继承了杨朱的某些重要思想（详见下节），不过杨朱学派尚未形成独立、完整、严密的思想体系，不能单独列为早期道家的一派，考虑到它与老子在阶级基础上、生活年代上及哲学思想上的接近性，将之划入老子学派较合适。

其二，将老庄学派分为老子学派、庄子学派比较适当。老子，"周守藏室之史也"，生活于战国这一变革时代。[④] 老子对奴隶制度的日趋衰弱深感不安，又无能为力，"乃遂去"，作《老子》五千言，全面系统地阐明了自己的哲学思想及政治见解，对后世产生了巨大影响。老子和与自己有一定师承关系的人，如关尹等组成了一个独立的学派；而庄子，据《史记·老子韩非列传》称"其学无所不窥，然其要本归于老子之言。故其著书十余万言，大抵率寓言也。作《渔父》《盗跖》《胠箧》，以诋訿孔子之徒，以明老子之术"。庄子学说固然深受老子学说的影响，但庄子之学较老子之学又有了很大发展，如它把老子提出的朴素辩证法命题绝对化，从而衍化出著名的齐物论；庄子的神仙思想也是老子所没有的。

更重要的，道家文化的演进与发展，基本上就是老子与庄子所划定的，是两条比较清晰的路线：一条以老子思想为主（当然不可能完全排除庄子思想）演进为汉代的黄老神仙思想，以至在东汉末年形成为道教；另一条则是以庄子思想为主（当然不可能完全排除老子思想）演进为魏晋时期的玄学，最终通向唐代禅宗。南怀瑾先生的专著《禅宗与道家》，大概就是以道家思想的这种发展为根据的。

---

① 蔡元培、罗根泽之论详见罗根泽主编《古史辨》第4册；冯友兰《中国哲学史》上册；郭沫若《十批判书》，第135－136页；侯外庐《中国思想通史》第1卷，第340页；杨荣国《中国古代思想史》。

② 高亨、唐钱之论详见罗根泽主编《古史辨》第4册。

③ 吴光：《黄老之学通论》，浙江人民出版社1985年版，第18页。

④ 关于老子其人其书其说，历来有争论，仅20世纪30年代以来，就有三次反应热烈的大讨论，说法也是千奇百怪，相去甚远。冯友兰、金德健、吴光主张老子是战国时代人，我们基本赞成此说，并进一步认为老子是战国早、中期之际的思想家。

二、杨朱学说与老子学派

杨朱并没有留下著作，或本有著作今已佚失。而今本《列子·杨朱》又系晋人伪作，不能代表先秦的杨朱学说，充其量不过蕴含杨朱学说的某些信息而已。所以，对杨朱学说，主要应从先秦诸子的片段记载去分析，由这些仅存的只语片言去探讨杨朱学说及其与老子学派的关系。

《孟子》记载有孟子对杨朱的抨击。孟子说："圣王不作，诸侯放恣，处士横议。杨朱、墨翟之言盈天下，天下之言不归杨则归墨。"[①] 在孟子看来，杨朱学说的社会功效是负面的，是在"圣王不作，诸侯放恣"前提下的"横议"，对杨朱及其学说的抨击，在《孟子》中还有明显的表述，如称"今之与杨、墨辩者，如追放豚，既入其苙，又从而招之"。[②]

孟子之所以指责、抨击杨朱，主要在于孟子学说与杨朱学说的矛盾较大，孟子主张有所作为，杨朱则消极无为，二者自然大相径庭。孟子认为"杨氏为我，是无君也"，"无父无君，是禽兽也"；[③] 又说"杨子取为我，拔一毛而利天下，不为也；墨子兼爱，摩顶放踵利天下，为之"[④]。这都涉及了杨朱学说的一个重要理论，即"为我"，但是，"为我"的含义应如何理解呢？

《吕氏春秋》又稀疏地透露了一点信息，称"阳生贵己"[⑤]。为我、贵己究竟是一种极端的利己主义思想，还是一种自然无为主义主张呢？参照其他有关记载，我们就不难找到答案。

《荀子》记载云："杨朱哭衢涂曰：'此夫过举蹞步而觉跌千里夫！'哀哭之。"[⑥] 说杨朱走到街口，见岔道四通，不知所往，唯恐因为选择方向上的毫厘之误而差之千里。对此事，《淮南子》称，"杨子见逵路而哭之，为其可以南可以北"[⑦]；《论衡》则云，"是故杨子哭歧道……盖伤离本，不可复变也"[⑧]；"盖伤失本，悲离其实也"[⑨]。可见，杨朱哭衢，因其不想"失本""离其实"，反对人为选择，尊重人的自然本性之故！

---

① 《孟子·滕文公下》。

② 《孟子·尽心下》。

③ 《孟子·滕文公下》。

④ 《孟子·尽心上》。

⑤ 《吕氏春秋·不二》。

⑥ 《荀子·王霸》。

⑦ 《淮南子·说林训》。

⑧ 《论衡》之《率性》《艺增》。

⑨ 《论衡·艺增》。

如果说杨朱哭衢还仅是模糊地反映了杨朱学说的自然主义倾向，那么，“杨朱论狗”则可以说是较为明确地表明了这种自然主义。

《韩非子》记载：“杨朱之弟杨布衣素衣而出，天雨，解素衣，衣缁衣而反。其狗不知而吠之。杨布怒，将击之。杨朱曰：‘子毋击也。子亦犹是。曩者使汝狗白而往，黑而来，子岂能毋怪哉！’”① 这明显表明了杨朱学说的自然主义。

杨朱学说的自然主义在人的价值、品行方面也有其独特的认识。如《庄子》中所描述：

> 阳子之宋，宿于逆旅。逆旅人有妾二人，其一人美，其一人恶，恶者贵而美者贱。阳子问其故。逆旅小子对曰：“其美者自美，吾不知其美也，其恶者自恶，吾不知其恶也。”阳子曰：“弟子记之！行贤而去自贤之心，安往而不爱哉。”②

文中叙述的人的美、恶是先天的，可说是自然本性，而人的贵贱则是后天人为的。杨朱通过此事告诫弟子们，应该“行贤而去自贤之心”，即贤本是天生自然之美德，一个人如果做了贤事却不自我夸耀，那么所到之地，人们莫不尊重他。在这里，杨朱明确表示了对“自贤”的反对。

另外，《韩非子》还曾指责杨朱是“不以天下大利易其胫一毛”的“轻物重生之士”，③ 正好说明了杨朱学说轻视外事，重视人，强调保全人的自然本性的特点。

由上述分析可知，杨朱学说的主要特征就是“保”：在对待人、物关系上，轻视外物，不以物累形，重视对人的自然本性的保全；在人、利关系上，认为天下大利不能易自己“胫一毛”，实为对他们所处的可怜的社会地位的保护。而先秦诸子总结杨朱学说的特征，提出了“为我”“贵己”，不正是杨朱学说的精辟概括吗？我们可以推想，将这种自己、自然状态的“保”拓展到社会政治领域，不就是要求维持当时每况愈下的奴隶制度吗？

杨朱学说，实为春秋末期社会变革中走向没落的奴隶主阶级的思想意识的反映。奴隶制度的江河日下及奴隶主阶级的渐趋腐朽、没落，使他们在政治上丧失了特权，经济上也失去了原来的优越地位，变得除自己以外，一无所有，他们所能做的事也就剩下“全性保真，不以物累形”④ 了！他们对新兴势力的建功立业、积极有为感到不安、敌视，只能提出“行贤而去自贤之心”的对策。在这

---

① 《韩非子·说林下》。

② 《庄子·山木》。

③ 《韩非子·显学》。

④ 《淮南子·汜论训》。

种情况下，他们连自己的命运都无法主宰，更别说对历史发展产生影响了，他们所能做的只有逃避！而这正是所谓自然主义的萌芽。按照杨朱的思想发展，一切顺其自然，必然不必人为对万物产生影响，人也就无所作为，这就为老庄“无为”主张的提出若隐若明地指示了方向。

老子的某些思想，可在杨朱学说中找到始源，如老子认为“上德不德，是以有德。下德不失德，是以无德”①。在这里，“上德不德”不就是杨朱的“行贤而去自贤之心”吗？又如杨朱哭衢，其故在于不愿因人为的选择而违背人的本性，《老子》有“治人事天，莫若啬”之句②，二者的继承与被继承关系可谓明显。

杨朱思想对庄子也有影响，如杨朱的“全性保真，不以物累形”③，不正是庄子哲学的一个重要组成部分吗？故蒙文通先生在《杨朱学考》中说：“杨朱学派‘贵己’之说，实道家‘全性保真，不以物累形’之渊源。”④

杨朱学说虽为老子思想的形成揭示了方向，开了早期道家的先河，使得早期道家的一些重要哲学思想可在杨朱学说中找到始端，但杨朱学说离形成一个比较系统的理论体系还差得远。所以，它的哲学思想很不完整，故杨朱学说不宜单独列出。考虑到杨朱学说与老子学派的产生的阶级基础（没落的奴隶主阶级）、思想主张（自然、无为）、生活年代（不足百年之隔）等方面的接近性，我们主张把杨朱学说划入老子学派。

三、老子学派与道教

本文所说的老子学派，包括了杨朱学说、老子学说及深受老子学说影响的关尹、列子等人的思想，本节主要讨论老子学派的哲学思想与道教教理的关系。

（一）老子哲学思想与道教教理

1. 老子的蕴含万物的道论与道教教理

老子所言的“道”的本来含义应是偏重于唯心主义的。《老子》第二十一章，“道之为物，惟恍惟惚。惚兮恍兮，其中有象，恍兮惚兮，其中有物；窈兮冥兮，其中有精，其精甚真，其中有信”，⑤ 可证。

汉代的某些深受道家思想影响的书也继承了老子的道论，认为道是一个神秘

① 《老子》第三十八章。

② 《老子》第五十九章。

③ 《淮南子·汜论训》。

④ 王家祐：《道教论稿》，巴蜀书社 1987 年版，第 191 页。

⑤ 《老子》第二十一章。文引《老子》原文，据陈鼓应《老子注译及评介》之附录二《老子校定文》，中华书局 1984 年版。

的、超自然的唯心主义范畴，如《淮南子·原道训》等。

下文以现存的早期道教经典《太平经》和《老子想尔注》为例，试析老子的道论是怎样被改造为宗教神学的。

《太平经》在最基本的宇宙形成观上继承了老子的道论，并糅入汉代流行的唯物主义的元气说，建立了早期道教的神学体系。

《老子想尔注》，据明正统版《道藏》989册正乙部之《传授经戒仪注诀》称是五斗米道的系师（张鲁）所撰。英探险家斯坦因1907年从敦煌弄到了北朝写本《老子想尔注》残卷（S. 6825），当代著名学者饶宗颐先生经过研究，认为“此《想尔注》本，即所谓系师张鲁之五千文本，断然无疑”[①]；该书“尤为道教原始思想增一重要资料，对于道教史贡献至钜，不可谓非学术上之鸿宝也”[②]。故选《太平经》《老子想尔注》二书以分析老子哲学与道教教理之关系。

《太平经·守一明法》：

> 夫道何等也？万物之元首，不可得名者。六极之中，无道不能变化。元气行道，以生万物，天地大小，无不由道而生者也。故元气无形，以制有形，以舒元气，不缘道而生。自然者，乃万物之自然也。不行道，不能包裹天地，各得其所，能使高者不知危。天行道昼夜不懈，疾于风雨，尚恐失道意，况王者乎？三光行道不懈，故著于天而照八极，失道光灭矣。……天人一体，可不慎哉？[③]

经文认为，道是六极之中，万物之元首；道超越于元气之上，且永恒运动，含有唯心主义因素。又如《天咎四人辱道诫》说道是“大化之根，大化之师长也。故天下莫不象而生者也”，[④] 亦然。

《老子想尔注》称“道气在间，清微不见，含血之类，莫不钦仰”（第五章）[⑤]；“道至尊，微而隐，无状貌形像也；但可从其诫，不可见知也”（第十四

---

① 《老子想尔注》，引自饶宗颐《老子想尔注校证》，上海古籍出版社1991年版，第4页。

② 《老子想尔注》，引自饶宗颐《老子想尔注校证》，上海古籍出版社1991年版，第5页。

③ 《太平经》，录自王明校补《太平经合校》，中华书局1960年版，第16页。

④ 《太平经》，录自王明校补《太平经合校》，中华书局1960年版，第662页。

⑤ 《老子想尔注》，引自饶宗颐《老子想尔注校证》，上海古籍出版社1991年版，第8页。

章)[1]。均视道为唯心主义的范畴，与《太平经》同。

《太平经·安乐王者法》:

> 道无所不能化，故元气守道，乃行其气，乃生天地，无柱而立，万物无动类而生……元气守道而生。……自然守道而行，万物皆得其所矣。天守道而行，即称神而无方。上象人君父，无所不能制化，实得道意。地守道而行，五方合中央，万物归焉。三光守道而行，即无所不照察。雷电守道而行，故能感动天下，乘气而往来。四时五行守道而行，故能变化万物，使其有常也。阴阳雌雄守道而行，故能世相传。凡事无大小，皆守道而行，故无凶。今日失道，即致大乱。[2]

在这里，《太平经》把道与自然变化硬扯在一起，认为自然界，乃至人类社会，无不守道而行。值得注意的是，经文还认为“上象人君父，无所不能制化”的原因在于“得道意”，这就使道开始了唯心主义的人格化。

《老子想尔注》亦然，“道设生以赏善，设死以威恶”（第二十章)，[3] 不正因为有“道意”吗?

随着道的人格化，《太平经》还不断使道神秘化。如《知盛衰还年寿法》:“夫道，乃深远不可测商矣。”[4]《老子想尔注》更是明确指出，道是天地间的最高主宰者，从之则昌，逆必亡，虽王者亦受其制，“王者虽尊，犹常畏道，奉诫行之。”[5]

《太平经》对老子道论的继承不仅仅是神化道，还把道论用于阐述道教的教理，比较一下《老子》原文与《太平经》，可见二者的这种关系。

《太平经》卷五六至卷六四有载“道者，天也，阳也，主生；德者，地也，阴也，主养；万物多不能生，即知天道伤矣”[6]，此论之蓝本当系《老子》“道生之，德畜之”[7] 这一思想。

---

① 《老子想尔注》，引自饶宗颐《老子想尔注校证》，上海古籍出版社 1991 年版，第 17 页。

② 《太平经》，录自王明校补《太平经合校》，中华书局 1960 年版，第 21 页。

③ 《老子想尔注》，引自饶宗颐《老子想尔注校证》，上海古籍出版社 1991 年版，第 25 页。

④ 《太平经》，录自王明校补《太平经合校》，中华书局 1960 年版，第 210 页。

⑤ 《老子想尔注》，引自饶宗颐《老子想尔注校证》，上海古籍出版社 1991 年版，第 46 页。

⑥ 《太平经》，录自王明校补《太平经合校》，中华书局 1960 年版，第 218 页。

⑦ 《老子》第五十一章。引《老子》原文，据陈鼓应《老子注译及评价》之附录二《老子校定文》，中华书局 1984 年版。

甚至，《太平经》中有一些关于“道”的论述是直接从《老子》套用的，二者在语言、语句的结构上是惊人的相似。《老子》第二十五章有云“天法道，道法自然”，原意指是上天循道，而道又循自然；《太平经》套用此言，宣称“天畏道，道畏自然”[①]，于是纯粹的哲学思想被歪曲成宗教教义。

早期道教经典还把道与伦理道德结合起来，如《太平经》卷十八至卷三四说：“三纲六纪所以能长吉者，以其守道也，不失其治故常吉。”[②]《老子想尔注》“道用时，臣忠子孝，国则易治”[③] 即然。

此外《太平经》《老子想尔注》中还有许多与道密切相关的哲学思想，亦系直接或间接继承和发展老子的哲学思想而来。如《老子想尔注》提到了“自然”，认为“自然”就是“道”的又一代名词，如“自然，道也”[④] “自然者，与道同号异体”[⑤] 之句大量见于《老子想尔注》。

又如，与道密切相关的“一”这个哲学范畴。在老子的哲学思想中，道实际上就是一，一也就是道，二者常互代，在早期道经中亦然。《老子想尔注》“一，道也”[⑥]，《太平经·修一却邪法》“夫一者，乃道之根也，气之始也，命之所系属，众心之主也”[⑦] 等，卿希泰先生认为《太平经》中的“一”，“包括了从物质到精神，包罗万象的一切的根本”，这“一”就是继承老子学说而来的。[⑧]

在“一”范畴的基础上，《太平经》提出了“守一”。《太平经钞》壬部，“古今要道，皆言守一，可长存而不老。人知守一，名为无极之道”，[⑨] 宣称守一可以长生不老。故“一”与“守一”都成了道教教理的重要组成部分。汉魏以后，许多宗教家、道教学者对此都有阐释和发挥，但都以《太平经》为重要参考。唐末的闾丘方远就摘抄《太平经》中与“守一”有关的论述，编《太平经

---

① 《太平经》，录自王明校补《太平经合校》，中华书局1960年版，第701页。

② 《太平经》，录自王明校补《太平经合校》，中华书局1960年版，第27页。

③ 《老子想尔注》，引自饶宗颐《老子想尔注校证》，上海古籍出版社1991年版，第23页。

④ 《老子想尔注》，引自饶宗颐《老子想尔注校证》，上海古籍出版社1991年版，第30页。

⑤ 《老子想尔注》，引自饶宗颐《老子想尔注校证》，上海古籍出版社1991年版，第33页。

⑥ 《老子想尔注》，引自饶宗颐《老子想尔注校证》，上海古籍出版社1991年版，第29页。

⑦ 《太平经》，录自王明校补《太平经合校》，中华书局1960年版，第12－13页。

⑧ 卿希泰：《中国道教思想史纲》，四川人民出版社1980年版，第78页。

⑨ 《太平经》，录自王明校补《太平经合校》，中华书局1960年版，第716页。

圣君秘旨》一书，更是突出强调了“守一”在仙道修持诸法中的重要地位。[①]

老子之道论，本为哲学思想，通过《太平经》《老子想尔注》的神学改造，成了早期道教教理的重要基础，以后历代道教学者、宗教家更是蜂拥而来，纷纷著书阐释各自领悟的道教的道论。如《太上化道度世仙经》曰“太初混沌，天地始分，万物含灵，强名曰道”；晋葛玄《五千文经序》说“老君体自然而然，生乎太无之先，起乎无因，经历天地终始，不可称载，穷乎无穷，极乎无极也”；唐吴筠《玄纲论》也称“道者何也？虚无之系，造化之根，神明之本，天地之元。其大无外，其微无内。浩旷无端，杳杳无际。至幽靡察，而大明垂光。至静无心，而品物有方。混漠无形，寂寥无声。万象以之生，五行以之成。生者无极，成者有亏，生生成成，今古不移，此之谓道也”；等等。

道如此神异，以至它的缔造者老子也逐渐神秘起来。东汉王阜《老子圣母碑》说，“老子者道也，乃生于无形之先，起于太初之前，行于太素之元，浮游六虚，出入幽冥，观混合之未别，窥清浊之未分”，已视老子为道的化身；边韶《老子铭》则称当时崇尚道术之士，“以老子离合于混沌之气，与三光为终始。观天作谶，降升斗星，随日九变，与时消息。规矩三光，四灵在旁；存想丹田，太一紫房。道成身化，蝉蜕渡世。自羲农以来，世为圣者作师”。[②] 至此地步，老子也就升格成为尊神，与佛祖释迦牟尼一样受到信道者的顶礼膜拜。东汉后期，桓帝就先后派中常侍左悺、管霸到老子的诞生地——苦县（一说是今河南鹿邑县）祭祀老子，如此这般，犹恐不隆重、虔诚，竟在濯龙宫亲自祭祀，[③] “于是百姓稍有奉者，后遂转盛”[④]。

在早期道经中，道也被宣布为老子的化身。《老子》第四章，“吾不知谁子？像帝之先”，对此句，《老子想尔注》歪曲注释为“吾，道也。帝先者，亦道也。与无名万物始同一耳。未知谁家子，能行此道；能行者，便像道也，似帝先矣”。[⑤]

汉以后，老子的神话更多了。晋皇甫谧《高士传》、葛洪《神仙传》、唐无名氏《集仙传》等，不断神化老子，至宋谢守灏《太上混元圣纪》可谓集大成者，该书引经据籍，认为老子不仅缔造了万物，而且与宇宙共存。老子于是成了超人般万能的神。

---

① 关于《太平经圣君秘旨》一书的作者，王明认为是唐末的闾丘方远（《太平经合校》第16页），在学术界获得普遍赞同，我们也赞成这个观点。

② 《隶释》卷三。

③ 《后汉书·孝桓帝纪》引。

④ 《册府元龟·帝王部·尚黄老》。

⑤ 《老子想尔注》，引自饶宗颐《老子想尔注校证》，上海古籍出版社1991年版，第7页。

总之，老子的道论，本是哲学思想，但道教抓住其中某些理论，加以歪曲、衍化，成为道教教理，老子本人也被自己创造的理论所神化，并由一神经过漫长的造神运动，最终构筑起现在所见的庞大的道教神仙体系。

2. **老子的朴素辩证法对《太平经》《老子想尔注》等早期道经的影响**

作为一名生活在奴隶制礼崩乐坏、日趋衰亡时代的智者，老子目睹了在历史上一度何其辉煌的周王朝的衰亡，兼之老子是位精通古今之变的史官，明白“社稷无常奉，君臣无常位”[①] 的历史演变；故从时代背景、个人因素等诸方面都不难理解为什么《老子》书中含有丰富的朴素辩证法思想。

综观《老子》一书，表现朴素辩证法思想的句子比比皆是，书中还提出了数十对相互矛盾的范畴，譬如损益、进退、祸福等，以说明事物存在于对立的矛盾之中。

《太平经》《老子想尔注》吸收了这一思想。《太平经·和合阴阳法》：

> 自天有地，自日有月，自阴有阳，自春有秋，自夏有冬，自昼有夜，自左有右，自表有里，自明有冥，自刚有柔，自男有女，自前有后，自上有下，自君有臣，自甲有乙，自子有丑，自五有六，自木有草，自牝有牡，自雄有雌，自山有阜，此道之根柄也。[②]

在该经文中，明确表示道的根柄就是无所不在、无处不存的矛盾。从《老子》中可找出不少与之类似的句子，如“有无相生，难易相成，长短相形，高下相盈，声音相和，前后相随”等。[③]

《老子想尔注》亦然，如“善恶同规，祸福同根”（第三十六章）等。[④]

《太平经》不仅承认矛盾是道的根柄及“阴阳之枢机”（《和合阴阳法》），而且承认矛盾的相互斗争。《太平经钞》丁部第 14 叶就说：“天下凡事，皆一阴一阳，凡能相生，乃能相养，一阳不施生，一阴并虚空，无可养也；一阴不受化，一阳无可施生统也。”[⑤] 这是说一阴一阳产生万物，不是在静止状态中进行的，而是在运动中完成的。《还精邪自消法》于是说：“阴气阳气更相摩砺，乃

---

① 《左传》昭公三十二年。

② 《太平经》，录自王明校补《太平经合校》，中华书局 1960 年版，第 728 页。

③ 《老子》第二章。引《老子》原文，据陈鼓应《老子注译及评价》之附录二《老子校定文》，中华书局 1984 年版。

④ 《老子想尔注》，引自饶宗颐《老子想尔注校证》，上海古籍出版社 1991 年版，第 45 页。

⑤ 《太平经》，录自王明校补《太平经合校》，中华书局 1960 年版，第 221 页。

能相生。”[1] 对此句，王明先生认为“摩砺”是指阴气阳气相对立、运动的一种状态。[2] 卿希泰先生则认为是阴气阳气相互运动状态中的“矛盾双方的相互排斥或相互斗争”，说明《太平经》已有矛盾双方的相互斗争是事物产生的原因的思想。[3]

《太平经》承认矛盾的斗争性、对立性，更强调矛盾的统一性，这种体现矛盾对立双方相互联结、依存的思想，在《太平经》中很常见，如《天乐得善人文付火君诀》，“夫天地之生凡物也，两为一合”，“天虽上行无极，亦自有阴阳，两两为合”，“地亦自下行何极，亦自有阴阳，两两为合。如是一阴一阳，上下无穷，傍行无竟。大道以是为性，无法以是为常，皆以一阴一阳为喉衿，今此乃太灵自然之术也”。[4]

为了论述矛盾的对立统一，《太平经》常用阴、阳这一对哲学范畴。如“元气，阳也，主也；自然而化，阴也，主养凡物”[5]，“阴之与阳，乃更相反，阳兴则阴衰，阴兴则阳衰”[6]。阴、阳二范畴也与老子的哲学思想有关，因为《老子》有“万物负阴而抱阳，冲气以为和”等句。[7]

《老子》还阐述了事物之间的相互转化，道出了千古传颂的至理名言——“祸兮福之所倚，福兮祸之所伏”[8]，这种思想在《太平经》《老子想尔注》中都有所发展。

《太平经》认为，事物不停地在向其对立的一方转化，转化时有一定的条件，而这种条件，就是“极”，类似的物极必反在《太平经》中常见，如《四行本末诀》：

> 极上者当反下，极外者当反内，故阳极当反阴，极于下者当反上；故阴极反阳，极于末者当反本。[9]

---

① 《太平经》，录自王明校补《太平经合校》，中华书局1960年版，第727页。

② 参阅王明校补《太平经合校》，中华书局1960年版，第5页；王明《道家和道教思想研究》，中国社会科学出版社1987年版，第135页。

③ 卿希泰：《中国道教思想史纲》，四川人民出版社1980年版，第86页。

④ 《太平经》，录自王明校补《太平经合校》，中华书局1960年版，第652－653页。

⑤ 《太平经》，录自王明校补《太平经合校》，中华书局1960年版，第220页。

⑥ 《太平经》，录自王明校补《太平经合校》，中华书局1960年版，第580－589页。

⑦ 《老子》第四十二章。引《老子》原文，据陈鼓应《老子注译及评价》之附录二《老子校定文》，中华书局1984年版。

⑧ 《老子》第五十八章。引《老子》原文，据陈鼓应《老子注译及评价》之附录二《老子校定文》，中华书局1984年版。

⑨ 《太平经》，录自王明校补《太平经合校》，中华书局1960年版，第95－96页。

又如《守三实法》甚至认为世间的阴阳互变、上下互易、否极泰来、物极必反是大自然的常理，“自然之术”。①

《老子想尔注》中也有相应的思想，如第三十六章：

> 善恶同规，祸福同根，其先张者后必翕，先强后必弱，先兴后必衰废，先得后必夺也。②

又如第二十九章：

> 嘘温吹寒，善恶同规，祸福同根。虽得嘘温，慎复吹寒；得福，慎祸来。强后必更羸，羸复反更强，先处强者后必有羸，道人发先，处羸后更强。③

《老子》还隐约涉及了质、量互变的问题，如“合抱之木，生于毫末，九层之台，起于垒土，千里之行，始于足下”④，《老子》第六十三章更表明了老子对质、量互变关系的认识，“图难乎其易，为大乎其细”，认为从容易、细微的工作着手，可以逐渐完成艰巨的工作，这已具有朴素辩证法的因素了。

《太平经》则明显地发展了《老子》这种尚处于模糊、朦胧的认识，使它明朗多了，如《四行本末诀》：

> 始失小小，各失若粟，天道失之若毫厘，其失千里，粟粟相从以聚，乃到满太仓数万亿斛。夫雨一一相随而下流不止，为百川，积成四海，水多不可。⑤

在这种积少成多原则的指导下，《太平经》又提出了许多对付各种情况的措施：因为“见微知著”⑥，所以必须防患于未然；欲饥有食，须平素耕作，不能

---

① 《太平经》，录自王明校补《太平经合校》，中华书局1960年版，第44页。

② 《太平经》，录自王明校补《太平经合校》，中华书局1960年版，第95页。《老子想尔注》，引自饶宗颐《老子想尔注校证》，上海古籍出版社1991年版，第45页。

③ 《老子想尔注》，引自饶宗颐《老子想尔注校证》，上海古籍出版社1991年版，第37页。

④ 《老子》第六十四章。引《老子》原文，据陈鼓应《老子注译及评价》之附录二《老子校定文》，中华书局1984年版。

⑤ 《太平经》，录自王明校补《太平经合校》，中华书局1960年版，第95页。

⑥ 《太平经》，录自王明校补《太平经合校》，中华书局1960年版，第178页。

临饥种谷；欲渴有水，须平素劳动，不临渴掘井等。[①]

《太平经》根据事物的质、量互变而提出的对付措施的思想，其实在《老子》中已有先例，如第六十四章“其安易持，其未兆易谋，其脆易泮，其微易散”之语，即称从细微处着手，易消灭逐渐形成的不利因素，避害趋利，避凶趋吉，故《老子》早已提醒人们防微杜渐。

可以看出，《太平经》《老子想尔注》大量吸收了《老子》的朴素辩证法思想，用于构筑道教教理，在某些方面甚至还有新的发展。

3.《老子》一书中“长生久视”的论述，被道教理解为长生术的重要部分

《老子》一书，可谓哲学著作，没有涉及什么长生不老，但书中谈哲理、政治见解的某些话，被后来的道家学派（如黄老道家）大肆加以歪曲、变形，最终成为道教的养生、长生不老术的一部分。

《老子》第五十九章：

> 治人事天，莫若啬。夫唯啬，是谓早服。早服谓之重积德。重积德则无不克，无不克则莫知其极。莫知其极，可以有国。有国之母，可以长久，是谓深根固柢，长生久视之道。

老子原意是表达自己的政治见解，认为实行无为之治，有了治国的根本，那么统治可以长存久立，根本没有提到什么长生不老的问题。

但是，类似于本章的《老子》原意，却早被方士、神仙家随意理解，把治国无为则统治长久的“长生久视”与长寿成仙的“长生不老”“长生不死”混为一谈，《太平经》中这种例子特别多。

《太平经圣君秘旨》宣称“守一之法”，“可以长生，可以久视”。[②]《老子想尔注》第十六章则云：

> 知常法意，常保形容。以道保形容，为天地上容，处天地间不畏死，故公也。能行道公正，故常生也。能致长生，则副天也。天能久生，法道故也。人法道意，便能长久也。[③]

在这里，引用《老子》书中原文“公能王，王能天”时，张鲁改变了二字，使之成为“公能生，生能天”，一下子就变成了强调养生之言，甚至发出了

① 《太平经》，录自王明校补《太平经合校》，中华书局 1960 年版，第 295－296 页。

② 《太平经》，录自王明校补《太平经合校》，中华书局 1960 年版，第 743 页。

③ 《老子想尔注》，引自饶宗颐《老子想尔注校证》，上海古籍出版社 1991 年版，第 20－21 页。

“生，道之别体也”之言，[①] 这些都是对老子原意的歪曲理解，是张鲁等早期道教领袖为了道教在社会上的传播及发展的需要而为。

《老子想尔注》中甚至进一步谈到了如何方能争取长生，如第七章载：

> 能法道，故能自生而长久也。求长生者，不劳精思求财以养身，不以无功劫君取禄以荣身，不食五味以恣，衣弊履穿，不与俗争，即为后其身也；而目此得仙寿，获福在俗人先，即为身先。[②]

可见，张鲁认为不与人争、摒弃外物、克制欲望、效法道则可以求得长生，成为道教的“仙士”“道人”，相比之下，不懂长生之道之人不过是行尸一具罢了。[③]

经过对老子思想的歪曲，张鲁还认为，奉道诫，守朴素，保爱身，结精成神，最终可以长生不老，得登高寿。如第九章“道教人结精成神”[④]，第十三章“守朴素，合道意矣”，“奉道诫，积善成功，积精成神，神成仙寿，以此为身宝矣”[⑤]。

《太平经》《老子想尔注》之后，历代道教学者对长生更是津津乐道，如葛洪就说，“老子以长生久视为业”[⑥] “老子既兼综礼教，而又久视”[⑦] 等。再如，《老子》有云：“载营魄抱一，能无离乎？专气至柔，能如婴儿乎？”[⑧] 文中出现“载营魄”“抱一”等。对于“载营魄”，早见于《楚辞》，[⑨] 汉河上公本作“魂魄也”；“抱一”之意，高亨先生释为守身，因此，该句的含义应是“载着魂魄，抱着形体，能做到不分离吗？”但老子这句话很容易被人所误解，因为短短的五

---

① 《老子想尔注》，引自饶宗颐《老子想尔注校证》，上海古籍出版社 1991 年版，第 33 页。

② 《老子想尔注》，引自饶宗颐《老子想尔注校证》，上海古籍出版社 1991 年版，第 10 页。

③ 《老子想尔注》，引自饶宗颐《老子想尔注校证》，上海古籍出版社 1991 年版，第 10 页。

④ 《老子想尔注》，引自饶宗颐《老子想尔注校证》，上海古籍出版社 1991 年版，第 11 页。

⑤ 《老子想尔注》，引自饶宗颐《老子想尔注校证》，上海古籍出版社 1991 年版，第 16 页。

⑥ 《抱朴子·勤求》。

⑦ 《抱朴子·明本》。

⑧ 《老子》第十章。引《老子》原文，据陈鼓应《老子注译及评价》之附录二《老子校定文》，中华书局 1984 年版。

⑨ 《楚辞·远游》。

千言中，出现了“魄”“抱一”“专气”“柔”等不少与养生似乎有联系的词语，以至于历史上不少人据此认为老子的哲学体系不过是养生之道，如汉王充就认为“老子之道”是“养精爱气”“可以度世”的长生之术；[①] 西汉时就有人认为老子“用恬淡养性，致寿数百岁”；[②] “因为他们相信老子确系一位精通长生不老之术的仙人（当然，汉人在道教形成之前认为老子长寿达数百岁，也与《史记》等书中对老子身世、生卒年代的朦胧、模糊叙述有关）”[③]。

可见，老子讨论哲理、政治的“长生”之类的言论，经历代道教的主观歪曲理解，遂成为该教养生术的重要组成部分。

4.《老子》书中某些“玄之又玄”的“神秘”语言，成为道教借用的现成材料

《老子》一书，虽仅五千言之篇幅，但文约而义丰，其中某些语句，至今学术界仍聚讼纷纭，为正确把握老子的真正思想制造了困难，也给道教扩充教理提供了原始根据。道教正是抓住这些“神秘”语言，加以扭曲、衍化。这就使得“道家学说神秘及人格象征化，就更‘玄之又玄’了”。[④]

如《老子》第六章中有“谷神不死，是谓玄牝”；第五十章称“善摄生者，陵行不遇兕虎，入军不被甲兵；兕无所投其角，虎无所用其爪，兵无所容其刃。夫何故也？以其无死地”；第七十三章“天网恢恢，疏而不失”；等等。

如何理解这些老子的玄妙之言：怎样才算“不死”？通过什么方式修炼才能使猛兽、强兵无可奈何，因而成为“无死地”的“善摄生者”？所谓的“天网”背后有何深奥的含义？对这些问题的解答，成为某些道教经籍的重要内容和一些道士的终身奋斗目标，于是出现宗教上的倾向就很自然。

如东汉时成书的《列仙传》卷一就把上述《老子》第六章的语句歪曲为房中术，该书称：“容成公者，能善补导之事，取精于玄牝。其要谷神不死，守生养气者也。”[⑤]

道教歪曲理解老子的哲学思想，除了用于建构其理论，还另有原因。我们认为，本来神秘的道家思想经过道教的神秘化，就愈发扑朔迷离、高深莫测了。而这种神秘的不可知气氛正是一切宗教（自然也包括道教）所企盼和力图造成的。

5. 老子哲学思想对道教的其他影响

老子哲学思想对《太平经》《老子想尔注》等早期道教的影响很大，对这两部道经以后的道教思想的发展，也产生了深远影响。

---

① 《论衡·道虚》。

② 《老子想尔注》，引自饶宗颐《老子想尔注校证》，上海古籍出版社 1991 年版，第 16 页。《新论·祛蔽》。

③ 《史记·老子韩非列传》。

④ 王家祐：《道教论稿》，巴蜀书社 1987 年版，第 191、232、190、213 页。

⑤ 《后汉书·方术列传下》引。

晋葛洪就继承了老子的学说，以道为本，在其著作《抱朴子》中，他认为道是包括乾坤、充溢宇宙的，它无声无息，无形无状，是个神秘存在。[①] 这与老子的原意基本一致。

葛洪还提出了与老子哲学思想之“道”相关的另一哲学范畴——“玄”，以玄来指代世界的本原。“玄者，自然之始祖，而万物之大宗也”[②]，实为道的异名同义词。葛洪的玄论以后被唐道士成玄天所推崇，并基此衍化为“重玄之道”。

葛洪承袭了道经中对老子哲学范畴“一”的神化，在《抱朴子·地真》篇中，葛洪说，“天得一以清，地得一以宁，人得一以生，神得一以灵”“春得一以发，夏得一以长，秋得一以收，冬得一以藏”，强调了“一”的功用。此言前半部实际上是《老子》第三十九章的原文，而后半部系由前部分推衍而出。

葛洪又认为道家之教，使人精神专一，“务在全大宗之朴，守真正之源”，把老子对“朴”的概念又作了发挥。

通过上述论述，可见，继《太平经》《老子想尔注》之后，葛洪哲学思想也深受老子影响，他的哲学中的许多重要范畴，如道、玄、朴、一等无不是以老子哲学学说为基础的。

《老子》一书所体现的哲学思想，是《太平经》《老子想尔注》《抱朴子》等道教经籍的思想基础，也是延续至今的所有道教流派的主要信奉思想。道教发展史上，甚至有以《老子》五千言中的只言片语为纲，重加阐释而成为一部新经书的，如道经《太上老君说常清静妙经》（亦简称《清静妙经》）即是先录出《老子》的若干原文，然后加以阐释而成的。这固然是道教徒的咬文嚼字，但老子哲学的博大精深于斯可见一斑。

最后，打着自然主义旗号而弥漫于老子学说中的富贵为物累、不敢为天下先、不与人争、守雌处下、漠然忍辱的逃避主义思想，有着较浓烈的悲观厌世的氛围，这种心态、观念不仅是道教所要求的，而且十分便于被道教加以利用、改造为出世的宗教人生观。

（二）关尹、列御寇的思想与道教教理

关尹是与老子同时代的人，不过是老子的晚辈，《史记》载老子离周去秦之时，关尹恳求老子留下阐明自己学说的著作，老子乃作《道德经》，关尹“喜去吏而从之”[③]，可知关尹是老子学说的信奉者，老子、关尹思想有一定的师承性；又据《庄子》诸书的记载，列御寇又屡次向关尹求教，师事关尹。[④] 故可知老

① 《抱朴子·道意》。

② 《抱朴子·畅玄》。

③ 《汉书·艺文志》。

④ 《庄子·达生》。

子、关尹、列御寇三人有直接的师承关系，他们的哲学思想也比较接近。因此，把关、列二人划入老子学派来论述。

关尹的著作，《汉书·艺文志》载有《关尹子》九篇，但其古本今已不存，今本又系后人伪作。因此，现在只能弄清关尹思想的概要。

关尹学说的主旨，从《庄子》一书引载的关尹本人之话可知，如《庄子·天下》载：

> 在己无居，形物自著。其动若水，其静若镜，其应若响，芴乎若亡，寂乎若清。同焉者知，得焉者失；未尝先人，而常随人。[①]

这就是说，关尹所理解的老子所述之道的性质是，动起来似流水一般的自然，静下来则似明镜一样明亮，对事物的反响如同回声一样的真切，恍惚飘然好像不存在似的，静静寂寂好似清静虚无。关尹又认为老子之道的作用是，混同万物就会和谐，好像得到了什么，实际上则是失去了，从不走在别人前面，而经常随在别人后面。从这里可见道论上关尹思想与老子思想的联系，也可看出关尹十分重视“清”。

《庄子·达生》记载，关尹认为“圣人”具有“潜行不窒，蹈火不热，行乎万物之上而不慄”的功能，其原因在于圣人能够“纯气之守也，非智巧果敢之列”。对比老子原文，关尹想象中的超人显系从《老子》第五十章“陵行不辟兕虎，入军不被甲兵”的神话中借用而来，而关尹对这种超人功能的解释是，圣人保持了纯气，并不是运用什么计策、凭借什么果敢的结果，这与老子的自然而然的清静无为思想如出一辙。该段文字中，关尹又强调了“清”（清纯之气）。

由上述两例可知，关尹之说极重清静，把老子哲学中的“清”提出加以阐释，所以《吕氏春秋》指出，“关尹贵清”[②]，张岱年先生亦认为“关尹贵清”（见《中国哲学史史料》），是有理由的。

再简析一下列子的有关思想。

列子，名御寇，其学说主旨，《尸子》《吕氏春秋》都说是“贵虚”，指出列子学说主张清虚、自然无为。

那么，列子怎样“贵虚”呢？《列子》中有一段论述：

> 或谓子列子曰：“子奚贵虚？”列子曰：“虚者，无贵也。”子列子曰：“非其名也，莫如静，莫如虚。静也，虚也，得其居矣；取也，与也，失其

---

① 《庄子·天下》。

② 《吕氏春秋·不二》。

所矣。事之破砀，而后有舞仁义者，弗能复也。”粥熊曰：“运转亡已，天地密移，畴觉之哉？故物损于彼者盈于此，成于此者亏于彼。损盈成亏，随世随死，往来相接，间不可省，畴觉之哉？凡一气不顿进，一形不顿亏；亦不觉其成，亦不觉其亏。亦如人自世至老，貌色智态，亡日不异；皮肤爪发，随世随落，非婴孩时有停而不易也。间不可觉，俟至后知。”①

由上引文知，列子本人不承认自己的思想“贵虚”，他认为自己突出的才是“虚”，所谓“虚”，也就是静，做到了虚、静，就会“得其居”，保持真性。下半部分，列子借粥熊之言认为，万物是不停变化的，受到损减在一定意义上说也就是受益，同理，减少也就意味着增加，二者不是绝对的，而是互相联系的。列子这种“无所谓有，无所谓无”的思想，就是他的“虚”的最好注脚。

列子贵虚，认为万物不停地变化着，所以必然有损益生亏，既然损益生亏是必然要发生之事，所以万物的荣枯兴衰不足惊心；推及人事，外物的有无得失不值一搏；因为死也是必然要发生之事，所以连生死亦不放在心上，认为只要保持超然而独立、心情镇静即可得大道。列子此番虚论，与宗教出世的人生观暗合，亦是道教徒们孜孜以求的一种修持境界。

综观关、列学说，要旨在于“清”“虚”，都是从老子思想中引申发展而来，由于与道教教理吻合，历受道教的重视。譬如道经《清静妙经》就重点阐释了“清静”之功效，认为如果“常能遣其欲而心自静，澄其心而神自清”，就可以使“三毒消灭”，领悟道的玄妙，此即所谓得道矣，甚至认为做到“常清静”，竟可使“天地悉皆归”，把清静在道教中的地位抬得很高。② 除此道经外，在道教中，还有很多以“清”“虚”命名的道教尊神、经书及其他专用词，如“三清”“太虚”“清微天神”“清虚”及《清微仙谱》等，可谓关、列思想在道教中的投影。也正因为如此，道教也视《列子》为道经而加以崇拜；列子本人也备受道教的推崇，升为道教尊神，如唐玄宗封列子为“冲虚真人”，宋徽宗则将其拔升为“致虚观妙真君”，故蒙文通先生认为“道家之根荄盖起于‘古之博大真人’列子御寇”③，蒙先生之言虽略过其实，却也说明了列子思想与道教的密切联系。

总之，早期道家的老子学派，从杨朱、老子到关尹、列子，他们的哲学思想都对道教产生了不同程度的影响：或被道教直接吸收（如老子“道”论），或被道教改造为新的道教教理（如长生术、玄论）等。

---

① 《列子·天瑞》。

② 《云笈七籤》卷十七。

③ 王家祐：《道教论稿》，巴蜀书社 1987 年版，第 190 页。

四、稷下道家与道教

道教的来源“杂而多端”[①]，其中，作为早期道家的一个重要派别，稷下道家的哲学思想对道教也有一定的影响。

《史记》载，“（齐）宣王喜文学游说之士，自如邹衍、淳于髡、田骈、接子、慎到、环渊之徒七十六人，皆赐列第为上大夫，不治而议论”[②]，“齐之稷下先生如淳于髡、慎到、环渊、接子、田骈、邹奭之徒，各著书言治乱之事，以干世主”，其中的慎到、田骈、接子、环渊等人“皆学黄老道德之术，因发明序其指意”。[③]

此外，《庄子・天下》篇还记载田骈“学于彭蒙，得不教焉”，既然田骈属道家，其师彭蒙亦应相同，故本节所论的稷下道家就是田骈、慎到、环渊、接子、彭蒙等人。

下面简析稷下道家与后世道家、道教的关系。

先看彭蒙这一系。《庄子・天下》篇记载有他们的议论：“古之道人，至于莫之是、莫之非而已矣。其风窢然，恶可而言；常反人，不见观，而不免于魭断。”在他们眼里，古代的道家学者，认为达到了混同万物、无是无非则罢。他们有关“道”的阐释，也像疾风一样，“恶可而言”；不过道虽然违背人意、隐没不见，但是最终仍然不免受到刑法的制约。这段话，可谓言简意赅，概括出了彭蒙、田骈主张的一个方面，即他们虽受老子哲学思想的影响，但又相信黄帝之学所强调的法治。[④] 关于稷下道家黄老兼具的特点，先秦诸子早有察及，如庄子认为彭蒙、田骈的“所谓道，非道”，“概乎皆尝有闻者也”；[⑤] 荀子则认为彭、田等人“尚法而无法”[⑥]，庄、荀二人各执一端，实质上各阐释了彭、田等人思想特点的一个重要方面。

除与彭蒙思想有相同之处外，田骈思想还有独到之处，如《吕氏春秋》载：

---

① 《文献通考》卷二二五《经籍考》。

② 《史记・田敬仲完世家》。

③ 《史记・孟子荀卿列传》。

④ 对于“黄帝之学”，传统看法多从司马迁，把黄帝之学、老子之学混为一谈，1973年，长沙马王堆三号墓出土了《老子》乙本卷前的古佚书，经唐兰考证，认定是久佚的《黄帝四经》，在学术界得到了李学勤等的赞同。余明光根据《黄帝四经》而详细阐述了黄帝之学的丰富社会哲学思想与政治见解，认为“现在已经到了恢复这个学派（黄帝之学）在思想史上的地位的时候了”。见余著《黄帝四经与黄老思想》，黑龙江人民出版社1989年版，第139页。

⑤ 《庄子・天下》。

⑥ 《荀子・非十二子》。

> 田骈以道术说齐。齐王应之曰："寡人所有者齐国也，愿闻齐国之政。"田骈对曰："臣之言，无政而可以得政。譬之若林木，无材而可以得材。愿王之自取齐国之政也。"①

可见，田骈认为"无政而可以得政""无材而可以得材"；他还曾说，不做官的胜过做官的。这种思想，与老子学说的联系是比较紧密的，如《老子》有"圣人处无为之事，行不言之教，万物作而弗始"②。不过，仔细研读之后，可以发现田骈的这种自然无为思想较老子又有所发展。

另外，田骈还主张"均齐"，如战国法家尸佼即认为"田子贵均"③，《吕氏春秋·不二》亦指出"陈骈（即田骈）贵齐"，都点明了田骈思想超离老子哲学体系的一个突出特点是"均齐"万物，这种思想，与庄子"齐万物以为首"的思想更为接近，因而有的学者甚至推测庄子"齐万物"的思想或许是主要继承了田骈的遗说。④ 当然，这仅是一家之见，不过它从侧面反映了田骈自然无为主义思想与庄子神仙思想、齐均思想有一些联系。这种思想在道经中有所发展。

下文简析一下慎到的道家思想。慎到僵硬地接受了老子的道论，把道机械化、形而上学化，没有得到老子道论的全部真谛，但据《庄子·天下》称慎到主张"弃知去己"，因循自然，也对老子的主张有所扩展，《老子》有"绝圣弃智""绝学无忧"等句⑤，当为慎到主张的始版。

从慎子的大部分言论和《慎子》一书可知，慎子思想的重点在于讨论"法""势"的法家思想，以至学术界有种看法视慎到为法家。⑥ 自然，慎到的道家思想对后世道家及道教的影响都比较小。

此外，稷下道家学派中还有以承袭老子道论为基础，主张"或使"的接子（认为道的作用使大自然发生变化）；承袭老子无为之说，主张"莫为"的季真⑦等，均由于文献太少，无法论述其与道教的关系（这一点在本节下面要叙及），具有一定道家思想的《管子》四篇（指该书中的《白心》，《内业》，《心术》上、下），主要是讨论礼法，本文亦不提出讨论。对于尸佼，近也有人提及他的

---

① 《吕氏春秋·执一》。

② 《老子》第二章。引《老子》原文，据陈鼓应《老子注译及评价》之附录二《老子校定文》，中华书局1984年版。

③ 《尸子》卷上。

④ 吴光：《黄老之学通论》，浙江人民出版社1985年版，第82页。

⑤ 《老子》第十九章。引《老子》原文，据陈鼓应《老子注译及评价》之附录二《老子校定文》，中华书局1984年版。

⑥ 如十院校编：《中国古代史》上册，福建人民出版社1985年版，第229页。

⑦ 《庄子·则阳》。

道家思想，我们认为尸佼虽然借鉴了老子的道论，在他的六万言的《尸子》中提出了“从道必吉”的观点，[①] 但作为一个善谋事画计的商鞅的同志，尸子突出宇宙万物的变化，使人不能不相信他的思想的主体精神是法家思想，故本文亦不讨论尸子的思想。

通过以上对稷下道家思想的简述，我们可以看到稷下道家学派的确对当时及以后的思想界（尤其是道家）产生了一定的影响，对道教也有一些影响，但有三个因素阻碍了稷下道家对以后道家及道教产生影响。

其一，稷下道家学派虽然属于早期道家思想，但他们学习、研究的是“黄老道德之术”，也就是说他们固然继承了老子学说中的某些思想，同时也采纳了先秦黄帝之学重法治、讲政术的因素，即无为而治与重视法治的双管齐下，这是一种奇妙的混合，实启黄老道学之端。对此，一些学者已有论述，如郭沫若先生说：“慎到、田骈的一批是把道家的理论向法理一方面发展了的。”[②]

其二，与道家思想相对而言，多数稷下道家学派人物更为重视黄帝学的法治，如前面已叙及的慎到等人，他们或以黄老道德为名，或归本于黄老，其法治的学术思想远超道家思想。

其三，稷下道家的著作在历史上大多佚失很早，这对于该派扩大影响也是不利的，譬如田骈的著作，《汉书·艺文志》载田骈著有《田子》二十五篇，可见，田骈原撰有专著，汉以后才佚失；《汉书·艺文志》又载有环渊的《蜎子》十三篇，但在《隋书·经籍志》上已不见；季子，《史记》相关各篇皆称“有所论焉”，可见他也原有数篇著作，但很快就湮没不见了，汉时已不存；慎到的《慎子》今可见，但书中满篇的“势”“法”及对君臣之道的论述，使得人们不能不认为这是一本法家著作。

虽然有上述三个因素制约了稷下道家思想扩大影响，但是，以田骈等人为代表的稷下道家对以后黄老道家、道教的影响仍是不容抹杀的，所以，王家祐先生认为“战国稷下思潮与墨子宗教说教混合方术与神仙成为道教的先声”。[③] 这是给稷下道家学派的一个较客观的评价。

五、“古道教”或“原始道教”与道家、道教的关系问题

近年来，道家思想的研究越来越活跃，有人提出了“原始道教”这个概念，[④] 它既不是学术界所习指的方仙道、黄老道等道教的初始阶段，也不是指五

① 《尸子》卷上。

② 郭沫若：《十批判书·稷下黄老学派的批判》，科学出版社1956年版。

③ 王家祐：《道教论稿》，巴蜀书社1987年版，第213页。

④ 刘尧汉：《中国文明源头新探》，云南人民出版社1985年版，第18页。

斗米道、太平道等早期道教,[①] 而是指原始社会中的“原始道教”，并认为它是道家思想实际上的渊源，并对汉末道教产生过相当的影响。

应该怎样看待这个问题，怎样认识所谓的“原始道教”？我们认为有必要先回顾一下这个提法的发展经历。

20 世纪上半叶，闻一多先生曾有过这样的论述：“道家和道教同出一种原始宗教即巫教，可暂称为‘古道教’；道家是从古道教中‘分泌’出来的精华，东汉以来的道教可称为‘新道教’，它是从古道教遗留下来的‘渣滓’。”[②] 可见，闻一多先生认为道家思想、道教皆出于“巫教”（即古道教），这一点是符合历史唯物主义的。

闻先生的这一见解得到了刘尧汉先生的赞同，在其著作《中国文明源头新探》中，刘先生提出了“原始道教”一词：“道家起自春秋时代的老子，略早于孔子，其思想渊源可追溯到夏、商之前，伏羲、炎帝（神农）、黄帝时代的原始宗教，可称为‘原始道教’。战国时，庄子缀拾民间遗留原始旧事轶闻，祖述羲、炎、黄思想，完成道家思想体系。羲炎（或炎黄）原始道教，便升华为道家哲学；未进入老庄哲学体系的三皇时原始道教，以老庄哲学理论为基础，吸收神仙、方士的内容，到汉末形成有组织的道教。”[③]

研究黄老、庄子等道家思想而著有多种专著的赵明先生也基本上同意上述观点，并有所阐发。他提出：“道家的宇宙论可远溯于原始宗教——‘原始道教’，但是将‘原始道教’升华为道家哲学的，却是做过史官的老子。”又说，“哲学，最初就孕育在原始宗教的母体中，是由宗教中脱胎分离出来的，这是人类认识发展的普遍性的规律，道家与道教的关系也是如此，不能违背这个规律。事实上，不是道家‘分泌’出道教，而是道教‘分泌’出道家”,[④] “正是由于道家和道教同出一源，道家才会有适合道教的因素，道教才能够依托于道家”[⑤]。

按照闻、刘、赵诸先生之见，我们可画出三者的如下关系示意图：

“原始道教”（或“古道教”）→先秦道家学派→东汉末产生的道教

我们认为，“原始道教”或“古道教”的提法有其合理性。

道家、道教的出现都不是偶然的，各有其思想来源及发展过程，这符合历史唯物主义的观点。具体分析一下，我们也认为先秦道家思想的来源之一的确是原

---

① 楼宇烈等即认为原始道教是五斗米道和太平道，见楼撰《原始道教》，载《文史知识》1984 年第 4 期。

② 闻一多：《闻一多全集》卷 1，生活·读书·新知三联书店 1982 年版，第 143 – 144 页。

③ 刘尧汉：《中国文明源头新探》，云南人民出版社 1985 年版，第 18 页。

④ 赵明、薛敏珠：《道教文化及其艺术精神》，吉林文史出版社 1991 年版，第 32 – 33 页。

⑤ 赵明、薛敏珠：《道教文化及其艺术精神》，吉林文史出版社 1991 年版，第 139 页。

始宗教，如巫教等原始宗教信仰，这一点可从老、庄的哲学见解中领悟到。老、庄等人的哲学体系，都或多或少地带上了宗教的残痕，因而折射出不同程度的神秘色彩。如《老子》一书中的“谷神不死，是谓玄牝；玄牝之门，是谓天地根”等[①]；《庄子》书中宜称神仙可以“不食五谷，吸风饮露，乘云气，御飞龙而游乎四海之外”[②]，“无劳汝形，无摇汝精，乃可以长生”[③]，“千岁厌世，去而上仙，乘彼白云，至于帝乡”等[④]。老庄著作（尤其是《庄子》）中带有神秘色彩，实际上是他们对原始社会古老意识或某些景象的朦胧记忆，也可以说是原始宗教在他们学说中的残存。

道教的产生也与原始宗教有关。傅勤家先生说道教的信仰“实由古之巫祝而来”[⑤]，赵明先生也说“道家哲学渊源于古代宗教神话”[⑥]；英国学者罗伯逊则从普遍意义出发，用大量的文化人类学材料说明巫师或术士便是最早的神，“宗教起源于像今日原始人仍然实行的那种部落巫术”[⑦]，早期道教之一的五斗米道产生时借鉴了巴蜀地区少数民族的原始宗教信仰也说明了此点。

但将道家思想形成时所吸收的原始巫教称为“原始道教”或“古道教”，则不敢苟同。

虽然道家、道教都对原始巫教有程度不同的吸收，但巫教毕竟是原始宗教，属于宗教学中的自然宗教，它产生的原因是人类在一定的社会生产力发展水平下受到了大自然的沉重束缚与压迫，原始社会的先民们百思不得其解，因而神化自然力的结果，原始宗教的信仰内容、目的都是直接为生活、生产服务的，这一点，可在现代文化人类学的研究成果中找到旁证。如弗雷泽通过对现代原始部落巫教的考察表明，宗教和迷信是人类历史发展的必然结果，而广义的，包括原始崇拜、禁忌以及巫术在内的“迷信”在原始社会中曾起过积极、不可替代的社会功能。[⑧]

道教则属于宗教学中的神学宗教，它的产生条件与原始巫教已大不相同，

---

① 《老子》第六章。文引《老子》原文，据陈鼓应《老子注译及评价》之附录二《老子校定文》，中华书局 1984 年版。

② 《庄子·逍遥游》。

③ 《庄子·在宥》。

④ 《庄子·天地》。

⑤ 傅勤家：《中国道教史》，上海书店，1990 年影印版，第 43 页。

⑥ 赵明、薛敏珠：《道教文化及其艺术精神》，吉林文史出版社 1991 年版，第 43 页。

⑦ ［美］罗伯逊（M. A. Robertson）：《基督教的起源》，生活·读书·新知三联书店 1958 年版，第 5 页。

⑧ ［英］弗雷泽（J. G. Frazer）：《魔鬼的律师——为迷信辩护》（*The Devil's Advocate*：*A Plea For Superstition*，Macmillan and Co. Limited，1927），阎云祥等译，东方出版社 1988 年版。

“是在人们日常生活中支配着人们的那些外部力量在人们头脑中的幻想的反映”[①]，道教的崇拜对象，不过是人间统治者在天国的翻版。另外，道教还有高度理论化的教理、精益求精的道教礼仪等。随着历史的发展，早期道教所具有的某些积极作用也日渐消失。

通过比较可见，原始巫教与道教固然有联系，但差别也是明显的，凭现有的资料，我们尚不能从原始巫教中找出一支“原始道教”或“古道教”出来，以清晰地说明巫教、道家、道教之间的关系，就正如我们在考察先秦诸子思想时，在原始社会中找不到什么“原始儒家”或“古儒家”一样。因此，我们认为“原始道教”“古道教”的提法虽有一定合理性，但仍有待商榷。

① ［德］恩格斯：《反杜林论》，人民出版社1956年版，第333页。

陈寅恪与王国维

陈寅恪（1890—1969）与王国维（1877—1927）是中国近现代学术界两位著名的历史学家、考证学家。他们在各自的研究领域中，为中国的学术事业做出了开拓性的贡献，因而在国内外学术界有很高的声誉。他们两人相识很早，但共事时间并不长，1926 年秋至 1927 年夏，两人共事于清华研究院。虽然政治思想不完全一致，但由于学术渊源及治学方法比较接近，互相影响，因而结下“风义生平师友间”[①] 的忘年之交。王国维于民国十六年（1927）五月二日自沉于颐和园昆明湖，在遗书中把后事嘱托给陈寅恪：“书籍可托陈（寅恪）吴（宓）二先生处理。”[②] 陈寅恪亦不负王国维所望，写了挽联、挽诗、挽词、纪念碑铭、书序等诗文，充分论述了王国维的学术思想、学术成就及其治学方法，并使其发扬光大。陈寅恪与王国维的学术与友谊，在当时是脍炙人口的。罗振玉看到陈寅恪写的《王观堂先生挽词》之后，写信给陈，《挽词》“辞理并茂，为哀挽诸作之冠”，并说“忠悫（指王国维）以后学术界所寄，端在吾公（指陈寅恪）矣”。[③] 这不是有意恭维陈寅恪，而是由于罗振玉对陈、王的友谊有深刻的了解，才说出这样的话。本文拟就陈寅恪与王国维的学术渊源、治学方法和治学态度的异同作些论述，就教于史学界。

一

在近代中国，梁启超首先提出“新史学”的理论和方法。所谓“新史学”是相对封建主义旧史学而言的。他在《中国史叙论》《新史学》等论文中，尖锐地批判了封建旧史学的弊端。但是，梁启超只是“新史学”的理论和方法的提倡者和鼓吹者，而在具体的学术领域中并没有作出很多重要的建树。运用“新史学”的理论和方法，在具体的学术领域中有重要贡献的学者有王国维、陈寅恪等。运用马克思主义观点研究中国历史的开拓者之一郭沫若对王国维和陈寅恪是佩服的，称王国维是“新史学的开山”[④]，说在史学研究方面，在资料占有上，要争取“超过陈寅恪”[⑤]。关于陈寅恪、王国维在史学中的具体贡献，学者多有

① 陈寅恪：《王观堂先生挽词》，见《寒柳堂集·寅恪先生诗存》，第 11 页。

② 赵万里：《王静安先生年谱》，见《国学论丛》第 1 卷第 3 号（王静安先生纪念号）。

③ 《罗雪堂先生寄陈寅恪书》，见《国学论丛》第 1 卷第 3 号。

④ 郭沫若：《十批判书·古代研究的自我批判》，科学出版社 1956 年版。

⑤ 郭沫若：《文史论集》，人民出版社 1961 年版，第 15 页。

论述。下面我们分析一下他们的学术渊源、治学方法和治学态度的相同之点。

（一）他们的学术渊源

王国维出身于一个濒于破落的“书香”家庭，父亲乃誉能诗文书画，又讲究金石考据。在清代，他的家乡浙江海宁有重史学、精考证的传统学风。王国维在《自序》中说：“家有书五六箧。除《十三经注疏》为儿时所不喜外，其余晚自塾归，每泛览焉。”因而在青少年时代对中国典籍经、史、子、集就十分谙熟，对旧学有了相当的根基。据他少年同学陈守谦在《祭王忠悫公文》中回忆，他十四五岁时，乡里谈论旧学，有所谓“四才子”，而王国维被推为第一，且“专力于考据之学”，对俞樾的《群经平议》逐条批驳。一个十几岁的学童竟与当时大名鼎鼎的学者一论高低，这透露出他考据的天才锋芒。在治学方法上，他受乾嘉考据学派的影响是很明显的，罗振玉在《海宁王忠悫公传》中记载王国维熟读乾嘉学派的代表学者的著作情况：

> 初，公治古文字，自以所学根柢未深，读江子屏《国朝汉学师承记》，欲于此求修学途径。予谓江氏说多偏驳，国朝学术，实导源于顾亭林处士，厥后作者辈出，而造诣最精者，为戴氏震、程氏易畴、钱氏大昕、汪氏中、段氏玉裁及高邮二王，因以诸家书赠之。……公既居海东……寝馈往岁予所赠诸家之书。

王国维在日本时，除阅读罗振玉所赠送的清代学者如顾亭林、戴震、程易畴（瑶田）、钱大昕、汪中、段玉裁、王念孙、王引之的著作之外，还仔细点读《三礼注疏》《说文》《尔雅》一类的书；并开始按照乾嘉以来的分类考究的方法从事著述，如《释币》《胡服考》《简牍检署考》等均是。王国维的治学方法，大都来源于清代学者，而又比清代学者精博。罗振玉在《观堂集林》序中说王国维的学术，“最近歙县程易畴（瑶田）先生及吴县吴愙斋（大澂）中丞”，“其规模大于程（瑶田）君，精博过于吴（大澂）君”。

王国维生于清末，晚清的学者对他的影响也很大。罗振玉对他的影响，为世人所熟知。王国维22岁到上海，任《时务报》馆的书记，业余在罗振玉主办的东文学社学习。罗氏偶然看到王国维为同舍生所书扇面上的《咏史诗》中有“千秋壮观君知否？黑海西头望大秦”之句，大为惊异，从此便器重他，在经济上、资料上、方法上都给予王国维很大的支持和帮助，为他后来在学术上的伟大成就奠定了基础。王国维对罗振玉是感激和推重的，他在罗振玉《殷虚书契考释》后序中说：“窃谓我朝三百年之小学，开之者顾（亭林）先生，而成之者先生（罗振玉）也。”又在《最近二三十年中中国新发现之学问》中说：

审释文字，自以罗氏为第一。其考定小屯之为故殷虚及审释殷帝王名号，皆由罗氏发之。余复据此种材料，作《殷卜辞中所见先公先王考》，以证《世本》、《史记》之为实录；作《殷周制度论》，以比较二代之文化。

由此可见，王氏的学问受罗氏的影响，而且在罗氏取得的成果的基础上，继续向前发展。《中国历史文献研究集刊》第1辑收录了罗氏子孙保存的《观堂书札》百多通，多为讨论学术问题，从中可以窥见王氏受罗氏影响至广。其他清末学者，如孙诒让，虽然王国维未见过他，但有书信往来。根据赵万里所编《王静安先生手稿手批书目》，孙氏所著《尚书骈枝》《籀庼述林》，有王氏眉注多处，可知王国维对孙诒让的著作，是经常检阅的。王氏学术，必然受其影响。

在这里更值得指出的是，王国维受晚清大学者沈曾植的影响。沈曾植做过清朝的官吏，在政治上，主张新政，拥护君主立宪；在学术上，要求探索西方科学，研究西北、南洋的边陲和域外的地理等。他专精音韵训诂，又深通梵文，平生著述不下几十种。1915年，王国维经罗振玉介绍认识沈曾植，从此过从甚密，唱和频繁。王国维的《尔雅草木虫鱼鸟兽名释例》，直接受沈氏的启迪而作，晚年从事元蒙史、西北史地、边疆之学的研究，都直接受沈曾植的影响。王国维对沈氏非常敬仰，沈氏70寿庆，王撰寿序一篇，对沈氏推崇备至。1922年，沈曾植病逝于上海，王国维写挽联，称沈是“大诗人”“大哲人”“大学人”，为“世界先觉”，“一哀感知己，要为天下哭先生”。[①] 可见王国维与沈曾植关系之深。

陈寅恪出身于官宦人家。祖父宝箴曾为湖南巡抚，创办新政，提倡新学，支持变法。父亲三立（号散原），光绪十五年（1889）进士，官吏部主事，支持宝箴革新，当时与谭嗣同齐名，有“两公子”之称。三立为近代著名诗人，是“同光体”诗人的首领，又擅长古文，能继承桐城派传统。陈寅恪自幼在家受到国学的熏陶。祖父宝箴藏书很丰富，陈寅恪十几岁以及后来自日本回国期间，“终日埋头于浩如烟海的古籍以及佛书等等，无不浏览”[②]。与陈寅恪是“两代姻亲，三代世交，七年同学”的俞大维回忆：

陈寅恪对十三经不但大部分能背诵，而且对每字必求正解。因此《皇清经解》及《续皇清经解》成了他经常看读的书。……对于史，他无书不读。……三通序文，他都能背诵。其他杂史，他看得很多。……在子书方面，……他很喜欢《庄子》的文章，也很重视《荀子》，这可能是他受了汪

① 沈曾植：《海日楼札丛》，中华书局1962年版；赵万里：《王静安年谱》，载《国学论丛》1928年第3期；王德毅：《王国维年谱》，台湾《中国学术著作奖助委员会丛书》之二十。

② 陈封怀：《回忆录》，见蒋天枢《陈寅恪先生编年事辑》，第21页。

书常中的影响。……凡集部之书，包含典章制度者，他都特别注意。[①]

可见陈寅恪对经、史、子、集无不浏览，对古代典籍十分谙熟。1945 年双目失明之后，他不能看书，仅凭听读，又不能执笔写作，只能口述参考书目，由助手将指定部分念给他听，他在分析构思后，口述文稿，由助手记录，最后成篇。在最后的十余年时间里，用这种方法完成了近百万字的《柳如是别传》等多种著作。[②] 没有对中国古籍的深刻了解和过人的记忆力，是难以想象的。

清末学者，都受乾嘉考证学风的影响，陈寅恪自不能例外。乾嘉学风，尤重小学，音韵、训诂、校勘、目录之学大盛。陈寅恪认为"读书必先识字"，正是从乾嘉学风而来。他对乾嘉考证的方法，运用自如，得心应手。清华研究院四大导师之一的赵元任回忆：

王静安、寅恪跟我都喜欢搞音韵训诂之类的问题。寅恪总说你不把基本的材料弄清楚了，就急着要论微言大义，所得的结论还是不可靠的。[③]

陈寅恪对乾嘉巨匠钱大昕的史学甚钦佩，称钱为"清代史家第一人"[④]。钱大昕提出："史家所当讨论者有三端：曰舆地，曰官制，曰氏族。"[⑤] 后来陈寅恪常以职官之演变、氏族之升降为论述重心，这不能不说是受钱大昕的影响。[⑥] 罗香林写《客家源流》，请陈寅恪师指正，陈在第二章中批道"家谱内，多有材料，须再查考"，罗香林遵循陈寅恪指示的路子，继续从事客家源流史料的搜集与研究工作，后来写成《客家史料汇编》《客家源流考》等著作。[⑦] 这是陈寅恪受钱大昕影响，而又以钱氏的方法影响学生的一例。傅斯年曾经说过，陈寅恪"在汉学上的素养不下钱晓微（大昕）"[⑧]，这是有见地的看法。

陈寅恪也像王国维一样，深受晚清学者的影响。家迁南京之后，请晚清学者王伯沆（名瀣，号东饮）、柳翼谋等做家塾教师。王伯沆学识渊博，著述甚丰，死后，其门人钱堃撰《冬饮先生行述》，其中有云：

---

① 俞大维等：《谈陈寅恪》，台湾传记文学出版社 1978 年版。

② 金应熙：《陈寅恪》，见《中国史学家评传》下册，中州古籍出版社 1985 年版，第 1343 页。

③ 赵元任、杨步伟：《忆寅恪》，见俞大维等《谈陈寅恪》，第 26－27 页。

④ 陈寅恪：《金明馆丛稿二编》，上海古籍出版社 1980 年版，第 23 页。

⑤ 《潜研堂文集》卷二四《二十四史同姓名录序》。

⑥ 汪荣祖：《史家陈寅恪传》新写本，第 47 页。

⑦ 罗香林：《回忆陈寅恪师》，载台湾《传记文学》第 17 卷第 4 期。

⑧ 傅斯年：《史学方法导论・史料论略》。

陈伯严（三立）建精舍为文酒之会，雅知先生（指王伯沆）有师道，固请就馆，使子女执经问业。伯严子女八人，衡恪最长……寅恪以次，亦渐发名成业，多本先生教也。①

可见陈寅恪早年曾受业于王伯沆。更值得注意的是陈寅恪受沈曾植的影响。沈曾植退官之后，避地海滨，吟咏自遣，与陈寅恪的父亲三立（散原老人）唱和尤频。陈寅恪是晚辈，对沈曾植仰慕、崇敬是很自然的。后来陈寅恪从事梵文、西北史地、元蒙史的研究，与沈曾植的影响有着直接的关系。例如，沈曾植著《蒙古源流笺证》八卷，后来陈寅恪写了四篇研究《蒙古源流》的著名论文②，推定该书作者的世系、著作时代及其内容等。当然，陈寅恪的研究比沈曾植的著作，更上一层楼。

王国维、陈寅恪都谙熟中国古籍，他们的学术受乾嘉学风的影响，又直接受惠于晚清的一些学者。然而他们的方法和成就又远超出他们的前辈。其原因之一是王、陈都吸收了西方近代资产阶级的新思想和新方法，并把之运用于史学研究。

王国维自 1898 年到上海进入东文学社学习日文后，即接触了西方的哲学思想、文学思想和自然科学知识。在日本留学也是学习物理学。以后在各地教书，教授过新兴的心理学、伦理学、社会学等课程。由于他受当时西方资产阶级的哲学理论和文艺作品的熏陶，并经过严格的自然科学方法论的训练，因而在史学领域里能够突破传统的封建史学的观点和方法，注意从社会、经济、文化等探讨历史的因果关系，而不是局限于封建史学的烦琐考证和论列帝王将相的家谱。“他的学术成果不但大不同于乾嘉考据，而且也比同时的革命派如章太炎要深刻和新颖。”③ 郭沫若对王国维在史学上的划时代的成就感到“震惊”，就是因为王国维应用近代的科学的方法，使其著作包含着许多“近代的科学内容”④。宋春舫序《海宁王静安先生遗书》中说王国维的成功得力于“西洋学术之绵”，这话是有道理的。

陈寅恪从 13 岁开始，断断续续在国外求学达十三四年之久。他先后在日本、德国柏林大学、瑞士苏黎世大学、法国巴黎大学、美国哈佛大学学习和研究，广泛接触西欧各国的语言和文学，接受西方的哲学理论、逻辑方法的熏陶。陈寅恪在巴黎结识伯希和，是由王国维写信介绍推荐的。⑤ 当代法国著名汉学家戴密微

---

① 何广棪：《陈寅恪先生著述目录编年》。

② 陈寅恪：《金明馆丛稿二编》，上海古籍出版社 1980 年版，第 98－128 页。

③ 李泽厚：《梁启超王国维简论》，见《中国近代思想史论》。

④ 郭沫若：《中国古代社会研究・自序》。

⑤ 《寒柳堂集・寅恪先生诗存》，上海古籍出版社 1980 年版，第 9 页。

在悼念陈寅恪的文章中说，陈在巴黎时很可能听过伯希和的各门课程。据俞大维回忆，陈受瑞典高本汉、德国缪勒的影响很大。

在这里要特别指出的，是陈寅恪的治学方法与德国的比较语言学派的关系。他在德国留学时的老师，像路得施、缪勒、黑尼士等，都是能掌握多种语言工具，从事语言考证之学的大师。陈寅恪从他们那里学到了比较语言学的方法，并自如地运用之，1923 年他在《与妹书》中说：

> 我今学藏文甚有兴趣，因藏文与中文系同一系文字。……因藏文数千年已用梵音字母拼写，其变迁源流较中文为明显。如以西洋语言科学之法为中藏文比较之学，则成效当较乾嘉诸老更上一层。①

陈寅恪并以比较语言学影响其他学人，傅斯年就是受他影响的一个。据罗家伦回忆：

> 傅斯年以后到了德国，因为一方面受柏林大学里当时两种学术空气的影响（一种是近代物理学如爱因斯坦的相对论，勃朗克的量子论，都是震动一时的学说；一种是德国历来以此著名的语言文字比较考据学），一方面受在柏林的朋友们如陈寅恪、俞大维各位的影响，所以他在柏林大学既听相对论，又听比较语言学。②

陈寅恪在德国留学时亦受德国著名的史学流派——兰克学派的影响。兰克本人治学是从语言学专业转向历史学专业的。他所创立的兰克学派的史学理论和治史方法，要求写历史客观，强调原始资料的重要性，特别强调对史料要进行严密的考证。兰克学派往往被人看作考据学派。其实，在他们看来，考据只是第一步。他们认为历史学家的任务就在于综合这种详加考订的材料而对历史达到一种理解，并且把这种理解表达出来。这种工作类似诗人或艺术家的工作，它要求历史学家对过去时代的文明达到一种想象或洞见。陈寅恪的史学理论和方法正是本于兰克学派的理论和方法，他在《冯友兰中国哲学史上册审查报告》中，把这种理论和方法表述得淋漓尽致：

> 凡著中国古代哲学史者，其对于古人之学说，应具了解之同情，方可下笔。……吾人今日可依据之材料，仅为当时所遗存最小之一部，欲藉此残余

---

① 陈寅恪：《与妹书》，载《学衡》1923 年第 20 期。
② 傅乐成：《博孟真先生年谱》，台湾传记文学社 1979 年版。

断片，以窥测其全部结构，必须备艺术家欣赏古代绘画雕刻之眼光及精神，然后古人立说之用意与对象，始可以真了解。所谓真了解者，必神游冥想，与立说之古人，处于同一境界，而对于其持论所以不得不如是之苦心孤诣，表一种之同情，始能批评其学说之是非得失，而无隔阂肤廓之论。[①]

德国的语言比较考据学派、兰克学派的理论和方法，不但影响陈寅恪，而且影响中国近现代史学界。1925 年成立的清华国学研究院，是在以近代科学方法整理国故的号召下诞生的。其教学方法类似兰克的“习明纳尔”（seminar，研究班的教学方法）；其教学目的是培养“以著述为毕生事业”的国学人才。[②] 1928 年成立“中央研究院”历史语言研究所，所长傅斯年在《历史语言研究所工作之旨趣》中，强调研究者要“直接研究材料”“扩张他研究的材料”“扩充他作研究时应用的工具”，只有这样，学问才能进步。“要把历史学语言学建设得和生物学地质学等同样”。[③] 中国 20 世纪 20 年代先后成立的这两个机构，陈寅恪都是其中的骨干，他任清华国学研究院导师、历史语言研究所第一组组长，可见他在其中所发挥的作用。这种把史学当作自然科学一样，实事求是、脚踏实地地从事研究的态度，在建设“新史学”上是有积极意义的。陈寅恪正是遵循着这样的理论和方法，在史学领域里做出了巨大的成绩。

（二）他们治史学的态度

两位大师都主张治史学要严肃认真、实事求是。他们的“实事求是”包括三方面的内容。

1. 真实。王国维在《国学丛刊序》中说：“凡事物必尽其真，而道理必求其是，此科学之所以事也；而欲求知识之真与道理之是者，不可不知事物道理之所以存在之由与其变迁之故，此史学之所有事也。”[④] 在这里，王国维认为，科学就是求事物之真，道理之是；史学就是“求事物道理之所以存在之由与其变迁之故”，所以，史学像科学一样，是真实的。要史学做到真实，必须全面占有第一手的新、旧材料，并逐条进行审查分析，引出结论，不作空疏之谈。陈寅恪在《陈垣元西域人华化考序》中，把一些治经学者，在材料残缺不齐的情况下，空发议论，讥讽为画鬼一样，究竟像不像，谁也不知道。[⑤] 这样的史学，当然是不

① 陈寅恪：《金明馆丛稿二编》，上海古籍出版社 1980 年版，第 247 页。

② 《清华大学校史稿》，第 51 页。参见《清华研究院章程提要》，载《国学论丛》第 1 卷第 1 期。

③ 《历史语言研究所集刊》第 1 本第 1 份。

④ 《观堂别集》。

⑤ 陈寅恪：《金明馆丛稿二编》，上海古籍出版社 1980 年版，第 238 页。

真实的，为王、陈所反对的。

2. “当以事实决事实，而不当以后世之理论决事实。”王国维在《国学丛刊序》中说：

> 凡吾智之所不能通，而吾心之所不能安者，虽圣贤言之，有所不信焉；虽圣贤行之，有所不慊焉。何则？圣贤所以别真伪也，真伪非由圣贤出也；所以明是非也，是非非由圣贤立也。①

这说明王国维主张研究历史必须以“事实”为依据，不能以后世的理论为依据，后世的“圣贤”只能辨别真伪、明辨是非，而不能制造真伪、是非。一切以“别真伪”为标准，而不能迷信所谓的“圣贤之言”。

陈寅恪对二十世纪二三十年代我国学术界有的学者根据现代思想随意曲解史料或牵强附会的学风予以批评。他在《冯友兰中国哲学史上册审查报告》中说：

> 今日之谈中国古代哲学者，大抵即谈其今日自身之哲学者也。所著之中国哲学史者，即其今日自身之哲学史者也。其言论愈有条理统系，则去古人学说之真相愈远。

他进一步指出，当时关于墨家学说的讨论是这种不良学风的最突出的表现。他惊叹“此近日中国号称整理国故之普通状况，诚可为长叹息者也”②。王、陈都认为研究历史最重要的就是根据史籍或其他资料以证明史实，认识史实，反对以现代人的思想强加于古人。

3. 不泥古人古书。王国维提出“古书不可泥”，研究学问不能跟在古人后面亦步亦趋；但又不能完全无根据地去怀疑古书。他的态度，诚如60年前徐中舒先生所说：

> 先生做学问的精神，总是穷搜冥讨，自觉涂径，从来不肯抄袭前人说过的一言半语。……先生凡立一说，必本于新材料与旧材料完备齐集之后，然后再加以大胆的假设、深邃的观察、精密的分析、卓越的综合，务使所得的结论，与新材料、旧材料恰得一个根本的调合。③

---

① 《观堂别集》。

② 陈寅恪：《金明馆丛稿二编》，上海古籍出版社1980年版，第247－248页。

③ 徐中舒：《静安先生与古文字学》，载《文学周报》第5卷第114期合订本。

郭沫若评论王国维治史的求实态度，王国维“是很有科学头脑的人，做学问是实事求是，丝毫不为成见所囿，并且异常胆大，能发前人所未能发，言腐儒所不敢言”。①

陈寅恪在史学领域里的许多真知灼见，为世人所瞩目，正是由于他治史“不泥古人”，因此十分谙熟乾嘉学派的考据之学，音韵、训诂、校勘、辨伪，运用自如。在他的著作中，运用这种所谓“外考证”的方法进行考证，比比皆是。但他并不停留在这一步，而是“更重于内考证，致力于探求史料写作人的原意和其所记事实的可信程度”②。这就是他既学习乾嘉学派，又高出乾嘉学派一筹的地方，这是“不泥古人”的显例。对于考证，他有一段精辟的论述：

> 夫考证之业，譬诸积薪，后来者居上，自无胶守所见、一成不变之理。……但必发见确实之证据，然后始能改易其主张，不敢固执，亦不敢轻改，惟偏蔽之务去，真理之是从。③

从这里可以看出，他不但“不泥古人”，也“不泥今人”，唯真理是从。

王、陈两位大师的治史态度，不但主张实事求是，而且强调要做到实事求是，除必须遵循上述三点原则之外，还必须扩大史料范围，广泛收集资料，开拓视野，力求恢复历史的真实面貌。王国维在《最近二三十年中中国新发现之学问》中说：

> 古来新学问之起，大都由于新发现。……有孔子壁中书出，而后有汉以来古文家之学。有赵宋古器出，而后有宋以来古器物、古文字之学。晋时汲冢竹简出土后，同时杜元凯之注《左传》，稍后郭璞之注《山海经》，已用其说。然则中国纸上之学问，有赖于地下之学问者，固不自今日始矣。

这些新发现的材料，就是治史的资料，因而引出新学问。他认为清末民初新发现的资料有五：①殷墟甲骨文字和殷周铜器铭文；②敦煌及西域各地出土的简牍；③敦煌发现的古文书；④内阁大库之档案；⑤中国境内之古外族遗文（四裔碑铭）。他认为这是从来未有过的新发现时代。他善于利用新发现的材料，扩大史料范围，因而取得新的研究成果。他在研究的实践中，创造了“二重证据法”。他在《古史新证·总论》中说：

---

① 郭沫若：《历史人物·鲁迅与王国维》。

② 金应熙：《陈寅恪》，《中国史学家评传》下册，中州古籍出版社1985年版，第1343页。

③ 陈寅恪：《三论李唐氏族问题》，见《金明馆丛稿二编》，上海古籍出版社1980年版，第304页。

> 吾辈生于今日，幸于纸上之材料外，更得地下之新材料，由此种材料，我辈因得据以补正纸上之材料，亦得证明古书之某部分全为实录，即百家不雅训之言亦不无表示一面之事实。此二重证据法惟在今日始得之。

他在研究实践中，身体力行地运用“二重证据法”，以旧史料解释新发现的材料，又以新发现的材料印证旧史料，因而取得辉煌成果。史学家们群起响应，推动了史学研究的发展。

陈寅恪在扩大史料范围方面，更有许多独到的见解。

1. 小说可以作为史料运用。他的《顺宗实录与续玄怪录》一文，就是根据李复言《续玄怪录》中“辛公平上仙”的小说故事，揭示唐代官修史书《顺宗实录》所讳饰的唐顺宗被宦官所弑事件的真相的。并说，“李书此条实乃关于此事变幸存之史料，岂得以其为小说家言，而忽视之耶?”“因取与顺宗实录等量齐观”。[①] 本文的成就已为章士钊等学者所认同。又如他认为陶渊明的《桃花源记》既是“寓意之文，亦纪实之文也”。他以此文为根据，考释十六国时期北方的坞壁经济形式。[②] 他还通过《莺莺传》了解中唐以后社会门第观念和道德观念，这些都是以小说作为史料运用的显著例子。

2. 以诗、文证史。陈寅恪认为，研究历史必须占有准确的史料，官修正史诚然必须读，但它难免受为尊者讳、为贤者讳的传统观念的影响，不能如实记载历史。历史上的诗、文可以为有关时间、地点、人物、事件提供佐证。陈寅恪一生致力以诗、文证史，他的主要成就集中反映在两部著作中。《元白诗笺证稿》，以元稹、白居易诗笺证史事，经过诠释，唐代政治的动乱、官吏的贪暴、经济的变迁、社会的风尚、外族的影响等，都在元白诗作中浮现出来。此书是陈寅恪治学的一个总结，学术上的一个里程碑。[③] 有的学者把《元白诗笺证稿》视为《唐代政治史述论稿》的姐妹篇，[④] 是有道理的。陈寅恪晚年，用十年时间完成的《柳如是别传》，以钱谦益、柳如是的诗为主要史料，而以官、私史志为辅助材料，系统地论述明末清初的历史。这是一部以诗、文系统考订一代史事之杰作，“可视为先生一生治学的总结”[⑤]。陈寅恪亦自称著此书的目的“欲自验所学深浅”[⑥]，以此为范例，把诗文证史的方法传之后世。

---

① 陈寅恪：《金明馆丛稿二编》，上海古籍出版社 1980 年版，第 74－81 页。

② 陈寅恪：《桃花源记旁证》，见《金明馆丛稿二编》，上海古籍出版社 1980 年版，第 168－179 页。

③ 胡守为：《陈寅恪史学论文选前言》。

④ 汪荣祖：《史家陈寅恪传》，第 161 页。

⑤ 胡守为：《陈寅恪史学论文选前言》。

⑥ 陈寅恪：《柳如是别传·缘起》。

3. 从伪材料中寻找真史料。陈寅恪说：

> 盖伪材料亦有时与真材料同一可贵。如某种伪材料，若认为其所依托之时代及作者之真产物，固不可也。但能考出其作伪时代及作者，即据以说明此时代及作者之思想，则变为一真材料矣。[①]

这种认为材料之真伪，不过是相对的问题，最重要的是审定伪材料的时代及作者，而加以利用之见解，是很可贵的。因此，许多不被别人所重视的伪材料，经过严密的考证，可以变为真材料使用，大大扩大了史料范围。

4. 重视新发现的史料。他曾说过："一时代之学术，必有其新材料与新问题。取用此材料以研求问题，则为此时代学术之新潮流。治学之士，得预于此潮流者，谓之预流（借用佛教初果之名）。其未得预者，谓之未入流。"[②] "预流"是小乘佛教修行果位之一，指通过思悟四谛之理而断灭三界见惑达到的最初修行果位，从此进入无漏的圣道之流。他把学者运用新材料研究新问题比喻为佛教修行达到初果"预流"的境界，说明这个问题的重要性。

从以上我们可以看到，王、陈两位史学大师从事史学研究的态度是实事求是。为了做到这点，必须掌握第一手的真实的史料，以事实决事实，不能以现代人的意识强加于古人，不能拘泥于古人古书，要广泛地开拓史料范围，经过严肃认真的综合研究，然后作出结论。正是由于这样，他们的论著才能长期雄踞史林，有的成为不朽之作。

（三）主张学术独立和思想自由，认为学术不应受政治的影响和干预

陈寅恪在《清华大学王观堂先生纪念碑铭》中说：

> 士之读书治学，盖得以脱心志于俗谛之桎梏，真理因得以发扬。思想而不自由，毋宁死耳。……先生以一死见其独立自由之意志……先生之著述，或有时而不章；先生之学说，或有时而可商；惟此独立之精神，自由之思想，历千万祀，与天壤而同久，共三光而永光。[③]

陈寅恪这篇碑铭抓住了王国维学术思想的最核心部分——独立自由。而陈寅恪之

---

① 陈寅恪：《冯友兰中国哲学史上册审查报告》，见《金明馆丛稿二编》，上海古籍出版社 1980 年版，第 248 页。

② 陈寅恪：《陈垣敦煌劫余录序》，见《金明馆丛稿二编》，上海古籍出版社 1980 年版，第 236 页。

③ 陈寅恪：《金明馆丛稿二编》，上海古籍出版社 1980 年版，第 218 页。

所以接受王国维弟子之请求，撰写碑铭，目的在于"举先生之志事，以普告天下后世"。[①]

王国维一生执着地追求学术独立和思想自由。他说："学术之发达，存乎其独立而已。"[②] 他主张学术自由、学术独立，就是视"学术为目的"，不能把学术当成"政治之手段"。他认为"言政治则言政治已耳"，为何把学术变成政治的奴婢呢？他回顾中国学术思想发展史，赞扬春秋战国时期的百家争鸣，认为诸子百家"灿然放万丈之光焰"，自汉武帝罢黜百家、独尊儒术之后，"儒家唯以抱残守缺为事"，[③] 造成思想僵化停滞。对于儒家学说，他认为可以作为一种学术来加以研究，不能盲目信从和崇拜。他说孔孟之道不是宗教教义，"孔孟之说固非宗教的而学说也，与一切他学均以研究而益明"[④]。他反对"以官奖励学问"，以官奖学，实为"剿灭学问"，使学者官僚化。[⑤] 他一生鄙薄功利，认为时人但知爱官职而不知求学问，将会导致国家的灭亡，他说：

> 今之人士之大半，殆舍官以外无他好焉。其表面之嗜好，集中于官之一途，而其里面之意义，则今日道德、学问、实业皆无价值之证据也。夫至道德、学问、实业等皆无价值，则国势之危险何如矣。[⑥]

他还认为"人有生命，有财产，有名誉，有自由，此数者皆神圣不侵犯之权利也"[⑦]，并说"今日时代已入研究自由之时代，而非教权专制之时代"[⑧]。因此，他鼓吹学术要脱离政治而独立发展，学术研究要以探求真理为唯一目的。他的最高的生活理想就是脱离政治，不问世事，专门从事学术研究。他曾经说过："余平生惟与书册为伍，故最爱而最难舍去者，亦惟此耳。"

王国维还分析当时学术不能繁荣的原因，是由于缺乏学术人才，因此，大学首先要培养学术人才，把大学办成研究学术的场所，而不可"与工场阛阓等"，即成为工场与市肆。[⑨]

王国维提出的学术独立、学术自由的主张，是要摆脱腐败无能的清政府及其

---

① 陈寅恪：《金明馆丛稿二编》，上海古籍出版社 1980 年版，第 218 页。

② 王国维：《静庵文集续编·论近年之学术界》。

③ 王国维：《静庵文集续编·论近年之学术界》。

④ 王国维：《静庵文集续编·奏定经学科大学文学科大学章程书后》。

⑤ 王国维：《静庵文集续编·教育小言十三则》。

⑥ 王国维：《静庵文集续编·教育小言十三则》。

⑦ 王国维：《静庵文集·教育偶感四则》。

⑧ 王国维：《静庵文集续编·奏定经学科大学文学科大学章程书后》。

⑨ 王国维：《静庵文集续编·奏定经学科大学文学科大学章程书后》。

官僚对学术的干预和影响，这无疑在当时是有益于学术研究和学术发展的。

陈寅恪对王国维这种学术独立和思想自由的主张是心悦诚服，而且身体力行的。所以，在王国维碑铭中说“思想而不自由，毋宁死耳”。1931 年清华建校 20 周年，陈寅恪写《吾国学术之现状及清华之职责》一文，对当时的学术现状作了尖锐的批评，认为中国学术未能独立，希望全国瞻望的清华大学，能担负起民族精神所寄托的学术文化独立之职责。[①] 1940 年 3 月 5 日，中央研究院院长蔡元培病逝于香港，不久，陈寅恪赴重庆出席中央研究院选举新院长会议。陈寅恪主张学术自由，不欲以国民党政府指派的“政客”顾孟余为院长，要选胡适继后。据傅斯年说：“寅恪矢言重庆之行，只为投胡适一票。”寅恪私下对傅斯年等人说：“我们总不能单举几个蒋（介石）先生的秘书。”开会期间，在翁文灏和任叔永具名请客的宴会上，陈寅恪发言，大发其学术自由之说。[②] 在《论再生缘》一书中，他说：

> 六朝及天水一代思想最为自由，故文章亦臻上乘。……《再生缘》一书在弹词体中所以独胜者，实由于端生之自由活泼思想，能运用其对偶韵律之词语，有以致之也。故无自由之思想，则无优美之文学，举此一例，可概其余。[③]

他写《柳如是别传》，也是为了“表彰我民族独立之精神，自由之思想”[④]。陈寅恪主张学术独立、自由的思想可谓始终不渝。他认为从事学术研究必须有独立之精神和自由之思想，在王观堂先生纪念碑铭中说，“士之读书治学，盖将以脱心志于俗谛之桎梏”。“俗谛”是佛教名词，对真谛而言，俗谛指世俗的道理，他曾经解释在当时是指三民主义而言。[⑤] 也就是说读书治学，在当时必须摆脱三民主义的桎梏。他认为一切学术若与政治有关，就意味着不自由，因而以马列主义为指导从事学术研究，也是不自由的。1954 年春，中央派汪篯来广州请他赴北京任中国科学院哲学社会科学部历史研究所第二所所长之职，他推荐陈垣代己任职。1954 年 7 月 10 日，他在给杨遇夫的信中说：“弟畏人畏寒，故不北行。”但实际上，他认为做行政领导工作，必须以某种思想、主义指导学术研究，而他认为这是学术不自由的表现，因而不愿就职。他在给杨遇夫的信中，附《答北客》诗一首：

---

① 陈寅恪：《陈寅恪先生论文集补编》，台湾九思出版社 1977 年版，第 45－46 页。

② 汪荣祖：《史家陈寅恪传》，台北联经出版事业公司 1984 年版，第 83 页。

③ 见陈寅恪《寒柳堂集》，上海古籍出版社 1980 年版。

④ 陈寅恪：《柳如是别传》，上海古籍出版社 1980 年版。

⑤ 胡守为：《陈寅恪史学论文选前言》。

多谢相知筑菟裘，可怜无蟹有监州。柳家既负元和脚，不采苹花即自由。①

说的就是这件事情。② 陈寅恪未能认识主义有科学非科学、正确不正确之区别，一律把指导学术研究的“主义”“理论”视为束缚学术的自由独立发展的“俗谛”，这一点是陈寅恪学术思想局限性的一面。

（四）对待外来文化的态度

中国自古以来就与外国发生接触，进行中外经济文化交流。到了近代，随着帝国主义侵略，西方的思想文化大量涌入中国。面对着这种情形，中国的知识分子有三种不同的态度：一种是以中国固有的传统文化，排挤、抵抗外来的文化；另一种是全盘照搬西方的文化，认为中国的传统文化不屑一顾；最后一种是以传统的固有文化为根基，适当地吸收外来的先进文化，为我所用。

处在清末民初的王国维，认为西学的输入对中国学术是一个刺激，中国传统的文化，因过久而趋于停滞，外来的刺激能使其有新的发展与开拓。他在《论近年之学术界》一文中总结中国学术思想发展时说：

外界之势力之影响于学术岂不大哉……自汉以后儒家唯以抱残守缺为事……佛教之东，适值吾国思想凋敝之后，当此之时，学者见之如饥者之得食，渴者之得饮。……自宋以后至本朝，思想之停滞略同于两汉，至今日而第二之佛教又见告矣，西洋之思想是也。③

很明显，他认为六朝佛教之输入为中国思想第一次受外来影响之时期，晚清西学输入为中国思想第二次受外来影响之时期。第一次外来思想的输入，使“学者见之如饥者之得食，渴者之得饮”，造成六朝思想文化的繁荣。面对着第二次西学输入，王国维一方面认为西方文化有胜于中国传统而为中国所必须吸收之处，但另一方面也认为中国文化自有其特性，外来文化要经过改变才能适合中国环境而发生作用。所以，他说：“（外来之思想）即令一时输入，非与我中国固有之思想相化决不能保其势力。”④ 王国维认为外来思想文化一定要与本国固有的思想

---

① 杨逢彬整理：《积微居友朋书札》，湖南教育出版社1986年版。

② 杨遇夫《积微翁回忆录》1954年3月28日记这件事，曰：“姚薇元书来，云寅恪以多病辞不北行，举陈坦自代。且谓寅老不满意于科院，谓解放数年，绝不重视史学，至此老成雕谢之际，乃临时抱佛脚，已有接气不上之象云云。”上海古籍出版社1986年版，第382页。

③ 王国维：《静庵文集续编·论近年之学术界》。

④ 王国维：《静庵文集续编·论近年之学术界》。

文化相融汇，才能生根，这种观点是十分精辟的。

陈寅恪对待外来文化的态度与王国维基本相同。他在《王观堂先生挽词》中说“中西体用资循诱”[①]，并说自己的“议论近乎曾湘乡（国藩）、张南皮（之洞）之间”[②]。他认为中国固有的传统文化，吸收外来的先进文化，就能创造出一种新的文化。他有一篇著名的论文，叫《四声三问》，他认为中国传统的音韵学理论，是宫商角徵羽五声，到六朝时，周颙、沈约发明了平上去入四声说。为什么？除入声极易分别之外，随着佛教输入中国，其教徒转读经典时，印度古时声明论之三声分别随之输入，因此，在中国创造了四声说。陈寅恪说：

> 宫商角徵羽五声者，中国传统之理论也。关于声之本体，即同光朝士所谓“中学为体”是也。平上去入四声者，西域输入之技术也。关于声之实用，即同光朝士所谓“西学为用”是也。[③]

这种比喻是否恰当，可以讨论。但它反映了陈寅恪对待外来文化的态度。杨遇夫在1933年12月20日的日记中就记下了这点认识：

> 陈寅恪送所撰《四声三问》来。文言周颙沈的所以发明四声，由于当时僧徒之转读。立说精凿不可易。以此足证外来文化之输入必有助于本国文化，而吾先民不肯故步自封、择善而从之精神，值得特记为后人师法者也。[④]

最能反映陈寅恪对待外来文化的观点的言论，莫过于他在《冯友兰中国哲学史下册审查报告》中所说：

> 释迦之教义，无父无君，与吾国传统之学说，存在之制度，无一不相冲突。输入之后，若久不变易，则决难保持。是以佛教学说，能于吾国思想史上，发生重大久远之影响者，皆经国人吸收改造之过程。其忠实输入不改本来面目者，若玄奘唯识之学，虽震动一时之人心，而卒归于消沉歇绝。……窃疑中国自今日以后……其真能于思想上自成系统，有所创获者，必须一方面吸收输入外来之学说，一方面不忘本来民族之地位。此二种相反而适相成之态度，乃道教之真精神，新儒家之旧途径，而二千年吾民族与他民族思想

---

① 陈寅恪：《寒柳堂集·寅恪先生诗存》，上海古籍出版社1980年版，第7页。

② 陈寅恪：《金明馆丛稿二编》，上海古籍出版社1980年版，第252页。

③ 陈寅恪：《金明馆丛稿初编》，上海古籍出版社1980年版，第340页。

④ 杨遇夫：《积微翁回忆录》，上海古籍出版社1986年版，第77页。

接触史之所昭示者也。[①]

这是中国近现代学者对待外来文化的态度的最精彩的论述。没有贯通古今、精通中西文化的学识，是说不出这样的话的。有的学者认为，陈寅恪的态度，不能与张之洞的“中体西用”说等同对待。张之洞的“中体西用”过分强调了维护封建纲常名教。而陈寅恪等“虽沿袭中体西用说之主张，即不放弃固有文化，但更强调综合与创造”[②]。综观陈寅恪的思想，这个观点是符合实际的。

以上我们论述了陈寅恪与王国维的学术相同之点：学术渊源来自乾嘉学风及晚清学者的影响，也受惠于西方的学术思潮；对学问实事求是的态度；主张学术独立、提倡学术自由；对待外来文化的“中体西用”态度。

二

陈寅恪对王国维来说是晚辈，但他们在学术领域里，互相学习，互相影响，取长补短。俞大维在论述陈寅恪的学术时，说陈主要受两位大学者的影响，其中一位就是王国维：“王氏对寅恪先生的影响，是相得益彰的：对于殷墟文字，他受王氏的影响；对梵文及西域文字，则王氏也受他的影响。”[③] 陈寅恪对王国维十分敬仰，在《王观堂先生挽词》中说：“鲁连黄鹞绩溪胡，独为神州惜大儒。学院遂闻传绝业，园林差喜适幽居。”[④] 这里说的是1925年清华创办国学研究院时，籍贯安徽绩溪的胡适推荐王国维主持其事。寅恪称王国维为“神州大儒”，称其学问为“绝业”。胡适推荐王国维，自然使清华研究院的“绝业”得以继承相传。王国维逝世后，其学生赵万里编辑《王静安先生遗书》，陈寅恪在该书序文中，对王国维一生的学术成就及治学方法作了概括并给予高度评价：

先生之学博矣，精矣，几若无涯岸之可望，辙迹之可寻。然详绎遗书，其学术内容及治学方法，殆可举三目以概括之者。一曰取地下之实物与纸上之遗文互相释证。……二曰取异族之故书与吾国之旧籍互相补正。……三曰取外来之观念，与固有之材料互相参证。……此三类之著作，其学术性质固有异同，所用方法亦不尽符会，要皆足以转移一时之风气，而示来者以轨则。吾国他日文史考据之学，范围纵广，途径纵多，恐亦无以远出三类之外。此先生之书所以为吾国近代学术界最重要之产物也。[⑤]

---

① 陈寅恪：《金明馆丛稿二编》，上海古籍出版社1980年版，第251－252页。

② 汪荣祖：《史家陈寅恪传》，台北联经出版事业公司1984年版，第40页。

③ 俞大维等：《谈陈寅恪》，台湾传记文学出版社1978年版，第2－3页。

④ 陈寅恪：《寒柳堂集·寅恪先生诗存》，上海古籍出版社1980年版，第10页。

⑤ 陈寅恪：《金明馆丛稿二编·王静安先生遗书序》，上海古籍出版社1980年版，第219页。

上述一段话，可以概括为三点：①其治学方法和学术内容如上述“三目以概括之”，而且预示将来文史考据之学，恐怕难以超出此三类；②其学问博大精深，可以转移一个时代的学术风气，可以给后学以启迪，为以后的学术展示前进的道路；③其著作是我国近代学术界最重要的遗产。陈寅恪对王国维学术的这种评价，学术界公认为是比较公允的。

其实，我们用陈寅恪对王国维学术的评价来评价陈寅恪的学术，也是恰当的。陈寅恪的治学方法和学术内容大体不出上述三种，其学问亦博大精深，“足以转移一时之风气，而示来者以轨则”，其著作亦是我国近现代学术界最重要的遗产。

当然，由于时代、环境的不同，陈寅恪的学术比王国维还有略胜一筹的地方，这主要表现在三个方面。

1. 陈寅恪研究历史强调有通识，他常说“在史中求史识”，在历史中寻求教训。也就是说，研究历史要在可靠史料的基础上对历史作出有系统的综合解释（这正是兰克学派所主张的），说明历史事实的因果关系，从而阐明历史发展的趋势和线索，使人们从中悟出一定的道理。陈寅恪从事中国中古史的研究长达三十多年，其《隋唐制度渊源略论稿》《唐代政治史述论稿》两部巨著及几十篇论文，就是他研究成果的结集。在这些著作中，他辩证地分析历史现象，找出历史事实中的内在联系，清理出历史发展变化的基本线索，然后形成对中国中古时期的自成体系的看法，从而把这一学科的研究推进了一步。

他在《隋唐制度渊源略论稿》中提出，隋唐制度有三源：一为北魏、北齐；二为梁、陈；三为西魏、北周。三源中以北魏、北齐为主。北魏、北齐的制度实际上是汉魏以来传统的华夏文化的礼、乐、政、刑典章制度的继续和发展。北齐承袭北魏制度，隋唐又继承北齐，使汉魏以来的学术文化、典章制度一脉相承。他在错综复杂的历史现象中，系统地清理出自汉魏到南唐典章制度的发展变化。这对中国中古史研究有重大贡献。

他在《唐代政治史述论稿》中，提出“关陇集团”的著名论点，并认为“关陇集团”的关中本位政策是唐初至天宝年间各项重大政策的核心。武则天开始通过科举提拔新人，引起社会阶层的流动，关陇集团被打破，破坏了关中本位政策。从安史之乱到唐亡，统治阶级内部的基本线索是内廷宦官勾结外廷士大夫的党派斗争，外廷士大夫间的党派又以世族旧人和科举新人为分野，牛李党争即为其表现。陈寅恪这一研究成果，勾画了唐代历史发展的基本线索。这些论点在史学界产生了强烈影响，对唐史研究工作起了很大促进作用。

关于种族和文化问题，陈寅恪认为是“治吾国中古史最要关键”。他对中古时期我国各民族的分布、迁移、接触和融合作了不少细致缜密的研究，提出了值得重视的新见解。他说：

全部北朝史中凡关于胡汉之问题，实一胡化汉化之问题，而非胡种汉种之问题。当时之所谓胡人汉人，大抵以胡化汉化而不以胡种汉种为分别，即文化之关象较重而种族之关系较轻，所谓有教无类者也。[①]

他在另一个地方，又提出“种族之分，多系于其人所受之文化，而不在其所承之血统”的见解[②]。陈寅恪在研究历史中，强调种族、文化的因素，对中古史上许多重要的问题从种族、文化的角度来阐释，这种解释并未能圆满说明历史事实真相；但是，他的研究表明我国自古以来是一个多民族的国家，中国的历史和文化是各族人民共同缔造的，这有助于打破以汉族为中心的旧史学系统。

陈寅恪对中国中古史的综合解释，有其自己的特点，自成系统。他所勾画出的中古历史发展线索，与马克思主义要求的阐明历史发展的规律，还有相当大的距离，然而，他的观点具有划时代的意义，正如陈寅恪的学生周一良先生所说：

陈先生不相信马克思主义，他的历史观根本不是唯物主义的。但是，他头脑敏锐，学问功夫深厚，对于中西历史、文学、哲学都有很深的修养，而且掌握广博的语言工具。特别重要的，我认为他具有朴素的辩证法。所以，他能从纷繁错杂甚至看来完全不相干的历史现象中，找出内在联系，在事件的个性之外找出共性，来说明历史现象的前因后果。因此，在解放之前，陈先生魏晋南北朝隋唐史的研究，把这门学科的发展推进到一个新的高峰。[③]

2. 陈寅恪研究历史偏重于“民族文化之史”的研究。“民族文化之史”内容很广泛，包括政治制度、社会习俗、学术思想、文学艺术等等。但是，他在研究“民族文化之史”的同时，注意到了社会经济基础在历史进程中的作用。例如，他在分析唐朝灭亡时说：

黄巢既破坏东南诸道财富之区……时溥复断绝南北运输之汴路……藉东南经济力量及科举文化以维持之李唐皇室，遂不得不倾覆矣。[④]

这说明他注意到经济基础对唐朝历史的重要作用，这是一种明显的社会经济史观。

又如他在《柳如是别传》第三章中分析明末吴江盛泽镇区区一隅之地，为

① 陈寅恪：《隋唐制度渊源略论稿》，上海古籍出版社1980年版，第50页。

② 陈寅恪：《元白诗笺证稿》，上海古籍出版社1982年版，第308页。

③ 乔默、江溶编：《怎样学习和研究历史》，中国青年出版社1985年版，第29－30页。

④ 陈寅恪：《唐代政治史述论稿》，上海古籍出版社1982年版，第159页。

什么“其声伎风流之盛，几可比拟于金陵板桥”呢？此“故盖非因政治，而实由经济之关系有以致之”。他列举《盛泽志·物产门》的材料，最后说：

据支仙所述，可知吴江盛泽实为东南最精丝织品制造市易之所，京省外国商贾往来集会之处。且其地复是明季党社文人出产地，即江浙两省交界重要之市镇。吴江盛泽诸名姬，所以可比美于金陵秦淮者，殆由地方丝织品之经济性，亦更因当日党社名流之政治性，两者有以相互助成之欤？[①]

这是陈寅恪从经济入手分析社会历史现象的显例。

其实，早在20世纪20年代中期，他在《王观堂先生挽词序》中，对经济基础与伦理道德、思想观念等上层建筑的关系，就有了比较明确的认识，他说：

夫纲纪本理想抽象之物，然不能不有所依托以表现者，实为有形之社会制度，而经济制度尤其最要者。故所依托者不变易，则依托者亦得因以保存。[②]

他认为中国封建纲纪伦理依托于封建社会经济制度，封建社会经济制度不发生根本变化，封建纲纪伦理有所依托，亦不会动摇。直到近代，封建社会经济制度发生急剧变化，封建纲纪伦理无所凭依，才“销沉沦丧于不知觉之间”，即使有人力图挽救，也是不可能的。他分析王国维之死，是因为他是一种“文化精神所凝聚之人”，“一种文化值衰落之时，为此文化所化之人，必感苦痛，其表现此文化之程度愈宏，则其所受之苦痛亦愈甚；迨既达极深之度，殆非出于自杀无以求一己之心安而义尽也”[③]。这种分析是非常深刻而有哲理的，也是难能可贵的。

3. 陈寅恪在研究文化史时，注意到社会意识的相对独立性，特别是社会意识在发展过程中历史的继承性。每一个时代的思想家，都要利用前人所创造的成果和遗留下来的思想资料，把它们加以改造和发展，使社会文化向前推进一步。陈寅恪在《冯友兰中国哲学史下册审查报告》中，对中国思想史的发展作了相当深刻的概述。他认为中国思想史之演变十分繁杂，但最主要的是先秦儒学逐渐演变而成为新儒学，新儒学“几无不有道教，或与道教有关之佛教为之先导”。儒学与法典相结合而成为支配公私生活的力量。他认为佛教和道教在学说思想方面的影响比儒学要大，道教以善于吸收而包罗很广，佛教这外来宗教得到改造之

① 王国维：《柳如是别传》上，上海古籍出版社1980年版，第328－330页。

② 王国维：《寒柳堂集·寅恪先生诗存》，上海古籍出版社1980年版，第6－7页。

③ 王国维：《寒柳堂集·寅恪先生诗存》，上海古籍出版社1980年版，第6－7页。

后才能在中国站稳脚跟[①]。陈寅恪这些论述，都是在纵观中国二千多年的历史，考虑了思想发展过程的历史继承性，分析了儒、道、佛接触后互相影响的状况后而得出的结论，因而是相当精辟的。

陈寅恪和王国维都不相信马克思主义，他们的历史观根本不是唯物主义的。他们的治学方法受乾嘉考据学风的影响，又吸收了西方近代科学的方法。在对待学术的态度和学术思想方面，他们有共同之处，但由于时代和环境的不同，陈寅恪的学术有略胜王国维之处。他们在各自的研究领域里，为中国的学术事业做出了重要贡献。他们的著作是中国近现代学术界最重要的遗产。因此，我们应该纪念这两位史学大师，对他们的学术遗产应该学习、研究和继承。

① 陈寅恪：《金明馆丛稿二编》，上海古籍出版社 1980 年版，第 250 – 252 页。

附录一

原序影印件

中国科学院历史研究所

荣芳同志：

遵嘱为大作写了小序，现寄上，您看是否合适，如有不妥，请修改或作废均可。序中对南越国政权性质问题提出了一点商榷意见，谅不会见怪。我对自己的看法也不认为一定正确。

尊著校样中有不少错字，有些还错得比较严重，望在看校样时改正。如P.121倒2行"尚途"似应为"治道"。P.123，第15行至19行，我怀疑应排宋体而不是文书引文的字体。P.186小标题"汉王朝"不知何意？P.277小注62之后不见63、64。P.275，6行"剪恩侯"应为"新息侯"。同页7行"马援下定征侧"应是"马援平定征侧"。P.282，9行《平准书》应是"平准书"。P.332第12行"少年之劳"似掉了"力"字。P.399最末一行"对置"似应为"否定"。

即颂

研安

林甘泉

95.10.2.

稿子付印前，便中请告知，因我还要看看尊著出版。

张荣芳同志多年来承担着繁重的教学和行政工作，但他始终念念不忘自己的本行——秦汉史研究，时有成果发表。现在，他的论文结集出版，我衷心感到高兴。

从事秦汉史研究的朋友碰到一起，有时免不了要抱怨秦汉史的材料太少，许多问题前人都已写过文章，要再深入研究有很大困难。这是客观事实。但我常想，如果我们扩大一下视野，改变过去固定的视角，或者要对史料的钩稽再深入细致一些，在这个研究领域还是可以做出新的成绩来的。拜读了张荣芳同志的论文集之后，我觉得他不仅做了一些前人所没有做过的工作，而且对一些前人已经有所论说的问题，无论在史料的占有或观点的说明方面，也都有所深入。

关于秦末农民大起义的性质问题，史学界过去有过不少论著，意见也有较大分歧。荣芳同志有一篇论文题为《秦末大起义的性质问题》，他没有先给这次大起义定性，而是通过对

以往争论较多的"苍头军"、"徒"、"甿隶"等各种人身份的考察，用大量材料证明他们不是奴隶；又分析了这次大起义所由以产生的原因和打击的目标，以及起义队伍的成员，指出秦末大起义参加者的成份很复杂，有贫苦农民、刑徒、城市贫民、奴隶、下级官吏、六国贵族后裔等等，但始终以贫苦农民、城市贫民为主，他们打击的目标是秦朝封建政权、地主阶级和封建制度。值得提出的是，荣芳同志在考察起义者的成份时，对史料的爬梳辨析不但相当细致，而且注意到某些名称所表示的身份在不同历史时期所起的变化。如他指出有的同志因为汉代有称奴为"苍头"的习惯，就误认为陈婴、吕臣所领导的"苍头军"是奴隶军，事实上"苍头军"和"苍头奴"之间并没有什么必然的内在联系。又如提出秦汉文献所见的"甿隶"是一种泛称，指一般老百姓，而不是指奴隶。这些观点虽然并非张荣芳同志首先发明，但他作了比较详尽的论证，其结论应该说是有说服力的。

关于"丝绸之路"，史学界以往也有不少成果

。近年来，有些同志认为"丝绸之路"早在先秦时代就已存在，我对于这种观点是表示怀疑的。"丝绸之路"作为中外关系史上的一个特定名词，有它具体的涵义。秦代以前，中国的丝绸诚然已经开始通过中亚、西亚传至欧洲，这从欧洲古典作家的文献记载和欧亚大草原的考古发现可以得到印证。但是，无论是文献记载或考古发现所提供给我们的材料，都不足以说明当时已经形成一条贯通丝绸的欧亚通道。在考察"丝绸之路"的历史时，我们可以把早期东西方的文化交流上溯到公元前五、六世纪。但是，草原民族那种零星的和偶发的把中国丝绸带到西方的活动，与张骞通西域之后正式形成的"丝绸之路"，其作用和意义显然是不可同日而语的。张荣芳同志的《西汉屯田与"丝绸之路"》一文，认为丝绸之路形成于张骞通西域之后，我觉得他对这个问题的处理就比较恰当。他在文章中还指出，"丝绸之路"所经过的我国河西走廊和新疆地区，在汉代以前就和内地有密切的联系，民间交往和贸易是经常发生的；但由于种

中国社会科学院历史研究所稿纸　(20×20=400)　第 3 页

种原因，这些交往和贸易并没有得到畅通和繁荣，只是在汉武帝以后，才改变了这种局面。为什么从内地通往河西走廊和新疆地区的"丝绸之路"到了汉武帝以后才得到畅通呢？张荣芳同志认为一个重要原因是汉政府在西北地区实行屯田。河西四郡和西域的屯田不仅巩固了边塞，保障了来往使者和商队的安全，而且解决了他们沿路的食宿供应。这个分析，我认为也是很有见地的。

张荣芳同志执教中山大学之后，很重视岭南地区的历史研究。在这个集子里，就有一组这方面的论文。秦汉时代是岭南地区开发的一个重要时期。秦始皇统一六国后，发兵攻下岭南，于其地置桂林、南海、象郡三郡，并迁徙大批中原人民与越人杂处。中原人民带去先进的铁制生产工具，推动了岭南地区农业和手工业生产的发展。秦末汉初，南海郡龙川县令赵佗拥兵据有岭南地，自立为南越武王。南越国历5世93年，汉武帝元鼎六年国亡，统一于汉。1983年秋，在广州象岗发现南越国

中国社会科学院历史研究所稿纸　(20×20=400)　第 4 页

王赵眜的陵墓，出土的"文帝行玺"金印和大批随葬物品，为研究秦汉年间岭南地区的开发提供了珍贵的资料。张荣芳同志的《略论汉初的"南越国"》一文写于南越王墓发现之前，文中就南越国的地理范围，南越国的性质，南越国的经济与文化，以及赵佗的历史地位等问题，作了详细的考察，提出了一些很值得重视的意见。文章"附记"说，南越王墓发现之后，作者在与别人合著即将出版的《南越国史》一书中，对有些观点已作了修正。我尚未见到《南越国史》一书，这里想讨论的是，张荣芳同志收在这本集子的文章提出了一个重要的观点，即南越国和汉初一些诸侯国一样，是汉朝的地方政权，我认为这似乎还可以商榷。

中国自秦汉以后建立了统一的多民族的封建中央集权国家。在二千多年的封建社会中，中原王朝和周边少数民族政权的关系大致有以下三种类型：一、中原王朝征服了少数民族地区，设置郡县，将其纳入中原王朝的版图；二、少数民族政权向中原王朝称臣纳贡，但仍保持自己相对的

独立性，与中原王朝的地方政权有别；三、少数民族政权是完全独立的政权，或与中原王朝结盟通好，或与中原王朝处于一种敌对的状态。不论哪一种类型，各少数民族地区的历史都是中国历史不可分割的一部分，但是我们却不可把上述民族关系的三种类型混为一谈。南越王赵佗虽然是河北真定人，但他建立的南越国基本上是属于少数民族政权，所以赵佗自称"蛮夷大长老夫"。赵佗于汉高祖十一年接受汉朝的封号，"剖符通使"。吕后时，因汉有司禁绝南越关市铁器，赵佗乃自尊号为"南越武帝"，"乘黄屋左纛，称制，与中国侔"。汉文帝即位后，派陆贾至南越，说服赵佗去帝号。从汉景帝至汉武帝初年，南越王向汉天子称臣，然"其居国窃如故号名，其使天子，称王朝命如诸侯"（《史记·南越列传》）。汉武帝元鼎五年，南越国相吕嘉弑王和太后，杀汉使者，另立宗室赵建德为王。汉武帝派伏波将军路博德和楼船将军杨仆分两路出兵，次年平定南越，遂以其地为九郡。纵观南越国的历史，其与汉王朝的关系基本

上属于上述第二种类型，即向汉称臣纳贡，但仍保持自己相对的独立性。《史记·南越列传》载，南越国第二代王赵胡不肯入见汉天子，因为"入见则不得复归，亡国之势也"；第三代王赵婴齐也"惧入见要用汉法，比内诸侯，固称病，遂不入见"；说明南越国虽然对汉天子奉贡职，但和汉朝的诸侯王国是有区别的。《汉书·诸侯王表》说，"诸侯比境，周币三垂，外接胡越"，显然以诸侯国为内，而以胡越所建立的政权为外。要不要"内属"汉朝，一直是南越国统治集团内部两种力量斗争的一个焦点。吕嘉发动叛乱时，也是以王太后"专欲内属"、"无顾赵氏社稷"为借口的。张荣芳同志认为南越国的政治制度与诸侯国一样，可见其性质与诸侯国无异。但汉中央政府对诸侯国可以下令削藩，而对南越国却不能这样做，这也说明南越国仍然保持着相对的独立性。称它为分裂割据的政权固然不确切，但也不能把它视为汉之诸侯王国。

学问之道，贵在切磋。我就南越国的政权

性质与张荣芳同志的观点相商榷，这并无损于荣芳同志这本书的学术价值。本书付梓之日，承荣芳同志索序，作为多年挚友，我也就冒昧把阅读本书之后的一些感想写了出来，一併向读者请教。

1995年国庆书于北京

附录二

评张荣芳《秦汉史论集（外三篇）》

王子今

张荣芳先生著《秦汉史论集（外三篇）》于1995年11月由中山大学出版社出版。

《秦汉史论集（外三篇）》集合了张荣芳先生累年研究的成果，其中《关于秦末大起义的性质问题》《论两汉的“公田”》《论两汉太学的历史作用》以及《西汉屯田与“丝绸之路”》《论汉晋时期楼兰（鄯善）王国的丝绸贸易》等论文，分别涉及秦汉时期的政治、经济、文化及对外交往等方面的重要问题，往往各有创见，有些在初发表时就产生过较大影响，有些现在读来仍然可以体味到新的意象。正如林甘泉先生在本书序言中所写：“从事秦汉史研究的朋友碰到一起，有时免不了要抱怨秦汉史的材料太少，许多问题前人都已写过文章，再要深入研究有很大的困难。这是客观事实。但我常想，如果我们扩大一下视野，改变过去固定的视角，或者对史料的钩稽再深入细致一些，在这个研究领域还是可以做出新的成绩来的。拜读了张荣芳的著作之后，我觉得他不仅做了一些前人所没有做过的工作，而且对一些前人已经有所论说的问题，无论在史料的占有或观点的说明方面，也都有所深入。”

比如，《西汉屯田与“丝绸之路”》一文提出，从内地通往河西走廊和新疆地区的“丝绸之路”到了汉武帝以后才得以畅通，重要原因之一是“西域屯田解决了往来使者和商人的食宿供应问题”。正如林甘泉先生所指出的，这一分析，“是很有见地的”。笔者曾经向1994年长城国际学术研讨会提交题为《汉代河西长城与西北边地贸易》的论文，也涉及有关问题，现在回想，仍深以当时没有读到张荣芳先生的这篇论文为憾。

张荣芳先生《秦汉史论集（外三篇）》中，收入秦汉史研究论文12篇，其中研究重心之一，就是秦汉时期南越地区的社会文化。如《略论汉初的“南越国”》《两汉时期苍梧郡文化述论》《论马援征交趾的历史作用》《汉代岭南的青铜铸造业》《汉代我国与东南亚国家的海上交通和贸易关系》等，都是有关这一专题研究的力作。

在漫长的中国古代历史中，“中土”与“南边”的关系，是可以比较典型、比较集中地反映中央政权与地方政权、汉民族与少数民族、本土文化与外来文化、正统礼俗与非正统礼俗等诸种复杂的政治关系和文化关系的。而秦汉时期，对于“中土”与“南边”关系史来说，正好比一本书的开篇，意义尤其重要。张荣芳先生的《秦汉史论集（外三篇）》关于这一专题的研究的贡献显然是突出的。

如何评断南越政权和西汉王朝中央政权的关系，历来见解不一。张荣芳先生的著作就此发表了自己的新见。其中有些认识，可以使有关讨论更为深入。不过，如果人们不仅从政权关系的角度考虑，而更注重对文化结构的分析，从而对于南越社会文化形态得出更真切、更全面的认识，或许也是很有意义的。张荣芳先生的研究，已经涉及这一专题并且取得了值得肯定的成果。

本书对岭南社会演变的历史文化过程都有所论述和分析。收入本书的论文《两汉时期苍梧郡文化述论》，专门讨论苍梧一郡的文化贡献，所列举汉时出避交趾的中原士人，除上述诸位外，还有士燮七世祖、胡刚、袁徽、许慈、许劭、袁忠等。张荣芳先生指出：“当时苍梧籍经学家的学术思想早已突破岭南的地域限制，在全国经学论坛上占据了重要的一席。”“在全国范围而言，苍梧郡亦跻身文化先进地区之列。尤其是越到汉朝后期，这种文化兴盛的表现就越为明显。”这样的见解，是符合历史事实的。而这种就一个郡国进行典型研究，进而说明某种历史趋势的方法，也可以给我们以有益的启示。

对于赵佗政权的性质，秦汉史学界的认识或有不同。张荣芳先生认为，“纵观南越国93年的历史，除吕后时期赵佗一度称帝之外，大部分时间是以诸侯王国的面目出现”。“南越国像汉朝其他王国一样，是一个封建诸侯国，是汉朝的地方政权，并不是什么‘分裂割据’政权。”林甘泉先生在为这部书写的序中则指出，南越国基本上属于少数民族政权，南越国对于汉王朝，大体上是“向汉称臣，但仍保持自己相对的独立性”。“汉中央政府对诸侯国可以下令削藩，面对南越国却不能这样做。”“称它为分裂割据政权固然不确切，但也不能把它视为汉之诸侯王国。”

哪一种观点更符合当时的历史真实，研究者可以思考分析。我们为就某一专题的研究有不同意见提出而感到高兴，更值得称道的是，一部书的著作者和作序者可以针对一个问题直抒己见，使不同的学术观点以这样的形式交锋。这种作风如果在学术界得到推广，一定可以明显地使学术空气活泼生动起来，从而为追求真理、创化新知提供有利的条件。

司马迁在《史记·汉兴以来诸侯王年表》以及《史记·南越列传》中曾经使用“南边”一语，用以指代与中原文化系统较紧密地保持一体化关系的与南越相邻的如长沙国等地区，又指出赵佗的南越政权当时被新生的汉王朝看作可能导致“南边患害”的一种威胁。司马迁所谓“南边”，应当是指南部的“缘边郡”，因为“越未平”的缘故，所以拥有“饶利兵马器械”。由此看来，或许林甘泉先生的意见是正确的。不过，张荣芳先生在《略论汉初的“南越国”》一文附记中说，作者合撰《南越国史》一书对本文的一些观点作了修正，但“为保持文章的原貌，本文在收入本书时，未作改动”。我们殷切期待张荣芳先生新著《南越国史》的问世。

原载《中国史研究动态》1996 年第 3 期，第 31－32 页。

附录三

秦汉史研究的新得与心得

——《秦汉史论集（外三篇）》述评

刘汉东

秦汉史研究是中国古代史研究的重要部分，这基于当时的历史重要性。长期以来，研究秦汉史的专家学者可谓多矣，且硕果累累。

也正因为如此，后来学者反而有些彷徨，不得不面对四大问题。一是有关秦汉时期的各种材料，包括成文的和物化的各类信息载体，与其他历史时期相比，数量显得不足，且经过了千百年的研究者的反复爬梳，增加了材料运用的难度。二是有关秦汉史的各种问题，从小到大，几乎都有研究成果，特别是重大问题，或有定论，或者认可，或者沉寂，要有新的构思，花费更多的精力，才能有所突破。三是历史为前人各种社会活动所遗留的痕迹，与总体文化相关，如何把握历史与文化的关系，涉及理论体系和一系列的观点问题，要有全盘和慎重的思考。四是成果的发表和学术书籍出版难，不少颇有见地的成果因而不能及时面向社会和学术界，甚至常年湮没不闻。在这种情况下，张荣芳教授的《秦汉史论集（外三篇）》（中山大学出版社 1995 年 11 月版，以下简称《论集》，文中观点，一般不注明论文题目）与各界读者见面，将有助于推动这一领域的进一步开拓和深入。

《论集》收入论文 15 篇，从内容上加以归类，笔者肤浅之识，意可分为四组。第一组为社会与阶级研究，包括秦末大起义性质和西周“民”“氓”身份两篇；第二组为经济状况，主要是田制和对外交通与贸易；第三组研究文化，涉及面较广，跨度较大，上及先秦，下至现代；第四组着眼于岭南地区的历史、地理和文化，对南越国、岭南青铜铸造、地区文化等进行了探讨，资料发掘工作做得较细，提出了一些重要的观点。

关于社会和阶级研究，《论集》主要侧重于秦末农民大起义。这是中国历史上第一个中央集权专制主义政体建立之后所爆发的第一次全国性大起义，其重要意义不言而喻，有关研究论著因之纷至迭出。但评论的角度有所不同，观点也就有所区别，乃至结论也迥然相异。《论集》从大起义参加者社会身份入手，对其性质具体分析。文中先是对秦末大起义中的“苍头军”身份剥茧抽丝，以史籍所载证据一一加以分析，认为战国时的“苍头”和秦末时的“苍头军”并不是奴隶。“苍头”作为奴隶是后起之义，“最早在汉武帝时期”。起义军中的“徒”，在不同历史时期有不同的对象，至秦汉时代，其身份“一般的说是指‘刑徒’”，“不能说他们是奴隶”。另外确定了“奴隶”的身份，引用了许多资料，与其研究西周的“民”和“氓”身份相呼应，说明乃“封建社会的劳动者”。最后，《论集》认为秦末大起义的参加者各式各样，几乎包括社会各个阶级和阶层，但主体还是贫苦农民和城市贫民，其“性质是封建社会的农民大起义”，而不是其他。这一结论是该文论述过程的必然结果，可以说是水到渠成，顺理成章，其观点具有一定的说服力。

对于秦汉时期的社会经济问题，《论集》集中在土地所有制形式和对外交通贸易两点上。土地制度，是史学界研究的重要领域，也是不同意见比较集中的一个问题，例如两汉的“公田”，《论集》便提出了不少疑问，并尝试加以解决。一是“两汉时代公田有多少，占全国土地的比重多大”；二是“赋民公田”是否与国家间存在“一种租佃剥削关系”；三是是否存在“公田直接使用奴婢耕种”的方式。有关这些问题，《论集》有所展开，得出的结论是政府控制的国有土地数量不少，部分供耕种所用，又以各种方式转换成私有土地，而“假民公田”和军屯是政府对国有土地的经营方式。西汉的屯田，《论集》主要是与“丝绸之路”相联系，诚如林甘泉先生在《序》中所说，“也是很有见地的”。而且视野比较开阔，对通往西域的陆上“丝绸之路”和通往东南亚等国的海上“丝绸之路”，分别有所探讨。陆路论述了南道的楼兰王国与中原的贸易关系，从历史、地域、地理位置诸方面，运用史籍和西北地区出土的各种文书，考定了地域广大的楼兰是东西交通要道，为“丝绸之路”南道的咽喉。该国具备贸易实力和存在贸易事实，促进了贸易关系，并不断加强其作为中西贸易中转站的作用，完善贸易实际操作的各个环节。该研究的意义是对西域地区和“丝绸之路”研究方法的补充。海路，作者选择了汉代与东南亚国家的海上交通和贸易关系，其中有两个观点值得注意：一个是中国史籍所记载的海上交通贸易涉及国家的名称，皆为汉译，一些学者考证其地望时，往往以对音为主，不免有难解难通之处，《论集》提出对“两千多年前的外国地名”，“不应太依靠对音”，提出的理由相当客观，并提出了应以航行结合其他因素的综合考证方式来确定。二是认为两汉海上“丝绸之路”有前后两阶段的区别，前期航行至东南亚为止，以黄支国（文中认为在苏门答腊西北部）为集散中心，后期可直达大秦（罗马），这一点尚可深入。

秦汉文化承前启后，在经历秦始皇焚书坑儒之后，由汉武帝的大一统独尊儒术和汉章帝白虎观会议，确立了儒家学说在思想理论领域的统治地位。《论集》从这一历史事实出发，总结了反映这种状况的两汉太学的历史作用，提出“独尊儒术”得以“使封建地主阶级的统治世世代代地延续下去”，并考虑了其他思想理论体系，由道家而及道教，认为“二者都对中华文化产生了巨大影响”。不过，更有意义和价值的是有关王国维、陈寅恪两位先生的论述。对王国维，《论集》自言目的是“对静安先生的秦汉史研究作一述评”，所以详考其有关秦汉史的治学与兴趣，并将其成就分门别类，详加胪列。对陈寅恪。第一是强调其学术的古今贯通和一脉相承。各种历史材料是前人的宝贵遗产，但如何从中得到真金美玉，就在于将之看作死的，还是看作活的。一脉相承就在于“要取得大的成就一定要注意新发现与新学问”，“致力于新的学术领域的开拓”。第二是力求博学广识和根基扎实。历史文化，广博之至，若只求捷径，贪图速进，轻则张冠李戴，重则误人自误，谬种流传，广博须注意基础牢固，根底坚实，由博而约，方是专业之途，正是陈寅恪对王国维的评语：“先生之学博矣，精矣！”第三是注重研究方法和治史态度。历史和文化是人类活动所遗留下来的痕迹，后人通过各种信息载体重现前人的活动状况。怎样重视，哪些信息载体及所载哪些信息可以重视，对于担负重任者来说，方法和态度就如同一双脚，缺一便有憾。治史做到严肃认真、实事求是，不泥古人古书、独立思考，正确对待外来文化，便可以客观而求实。

《论集》中有关岭南地区历史和文化的论述，由于作者另有《南越国史》一书刊行，笔者已将感想著之于篇，此处从略。

从上述可见，《论集》对秦汉史研究确有其新得，更是作者的心得，提出了一些有价值的观点，对秦汉的一些问题进行了清晰的论述。不过，有些方面似乎还存在疑问，例如中西交通贸易的陆上“丝绸之路”，自汉代张骞“凿空”而至近代，所辟路线多至北、中、南、新四道，其中北、中二干道又有许多公支交通线，特别是在中西交通贸易高峰时期，作用很大。南道楼兰王国，在其中的地位和作用，似乎有所拔高，又如海上“丝绸之路”中黄支国的地望问题，目前为止，国内外不少人还是认为即今印度南部的康契普腊姆、已程不国为今斯里兰卡，大概尚不可就此论定。再如两汉以后，源自先秦的许多思想理论学派，如名家、法家、道家，魏晋玄学等，以及后来的学术流变，对儒家乃至对整个中华传统文化都产生了颇大的影响，因此，统称废黜百家、独尊儒术之后的儒学，似乎尚欠周全。

原载《学术研究》1997 年第 11 期，第 83－84 页。

后　　记[①]

收入本书的15篇论文，12篇是关于秦汉历史的，其他内容的有3篇，因此定名为《秦汉史论集（外三篇）》。

这些论文大部分公开发表过，或参加国内国际学术讨论会宣读过。一部分是第一次公开发表。在这里需要说明的是，《汉代我国与东南亚国家的海上交通和贸易关系》一文，是与学术界的老前辈周连宽教授合写的，我是第二作者，从他那里学习了不少东西；《汉代岭南的青铜铸造业》《两汉时期苍梧郡文化述论》《王国维先生的秦汉史研究》《早期道家与道教的关系》是与王川同志合写的，我是第一作者。1992年国家教委资助以我领衔的一项研究课题“秦汉时期的岭南”，当时王川同志是以秦汉史为研究方向的硕士研究生，参加了本课题的研究。王川同志知识面较广，基础比较扎实，勤奋好学，思维敏捷。我们师生之间，共同探讨一些问题，教学相长，相得益彰。我征得周先生和王川同志的同意，将这些论文收进集子中。

我于1973年从中国科学院哲学社会科学部（即今天中国社会科学院的前身）历史研究所调来中山大学历史学系任教。这些论文几乎都是在中山大学完成的。历史系的胡守为、陈胜粦、蔡鸿生、姜伯勤等教授对我教益良多。他们每以不管教学、行政工作多么忙，都不要忘记自己的研究领域的话来勉助我，他们的话对我是很大的鞭策。因此，在一定意义上说，这些论文都是他们勉励的结果。在论文结集出版之际，我衷心感谢他们。

中国秦汉史研究会顾问、中国社会科学院历史研究所前所长林甘泉研究员在百忙中为本书写了序言，给予我很大的鼓励，在此谨致以由衷的感谢。

本书能够出版，首先得到中山大学出版社社长杨晓光同志、副社长杨权、蔡浩然、徐镜昌等同志的大力支持。邱捷同志、钟永源同志为编辑和校对本书付出了辛勤的劳动。王川同志和目前在读的以秦汉史为研究方向的硕士研究生唐浩中

---

① 此为《秦汉史论集（外三篇）》中山大学出版社1995年版后记，无修订。

同学，或帮助复印资料，或帮助校对文字，做了不少工作。对上述同志的支持和帮助，谨致以衷心的感谢。

我还要感谢我的妻子黄曼宜，因为她在工作之余包揽了繁杂的家中事务，使我得以有时间和精力从事研究工作。

书中的缺点、错误在所难免，敬请方家不吝指教。

张荣芳
1995 年 7 月 1 日
于中山大学